DELPHI
bei Droemer Knaur

Jonathan und
Diane D. Kramer

Neue Lebenskraft durch Spiritualität

Zehn Strategien, um die Last des Alltags abzustreifen

Aus dem Amerikanischen
von Marie-Therese Hartogs
und Ursula Rahn-Huber

Delphi bei Droemer Knaur

Herausgegeben von Gerhard Riemann

Die Folie des Schutzumschlags sowie die Einschweißfolie
sind PE-Folien und biologisch abbaubar.
Dieses Buch wurde auf chlor- und säurefreiem Papier gedruckt.

Originaltitel: Losing the Weight of the World
Originalverlag: Doubleday, New York

Umschlaggestaltung: Vision Creativ, München
Umschlagfoto: Tony Stone Images, München
DTP-Satz und Herstellung: Barbara Rabus
Druck und Bindearbeiten: Ebner Ulm
Printed in Germany
ISBN 3-426-29018-9

2 4 5 3 1

Dem reinen, dem göttlichen GEIST in uns allen –
mögen alle Lebewesen glücklich und heil, mit Licht erfüllt
und vom Lebensfunken durchdrungen sein.

Die »Geistige Diät« vereint die Grundregeln, die allen Hauptreligionen dieser Welt gemein sind, mit den Erkenntnissen und Techniken der heutigen Psychologie. Sie soll dem modernen Menschen mit Haushalt auf der einen und Karriere auf der anderen Seite eine Hilfestellung bieten und ihm ein Menü zur Auswahl an die Hand geben, damit er ein erfüllteres und mehr spirituell ausgerichtetes Leben führen kann. Unser Konzept ist mit der Hoffnung verknüpft, daß die Kraft des GEISTES uns stärken und erhalten möge.

Auf daß wir die Last des Alltags abstreifen und erkennen mögen, daß das Leben ein Fest ist, das es zu genießen gilt!

Inhalt

Einleitung

Die ganze Wahrheit

Das schönste und tiefste Gefühl, das uns zuteil werden kann, ist die Empfindung des Mystischen.

Albert Einstein

Vom Zeitpunkt unserer Geburt an sehen wir uns mit der Notwendigkeit konfrontiert, uns eine eigene Identität zu schaffen, die uns von unserer Spiritualität trennt. So lasten auf einem jeden von uns psychische Bürden, die uns das Gefühl geben, die ganze Last des Lebens auf den Schultern zu tragen.

Hunger nach Spiritualität

Die Menschen sehnen sich nach einem sinn- und freudvolleren Leben, das der Spiritualität wieder mehr Raum gibt. In den letzten zwanzig Jahren haben wir dies bei unseren Freunden, in der Familie, bei den Klienten in Jonathans psychotherapeutischer Praxis und auch bei den Studenten, die Diane an der Universität unterrichtet, immer wieder beobachten können.
Bei Kindern und der sogenannten Generation X, also den heute Zwanzig- bis Dreißigjährigen, überwiegt die Angst vor der Zukunft. Die Baby-Boom-Generation kommt langsam in die Jahre und fragt sich, wohin das alles führen mag. Die Älteren unter uns werden sich zunehmend ihrer Sterblichkeit bewußt. Die Belastungen des Alltags durch Beruf und Haushalt und die Grenzen des Materialismus lassen in Menschen aller Altersgruppen eine Sehnsucht nach einem erbaulicherem und inspirierenderem Leben entstehen, nach größerer Nähe zu einer »höheren Macht«, ob wir sie nun *Gott, Jesus, Buddha, Allah, Yahwe, Brahman* oder *das Große Mysterium* nennen.
Ein gehaltvolles und erfülltes spirituelles Leben ist jedoch

schwer erfahrbar, denn es wird durch einen wahren Wirbelwind von Aktivitäten und Gedanken, Gefühlen und Sinneseindrücken überschattet. Diese scheinen in erster Linie auf unsere eigenen Träume und Wünsche gerichtet zu sein und nur in ganz seltenen Fällen auf *das, was jenseits aller Worte liegt.*

Was wir vorschlagen, ist eine »Geistige Diät«, nicht im Sinne von Entbehrung, sondern ganz im Gegenteil eine Diät, die uns eine gesunde Mischung spiritueller Ideen zur Pflege unserer Psyche und Ernährung unserer Seele auftischt.

Während unseres gemeinsamen spirituellen Weges von mittlerweile über 25 Jahren haben wir uns eingehend mit der östlichen und westlichen Philosophie, mit Religion, Psychologie, dem Gebet und der Meditation befaßt und unser persönliches Leben danach ausgerichtet. In den sechziger Jahren studierte Jonathan an der New Yorker Universität und dem Institut für Soziologie *(New School for Social Research)* sechs Jahre lang Philosophie und Religion. 1975 schrieb er seine Doktorarbeit zu dem Thema »Westliche Psychotherapie aus der Sicht östlicher Religion«, und er hat seitdem die dargelegten Ideen und Techniken in seiner therapeutischen Praxis konsequent zur Anwendung gebracht. Diane hat über Jahre hinweg unsere sich ständig weiterentwickelnde Philosophie der Geistigen Diät im Rahmen ihrer Lehraufträge an der Universität eingebracht und sich in ihren eigenen Werken damit auseinandergesetzt.

1986 haben wir damit begonnen, Aufzeichnungen für ein Buch zu sammeln und zu ordnen, um Menschen der verschiedensten geistigen Ausrichtungen anzusprechen. Wir wollten eine Geistige Diät zusammenstellen, die den Menschen helfen soll, ihre Bürden zu erleichtern und mithin *die Last des Alltags abzustreifen.*

Die Kraft des GEISTES in unser geschäftiges Alltagsleben zwischen Haushalt, Beruf und Kindern einfließen und wirken zu lassen hat uns große Mühe und Anstrengung gekostet. Wir haben viele Jahre an der Geistigen Diät gearbeitet und ihren Entwicklungs- und Reifeprozeß begleitet; dabei sind wir auch selbst gewachsen, indem wir uns und anderen geholfen haben. Studenten und Klienten aus der Therapie vertrauen uns oftmals ihre Hoffnungen, Träume, Ängste und Sorgen an und fragen um Rat. Wenngleich wir in der Beratung den einzelnen zunächst dabei unterstützen wollen, seine spezifischen Probleme zu lösen, möchten wir ihn gleichzeitig auch ermutigen und dafür öffnen, sich seiner eigenen Spiritualität wieder mehr zuzuwenden.

Nehmen wir als Beispiel eine Studentin, die zu uns kommt, weil sie ihr Studium einfach nicht zum Abschluß bringen kann. Nach einem längeren Gespräch stellt sich heraus, daß die eigentliche Problematik in ihrer übermäßigen Selbstkritik und einem zu geringen Selbstwertgefühl zu suchen ist sowie in anderen Schwierigkeiten, die mit ihrer eigenen unter der Last des Alltags begrabenen Spiritualität zusammenhängen.

Der Studentin einen speziell auf ihr Studium bezogenen Ratschlag zu erteilen, dürfte nur in begrenztem Umfang helfen. Die zugrundeliegenden Bürden mangelnder Selbstachtung und übermäßiger Selbstkritik anzusprechen (zum Beispiel indem man sie mit ihrer elementaren Gutheit in Berührung kommen läßt, wie in Kapitel 4 erläutert), dürfte ihr dagegen auch bei zukünftigen Aufgaben im Leben helfen und ihre Verbundenheit mit der eigenen Gutheit und Freude stärken.

Und genau das ist es, was passiert. Immer wieder konnten Klienten oder Studenten und andere Menschen feststellen, wie ihre Bürden durch die Arbeit mit den Rezepten der Geistigen Diät zur Verminderung der Last des Lebens leichter wurden und sie sich in ihrem Dasein glücklicher, heiterer und zufriedener fühlten.

Der Dalai Lama als Führer der tibetischen Buddhisten auf der Welt sowie andere religiöse Oberhäupter haben die Notwendigkeit betont, zu »einer universalen, säkularen Spiritualität« zu finden. Wir hoffen, daß die Geistige Diät hierzu beiträgt, denn sie umspannt alle großen Weltreligionen, vermittelt Techniken und Einsichten, die sowohl jene anspricht, die festen Glaubenssätzen anhängen, als auch jene, die ganz einfach ein größeres spirituelles Bewußtsein in den Mittelpunkt ihres täglichen Lebens stellen wollen.
Bei der Geistigen Diät muß man also nicht an irgend etwas Bestimmtes glauben. Sie bietet spirituelle Techniken, die sich mit den meisten Glaubensrichtungen vereinbaren lassen und dennoch ihre Eigenständigkeit bewahren. Sie müssen nichts glauben, sondern etwas tun. Es kommt also ganz auf Sie selbst an.
Laotse, absichtsloser Begründer des Taoismus, hat geschrieben: »Wie die Flüsse ihren Ursprung in einer weitab liegenden Quelle nehmen, so hat auch der GEIST des Menschen seine Quelle. Diese Quelle des GEISTES zu finden bedeutet, das Geheimnis von Himmel und Erde zu verstehen.« Diese Quelle ist das Ziel jeglicher Spiritualität. Alle Religionen weisen darauf hin, wenn auch mit unterschiedlichen Worten, Formen und Bildern.
Die in diesem Buch dargelegten Grundprinzipien der Geistigen Diät haben wir bei Menschen verschiedener Glaubensrichtungen (Christen, Juden, Buddhisten, Hindus, Unitarier und Freireligiöse) zur Anwendung gebracht. Wir haben jene »Zutaten« und Anweisungen zusammengestellt, die sich am besten bewährt haben und die an der Schwelle eines neuen Jahrtausends unseres Erachtens am ehesten dem Tempo des modernen westlichen Lebensstils gerecht werden können.

Die Geistige Diät vereinigt in sich die Essenz vieler religiöser Lehren und bietet der Seele Nahrung, indem sie die Menschen wieder mit ihrer Spiritualität in Berührung bringt.

Sie führt uns vor Augen, wie wir die Last all unserer kleinen und großen Probleme leichter machen, unsere Persönlichkeit mit unserem GEIST in Einklang bringen, unsere Achtsamkeit schulen, unsere elementare Gutheit wiederentdecken und zu einem erfüllteren und unbeschwerteren Leben gelangen können. Auf diese Weise hilft sie uns, die Last des Alltags abzustreifen.

Unseren Weg finden

Sei dir selbst ein Licht, sei dein eigenes Vertrauen. Halte dich an die Wahrheit in deinem Inneren als die einzige Wahrheit.

Gautama Buddha

Dieses Buch kann in einem Zug gelesen werden. In den Kapiteln 2 und 3 werden Sie mit den Grundlagen der Geistigen Diät vertraut gemacht und zur praktischen Umsetzung motiviert. Dann folgen acht »Gänge« in Kapitel 4 bis 11, und Kapitel 12 schließlich zeigt Ihnen, wie Sie Ihre spirituellen »Rezepte« in das tägliche Leben integrieren können.

Sie können aber auch zunächst die Kapitel 1 bis 4 lesen und dann die Empfehlungen zur »Geistigen Basisdiät« (Seite 98) befolgen. Sie werden lernen, wie man die Geistige Basisdiät mit der einen oder anderen Zutat aus den anderen acht Kapiteln ergänzen kann. Auf diese Weise können Sie Ihre eigenen spirituellen Rezepte zusammenstellen und »zubereiten«. Damit kreieren Sie eine Geistige Diät ganz nach ihrem eigenen Geschmack.

Ein jeder muß für sich selbst herausfinden, was er für sein eigenes psychisches Wohlergehen und für sein spirituelles Wachstum braucht. Überlegen Sie also während des Lesens, was Ihnen persönlich am meisten bringt und guttun dürfte, und stellen Sie so ein ganz auf Ihre persönlichen Bedürfnisse zugeschnittenes »Kochbuch zur Geistigen Diät« zusammen.

Für viele Leser ist Zeit Mangelware. Sollte das auch für Sie zutreffen, dann lesen Sie einfach die Kapitel und die Abschnitte »Was kann ich tun« zu den Themen, die Ihnen besonders wichtig erscheinen. Wenn Sie an irgendeinem Punkt glauben, nicht mehr weiterzukommen oder das Buch weglegen zu müssen, gehen Sie einfach zurück zur Bestandsaufnahme der Bürden am Ende von Kapitel 3 und dann weiter zu dem, was momentan für Sie die größte Last in Ihrem Leben darstellt. Sie können sich natürlich auch darauf konzentrieren, ein Rezept anzuwenden, das Ihren Erfahrungen zufolge bei Ihnen wirkt.

Denken Sie immer daran: Es gibt viele wichtige Dinge im Leben, die auf den ersten Blick ganz simpel und einfach erscheinen mögen. Dennoch braucht man Zeit, Geduld und Ausdauer, um sie zu erfahren und zu verinnerlichen. Alte Muster haben ihre Eigendynamik und holen uns immer wieder zurück zu dem, was uns vertraut ist. Doch wir können weiter wachsen, solange wir unaufhaltsam sachte voranschreiten.

Dieses Buch zu lesen ist, als ginge man an ein Salat- oder Smörgåsbuffet. Wir haben die freie Wahl und dürfen aussuchen und nehmen, was wir möchten, bis unser Teller gefüllt ist. Dann können wir uns hinsetzen und das vor uns ausgebreitete Festmahl des Lebens genießen.

Hinweis: Abgesehen von unseren Verwandten und Freunden wurden alle Namen und Personen der Handlung verändert, um die Privatsphäre der Betroffenen zu schützen.

Kapitel 1

Das Leben ist ein Fest

Dies ist der Tag, den der Herr gemacht hat: laßt uns jubeln und fröhlich an ihm sein.
Psalm 118,24

In unserer komplexen Gesellschaft kann es leicht geschehen, daß wir uns in der Welt unserer auf Überleben und Erfolg ausgerichteten Persönlichkeit verlieren und unseren Bezug zur Spiritualität einbüßen. Lernen wir aber, das zu kosten, was vor uns angerichtet ist, kann das Leben zum spirituellen Festmahl werden.

Kaffee auf die Schnelle

Jäh erwachen wir nach einer langen Nacht der Dunkelheit und Träume. Unsere Persönlichkeit formiert sich zur Einheit, und das, was wir als unser *Selbst* betrachten, kehrt ins Wachbewußtsein zurück. Wir sind moderne Menschen mit Arbeit, Familie und Haushalt. Kaum sind wir aufgestanden, planen wir schon den vor uns liegenden Tag und treffen die ersten Vorbereitungen. Es gibt so viel zu tun. So viel, was erledigt werden muß.

Sobald unsere Füße den Boden berühren, sind wir schon auf dem Sprung, und das Gerenne beginnt, denn wir sind schließlich nicht im Urlaub auf den Bahamas oder leben im Kloster. Unser Alltag besteht aus Arbeit, Pflichten, Rechnungen, Familie, Freunden, Schlafengehen und erneutem Aufwachen – und dann fängt das Ganze von vorne an.

Wir schlüpfen aus dem Bett, gehen ins Bad, um die Zähne zu putzen, zur Toilette und unter die Dusche. Wir ziehen uns an und machen uns fertig für die Arbeit. Gefrühstückt wird auf

die Schnelle. Die Kinder müssen rechtzeitig zur Schule. Eine Flut von Aktivitäten stürzt auf uns ein.
Der Hund muß ausgeführt werden, das Telefon klingelt, die Kaffeemaschine fängt an zu blubbern. Ganz unvermittelt erfaßt uns ein wahrer Wirbelsturm von Gedanken und Taten, Gesprächen und Verantwortlichkeiten, Gefühlen und Wünschen: Für die Pfadfinder müssen noch Plätzchen gebacken werden, ein kaputter Reifen ist zu flicken, die Katze wartet auf ihr Futter, es muß eingekauft werden – wenn Mutter bloß nicht so bös gestürzt wäre! –, die Kinder müssen zum Fußball gebracht werden. Dem Chef Rede und Antwort stehen, Beileids- und Glückwunschkarten besorgen, ach ja, den Kuchen für die Party abholen, den Fernsehreparaturdienst bestellen, zur Arbeit fahren und bei alldem irgendwie auch noch die Steuern und Kreditkartenrechnungen bezahlen. O je!

Nur allzu oft bestimmen Sorgen und Gedanken unseren Tagesablauf; wir sind nicht wirklich in der Gegenwart und versuchen, in der verfügbaren Zeit möglichst viel zu tun. Wir führen ein Fast-food-Leben des schnellen Konsums und der kurzen Gespräche.

Unsere Aufmerksamkeit ist immer auf den nächsten Termin in unserem Kalender gerichtet, und oft versuchen wir, zwei oder drei Dinge gleichzeitig zu tun. Wir sind allesamt so beschäftigt, daß selbst das Heilen zur Eilsache geworden ist.
Mrs. Davis wurde bei einem Autounfall verletzt und mußte operiert werden. Als sie den zuständigen Chirurgen aufsuchte, sagte ihr dieser: »Bei uns hier geht alles immer ziemlich flott. Am ersten Tag nach der Operation müssen Sie aufstehen und sich im Zimmer bewegen. Am nächsten Tag sollten Sie schon drei Runden im vierten Stock schaffen, und dann werden Sie entlassen.« Mit diesen Worten sah er auf die Uhr und stand auf.

»Wenn Sie keine weiteren Fragen haben ...«, murmelte er noch und wandte sich eilends zur Tür.
»Nur eine, Herr Doktor«, rief Mrs. Davis ihm nach. »Darf ich mich zur Operation wenigstens hinlegen?«
Zeit steht hoch im Kurs, und wir stellen extrem hohe Anforderungen an das Pensum, das wir schaffen wollen. Unsere Verantwortlichkeiten und Sorgen beschäftigen uns. Wir können in der Gegenwart kaum zur Ruhe kommen, weil unsere Gedanken in die Vergangenheit reisen, in die Zukunft eilen oder in irgendeine imaginäre Zeit oder an einen imaginären Ort entfliehen. Wir setzen alles daran, es immer zu schaffen, immer allem gerecht zu werden.
Wir sind so sehr beschäftigt und gedanklich gebunden, daß es uns manchmal sogar schwerfällt, die Dinge zu genießen, die uns eigentlich Freude machen sollten, weil wir nicht wirklich »da« sind, um sie zu genießen.

Manchmal haben wir das Gefühl, durch das Leben zu hasten, ohne es wirklich zu leben.

Es steckt auch eine gewisse Freude in dem, was wir tun, doch wenn wir an den nächsten Tag denken, überkommt uns ein Gefühl der Schwere, und wir sagen uns: »Ich möchte mein bisheriges Leben ja nicht aufgeben, doch manchmal fällt es mir alles andere als leicht, und es scheint so, als würde etwas fehlen.«
Unseren hektischen, schnellebigen Alltag könnte man mit Fast food vergleichen: Es fehlen die wichtigsten Vitamine und Mineralien, die wir brauchen, um gesund zu bleiben, es ist so fett, daß es uns belastet, und das Sodawasser, das wir dazu trinken, kann unseren eigentlichen Durst niemals richtig stillen.
Millionen von uns fühlen instinktiv, daß zum Leben weit mehr gehört. Wir spüren unsere spirituelle Verbundenheit und seh-

nen uns danach. In Kirchen, Synagogen, Tempeln, Meditationszentren, Museen, in der Musik oder bei Mutter Natur – überall suchen wir nach etwas Größerem.

Wir sind gehetzt, fühlen uns bedrängt und abgespannt.
Wir sehnen uns nach einem glücklicheren Leben mit weniger Streß und Frustrationen.
Wir sehnen uns nach mehr Ruhe, Gelassenheit und Zufriedenheit.
Wir sehnen uns nach einem sinnvollen Dasein mit lebenswerten Zielen.
Wir sehnen uns nach mehr Liebe und Frieden.
Wir sehnen uns nach großer Freude und spirituellem Erwachen.

All dies aber besitzen wir nicht, und so haben Millionen von Menschen das Gefühl, daß etwas nicht stimmt. Viele spirituelle Meister wissen um die Allgegenwärtigkeit dieses Problems. So schreibt der vietnamesische Zen-Meister Thich Nhat Hanh:

> Die Gesellschaft ist von einem tiefen Unbehagen erfaßt. Wir können E-Mail- und Fax-Nachrichten in aller Herren Länder verschicken, sind über Handys und Mobilfunk stets erreichbar, doch in unseren Familien und mit unseren Nachbarn kommt es zu keinem echten Gespräch. In uns herrscht eine Art Vakuum, das wir mit Essen, Lesen, Reden, Rauchen, Trinken, Fernsehen, Kinobesuchen, ja sogar mit übermäßigem Arbeiten ausfüllen. Tag für Tag nehmen wir so viel Gewalt und Unsicherheit in uns auf, daß wir zur Zeitbombe werden, die jeden Moment explodieren kann. Wir müssen einen Weg der Heilung für unsere Krankheit finden.

Mutter Theresa sagt: »Es gibt Hunger nach gewöhnlichem Brot und Hunger nach Liebe, Güte und Nachdenklichkeit; letzteres ist die große Armut, unter der die Menschen so sehr leiden.«
Marilyn Youngbird, eine Indianerin aus North Dakota, fügt hinzu: »Fast nirgends auf der Welt lernen die Menschen, was Selbstwert, Selbstannahme, Selbstliebe ist – alles Dinge, die wir für unser mentales, physisches und spirituelles Wohlbefinden brauchen. Ich bin überzeugt, daß dies der Grund ist, warum wir spirituellen Hunger leiden.«

Millionen von Menschen hungern nach geistiger Nahrung und haben deshalb das Gefühl, die Bürden des Lebens auf ihren Schultern zu tragen.

Was aber können wir tun, um nicht so weiterzumachen wie bisher? Wir stehen inmitten des realen Lebens, und wir werden es wohl kaum aufgeben und all unseren Besitz, unsere Rechnungen, unsere Familie, unseren Arbeitsplatz hinter uns lassen. Selbst wenn wir unsere Ansprüche reduzieren und unser Leben vereinfachen, ist die Bürde immer noch riesengroß.
Beim Kaffeetrinken auf die Schnelle machen wir uns vielleicht plötzlich Gedanken, ob es nicht eine Möglichkeit gibt, geistige Nahrung zu finden, die uns dabei helfen könnte, einige unserer Schwierigkeiten zu lösen und uns stärker, gesünder und glücklicher zu machen.
Es gibt tatsächlich Mittel und Wege, um unsere Last zu mindern, doch zunächst müssen wir herausfinden, woran wir so schwer zu tragen haben. Es geht hier um die normalen psychischen Probleme oder *Bürden*, wie wir sie nennen. Dies sind:

- Die Bürde unseres Abgelenktseins und unseres mangelnden Einklangs mit unserer Spiritualität.
- Die Bürde, nicht im Hier und Jetzt leben zu können.

- Die Bürde, nicht mit unserer elementaren Gutheit in Verbindung zu stehen.
- Die Bürde, unseren Körper und unsere physischen Sinneseindrücke nicht richtig erfahren und genießen zu können.
- Die Bürde der Unzufriedenheit mit dem, was wir bereits haben.
- Die Bürde mangelnder Konzentrationsfähigkeit sowie von Vergeßlichkeit und Konfusion.
- Die Bürde unseres Unvermögens, mit unseren Emotionen richtig umzugehen.
- Die Bürde, unserem Leben keinen rechten Sinn geben zu können.
- Die Bürde, von anderen und dem Leben getrennt zu sein.
- Die Bürde, unser Leben nicht in seiner ganzen Fülle leben zu können.

All diese Bürden können eine Vielfalt von Problemen mit sich bringen: Streß, Einsamkeit, Sinnlosigkeit, das Gefühl, etwas würde fehlen, das Gefühl, nicht »in der Mitte« zu sein, Langeweile, Enttäuschung, Verärgerung über das Leben als solches, Angst, Schuldgefühle, Verunsicherung, Energiemangel und übermäßige Selbstkritik oder Kritik an anderen, um nur einige zu nennen.

Es geht darum, mehr Leichtigkeit und Spiritualität in unseren Alltag zu bringen und uns von unseren Bürden zu entlasten. Wir brauchen eine geistige Nahrung, die uns sättigt und unseren inneren Hunger stillt. Wie können wir unseren Fast-food-Lebensstil gehaltvoller gestalten?

Himmlischer Geist, irdische Persönlichkeit

Willst du die Wahrheit, werde ich dir die Wahrheit sagen: Höre auf den verborgenen Klang, den wirklichen Klang in deinem Inneren. Kabir

Wir leben zwei Leben: Ein offenes und eines im Verborgenen. Unser offenes Leben ist das, was wir tagaus, tagein führen und aufbauen und das wir am besten kennen. Es ist unser Dasein als *Persönlichkeit* – ein Wirbelwind von Aktivitäten, der unser Leben ausmacht.

Unsere Persönlichkeit* setzt sich zusammen aus unserer persönlichen Identität, unserem Temperament, unserem Bezugsrahmen, unserem Willen, unseren Schutz- und Abwehrmechanismen, der Art, wie wir unsere Erfahrungen verarbeiten, und unserer Orientierung.

Unsere persönliche Identität ist das, was wir als unser Selbst betrachten, und das, woran wir denken, wenn wir unseren Namen oder »ich« sagen. Stellen wir uns die Frage »Wer bin ich?« oder werden wir von anderen danach befragt, antworten wir oft: »Ich bin Lehrer« oder: »Ich bin Arzt«, gerade so als sei unser Beruf Ausdruck unseres Wesenskerns. Dabei macht dieser doch nur einen Teil unserer persönlichen Identität aus und stellt lediglich eine Rolle dar, die wir in der Gesellschaft und an unserem Arbeitsplatz spielen. Weitere Rollen, die wir übernommen haben, sind womöglich die einer Mutter oder eines Vaters, eines Sohns oder einer Tochter, eines Darlehensnehmers, Rechnungszahlers, Laufburschen, Familienchauffeurs,

* Unser »Selbst« ist ein komplexes System. Theoretische Betrachtungen über das Ego oder die Struktur des Selbst, seinen Aufbau und seine Entwicklung sind beispielsweise bei Wilber, *Psychologie der Befreiung*, nachzulesen.

Erste-Hilfe-Leistenden oder Hausaufgabenbetreuers. Wir glauben, das zu sein, was wir tun.

Neben unserer persönlichen Identität umfaßt unsere Persönlichkeit: unsere angeborenen Neigungen (Temperament, Stimmungen); wie wir die Welt um uns herum organisieren (unser Bezugsrahmen); die Anstrengungen, die wir unternehmen, um unsere derzeitigen Ziele zu erreichen (unser Wille); die Art, wie wir uns vor Schmerzen, Unannehmlichkeiten und Bedrohungen schützen (unsere Abwehr- und Schutzmechanismen); wie wir empfinden und wie wir uns der Welt gegenüber verhalten (unsere Erfahrungsverarbeitung), und wie wir uns dem nähern, was uns gefällt, beziehungsweise vor dem zurückweichen, was uns mißfällt (unser Orientierungssinn im Leben).

Die Persönlichkeit organisiert und interpretiert unsere Erfahrungen im Sinne unseres Selbst; sie ist Dreh- und Angelpunkt fast all unserer Gedanken, Wünsche, Handlungen und Sorgen. Durch sie bringen wir unseren Willen zum Ausdruck und lenken unser Leben in eine bestimmte Richtung, damit unsere Bedürfnisse erfüllt werden – beispielsweise indem wir arbeiten, um uns ein neues Auto leisten zu können, befördert zu werden oder ein anderes Ziel zu erreichen. In unserem Streben nach Glück und der Abwehr von Leid und im Kampf ums Überleben verspüren wir einen schier grenzenlosen Hunger nach Bestätigung unseres Eigenwertes und unserer Sicherheit, dürsten nach Liebe, Einzigartigkeit, Geborgenheit und vielem mehr.

Unsere Persönlichkeit ist ein essentieller Bestandteil unseres Menschseins und leistet unschätzbare Dienste dabei, uns ein Gefühl von Besonderheit und Stabilität zu geben – etwas, das für ein erfolgreiches Überleben in unserer Gesellschaft unabdingbar ist.

Gleichzeitig aber bringt unsere Persönlichkeit es mit sich, daß wir von der übrigen Menschheit und der Welt getrennt sind, solange wir uns mit unserem Körper, unseren Gefühlen, Gedanken und Meinungen, unseren Errungenschaften, unserer Arbeit, Familie und Vergangenheit, unserer Nationalität, unseren politischen und religiösen Überzeugungen, unseren Vorlieben und Abneigungen, unseren Zielen und Besitztümern identifizieren. Schließlich glauben wir, unsere Persönlichkeit sei *alles*, was uns ausmacht.

Unser verborgenes Leben

Unser anderes Leben liegt im Verborgenen. Es ist unser inneres Licht, das Leben des GEISTES, die Quelle unserer Seele. Der GEIST ist allgegenwärtig, immerwährend und allen Lebewesen teilhaftig.

Der GEIST schafft und beseelt alles Leben. Ob wir diese immerwährende spirituelle Energie nun *Gott, Jesus, Buddha, Allah, Krishna, das Göttliche, das Heilige, den Großen Geist, das Große Mysterium, das Tao, Jahweh, ICH BIN, das Sein, Es, das Namenlose, den Großen Gedanken, Brahman, den Schöpfer, das Jenseits-aller-Worte-Stehende, den Lebensspender, den Guten Geist* oder *die Kraft* nennen – wir können zu einem gesünderen, unbelasteteren Leben finden, wenn wir den Schleier unseres verborgenen Lebens lüften und unser ewiges spirituelles Bewußtsein entdecken.

Spiritualität ist jener Bewußtseinszustand jenseits von Worten und Gedanken, der uns mit dem gesamten Kosmos verbindet. Wir stellen ihn uns als eine »tiefere« oder »höhere« Form von Intelligenz vor, die noch größer ist als die Summe aller Menschen. Wir spüren diese Bewußtseinsebene, wenn wir ein Baby in den Armen halten oder einen Menschen küssen, den wir von ganzem Herzen lieben. Wir spüren es, wenn wir still neben

einem Wasserfall sitzen, einer Predigt lauschen, die unsere Seele erquickt, oder ein Zen-Gedicht hören, das uns zutiefst berührt.
Durch die Weite des Alls wirbelnd, wandeln wir in dieser Welt als spirituelle Geschöpfe, die in physische Körper gekleidet sind und das komplizierte Leben eines irdischen Wesens führen. Wir sind das Licht des Bewußtseins, das sich in physischer Form manifestiert – ENGELSGEIST in Tierkörpern. Wir sind Biologie, Spiritualität und Psyche in einem und vereinen in uns die physische, geistige und weltliche Persönlichkeit. Wir sind vom Funken des Lebens beseelt. Wir sind die Lebenskraft, die überall ist, in allem, was lebt, der GEIST, der uns mit Leben erfüllt und unseren Körper im Augenblick des Todes verläßt.

In dem Maße, wie wir die lebensspendende Kraft unseres GEISTES spüren, erweitert sich unser Selbstgefühl.

Sie ist es, die uns mit dem Baby und unserem Geliebten verbindet, mit dem Wald und den Bergen, mit den Menschen, die neben uns auf der Kirchenbank sitzen, mit dem Eskimo in seinem eisigen Iglu, dem Beduinen in der Oase und dem Matrosen auf hoher See.
Auf spiritueller Ebene sind wir mit all unseren Vor- und Nachfahren ebenso verbunden wie mit den Hirschen in den Tiefen des Waldes, mit dem Adler, der sich auf seinen Schwingen in die Höhen eines wolkenlosen Himmels erhebt, ja mit allen Wesen, die womöglich auf irgendeinem uns Erdlingen unbekannten Planeten leben, der Millionen und Abermillionen Lichtjahre von uns entfernt seine Kreise um unbekannte Sonnen zieht.
Spiritualität ist etwas Ewiges, und ihre Grundsätze sind der Menschheit seit Tausenden von Jahren bekannt. Sie alle wurzeln in den tiefen mystischen Erfahrungen der Religions-

gründer, sei es nun Jesus, Moses, Buddha, Mohammed oder Laotse. Es ist das direkte Wissen um das, was wir »Gott« nennen.

Dennoch bleibt es nicht den religiösen Genies der Menschheit vorbehalten, zu erwachen und in die Welten jenseits von Worten und Gedanken vorzudringen. Ein jeder von uns kann Spiritualität erfahren. Albert Einstein formulierte es so:

> Das schönste und tiefste Gefühl, das uns zuteil werden kann, ist die Empfindung des Mystischen. Nur auf ihrem Boden gedeiht wahre Wissenschaft. Wem dieses Gefühl fremd ist, wer nicht mehr staunen und vor Ehrfurcht still werden kann, der ist so gut wie tot. Zu wissen, daß das, was uns unerreichbar erscheint, tatsächlich existiert und sich als die allerhöchste Weisheit und strahlendste Schönheit darbietet, die wir ansatzweise mit unseren beschränkten Fähigkeiten erfassen können – dieses Wissen, dieses Gefühl bildet den Kern der wahren Religion.

Der amerikanische Lehrer und Autor Ram Dass meint:

> Ich glaube, daß das Leben eine spirituelle Dimension hat. Ich bin überzeugt, daß wir nicht das sind, was wir zu sein glauben und was sichtbar für uns ist. Wir sind mehr als unser Körper und unsere Persönlichkeit [...] Der GEIST wohnt im Herzen eines jeden Menschen, und es gibt Leben oder Bewußtsein oder eine Kontinuität von Bewußtsein jenseits des Todes und vor der Geburt.

Spiritualität ist nicht einfach der Glaube an Gott. Sie ist eine Erfahrung des Göttlichen inmitten des Alltags.

Welcher Zusammenhang besteht zwischen dem, was wir tatsächlich sind, und dem, was wir zu sein glauben? Die Hindus ziehen zur Beschreibung der Beziehung zwischen Persönlichkeit und Spiritualität die Metapher von Schauspielern in einem Theaterstück heran. Jeder Schauspieler hat eine Reihe von Masken, die er für jede einzelne seiner Rollen – zum Beispiel der Mutter, des Lehrers, der Waschfrau, des Händlers – verwendet. Es gibt Masken mit lachendem Gesicht für die glücklichen Rollen und andere, die Furcht, Traurigkeit, Wut, Neugier, Schuld und so weiter zum Ausdruck bringen.

Sobald nun die Schauspieler zu spielen beginnen, tauschen sie geschickt ihre Masken aus, um die jeweiligen Rollen spielen zu können. In der Tat leitet sich das Wort *Persönlichkeit* vom Lateinischen *persona* her, was soviel wie »Maske« bedeutet. Natürlich verbirgt sich während des gesamten Stückes die wahre Identität stets hinter der Maske; sie bleibt unverändert, ganz gleich, welche Rolle gespielt wird.

Die wahre Identität hinter der Maske ist der GEIST, das immerwährende Selbst, der innere Seher. Er schaut sich schweigend das Stück an, stets bereit für den Augenblick, in dem die Masken fallen und die Schauspieler »heimkehren«, indem sie ihr spirituelles Selbst bewußt wahrnehmen.

Unsere Masken sind die Gesichter unserer persönlichen Identität, die wir draußen in der Welt aufsetzen – die Stimmungen, die wir zeigen, die Bedürfnisse, die wir empfinden, die Rollen, die wir spielen. Doch leider fällt im Theater des wahren Lebens nie der Vorhang, und das Stück endet erst mit dem Tod. Viele von uns sind so lange in ihren Rollen gefangen, bis sie schließlich ihre wahre Identität vergessen haben und glauben, die Masken und Rollen und alles, was damit zusammenhängt, sei das, was sie wirklich sind. Je mehr wir uns mit dem Stück und unseren Rollen identifizieren, desto größer wird die Kluft, die sich zwischen uns und unserem ewigen Selbst auftut.

Wir haben das Fliegen verlernt

Die Spiritualität ist jedem Säugling bereits mit in die Wiege gelegt worden und wartet darauf, von dem vor uns angerichteten Festmahl des Lebens genährt zu werden. Schon in den alten hinduistischen *Upanishaden* steht geschrieben: »Die Seele wird geboren und entfaltet sich in einem Körper, mit Träumen und Sehnsüchten und der Nahrung des Lebens.«

Ein Baby ist die menschliche Verkörperung des Lichtes. In den Augen des Kindes sehen wir den göttlichen Funken und in seinem Tun die Reinheit. Es quietscht vor Vergnügen, schreit vor Hunger und lacht hellauf beim Anblick eines bekannten Gesichtes. Ganz natürlich ist es, ohne jede Verstellung. Es fuchtelt mit den Armen und strampelt mit den Beinen. Völlig im Augenblick lebend, wird jedes Kind von Lichtfunken der Lebenskraft erfüllt, die den Kosmos unaufhörlich durchströmt. Schon beim Anblick der arglosen Unschuld, die uns in seinen großen, mit innerem Licht erfüllten Augen begegnet, spüren wir ein Gefühl der Göttlichkeit rings um unsere gemeinsame menschliche Existenz. Wir schauen dem Baby ins Gesicht und sehen das reine Licht, wissend, daß wir ein Wunder erblicken, einen himmlischen GEIST.

Ja, dieses Kind und ein jeder von uns, wir alle werden mit Körpern geboren, die Nahrung und Flüssigkeit brauchen, und doch tragen wir stets das ewige Licht des Bewußtseins in uns, den GEIST, der niemals stirbt. Der Yoga-Meister Swami Satchidananda formuliert es so: »GEIST ist immer Licht [...] Du bist dieses Licht, der GEIST.« Und in der Bibel steht geschrieben: »Gott ist Licht«.

Ein Neugeborenes ist zu Anfang seines Daseins in der Unmittelbarkeit seiner Sinne verloren und kann nicht zwischen sich selbst und anderen unterscheiden. Mit der Zeit aber entwickelt das Kind ein Selbstgefühl, eine persönliche Identität, die sich von allem anderen unterscheidet, eine Persönlichkeit, die sich mehr und mehr von ihrem göttlichen Ursprung getrennt fühlt, während sie lernt, mit den Problemen des menschlichen Erdendaseins zurechtzukommen.

Wir sind, um mit Alan Watts zu reden, »in Haut verkapselte Egos«, in Körpern eingeschlossene persönliche Identitäten mit einem künstlichen Gefühl des Getrenntseins vom GEIST.

Auf der Reise durch zahlreiche Entwicklungsstufen bildet sich unser Selbstgefühl heraus. Die in uns angelegten Neigungen werden durch Millionen von Erfahrungsbruchstücken geformt und zurechtgebogen. Die Persönlichkeit behauptet sich, ja drängt sich unserer Welt förmlich auf. Sie fällt Entscheidungen, um unsere Sicherheit und unser Wohlbefinden zu gewährleisten, und tritt in Aktion, um Gefahren, Unannehmlichkeiten und Schmerzen aus dem Weg zu gehen. Babys entwickeln sehr schnell ein eigenständiges Selbst, dessen Persönlichkeit unablässig Entscheidungen trifft, sich manches wünscht und anderes ablehnt und dabei stets seine Position energisch vertritt. »Ich will«, »Ich will nicht«, »Mehr« und »Iiii!«. Und schon der Zweijährige schreit: »NEIN!«

»Nein«, wenn es ekligen Rahmspinat gibt. »Nein«, wenn sich der Arzt mit seinem kalten Stethoskop nähert. »Ja«, wenn Eis und Kekse geboten werden. »Ja«, wenn es ums Kuscheln und Kitzeln geht.

Uns zu wünschen, was uns gut, und abzulehnen, was uns schlecht erscheint, bildet die Grundlage unserer Persönlichkeit, die in einem physischen Körper zu überleben lernt und sich dabei zunehmend als von der äußeren Welt getrennt erfährt. Der Pionier und Vater der modernen Psychologie, Sigmund Freud, schrieb: »Am Anfang beinhaltet das Ego alles, später löst es sich von der äußeren Welt. Das Ego-Gefühl, dessen wir uns jetzt [als Erwachsene] bewußt sind, ist nur ein geschrumpftes Überbleibsel eines weit größeren Gefühls – eines

Gefühls, das das Universum umspannte und eine untrennbare Verbindung zwischen Ego und äußerer Welt darstellte.«
In unserem ersten Lebensjahr entwickeln wir ein physisches Selbstgefühl; zwischen ein und drei Jahren bildet sich unser emotionales Selbst heraus; zwischen drei und sechs Jahren schließlich entfaltet sich unser mentales Selbst. Dies sind die ersten drei großen Entwicklungsstufen des Selbst.
Während wir heranwachsen, stärkt und entfaltet sich unsere Persönlichkeit. Als Kinder und Jugendliche erleben wir unsere Spiritualität noch als intuitive Verbindung mit dem Unendlichen. Doch im Laufe der Zeit lehrt man uns, uns auf unsere Persönlichkeit zu konzentrieren, und so lösen wir uns mehr und mehr von unserem inneren Selbst. Man bringt uns bei, uns anzuziehen, mit dem Spielen aufzuhören, nicht so viel zu träumen und unsere Hausaufgaben zu erledigen.
Schon bald können wir uns kaum noch an jene zauberhaften Momente der frühen Kindheit erinnern, als unsere Sinne noch ganz wach waren, unser Haus uns wie ein Palast erschien und sich der wolkenlose Himmel eine Million Kilometer hoch über uns ausdehnte. Die erste reife Erdbeere war eine göttliche Speise für unsere kindlichen Geschmacksnerven, und ein Spaziergang durch den Park kam uns wie eine Abenteuerreise nach Alaska vor. Mit der Zeit aber verlieren wir den Sinn für das Zauberhafte. Millionen von Menschen spüren zumindest einen Anflug von Traurigkeit angesichts dieses Verlustes des kindlichen Staunens und fühlen sich irgendwie allein gelassen.
Während der Pubertät reagieren viele Heranwachsende mit Verzweiflung auf diese und andere Veränderungen, ohne wirklich zu verstehen, was sich eigentlich verändert. Manche scheren aus und weigern sich, ein erwachsenes Selbstgefühl zu entwickeln. Einige finden sich selbst erst sehr viel später im Leben, andere schaffen es nie. Viele verstecken sich zeitweilig hinter Cliquen und Marotten, bis ihre Persönlichkeit so stark

ist, daß sie erwachsen werden und sich in der modernen Gesellschaft behaupten können. Dennoch spüren gerade diese Erwachsenen nur allzu oft die Einsamkeit, die mit diesem mehr oder weniger starken Gefühl des Abgetrenntseins einhergeht, ohne ihren Grund oder Ursprung zu kennen.

Wie in Steven Spielbergs Film »Hook«, wird Peter Pan schließlich erwachsen. Als Rechtsanwalt bürdet er sich so viel Verantwortung und Sorgen auf, daß er nicht mehr richtig glücklich sein kann und das Fliegen verlernt.

Jene von uns, die den Übergang schaffen, stellen fest, daß wir uns im Laufe der Zeit mit zunehmender Stärkung unserer Persönlichkeit mehr mit unserem Körper, der eigenen Identität, unseren Gedanken, der Arbeit, dem Besitz, unseren Kindern, Zielen und Meinungen befassen und uns in unserer technisierten Gesellschaft verlieren. Wir glauben am Ende, daß das alles sei, was uns ausmacht. Was wir übersehen oder gar vergessen, ist unsere spirituelle Natur.

Es ist interessant zu beobachten, daß in manchen sogenannten primitiven Kulturen genau das Gegenteil der Fall ist: Die Menschen bleiben in sehr viel engerer Verbindung zum GEIST und haben dafür wenig Verbindung zu Technik, Karriere und Besitz.

Karranas Hilferuf

In manchen Kulturen steht der GEIST über allem. Ehrgeiz und Besitz hingegen sind nicht so wichtig. Wenn uns Menschen aus solchen Kulturen in unserer Alltagswelt besuchen, können sie oft nicht verstehen, wie wir so getrennt von unserem spirituellen Ursprung leben können.

Unsere Freunde Nora und Sam berichten von Karrana, einer

Mexikanerin, die durch Guerillakämpfe aus ihrer Heimat vertrieben wurde – einem Gebirgsdorf, das so abgelegen war, daß die Menschen, die ihr helfen wollten, nicht einmal so recht verstanden, aus welcher Gegend sie stammte. Irgendwie war sie auf einen Fischkutter gekommen, der sie in die USA brachte.
Als Nora und Sam sie kennenlernten, versuchte Karrana gerade, wieder in ihre Heimat zurückzukehren. Die beiden erklärten sich einverstanden, sie so lange bei sich aufzunehmen, bis ein Weg gefunden war, ihr die Rückkehr in ihr Dorf zu ermöglichen. Schon am ersten Tag nach Karranas Ankunft waren zwei Dinge klar: Zum einen kannte sie sich überhaupt nicht mit der modernen häuslichen Wasser- und Stromversorgung oder technischen Geräten aus. Und zweitens strahlte Karrana selbst in dieser ihr absolut fremden Umgebung eine unglaubliche Ruhe aus – eine Ruhe, die von einer tiefen spirituellen Verbundenheit mit allem Lebenden herzurühren schien. Diese zeigte sich darin, mit welcher Liebe sie die Pflanzen im Garten betrachtete und wie sie mit dem Hund und der Katze gerade so sprach, als seien es ihre Kinder. Karrana sprach oft von *Dios* (Gott), betete jeden Morgen und jeden Abend und sang den ganzen Tag über religiöse Lieder.
Nora und Sam (die so viel Spanisch sprachen, um sich zumindest einigermaßen mit ihr verständigen zu können) erklärten Karrana die Handhabung einiger moderner Gerätschaften, insbesondere des Telefons, und auch, daß man im Notfall »911« *(nueve uno uno)* wählen muß.
Die ganze Zeit über war Karrana äußerst aufmerksam, sie lauschte jedem Wort, nickte ab und zu und sagte »Si« (ja). Doch während sie große Erfahrung mit innerem Frieden und spiritueller Gelassenheit zu haben schien, hatte sie so gut wie keine Ahnung, was Zahlen anbelangte.
Endlich sah es so aus, als habe sie verstanden, und Nora glaubte, sie könne sie nun guten Gewissens für eine Stunde allein lassen.

»Ahora (nun)«, sagte Nora, um ein letztes Mal zu prüfen, ob Karrana sich im Notfall auch zu helfen wüßte, »zeig mir doch bitte, wen du anrufst, wenn ein Feuer ausbricht?«
Da hob Karrana in aller Ruhe und Gelassenheit die Arme zum Himmel, legte ihren Kopf in den Nacken und rief mit lauter Stimme: *»Dios!«*
Nachdem Nora sie lange genug angestarrt hatte, um zu begreifen, daß Karrana es ernst meinte, schüttelte sie den Kopf. »Nein«, sagte sie. »Erinnere dich an das, was ich dir gezeigt habe. In unserer Welt nehmen wir das Telefon und wählen *nueve uno uno.«*
»Nueve uno uno?« wiederholte Karrana in ihrer sanften Art.
»Si«, nickte Nora.
Ein verstehendes Lächeln huschte über Karranas Gesicht. »Ja, natürlich«, sagte sie und lachte vor sich hin, »jetzt verstehe ich.«
»Also gut«, erwiderte Nora. »Was also tust du, wenn ein Feuer ausbricht?«
Karrana strahlte angesichts ihres neugewonnenen Wissens. Sie streckte die Arme gen Himmel, neigte ihren Kopf zurück und rief in den Himmel hinein: *»Nueve uno uno«.* Dann wandte sie sich wieder an Nora und meinte: »Bei euch heißt er also anders, nicht wahr?«
Karrana war so sehr an ein Leben in Verbundenheit mit dem GEIST gewöhnt, daß für sie eine andere Möglichkeit überhaupt nicht in Betracht kam. Für die meisten von uns ist es hingegen so normal geworden, uns auf technische Hilfsmittel und soziale Strukturen zu verlassen, daß wir nur noch an sie glauben und die spirituelle Welt, die unsere Seele nährt, aus den Augen verlieren.

Es ist nicht so, daß wir etwas falsch machen würden. Wir suchen lediglich, unser »Selbst« zu schützen und zu fördern und uns in einer modernen Kultur zu behaupten. Als Nebeneffekt

müssen wir dafür leider in Kauf nehmen, daß wir die Verbindung zu der spirituellen Quelle verloren haben, aus der sich unsere Seele nährt.

- Weil unsere spirituelle Verbindung abgeschnitten ist, führen wir ein Leben voller Nöte und Sorgen und sind taub für den uns innewohnenden GEIST.
- Weil wir ein Leben voller Nöte und Sorgen führen und innerlich schlafen, beschneiden wir uns in unserer Offenheit, Kreativität und Nähe zum Leben.
- Weil wir nicht offen und kreativ sind und keine innige Nähe zum Leben spüren, verlieren wir unser Feingefühl und sind ohne Kontakt zur Gegenwart.
- Weil wir in unserem Leben nicht gegenwärtig sind, uns mit Schutzschildern umgeben und unsere Sinne betäuben, geht uns die Fähigkeit einer differenzierten Wahrnehmung verloren.
- Weil wir die differenzierte Wahrnehmung unserer Sinne nicht zu schätzen wissen, können wir den Reichtum und die Schönheit, die uns umgibt, nicht in ihrer ganzen Fülle genießen.
- Weil wir uns nicht durch die uns umgebende Reichhaltigkeit und Schönheit nähren, vergessen wir, wie man liebt und wie man leicht genug wird, um zu »fliegen«.

In unserer Kultur hat das menschliche »Tun« gegenüber dem menschlichen »Sein« die Oberhand gewonnen, und so werden die meisten von uns von ihren Bürden schier erdrückt. Unsere Last versperrt uns den Weg zur unendlichen Quelle von Trost und Hilfe, die immer da ist und stets bereit, uns beim Tragen zu helfen und unsere Bürden zu mindern. Und diese Quelle ist unsere Spiritualität.

Das große Geheimnis

Das einzig Wichtige ist, danach zu streben, Licht in uns zu tragen.
Albert Schweitzer

Das Geheimnis des Lebens besteht darin, herauszufinden, wie wir mit unserer spirituellen Essenz in Verbindung bleiben können, während wir gleichzeitig in einem physischen Körper leben, dessen Persönlichkeit unablässig damit beschäftigt ist, Rechnungen zu bezahlen, Essen herbeizuschaffen, Kinder großzuziehen oder bessere Golf-Ergebnisse zu erzielen.

Selbst Fortgeschrittene auf dem spirituellen Pfad haben Schwierigkeiten, das rechte Maß zu finden. Rabbi Cohen und Pater Casey waren schon seit vielen Jahren miteinander befreundet, als sie eines Abends nach einem üppigen Mahl bei einer Tasse Kaffee zusammensaßen. Da beugte sich Pater Casey zum Rabbi hinüber und fragte ihn mit leiser Stimme: »Sei ehrlich, mein lieber Freund, hast du jemals Speck gegessen?«

Der Rabbi errötete. »Vor vielen, vielen Jahren, während meiner Jugendzeit, habe ich tatsächlich einmal ein Stück gegessen«, gab er schüchtern zu. Er nippte eine Weile schweigend an seinem Kaffee und sah dann seinen Freund an: »Und du, Casey? Hast du jemals mit einer Frau geschlafen?«

Diesmal war es an Pater Casey zu erröten. Er nickte verlegen: »Einmal, viele Jahre vor der Priesterweihe.«

Eine Zeitlang sagten sie nichts und gaben sich der Erinnerung an jene vergangenen Augenblicke hin. Dann beugte sich Pater Casey noch weiter vor und flüsterte ein wenig traurig: »Es ist besser als Speck, findest du nicht auch?«

Unsere Herausforderung besteht darin, einen Sinn für Ausgewogenheit zu entwickeln zwischen unserer physischen, emo-

tionalen und mentalen Persönlichkeit, die ständig nach Erfüllung und Befriedigung ihrer Bedürfnisse strebt, und dem ewigen GEIST, unserem elementaren Sein.

Wie können wir den uns innewohnenden ewigen GEIST wieder mit unserem Körper und unserer Persönlichkeit vereinen? Um dies zu erreichen, wurden die hier vorgestellten Rezepte zur Geistigen Diät entwickelt.

Ein psycho-spirituelles Zwiegespräch

An diesem Punkt könnte sich in Ihrem Inneren etwa folgendes Zwiegespräch zwischen Persönlichkeit und Spiritualität anbahnen:

Persönlichkeit: Ich versuche ständig, meine Ziele zu erreichen und es mir im Leben so gut wie möglich einzurichten. Was bringt mir die Spiritualität und die Arbeit mit der Geistigen Diät?

GEIST: Ist dir nicht aufgefallen, daß dir bei all deinem Streben nach Verwirklichung deiner Ziele irgend etwas fehlt?

Persönlichkeit: Das stimmt. Es fehlt mir tatsächlich etwas. Doch ich will nichts aufgeben.

GEIST: Das mußt du auch nicht. Ganz im Gegenteil, es steht dir viel mehr zur Verfügung, als du ahnst. Wir können uns an all dem gütlich tun, was uns umgibt, und so ein sehr viel reicheres Leben führen.

Persönlichkeit: Das ist schwer zu verstehen. Was soll ich dabei tun?

GEIST: Wir müssen erwachen, um unser Sein wirklich zu erfahren, und ein lebensbejahendes Dasein führen, das uns größeren inneren Frieden bringt.

Persönlichkeit: Das verstehe ich nicht, doch vielleicht ist das im Augenblick auch noch zuviel verlangt. Was kann ich dazu beitragen?

Geist: Sei einfach bereit und empfänglich. Wenn du die Geistige Diät durcharbeitest, so tu es mit wachem Verstand und offenem Herzen, mit guter Absicht und der Bereitwilligkeit, dir die Mühe zu machen, sie in deinem Alltag umzusetzen.

Persönlichkeit: Nun, ich kann es ja einmal probieren. Von mir aus kann's losgehen.

Geist: Dann ist ja alles gut. Bleib einfach achtsam und einfühlend, und gib dir Mühe. Auf diese Weise kannst du zu einer innigeren Nähe und größeren Spiritualität in deinem Leben finden, so wie es sich hier und jetzt abspielt.

Kapitel 2

Der Atem des Lebens

Da formte Gott, der Herr, den Menschen aus Erde vom Ackerboden und blies in seine Nase den Lebensatem. So wurde der Mensch zu einem lebendigen Wesen.
Genesis 2,7

Sorge und Streß sind die »Hauptgerichte« unseres modernen Lebens. Wenn wir jedoch lernen, aufmerksam zu sein, können wir ruhig werden, unsere Gedanken und Sinne konzentrieren und für die uns unmittelbar umgebende Realität erwachen. Dann kann sich unser spirituelles Bewußtsein auf natürliche Art und Weise entfalten.

Ein Strom im Dschungel

Ich bin so gehetzt und so sehr damit beschäftigt, alles zu tun und zu erledigen, daß ich abends kaum noch abschalten kann. Selbst wenn ich endlich dazu Gelegenheit hätte, kann ich mich nicht entspannen.
Es ist, als würde etwas Wesentliches in meinem Leben fehlen, doch ich weiß nicht, was und wie ich es erreichen kann. Es ist wie ein großes Loch oder ein fehlendes Stück im Puzzle.
Manchmal bin ich nervös, alles dreht sich mir im Kopf, und ich fühle mich schwach. Nacken und Rücken tun mir weh, meine Brust ist wie zugeschnürt, und ich könnte eine gute Massage vertragen. Doch wer gibt mir das Geld und die Zeit dazu?
Ich bin in meinen Gedanken so beschäftigt. Könnte ich mich doch besser konzentrieren! Anscheinend aber habe ich so viele Dinge im Kopf, daß ich nur schwerlich bei einem Thema bleiben kann.

Das Leben ist wie ein Strom im Dschungel. Wir alle treiben darin, selbst wenn wir meinen, ihn vom sicheren Ufer aus vorbeiziehen zu sehen. In der Tat werden wir alle von den Strömungen des Lebens mitgerissen.
In der heutigen Zeit ist der Alltag für die meisten von uns ein ständiges Anschwimmen gegen die Strömung. Ist der Strom rauh und tückisch, so fühlen wir uns durch den physischen, mentalen und emotionalen Druck über die Maßen gestreßt und gehen »auf Überlebenskurs«.
Wir verengen unseren Brustkorb und atmen ganz flach, um auf diese Weise die Sauerstoff- und Blutversorgung des Gehirns zu verlangsamen. Dadurch wird uns womöglich schwindelig, und es können Konzentrationsprobleme auftreten, die unsere Leistungsfähigkeit und Effizienz beeinträchtigen.

Überprüfen Sie sich selbst. Ist Ihre Atmung flach oder entspannt? Haben Sie Verspannungen im Kopf-, Nacken-, Schulter- oder Rückenbereich? Haben Sie das Gefühl, eine Massage würde Ihnen guttun? Bewegen Sie einmal Ihre Arme und Schultern, beobachten Sie Ihre natürliche Atmung, und sehen Sie selbst: Wahrscheinlich ist Ihre Atmung ausgesprochen flach und erreicht nur den obersten Teil der Lunge.

Wir brauchen etwas, das uns über den Streß des Lebens erhebt und uns hilft, im Strom nicht unterzugehen. Das Erlernen von Techniken zur Bewußtmachung unserer Spiritualität ist vergleichbar mit dem Bau eines Floßes für den Strom des Lebens. Zunächst mag es schwierig erscheinen, denn vielleicht haben wir nur ein kleines Stück Holz (die Technik), nach dem wir greifen können, um uns über Wasser zu halten. Doch nach und nach fügen wir weitere Bauhölzer hinzu (Methodik, Verständnis und Erfahrung), bis wir schließlich vertrauensvoll auf das Floß klettern können. Dann können wir uns sicher und unbeschwert »mit dem Fluß« in der Realität bewegen, wohin auch immer der Strom uns tragen mag. Sind wir in der Lage, die Biegungen und Windungen des Lebens erfolgreich zu umschiffen, hält der Strom des Lebens spiritucllc Nahrung für uns bereit.

Doch wie können wir ein »spirituelles Floß« bauen, wenn wir uns vor lauter Streß und Beschäftigtsein von den tosenden Strömungen des Lebens mitreißen lassen? Das erste und grundlegendste Bauholz für unser Floß heißt: *aufmerksam sein.*

Ein Floß auf dem Strom

Vor 2500 Jahren war Siddhartha Gautama Kronprinz im Königreich des heutigen Nepal. Mit neunundzwanzig Jahren ging er von zu Hause weg, verzichtete auf den Thron und begab sich auf den spirituellen Pfad. Nach vielen Jahren intensiver Anstrengung »sah er das Licht« und wurde zum Buddha, was gleichbedeutend ist mit »der Erleuchtete«.

Eines Nachmittags saß der Buddha unter einem Baum am Rande einer Lichtung im Dschungel. Eine Frau trat auf ihn zu, verbeugte sich ehrerbietend und fragte ihn: »Mein Herr, sind Sie ein Gott?«

»Nein«, antwortete der Buddha schlicht.

»Sind Sie ein Engel?«

»Nein.«

»Was sind Sie dann?«

»Ich bin wach.«

Wir anderen sind nur teilweise wach, ähnlich wie es Siddhartha vor seiner Erleuchtung war. Aus dem Munde der spirituellen Meister hört man oft, daß normale Menschen mit Beruf und Hausstand wie Schlafwandler durchs Leben ziehen. Doch auch wir können erwachen. Offensichtlich ist hier nicht der physische Schlaf gemeint. Es geht vielmehr darum, daß wir – wie der Buddha – bewußt werden und spirituell erwachen können. Wir »schlafen« in dem Sinne, daß wir von unserer Persönlichkeit dominiert werden und Hunderten oder gar Tausenden von Dingen nachjagen.

Der moderne Zen-Meister Shunryu Suzuki schrieb: »Die meisten Menschen verbinden zwei oder gar drei Vorstellungen mit einer Tätigkeit. Es gibt da den Ausspruch: ›Zwei Fliegen mit einer Klappe schlagen.‹ Und genau das versuchen die Menschen zu tun. Weil sie viel zu viele Fliegen auf einmal erschlagen wollen, fällt es ihnen schwer, sich auf eine Aktivität zu konzentrieren. Und am Ende haben sie dann womöglich gar keine Fliege gefangen!«

Oder wie der indische Lehrer Bhagwan Shree Rajneesh (Osho) es ausdrückte: »Du gehst, du sprichst, du machst tausend-undeine Sache, aber [...] du lebst nicht in der Achtsamkeit. Wenn du den Erwachten richtig zuhörst [...], dann sagen sie dir: ›Erwache!‹ und meinen damit: Sei ganz in deinem Bewußtsein, auf daß nichts Unbewußtes und Dunkles in deinem Sein verbleibe.«

Wir können erwachen und in der Gegenwart achtsam werden. Indem wir lernen, vorsätzlich und bewußt aufmerksam zu sein, können wir uns dem uns innewohnenden GEIST leichter öffnen und unser ganzes Potential als intelligente Wesen mit einem mächtigen Bewußtsein zur Entfaltung bringen.

Je aufmerksamer wir werden, desto mehr Bauhölzer tragen wir zusammen und desto stärker wird unser Floß. Je stärker unser Floß, desto wacher werden wir. Je wacher wir sind, desto besser können wir uns im Strom des Lebens bewegen.

Durch Aufmerksamsein werden wir spirituell und gleichzeitig auch körperlich gestärkt. Es ist nachgewiesen, daß der bloße Akt der Zentrierung der Gedanken zu einer »Entspannungsreaktion« führt, wie sie von Herbert Benson, einem Harvard-Ab-

solventen und Arzt, beschrieben wurde: Pulsschlag und Atmung werden langsamer, die Muskulatur entspannt sich, und die Konzentration streßinduzierter Hormone sowie chemischer Botenstoffe im Gehirn wird reduziert. Die »Entspannungsreaktion« verhilft 75% der Schlafgestörten zu normalem Schlaf, 34% der Schmerzleidenden zu einem geringeren Schmerzmittelverbrauch und 35% der »unfruchtbaren« Frauen zu einer Schwangerschaft.
Doch auf den ersten Blick erscheint es unmöglich, daß bloßes Aufmerksamsein überhaupt von Bedeutung sein kann. Wir halten es für etwas Belangloses, Langweiliges und Wirkungsloses, doch das ist ein Irrtum unserer eigenen Wahrnehmung. Unserer Persönlichkeit liegt ein zerstreuter, geschäftiger Verstand zugrunde, der die Wichtigkeit zielgerichteter Aufmerksamkeit mißversteht und völlig unterschätzt.
Der schweigende Sufi-Weise Meher Baba schrieb einmal: »Das Ego hält alles Unwichtige für wichtig und alles Wichtige für unwichtig.«

Aufmerksam zu sein ist die erste und wichtigste Technik der Geistigen Basisdiät. Lernen wir, achtsam zu sein, wissen wir mit der Zeit, was wirklich in uns und um uns herum geschieht. Und schließlich werden wir erkennen, daß vor uns ein Festmahl bereitet ist.
Die großen Religionen der Welt haben die zielgerichtete Achtsamkeit schon immer neben dem Gebet genutzt, um spirituell Suchende näher zu Gott zu bringen (Gebete und Mantras werden in Kapitel 7 behandelt). Die Kraft der Achtsamkeit – Bewußtsein, Aufmerksamkeit, Wachheit – kennen nur wenige, den meisten ist sie verlorengegangen.

Im ersten Jahrhundert sagte Rabbi Jakob:

> Besser ein einziger Moment des Erwachens in dieser Welt als eine Ewigkeit in der kommenden Welt ...
> Warum?
> Ein einziger Moment des Erwachens in dieser Welt ist Ewigkeit in der kommenden Welt.
> Der innere Frieden der kommenden Welt bedeutet, mit voller Aufmerksamkeit in dieser Welt zu leben.
> Die beiden sind eins, zwei Seiten ein und derselben Medaille, die sich nach dem Hochwerfen um ihre eigene Achse dreht und niemals aufgefangen wird.

Ein frühchristlicher Kirchenvater, der heilige Simon, drückte es im 4. Jahrhundert so aus: »Wenn du deinen Gedanken und Sinnen Beachtung schenkst [...] und das Vaterunser betest, wirst du alles gelernt haben.«
Im 11. Jahrhundert sagte Rabbi Bahya ibn Paquda: »Weil der Verstand unstet ist, haben unsere weisen Väter die Gebetsordnung festgelegt«, um die Aufmerksamkeit der Betenden zu binden.
Im 16. Jahrhundert war Rabbi Judah Albotini über die Zerstreutheit und Unaufmerksamkeit der Menschen ähnlich besorgt und empfahl, daß »diejenigen, die sich konzentrieren möchten [...], ihre Augen schließen«. Zu jener Zeit entstand aus der jüdischen *Kavannah*, oder Konzentration und Meditation, die Kabbala, eine vorgegebene Reihe von Gebeten zur Schaffung einer heiligen Verbindung durch zielgerichtete Aufmerksamkeit auf Gott und seine Lehren.
Der heilige Franz von Sales, ein Mystiker des 16. Jahrhunderts sagte: »Wenn das Herz wandert, so bringe es ganz behutsam auf das Ziel zurück.« Selbst wenn man die ganze Gebetsstunde über unablässig damit zubringe, seine Aufmerksamkeit zurück

auf das Ziel zu lenken, so seine Worte, seien »diese Stunden bestens genutzt«.
Die Muslime beten traditionsgemäß fünfmal am Tage, um sich innerlich zu konzentrieren. Der Suchende wird angehalten, den Worten des Propheten Mohammed *La Ilaha Illa'llah* (»Es gibt keinen anderen Gott als GOTT«) seine »volle Aufmerksamkeit zu schenken«.
Gautama Buddha formulierte es so:

Wachheit ist der Weg des Lebens.
Der Dumme schläft,
So als wäre er bereits tot.
Doch der Meister ist wach.
Und er lebt immerdar.
Er wacht.
Er ist klar.
Wie glücklich er doch ist!
Denn er sieht, daß Wachheit Leben ist.

Im vorrevolutionären Rußland wurde den Mönchen und Laien aufgetragen, »den Intellekt zu reinigen«, indem sie beim Ausatmen jedesmal die Worte wiederholten: »Herr Jesus, habe Erbarmen mit mir.« Auf diese Weise richteten sie ihre Aufmerksamkeit auf ihren ganz persönlichen Erlöser, Jesus.
Der Zen-Lehrer Joko Beck führt aus, daß wir uns durch Aufmerksamsein verändern, denn »wenn wir selbst zur uneingeschränkten Achtsamkeit werden, verbessern wir unsere Fähigkeit, Denkprozesse zu vollbringen und zu steuern, unsere gesamten Sinneseindrücke werden heller, klarer [...], und eine Fülle umgibt uns, wie sie unserem natürlichen Zustand gemäß ist; vorausgesetzt, wir blockieren unsere Erfahrung nicht durch angestrengtes, sorgenvolles Denken.«

Erwachte Aufmerksamkeit

Viele spirituelle Lehrer weisen uns darauf hin, wie wichtig Aufmerksamkeit ist. Was aber meinen sie wirklich mit dem Begriff »Aufmerksamkeit«? Eigentlich wissen wir schon, wie wir aufmerksam sein können, denn wir haben es in der Schule gelernt und praktizieren es bei der Arbeit. Die Schwierigkeit besteht darin, daß wir uns die meiste Zeit in unseren Gedanken, Handlungen, Sorgen und Nöten verlieren und mehrere Dinge auf einmal beziehungsweise schnell hintereinander tun oder denken; dabei gleiten wir ständig aus der Aufmerksamkeit heraus und wieder in sie hinein.

Im Gegensatz zu diesen normalen Augenblicken halbherziger Achtsamkeit erinnern wir uns sicher alle an Momente, in denen wir hellwach und bewußt waren und unsere Aufmerksamkeit im Augenblick gefesselt blieb. Solche »wirklich wachen« Momente mögen durch einen Notfall oder eine große Freude ausgelöst worden sein.

So berichten Menschen beispielsweise oft nach einem Unfall, wie die Zeit dahinzuschleichen schien, während sie alles mit intensiver Aufmerksamkeit verfolgten.

Morgan, eine junge Bekannte, kam gerade noch mit dem Leben davon, als sie kürzlich von einem Lastwagen angefahren wurde. Sie schilderte uns, daß alles in Zeitlupentempo vor sich zu gehen schien – der Lastwagen schien ganz langsam mit nicht mehr als acht Stundenkilometern auf sie zuzukommen, ihr Körper erhob sich etwa zweieinhalb Meter in die Luft und sie sah zu, wie der Boden unter ihr wich. Ihre Schwester Stefanie hingegen berichtete, daß sich die ganze Angelegenheit in Sekundenbruchteilen abgespielt habe.

Auch das Erlebnis großer Freude kann uns aus unseren Tagträumen herausreißen. Sharon schilderte uns, daß bei ihrer Hochzeit mit Matt alles und jeder um sie herum von einem

intensiven Glücksgefühl erfaßt zu sein schien. In ihrer Vorstellung ertönte sogar aus den Blumen Musik, und sie spürte förmlich die vibrierende Lebendigkeit in allem.
Dies sind Beispiele intensiver Aufmerksamkeit in Ausnahmesituationen. In solchen Momenten werden wir uns der Essenz in uns – unseres Wesenskerns – ausgesprochen stark bewußt; er ist immerzu aufmerksam. Es ist der innere Beobachter, der während des Unfalls zuschaut und alles mit derartiger Klarheit sieht, daß es uns wie im Zeitlupentempo erscheinen mag.

Er ist es auch, der in Momenten der Freude achtsam ist. Dann ahnen wir oft, daß es in uns etwas gibt, etwas Tieferes als den Beobachtenden. Wir sehen zu, aber wir können uns auch selbst beim Beobachten zusehen. Der Geist ist jene Quelle unseres Bewußtseins, jener Teil in uns, der weiß, daß er weiß. Häufig geht diese Erkenntnis unserer wahren Identität zumindest eine Zeitlang mit einem Gefühl von großer Klarheit, Euphorie oder Wohlbehagen einher.

Die meisten von uns erleben solche Momente der Not oder Freude nur sehr selten. Doch wir brauchen keine Katastrophen oder ekstatischen Erfahrungen, um unsere Persönlichkeit zur Ruhe zu bringen, unseren Verstand zu klären und spirituell wacher zu sein. Mit einiger Übung können wir dies in jedem Augenblick, selbst im Trubel unseres Alltagslebens, erfahren.

Große Knüller, kleine Knüller

Wir können unseren Rhythmus so weit verlangsamen, daß wir jetzt, in dem Augenblick, in dem wir diese Worte lesen, aufmerksam werden. Nun können wir die kleinen Dinge bemerken, die uns hier und jetzt umgeben: die Farben im Zimmer, ein Geräusch von draußen, das Gefühl, hier auf diesem Stuhl zu sitzen. Wir können es zulassen, intensiver da zu sein, wo wir sind, und uns der Kleinigkeiten um uns herum bewußter werden. Wir können das Gefühl in unseren Händen und Fingern spüren, während wir das Papier berühren und dieses Buch festhalten. Wir können in jedem Augenblick aufmerksam sein, auch jetzt.

Wir leben in der Vorstellung, daß nur die *großen* Dinge wirklich zählen, wie beispielsweise eine Beförderung oder eine Gehaltserhöhung, der Weltcup, ein Lotteriegewinn, eine Hochzeit, ein neues Auto oder Haus. Solche Erlebnisse begeistern uns und tragen zur Befriedigung der Bedürfnisse unserer Persönlichkeit bei. Doch schon bald verblassen sie in unserer Erinnerung, wie ein besonderer Nachtisch, der uns Abwechslung von unserer Alltagskost bietet.
Während unsere Persönlichkeit nach Höhepunkten im Leben strebt, versäumen wir es, das Vorspiel zu genießen. In unserer dauernden Suche nach dem großen Knüller gehen uns all die kleinen Knüller verloren, die das Leben ausmachen, und wir übersehen all das Gute am Wegesrand.
Wie Robert Fulghum es einmal humorvoll dargestellt hat:

> »Was ich tue«, ist wörtlich genommen, »wie ich meine Zeit verbringe« [...]; ich habe ausgerechnet, daß ich in meinem bisherigen Leben 35 000 Stunden mit dem Essen zugebracht habe, 30 000 Stunden unterwegs im Verkehr, weitere 2508 Stunden mit dem

Zähneputzen, 870 000 Stunden allein mit der Erledigung von Alltagskram wie dem Ausfüllen von Formularen, dem Instandsetzen und Reparieren, Begleichen von Rechnungen, An- und Ausziehen, Zeitungslesen, dem Besuch von Ausschußsitzungen, Kranksein und so weiter und so weiter. Dazu kommen 217 000 Stunden bei der Arbeit. Da bleibt alles in allem nicht gerade viel Zeit übrig. Die guten Dinge müssen irgendwie eingeschoben werden oder aber parallel zu all den anderen Dingen geschehen.

Ein Großteil des Lebens setzt sich aus all den sogenannten »kleinen Dingen« zusammen, die uns tagtäglich umgeben und die Möglichkeit tiefer Zufriedenheit und Freude in sich bergen: Hand in Hand mit einem geliebten Menschen die Straße entlangzuschlendern, den Duft von frischem Brot zu riechen, einem älteren Menschen die Tür aufzuhalten, ein heller, weißer Vollmond am tiefblauen Firmament, frische Grashalme im Frühling, das Bimmeln eines Glockenspiels im Wind, der Geschmack einer saftigen Apfelsine.

Augenblicke der Nähe sind immer möglich und allgegenwärtig. Achten wir nicht bewußt auf das, was in uns und um uns herum passiert, gehen wir an der größten Quelle der natürlichen Nahrung und Stärkung vorbei, die das Leben für uns bereithält; und das Festmahl, das vor uns ausgebreitet ist, bleibt unangerührt.

In dem Maße wie wir lernen, aufmerksam zu sein, spüren wir eine immer größere Lebendigkeit in uns. Mit der Zeit finden wir auch Zugang zu dem Beobachter, der über den Strom des Lebens wacht. Und wenn wir weiterhin aufmerksam bleiben, werden wir allmählich spirituell erwachen und unsere Gedanken voller Achtsamkeit und Zielgerichtetheit dem Hier und Jetzt zuwenden.

Nach innen schauen und aufmerksam werden

Wie aber sollen wir aufmerksam sein, wenn das Leben derart viel von uns fordert und so hektisch und sorgenbeladen ist? Wie können wir uns ein Floß auf dem Strom bauen, wenn unsere Aufmerksamkeit auf so vielfältige Weise beansprucht wird? Und wie können wir aufmerksam sein, wenn das, was das Leben uns zu bieten scheint, häufig weder friedvoll noch angenehm oder schön ist? Es ist leicht zu sagen »SEI AUFMERKSAM!« Aber wie können wir das wirklich bewerkstelligen?
Wie an anderer Stelle ausgeführt, unterstreichen alle Religionen die Wichtigkeit des Aufmerksamseins. Unbestreitbar ist auch, daß alle Religionen uns lehren, die Quelle jeglicher spiritueller Erfahrung in uns selbst zu suchen:

- Christentum: *»Das Himmelreich ist in dir.«*
- Buddhismus: *»Schau in dich hinein, du bist der Buddha.«*
- Hinduismus: *»Gott hält sich verborgen in allen Herzen.«*
- Siddha Yoga: *»Gott wohnt in dir als dein Selbst.«*
- Schintoismus: *»Gott findet man in des Menschen eigenem Herzen.«*
- Islam: *»Wer sich selbst kennt, kennt seinen Gott.«*
- Konfuzianismus: *»Was der nichtentfaltete Mensch sucht, liegt außerhalb; der fortgeschrittene Mensch sucht in seinem Inneren.«*

Was in uns schlummert, finden wir durch Aufmerksamkeit. Der traditionelle Weg, zur Aufmerksamkeit zu gelangen, besteht darin, uns unter Zuhilfenahme der einen oder anderen Technik nach innen zu wenden und zu konzentrieren. Eines der am häufigsten eingesetzten Hilfsmittel ist dabei die Atmung.

Die erste und grundlegendste spirituelle Technik, die uns die Last des Alltags abzustreifen hilft, ist die Zentrierung der Aufmerksamkeit über den Atem. Wir können bewußt atmen, während der Atem in uns einströmt, und bewußt atmen, während der Atem aus uns ausströmt. Achten wir auf unsere Atmung, trägt uns unser Floß auf dem Strom immer weiter, über alle Schnellen und ruhigen Gewässer hinweg.

Bewußte Atmung ist eine grundlegende Technik, die schon seit Tausenden von Jahren in einer Vielzahl spiritueller Traditionen genutzt wird, um die Aufmerksamkeit zu schärfen und zu entfalten. Atem ist etwas Einfaches, Natürliches und für jeden von uns in jedem Moment seines Lebens Verfügbares. Je öfter wir unseren Atem zur eigenen Konzentration einsetzen, desto besser gelingt uns dies. Es ist aber ebenfalls natürlich, sich gegen die Vorstellung zu sträuben, daß bewußtes Atmen überhaupt zu irgendetwas nutze sei.
Schließlich ist Atmen etwas viel zu Alltägliches, Langweiliges und Banales und zudem Unsichtbares, um wirklich wichtig zu sein. Jeder von uns atmet. Erwachsene denken darüber gar nicht mehr nach, es sei denn sie hätten Asthma oder andere Atembeschwerden. Und Kinder spielen damit, indem sie die Luft möglichst lange anhalten. Doch hier geht es um mehr als ein Spiel. Bezeichnenderweise verschließen wir unsere Augen vor der essentiellen Verquickung von Atem und Leben so lange, bis wir einmal am Atmen gehindert werden oder vielleicht jemand anderen sehen, der nicht atmet. Solche Bilder vom Leben und vom Tod vergißt man nicht so leicht.

Ein besonderer Atemzug

Diane erzählt uns eine Geschichte, die zu diesem Thema paßt und uns diese Erkenntnis in unvergeßlicher Form nahebringt. Sie handelt davon, wie ihr Pferd, Naco Sue, der Familie das erste Fohlen schenkte.

Damals (so beschreibt Diane es mit ihren eigenen Worten) war ich eine pferdenärrische Neunjährige, und meine Mutter erzählte den Leuten immer wieder, ich hätte vor dem Sprechen das Wiehern gelernt. Doch wie dem auch sei (ich fürchte, daß es nicht stimmt) – wahr ist, daß ich an meinem neunten Geburtstag auf mein langes, unentwegtes Flehen hin ein Pferd geschenkt bekam. Von da an drehte sich mein ganzes Leben um die Versorgung und Pflege, das Füttern und Verehren von Sue, einer Fuchs-Stute mit den sanftesten braunen Augen der Welt. Jeden Tag begrüßten wir uns gegenseitig in traditioneller Pferdesprache: sie blies mir sanft in die Nase und ich sanft in die ihre. Als ich erfuhr, daß mein angebeteter Liebling Nachwuchs bekommen würde, schwebte ich wie auf Wolken.

Wer schon einmal ein Fohlen gesehen hat, weiß, wie es unser Herz im Flug erobert. Die übergroßen braunen Augen, die graziösen und zugleich völlig unproportionalen Beine, die wuscheligen Büschel, aus denen einmal Mähne und Schwanz werden sollen, und die kleinen samtigen, innen rosaroten Nüstern sind einfach unwiderstehlich!

Mein Vater, der genauso ein Pferdenarr war wie ich, aber sicher auf sehr viel gelassenere Weise, strich gemeinsam mit mir jeden Tag im Kalender ab, und so verging die neunmonatige Tragezeit. Der dritte Juni leuchtete heraus, rot markiert und mit den Worten »SUES GROSSER TAG« überschrieben. Während ich mir diese Worte immer wieder vorsagte, tanzten sie in meinem Kopf herum wie ein Mantra mit einer ganz eigenen Melodik und ständig wachsender Intensität, je näher wir dem errechneten

Termin kamen. Dann vergingen noch sieben weitere angstvolle Tage. Die Zeit schien immer langsamer zu vergehen und war nur von einem einzigen Gedanken erfüllt, der mich immerzu beschäftigte: »Haben die Wehen schon eingesetzt?«

In der Nacht vor dem Ereignis, das keiner von uns je vergessen wird, »schliefen« mein Vater und ich in der Scheune. Es war ein Bild für die Götter: Wir hatten unser Lager im Gang vor den Boxen aufgeschlagen, die Stute neigte ihren Kopf über die Wandung zu uns herunter, und das einzige Geräusch, was zu hören war, war ein Rumoren in ihrem Bauch, das sich so ähnlich anhörte, als würde eine große Waschmaschine auf Schongang laufen. Mit jeder Umdrehung der »Trommel« schien es ihren Bauch noch weiter nach unten zu ziehen, und von Zeit zu Zeit gab Sue einen Laut zwischen Seufzen und Stöhnen von sich.

Es war gegen zehn Uhr abends, bevor das Seufzen endgültig zum Stöhnen geworden war. Die Stute fing an zu kreißen und legte sich schließlich in die vorbereitete Streu nieder.

Eine Pferdegeburt ist ein Sprint und kein Marathon: Es sollte schnell gehen, und mit ein paar extrem heftigen Wehen, bei denen die Stute vom Brustkorb bis zu den Flanken kontrahiert, sollte das Fohlen innerhalb von etwa 20 Minuten zur Welt gebracht werden.

Nachdem etwa 90 Minuten heftigster Wehen vergangen waren, erkannte ich, was mein Vater wohl schon seit einiger Zeit gewußt hatte: Es gab schreckliche Komplikationen.

Mein Lehrer hatte gemeint, ich solle mir Notizen machen und der Klasse von der Geburt des Fohlens berichten. Noch heute habe ich diese Zettel, auf denen ich in krakeliger Kinderschrift die alarmierende Abfolge der Ereignisse in brutaler Einfachheit notiert habe:

1.30 Uhr: Anruf bei Dr. Davidson. Er ist wegen eines anderen Notfalls unterwegs.

2.15 Uhr: Die Stute schlägt sich mit den Hufen gegen den Unterleib.
3.45 Uhr: Anruf bei Dr. Logan. Er ist gerade unterwegs zur Praxis, doch es wird noch etwa zwei Stunden dauern.
4.00 Uhr: Sue schwitzt so, daß ihr die Schweißperlen über das Gesicht laufen und ihr in die Augen tropfen.
4.15 Uhr: Sue läßt keinen mehr an sich heran.
Dies ist mir besonders lebhaft in Erinnerung geblieben. Sue, die sich vor Schmerzen sicher kaum noch halten konnte, kam auf die Beine, riß meinem Vater das Halfterseil aus der Hand und wankte zum Tor hinaus in ihre Koppel. Dort warf sie sich mit solcher Wucht auf ihre sich wölbende Seite, daß der Boden erbebte. Dabei stöhnte sie herzzerreißend. Und als sei dies allein nicht entsetzlich genug gewesen, raffte sie sich mit zittrigen Beinen noch einmal hoch und warf sich noch einmal mit einer solchen Kraft auf die andere Seite, daß es aussah, als müßten sowohl die Stute als auch das Fohlen durch die Wucht des Aufpralls zugrunde gehen.
Ich bat meinen Vater, ihr Einhalt zu gebieten. Doch sie war vor lauter Schmerzen in eine solche Panik geraten, daß sie niemanden an sich heranließ.
Ich ließ meine Notizen Notizen sein und war wie gelähmt von etwas, in dem ich Jahre später unsere übermächtige Hilflosigkeit angesichts des unvermeidbaren Todes eines geliebten Wesens erkannte – eines Todes, gegen den wir nichts ausrichten können.
Schließlich kam Sue noch einmal auf die Beine, schleppte sich mit völlig zerschundenem Körper in ihre Box zurück und ließ sich dort erneut auf den Boden fallen. Diesmal wurde durch die Wucht des Aufpralls ein golfsackgroßes Etwas aus ihr herausgepreßt und in die Ecke der Box geschleudert.
Dieses Etwas war kaum als Fohlen zu identifizieren und ganz eindeutig leblos. Der reglose Körper sah aus wie eine nasse Per-

gamentpapiertüte: Die Augen waren geschlossen, die Ohren an den schmalen Kopf geklebt, der Körper zusammengedrückt und eingefallen, und die Haut klebte wie ein nasses T-Shirt an den Rippen.

Ich hatte kaum Zeit, das Entsetzen, die Enttäuschung und Wut zu spüren, denn schon passierte die nächste Katastrophe: Sue, die entweder nicht einmal bemerkt hatte, daß ihr Fohlen geboren war, oder zu starke Schmerzen hatte, um sich darum zu kümmern, rollte auf dem Rücken hin und her und fing an zu zucken und auszuschlagen. Dabei wurde mein Vater, der bei dem toten Fohlen stand, von ihrem eisenbeschlagenen Hinterhuf an der Schulter getroffen und zu Boden gestreckt.

Mit einer aus Angst geborenen Schnelligkeit und Kraft kam er wieder auf die Füße. Er hatte offenbar noch nicht gemerkt, daß für das Fohlen jede Hilfe zu spät kam, denn er versuchte, die Stute an den Fesseln zu halten und von ihm wegzudrücken. Mit zusammengebissenen Zähnen preßte er hervor: »Zieh das Fohlen raus, damit es eine Chance hat!«

In diesem Augenblick erkannte ich, daß er es noch nicht für tot hielt – zumindest für nicht so tot, wie es wäre, wenn es von Sues Hufen zermalmt würde.

Das Fohlen war schwerer als ich, wie man mir später berichtete. Doch irgendwie kam es mir überhaupt nicht schwer vor, als ich es an den Vorderbeinen packte und aus der Box in das Zwielicht der Koppel zog, um es aus dem Gefahrenbereich zu bringen. Ich starrte nur auf die Augen, die Lippen – suchte nach irgendeinem Lebenszeichen … In sicherer Entfernung ließ ich mich schließlich auf die Knie sinken und nahm den reglosen Kopf des Fohlens in meine Hände.

Ich erinnere mich noch, wie ich an all die Bilder in den Büchern meines Vaters dachte, in denen Pferdegeburten beschrieben wurden, und an das, was er mir darüber vorgelesen hatte. Jetzt erschien mir das Ganze auf einmal so sinnlos. Dann aber

muß ich das auf der Hand Liegende erkannt haben: Das Fohlen atmete nicht. Es fehlte ihm schlichtweg der unverzichtbare Atem, der in uns allen das Leben zum Erwachen bringt. Es war von dem lebensspendenden Sauerstoff seiner Mutter abgeschnitten und hatte sich noch keine eigene Verbindung zur Erde und allem Leben in uns und um uns herum geschaffen.
Ich weiß bis heute noch nicht, wie ich auf die Idee kam – vielleicht habe ich an das gedacht, was ich im Schwimmbad auf Plakaten über die Rettung Ertrinkender gelesen hatte. Ohne weiteres Nachdenken wischte ich dem Fohlen den Schleim von Nase und Mund, formte meine Hände rings um seine Nüstern zum Trichter, legte meine Lippen darauf und blies hinein.
So als hätte man einen Schalter angeknipst, begannen die Nüstern unter meinen Händen zu zucken. Die großen, bewimperten Augen öffneten sich und schauten mich verwundert an. Gleichzeitig hörte ich, wie das Fohlen nach Luft schnappte. Seine Brust weitete sich und sah nicht mehr eingefallen aus. Nun, da sich die Lungen entfaltet hatten, lag da eindeutig ein echtes, lebendiges, dickes und gesundes Pferdebaby vor mir und schaute mich mit den neugierigen Augen eines Neugeborenen an, in denen noch das Licht der Ewigkeit schimmert. Dabei gab es sanfte, gurgelnde Babylaute von sich, die mich vor Freude von Kopf bis Fuß erbeben ließen.
Die göttliche Kraft des Lebensatems war vor meinen Augen manifest geworden. Nichts hätte sie meinem jungen Verstand deutlicher nahebringen können. Diese Szene sollte mich ein Leben lang daran erinnern, daß unser Atem uns in jedem einzelnen Augenblick mit der Erde und allem Leben in uns und um uns herum verbindet.
Plötzlich stand mein Vater neben mir. Seine Wange war arg zerschunden, und er blutete am Ohr, wo Sue ihn mit dem Huf getroffen hatte. (Sue hat das Ganze übrigens unbeschadet überstanden.) Er muß mich wohl beobachtet haben, denn als er auf

mich herabschaute, meinte er: »Das war ein ganz spezieller Atem, den du dem Fohlen da eingehaucht hast!«
Und obgleich das Fohlen unter einem ganz anderen Namen eingetragen wurde, nannten wir es in Erinnerung an den dünnen Faden, der Leben und Tod verbindet, immer nur *Special*, das Besondere.
Atem: Geschenk des Lebens in einem Hauch von Luft. Wir können ihn weitergeben und miteinander teilen, und stets fließt er unter uns – ein Geschenk Gottes.

Heiliger Geist, heiliger Atem

Der Begriff GEIST entspricht dem lateinischen Wort *spiritus*, was auch soviel wie Hauch, bewegte Luft, Atem bedeutet. In vielen alten Überlieferungen wird diese Verbindung aufgezeigt:
Im Judaismus spricht man von *ruah*, dem Atem, in der Bedeutung vom Geist Gottes, der die Schöpfung mit Leben erfüllt. Hiob sagt im Alten Testament: »Der Geist Gottes hat mich geschaffen, und der Atem des Allmächtigen hat mir das Leben gegeben.«
Im Christentum ist der Heilige Geist oder *Spiritus Sanctus* der Lebensatem, denn im Neuen Testament heißt es: »Gott, der die Welt erschuf [...], gibt allem Leben und Atem.«
Im Hinduismus wird *Brahman* als letztendliche Wirklichkeit jenseits von Namen und Form hingestellt; das Wort leitet sich ab von *Br*, atmen, und *brih*, groß sein.
Im chinesischen Taoismus bedeutet *Qi* wörtlich »der Atem«. Man benutzt den Begriff als Bezeichnung für unsere vitale spirituelle Lebensenergie, das Tao, den Rhythmus des Lebens.
In den religiösen Überlieferungen wurde der Atem immer und immer wieder als ein Hauptpfad zur Stärkung unserer spirituellen Natur dargestellt.

Mit unserer Geburt haucht uns der Große Geist den Lebensatem ein, der vom ersten bis zum letzten Augenblick in uns ist. Wie so viele der allerwertvollsten Dinge des Lebens ist er unsichtbar und doch offensichtlich. Er ist ein allgegenwärtiges Juwel am Wegesrand, das wir leicht übersehen, weil Atmen für uns zur Selbstverständlichkeit geworden ist, »nichts Besonderes« also und scheinbar ohne Belang. Doch wir irren uns. Denn das Atmen kann sowohl für die Persönlichkeit als auch für den GEIST sehr wichtig sein.
Das Atmen wird sehr häufig als eine wertvolle Technik zur Selbsthilfe genutzt, die uns ruhiger werden läßt, uns zu mehr Wohlbefinden verhilft, dem Bestreben unserer Persönlichkeit nachkommt, alle körperlichen Beschwerden und Schmerzen von uns zu nehmen, Streß abzubauen und besser mit unserem Alltagsleben zurechtzukommen.

Doch der Einsatz der Atmung zur Selbsthilfe ist nur der Anfang. Bewußtes Atmen nämlich führt uns jenseits aller Persönlichkeitsbestrebungen hin zum GEIST: Indem wir unsere Aufmerksamkeit in die Gegenwart bringen und das Licht der Achtsamkeit hinzufügen, kann die Spiritualität mit Hilfe des Atmens aus dem Dunkel unserer Persönlichkeit emporsteigen und in unser Bewußtsein eingehen.

Der GEIST ist vergleichbar mit der Sonne, die Persönlichkeit mit dem Mond. Die meiste Zeit unseres Lebens verbringen wir im Dunkel der teilweisen oder gar totalen Finsternis, weil unsere Persönlichkeit das Licht des GEISTES verdeckt.

Unser Ziel ist es, die Persönlichkeit beiseite treten und den GEIST in vollem Licht erstrahlen zu lassen.

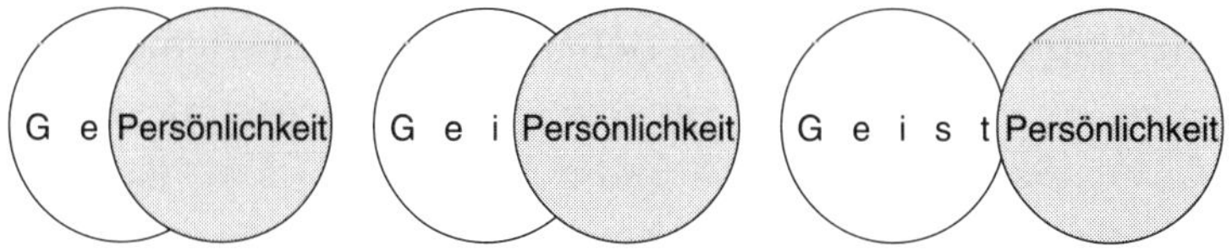

A. H. Almaas schreibt: »Erlösung ist nichts anderes als eine momentane Befreiung der Persönlichkeit; sie löst ihren Griff und überläßt sich selbst der Entspannung. Lassen wir unsere Persönlichkeit baumeln, werden wir wieder wie Kinder und betreten das Paradies.«

Das Wunder des Atems

Atmung ist etwas ganz Normales, und doch kann sie uns mit der lebendigen und faszinierenden Realität, in der wir ständig leben, in Kontakt bringen.
Zunächst mag dies nur für einen flüchtigen Moment geschehen. Doch sobald wir bewußt atmen und mit unserer Aufmerksamkeit in die Mitte des Lebens kommen, erkennen wir, daß wir *hier und jetzt* leben. Wir erkennen, daß unsere wahre spirituelle Natur hinter unserer Persönlichkeit in sich vollkommen ist. Wir fühlen uns lebendig, ganz, gut und ewig.
Je stärker wir das empfinden und je mehr Momente der Wachheit wir aneinanderknüpfen, desto größer wird unsere spirituelle Achtsamkeit.

Wie ein dienstbarer Flaschengeist, der nur darauf wartet, gerufen zu werden, so ist bewußtes Atmen die Quelle unerschöpflichen spirituellen Reichtums und geistiger Erneue-

rung. Atmung bildet die Grundlage der Geistigen Diät und ist der erste Schritt, um die Last des Alltags abzustreifen.

Wir können jederzeit einen tiefen, entspannten Atemzug im Sinne der Geistigen Diät tun, dabei unsere Achtsamkeit zentrieren und dann wieder normal weiteratmen.
Nehmen Sie sich jetzt einen Augenblick Zeit dafür:

Ich sitze hier, halte dieses Buch, der Atem strömt ein, der Atem strömt aus.
Ich bin nur achtsam, fühle die Luft, wie sie in Nase oder Mund ein- und wieder ausströmt. Im Augenblick muß ich nirgendwo hin und gar nichts tun. Ich kann entspannen und mich baumeln lassen.
Beim Lesen dieser Worte strömt Luft in meinen Körper ein und aus meinem Körper heraus. Ich muß nichts Besonderes tun oder auf eine bestimmte Art atmen.
Langsam, mit Achtsamkeit. Ein und aus. Bewußt nehme ich wahr, wie der Atem einströmt, und bewußt nehme ich wahr, wie der Atem ausströmt, und dabei lese ich dieses Buch.
Mit dem bewußten Atmen werde ich immer ruhiger. Wenn ich noch einmal ein- und ausatme und dann noch einmal, komme ich noch mehr zur Ruhe und sinke noch tiefer in die Entspannung. Ich werde immer aufmerksamer, wo ich auch bin und was ich auch tue.
Wir können dies jederzeit wiederholen. Wir können atmen, dabei unsere Achtsamkeit zentrieren und so die Süße des Lebens kosten. Entspannt und wachsam zugleich. Beim bewußten Einatmen muß nichts Mysteriöses geschehen, und das bewußte Ausatmen braucht kein Feuerwerk auszulösen. Wir wenden uns einfach nach innen und konzentrieren unsere Aufmerksamkeit für eine kleine Weile. Nur atmen – hier und jetzt. Ich darf mich hier, an diesem Ort, nun viel wohler fühlen.

Wir konzentrieren uns und achten genau auf das, was in uns und um uns herum geschieht, während unsere Atmung uns daran erinnert, aufmerksam zu sein.

Unsere Persönlichkeit mag die Atmung kontrollieren und sich als Richterin aufschwingen wollen: »Wie klappt das? Entspanne ich genug? Atme ich richtig? Bleibe ich wirklich genug bei meinem Atem? Bin ich aufmerksam genug, und kann ich meine Aufmerksamkeit lange genug halten?« Die Persönlichkeit will sich an Herausforderungen und Intensität berauschen, indem sie ihren unmittelbaren Zielen nachjagt und dem Erfolg hinterherrennt.
All diese Gedanken und Befürchtungen können wir beiseite schieben und einfach aufmerksam sein, denn mit Hilfe unseres Atems gelangen wir jenseits unserer Persönlichkeit zum Spirituellen, dem Beobachter in uns. In dem Maße, wie wir diesen Zustand der Aufmerksamkeit zu halten lernen, erwachen wir und können die wirkliche Welt hier und jetzt wahrnehmen. Nun können wir die spirituelle Essenz erkennen, die sich hinter dem Beobachter und zwischen den Gedanken befindet.

Was kann ich tun?
Das Rezept vom »Lebensatem«

Durch bewußtes Atmen aufmerksam zu werden ist der erste Gang unseres Menüvorschlages zur Geistigen Basisdiät. Die Herausforderung lautet, aufmerksam zu sein, als moderne Menschen inmitten unseres Alltags: während wir ein Telefongespräch entgegennehmen, uns die Socken anziehen, im Waschsalon auf die Wäsche warten, während wir unseren Computer bedienen, auf dem Weg zur oder von der Arbeit sind, eine Straße entlangschlendern. Folgende Ratschläge mögen dabei helfen:

1. Wann immer Sie es einrichten können, atmen Sie zum Einstieg zuerst einmal tief und langsam ein und aus, um mit Ihrer Aufmerksamkeit ins Hier und Jetzt zu kommen. Danach atmen Sie wieder normal und versuchen, aufmerksam zu bleiben.
Das ist nur der Anfang. Im weiteren Verlauf lernen Sie, wie Sie bewußte Achtsamkeit mit den anderen Gängen der Geistigen Diät verknüpfen und spirituelle Rezepte zusammenstellen können, die Ihren spezifischen Bedürfnissen und Vorstellungen entsprechen.

Machen Sie diese Übung jeden Tag, und wenn es nur einmal wäre. Vielleicht nehmen Sie sich sogar zehn oder mehr volle, langsame und bewußte »Einstiegsatemzüge« am Tag vor. Wann und wo immer sich die Gelegenheit bietet – ob im Auto oder im Büro, in der Küche oder im Zug –, konzentrieren Sie sich auf Ihre Atmung und werden Sie aufmerksamer. Sie brauchen sich nicht anzustrengen oder groß nachzudenken; achten Sie einfach auf Ihren natürlichen Atem, der in Ihren Körper ein- und wieder ausströmt. Fühlen Sie, wie sich Ihre Lungen füllen und wieder leeren, wie Ihr Bauch auf- und niedergeht, wenn der Atem durch die Nase einströmt und durch den Mund wieder ausströmt.

Allein durch die Aufmerksamkeit, die wir unserer Atmung schenken, verbessern wir unsere generelle Fähigkeit, aufmerksam zu sein. Seien Sie wach und achtsam! Neunzig Prozent dessen, was Meditation ausmacht, breitet sich vor uns aus.

Sie merken vielleicht, ob Ihre Atmung lang oder kurz, tief oder flach, leicht oder schwer, angestrengt oder entspannt, laut oder leise, bewußt oder unbewußt ist. Es geht einzig und allein um Achtsamkeit und nicht um das Bemühen, die Atmung zu verändern.

Durch Integration dieser Einstiegsatmung in unseren Tagesablauf wird sich unsere Persönlichkeit immer mehr an den Zustand der spirituellen Achtsamkeit gewöhnen. Wir können da-

bei je nach Wunsch jedesmal einen oder auch mehrere Atemzüge nehmen.
Benutzen Sie Gedächtnisstützen oder gewisse Routineabläufe im Alltag, damit es Ihnen zur Gewohnheit wird, die Atmung zur Erhöhung der Achtsamkeit einzusetzen. Hängen Sie überall bei sich zu Hause und bei der Arbeit Schilder oder Notizzettel zur Erinnerung auf. Einatmen, ausatmen. Schreiben Sie sich jeden Tag ein kleines A in Ihren Terminkalender. Machen Sie »Atempausen« – und sei es auch nur einen Atemzug oder eine Minute lang. Nutzen Sie die tägliche Fahrzeit oder den abendlichen Geschirrabwasch, um zu atmen und achtsam zu sein. Denken Sie einfach, Sie würden sich jeden Tag ein paar Urlaubsminuten gönnen, um in den Himmel hineinzuatmen. Die Autorin Diane Ackermann schreibt hierzu:

> Schauen Sie auf Ihre Füße: Sie stehen im Himmel. Immer wenn wir an den Himmel denken, schauen wir nach oben, doch eigentlich beginnt der Himmel auf der Erde. Wir durchwandern ihn, schreien in ihn hinein, harken darin Blätter, bürsten den Hund und fahren mit dem Auto darin. Wir atmen ihn tief in uns ein. Mit jedem Atemzug atmen wir Millionen von Himmelsmolekülen ein, wärmen sie kurz auf und atmen sie zurück in die Welt. In diesem Augenblick atmen Sie einige jener Moleküle ein, die einst Leonardo da Vinci, William Shakespeare und andere geatmet haben. [...] Luft treibt die Lungenflügel zur Arbeit an und versorgt unsere Zellen mit Energie. Man spricht davon, so »leicht wie die Luft« zu sein.

Fördern und pflegen Sie Ihre Achtsamkeit, soweit und sooft sie es einrichten können. Denn je mehr Zeit wir aufmerksam zubringen, desto besser kann sich unsere Spiritualität entfalten; und jede Minute, die wir wach und achtsam verbringen, ist wertvoll. Aber hadern Sie nicht mit sich, wenn Sie es einmal nicht schaffen. Es ist besser, weniger zu verlangen und das Ziel zu erreichen, als zuviel zu verlangen und dann frustriert aufzugeben. Zu Beginn eines jeden Vorhabens ist es von größter Wichtigkeit, sich Mut zu machen und den Weg für den Erfolg zu bahnen. Sie sollten sich also erreichbare Ziele stecken, um auf lange Sicht dabeibleiben zu können. Wie das alte chinesische *I Ging* wiederholt ausführt: »Ausdauer ist förderlich.«

2. Atemanleitungen für die einfache Meditation zur strukturierten Achtsamkeit.

Wenn Sie viel Zeit und Selbstdisziplin haben, wäre es sehr sinnvoll, zusätzlich zur Einstiegsatmung im Hier und Jetzt jeweils ein- oder zweimal am Tag weitere fünf, zehn oder gar zwanzig Minuten für eine Übung zur größeren spirituellen Achtsamkeit einzuplanen.

Sehr hilfreich dabei ist ein ruhiger, friedvoller Ort, an dem wir bequem auf einem Stuhl oder Kissen sitzen können und möglichst wenig gestört werden.

Etwas Natürliches in unmittelbarer Nähe zu haben, wie ein Fenster, durch das Licht einfällt und der Himmel oder die Bäume zu sehen sind, oder indem wir beispielsweise unseren Raum irgendwie attraktiv und einladend gestalten, vielleicht eine Vase mit Blumen aufstellen – all das kann uns helfen, leichter zur Ruhe zu kommen und uns zu Hause zu fühlen.

Wir sollten bequeme Kleidung tragen, die uns nirgends einengt.

Wir halten den Rücken aufrecht, aber entspannt, lehnen uns weder nach links noch nach rechts und wippen auch nicht vorwärts oder rückwärts. Wir sitzen gerade und aufrecht, aber nicht steif.

Wir legen die Hände in den Schoß, mit den Handflächen nach oben, wobei eine Hand in der anderen liegt.

Die Ohren sind in einer Linie mit den Schultern, der Mund ist

leicht geöffnet, und wir atmen durch die Nase oder den Mund ein und aus, je nachdem, was besser klappt.
Die Augen sind halb geöffnet und ziellos auf den Boden vor uns gerichtet, ohne daß wir auf irgend etwas Bestimmtes blicken würden (ein Blick auf eine glatte Wand oder in die Natur wäre am besten); unsere Augen dürfen entspannen.
Brust, Lunge und Bauch dürfen entspannen. Beachten Sie, wie sich im gesamten Körper ein Gefühl der Weite ausbreitet, Schultern und Rücken gerader werden und sich der Kopf aufrichtet, während wir tief durchatmen.
Dann lenken wir den Atem in eine bestimmte Richtung. Beim Einatmen durch Nase oder Mund richten wir unsere Aufmerksamkeit auf die Stellen in unseren Nasenlöchern oder im Mund, an denen wir die Luft vorbeistreichen spüren. Nun atmen wir aus und achten auf die Stellen in Nase, Mund oder an den Lippen, an denen wir die Luft aus unserem Körper entweichen fühlen. An diese Stellen schicken wir unseren Atem, und während wir uns auf sie konzentrieren, werden wir aufmerksamer.
Das Zählen der Atemzüge kann uns in unserem Bemühen unterstützen, die Achtsamkeit aufrechtzuerhalten: Einatmen – eins, ausatmen – eins. Einatmen – zwei, ausatmen – zwei … Oder: Einatmen – eins, ausatmen – zwei, einatmen – drei, ausatmen – vier … Zählen Sie durch bis zehn, und fangen Sie dann wieder bei eins an. Das Zählen der Atemzüge ist ein ausgezeichneter Weg, unsere Aufmerksamkeit festzuhalten, wenn die Wogen im Strom des Lebens hoch schlagen und uns wegzureißen drohen. Das Zählen der Atemzüge hilft uns, ein Floß zu bauen, um oben auf den Wellen zu schwimmen.
Lassen wir die Gedanken kommen und wieder gehen. Wir sorgen uns nicht oder hadern nicht mit uns, wenn unsere Aufmerksamkeit unweigerlich abschweift. Sind wir unsicher oder selbstkritisch, dann können wir das bewußt zur Kenntnis nehmen. Wir kommen einfach wieder zur Atmung zurück, immer

und immer wieder, sobald unsere Aufmerksamkeit abgelenkt wird. Dies wird häufig vorkommen und ist zu erwarten. Wir kehren einfach und sanft zur atmenden Achtsamkeit zurück, immer wieder einatmen – eins, ausatmen – zwei, einatmen – drei, ausatmen – vier ...
Das ist die Grundhaltung in der Meditation. Im geschäftigen Alltag mit Arbeit und Haushalt steht uns vielleicht nicht immer ein ideales Umfeld zur Verfügung, um in die Stille gehen zu können. Ob wir aber in einer Ecke im Schlafzimmer oder auf einem Stuhl im Arbeitszimmer sitzen, wir können immer mit Aufmerksamkeit atmen und uns auf die Tatsache einstimmen, daß wir schon immer geatmet haben und immer weiter atmen, ganz bewußt und aufmerksam.

Einatmen – ausatmen

Mit der Zeit werden unsere Gedanken und Sinne zur Ruhe kommen, und unser Körper beginnt zu entspannen; wir fühlen uns nach und nach in der Welt mehr zu Hause und erhöhen den Grad unserer Wachsamkeit – wie Almaas es formuliert hat:

> Wachsamkeit ist ein Weg zum Erwachen. Wenn du erwacht bist, bist du wachsam, ohne zu wachen. Wenn du eine Glühbirne bist, brauchst du nicht zu schauen. Somit ist das Erwachen die Vollendung des Nicht-Wachens. Du wachst und wachst und wachst, bis du zur Wachsamkeit selbst wirst. Dann mußt du dich nicht mehr um Wachsamkeit bemühen, du bist wirklich erwacht. Du mußt nicht schauen, um zu sehen, du siehst einfach, indem du da bist. Dann wachst du nicht länger. Aber zunächst mußt du lange Zeit hindurch wachsam sein. Du mußt deine Wachsamkeit so weit entwickeln, bis du zur Wachsamkeit selbst wirst.

Fortschritte stellen sich mit der Erfahrung ein. Am Anfang sind wir wie ein halb-erwachter Bogenschütze. Wir sind noch nicht voll im Bewußtsein und können kaum das Ziel der Achtsamkeit und Aufmerksamkeit erkennen. Wir spannen den Bogen durch und zielen. Doch wie der schläfrige Bogenschütze können wir das Ziel kaum im Visier behalten. Unsere Aufmerksamkeit schweift ab, und für eine Weile vergessen wir sogar alles über das Ziel. Das gleiche passiert, wenn wir unseren Atem achtsam beobachten.

Wir nehmen es hin, daß wir nicht immer in der Lage sind, unseren Atem auf seine Ziele zu lenken, bis wir durch Übung zu konzentriertem Bewußtsein gelangen und unser Ziel besser und länger im Visier behalten können. In der Zwischenzeit begnügen wir uns mit dem Anvisieren des Zieles und visieren es wieder und wieder an: Wir schweifen ab und kehren zurück zu unserem Ziel, wir schweifen ab und kehren zurück zu unserem Ziel.

Wir machen unsere Last leichter durch eine gelassenere Haltung.

Versuchen wir nicht, unsere Atmung zu kontrollieren oder gar zu beherrschen. Wir dürfen nicht streng und fordernd mit uns selbst sein, wenn wir die Bürden des Lebens abstreifen wollen. Wir wollen achtsam für den Atem werden und auf dieses Ziel zurückkommen, wann immer wir können. Es geht in erster Linie um das Bemühen und nicht um das Ergebnis. Wir müssen uns in jeder Situation akzeptieren, wie wir sind, so unvollkommen wir auch sein mögen. Die Atmung hilft uns, das zu lernen.

Pema Chodron, eine buddhistische Nonne, schreibt in diesem Zusammenhang:

> Ich möchte alle dazu ermutigen, die Dinge leichter zu nehmen, mit ganz viel Behutsamkeit zu praktizieren [...] Wenn wir hier sitzen und behutsam mit uns umgehen, entdecken wir etwas wieder. Es ist wie eine Mutter, die zu ihrem Kind zurückfindet. Nachdem sich die beiden über lange, lange Zeit hinweg verloren hatten, kommen sie wieder zusammen [...] Alles sollte ganz sanft geschehen. Beim Ausatmen lautet die Anweisung, den Atem zu berühren, während er ausströmt, sich in der Weite des Raumes verliert und sich im Raum auflöst [...] Du bist ganz einfach nach außen hin entspannt bei deinem Atem [...] Sei gelassener, nimm es leichter [...] Laß es einfach zu.

Des Atmens überdrüssig

Wir vielbeschäftigten, modernen Menschen empfinden bewußtes Atmen oftmals als schwierig und langweilig. Weil uns die richtige Motivation und der Anreiz fehlen, wehren wir uns instinktiv dagegen, abzuschalten und zur Ruhe zu kommen. Sobald wir den einfachen Weg der Atmung beschreiten, können wir unseren Widerstand fühlen und darüber hinauswachsen.

In einer alten Geschichte aus dem Zen-Buddhismus klagte ein Schüler seinem Meister einmal sein Leid darüber, daß die Sache mit dem Atem so langweilig sei. Nachdem der Meister ihm geduldig zugehört hatte, packte er ihn unvermittelt, tauchte seinen Kopf in einen nahestehenden Wassertrog und hielt ihn unter Wasser. Der Schüler zappelte und setzte alles daran, wieder an die Oberfläche zu kommen. Als der Meister seinen Kopf wieder aus dem Wasser zog, fragte er ihn: »Hat dich dein Atem jetzt auch gelangweilt?«

Wenn wir uns langweilen, sollten wir einfach atmen und die Langeweile im Moment zulassen. Sich gelangweilt zu fühlen kann nicht schaden; mithin brauchen wir uns auch nicht dagegen zu wehren oder davor wegzulaufen. Einatmen – »langweilig«, ausatmen – »langweilig«; Langeweile kommt und geht auch wieder.

Ringen Sie nicht mit sich selbst. Unserer Persönlichkeit gefällt es, sich Ziele zu setzen, zu konkurrieren und zu kämpfen. Sie liebt die Intensität, die Herausforderung und Dominanz. Spiritualität hingegen ist ein Zustand des Akzeptierens und des Bewußtseins dessen, was ist.

Alles zur rechten Zeit

Im Laufe der Zeit wird alles einfacher, und wir finden immer schneller und leichter zur Aufmerksamkeit. Selbst inmitten eines hektischen oder chaotischen Tages können wir uns auf das bewußte Atmen konzentrieren. Durch stetes Bemühen und Erfahrung gelangen wir mit der Zeit zu innerem Frieden und spiritueller Achtsamkeit.

Hören Sie auf die Worte eines vollendeten Meisters, der mit dem Leben aufs innigste verbunden war, Jiddu Krishnamurti, der Weltenlehrer urteilsfreier Achtsamkeit:

> Der Grashalm war erstaunlich grün. Dieser einzelne Halm enthielt das gesamte Spektrum der Farben. Es war etwas so Intensives, Leuchtendes und doch so klein, so leicht zu zerstören. Die Bäume dort waren alle mit Leben erfüllt; die Konturen jener mächtigen Hügel und die einzelnen Bäume waren Ausdruck aller Zeiten und Räume [...] Es war unglaublich, nur zum Fenster hinausschauen zu müssen, um all dies zu sehen und zu empfinden. Es war wie eine Klärung des Blickes.
>
> Meditation ist jene Aufmerksamkeit, in der uns unterschiedslos die Bewegung aller Dinge bewußt wird – sei es das Krächzen der

> Krähen, die Motorsäge, wie sie sich durch den Wald frißt, das Rascheln der Blätter, das Rauschen des Flusses, der Schrei eines Jungen [...] Und in dieser Aufmerksamkeit ist die Zeit – das Gestern, wie es dem morgigen Tag nachläuft, sowie die Drehungen und Windungen des Bewußtseins – ganz ruhig und still geworden.

Wir sollten nicht versuchen, Krishnamurti oder irgend jemand anders als wir selbst zu sein, denn jeder von uns muß sein eigenes Leben leben und seine eigenen Erfahrungen machen. Dennoch können wir alle wacher und achtsamer werden und inniger mit dem Leben verbunden sein, indem wir mit Hilfe der Atmung zu mehr Aufmerksamkeit finden.
Stellen wir uns Achtsamkeit als Licht vor, so merken wir zunächst, daß wir nur einen schmalen Strahl davon auf unsere Atmung richten können und wie leicht wir abgelenkt werden. Doch lassen wir das Licht weiterleuchten, nimmt unsere Fähigkeit zur Aufmerksamkeit in dem Maße zu, wie wir damit umzugehen lernen und uns dabei wohler fühlen können. Bald wird unsere Achtsamkeit nicht länger an unsere Atmung gebunden sein. Sie wird umfassender und stärker, wächst über uns selbst hinaus und umspannt alles, was in uns und um uns herum ist. Wir schauen über den Rand unserer Sorgen und Gedanken hinaus, hin zu der eigentlichen Wahrheit unserer Verbindung; und so sehen, riechen und schmecken wir das Festmahl des Lebens.
Im weiteren Verlauf werden wir lernen, wie wir unsere Achtsamkeit auf andere Aspekte des Lebens ausdehnen können. Jetzt wenden wir uns dem zweiten Gang der Geistigen Basisdiät zu und entdecken etwas ganz Wesentliches in unserem Leben: Wir sind immer zu Hause.

Kapitel 3

Im Hier und Jetzt leben

Da sagte Gott zu Mose, ICH BIN, DER ICH BIN.
Exodus 3,14

Wir müssen genau hier, genau jetzt sein.
Das ist der Schlüssel. Shunryu Suzuki

Wir sind mit unseren Gedanken ständig in der Vergangenheit und in der Zukunft, doch wir fühlen uns erst dann zu Hause, wenn wir wirklich lernen, in der Gegenwart zu sein. In dem Augenblick, in dem wir in der Gegenwart erwachen, haben wir eine innige Nähe zum Leben gefunden.

Kein Zuhause

Es fällt mir sehr schwer, in der Gegenwart zu bleiben. Über weite Zeitspannen hinweg verliere ich mich in meiner Phantasie und denke an dieses oder jenes. Manchmal kommt es mir so vor, als lebte ich auf einem anderen Stern. Vielleicht habe ich daher dieses Gefühl, unvollkommen zu sein und nie zu innerer Ruhe zu finden. Ständig denke ich an die Vergangenheit, und es scheint, als sei ich unfähig loszulassen. Ich mache mir immer noch Gedanken darüber, daß mein Mann bei meiner Geburtstagsparty mit meiner Schwester geflirtet hat, obwohl das mittlerweile fünf Jahre her ist. Ich verbringe unendlich viel Zeit damit, darüber nachzudenken, was in Zukunft geschehen wird, und ich sorge mich und probe und plane alles, was auf mich zukommt. Heute war ich in Gedanken so sehr damit beschäftigt, über eine Präsentation nachzudenken, die ich nächste Woche machen soll, daß ich mich kaum auf das konzentrieren konnte, was heute passiert ist.

Gedankenwirrwarr. Wir erinnern uns an den Urlaub und planen Feste, denken an das, was es zu tun gibt, machen uns Sorgen um dieses und jenes und sind oft mit vielerlei Dingen beschäftigt, während wir unterwegs sind oder in unserer Vorstellung bei der einen oder anderen Veranstaltung weilen: »Amandas Party am nächsten Samstag wird sicher ein voller Erfolg. Die Mädchen werden so süß aussehen in ihren hübschen Kleidern. Vielleicht sollten wir Schokoladenkuchen besorgen. Oh, Schokoladenkuchen. Das erinnert mich an ihre Milchallergie. Ich sollte doch einen Arzttermin für sie vereinbaren. Aber der Arzt kostet sicher eine Menge Geld, und wir haben unsere Ferien in Colorado vom letzten Jahr noch nicht ganz abbezahlt. Das werd' ich nie vergessen, wie wir letzten Sommer in den Bergen geritten sind …« Und so weiter und so weiter.

Durch das ständige gedankliche Abschweifen fristen die meisten von uns ihr ganzes Leben in einer Art Zwischenwelt – sie durchleben nochmals, was ihnen in der Vergangenheit begegnet ist, oder machen sich Gedanken über die Zukunft; dabei kommen sie niemals dort an, wo sie jetzt sind, hier an diesem Ort, in diesem Augenblick.

Wenn wir nicht in der Gegenwart leben, erreichen wir nie den einzig festen und wirklichen Ort. Statt dessen verlieren wir uns in unserem Denken und Fühlen, sind unaufmerksam, allzeit beschäftigt und getrennt von unserer Spiritualität. Wir vertiefen uns so sehr in unsere Gedanken, Probleme und Sorgen, daß wir sie schließlich nicht mehr als etwas erleben, das außerhalb von uns liegt. Wir haben das Gefühl, unsere Gedanken und Sorgen zu sein, und meinen, sie seien unser *wahres* Selbst. Unseren tieferen Wesenskern und die aus spiritueller Sicht wahre Wirklichkeit im Hier und Jetzt verlieren wir aus den Augen. Nicht im Hier und Jetzt gegenwärtig zu sein heißt, daß wir selbst angenehme Momente nicht voll und ganz auskosten können, weil wir es gewohnt sind, nicht im Augenblick zu leben. So können wir das Festmahl nicht genießen, das ständig vor uns angerichtet ist. Und wenn wir in Gedanken oder Sorgen verloren und nie wirklich da sind, überkommt uns ein Gefühl tiefer Unzufriedenheit. Es scheint uns etwas zu »fehlen«. Erst wenn wir gelernt haben, uns auf dieses Gefühl zu konzentrieren, und uns wirklich fragen, was denn eigentlich fehlt, erkennen wir, daß *wir uns selbst* fehlen: was fehlt, sind *wir*. Unser Körper mag vielleicht hier sein, doch unser wahres Ich ist es nicht.

Selbst wenn wir Ski fahren oder es uns mit unseren Freunden gemütlich machen, können wir das kaum richtig genießen, weil wir in Gedanken woanders sind. Wir sind nicht hier.

Vielleicht haben wir das Problem erkannt, wissen aber nicht, wie wir es lösen können. Oft sagen wir uns, wir müssen erst unsere Ziele erreichen, bevor wir voll und ganz im Hier und Jetzt sein können. Wir alle haben eine Vielzahl von Zielen. Vielleicht brauchen wir einen besseren Arbeitsplatz, mehr Geld und ein neues Auto, oder es geht uns einfach nur darum, die Zeit bis zum Wochenende möglichst schnell herumzubringen. Es kann aber auch sein, daß wir, wenn das Baby erst einmal groß ist und in die Schule geht, Zeit haben werden. Ständig sind unsere Augen auf einen Punkt am fernen Horizont gerichtet. Und wir denken: Wenn wir erst einmal dort angelangt sind, dann können wir zur Ruhe kommen und in der Gegenwart leben.

Ein unbekannter Verfasser beschreibt die Gefahr dieser zukunfts- und zielorientierten Ausrichtung mit diesen Worten:

> Zuerst wollte ich unbedingt die Schule beenden und mit dem Studium beginnen.
> Dann wollte ich unbedingt das Studium beenden und mit der Arbeit beginnen.
> Und dann wollte ich unbedingt heiraten und Kinder haben.

Und dann wollte ich unbedingt, daß meine Kinder bald groß werden und in die Schule kommen, damit ich wieder arbeiten könne.
Und dann wollte ich unbedingt in den Ruhestand gehen.
Und jetzt, da ich im Sterben liege, erkenne ich plötzlich, daß ich vergessen habe zu leben.

Gefangen in Zeit und Raum hetzt die Persönlichkeit von einem Ort zum anderen, ohne jemals wirklich anzukommen. Dadurch entsteht eine unterschwellige Spannung, die unseren Seelenfrieden stört. Unser persönliches Streben hat die Oberhand gewonnen. Wir weisen die Wirklichkeit, das Hier und Jetzt dieses Augenblicks, zurück. Wir können das Leben nicht so annehmen, wie es ist. Und doch schrieb André Gide: »Jetzt und in dieser Welt – hier müssen wir leben.« Wollen wir wahren Frieden finden und die Lasten des Lebens abstreifen, so müssen wir lernen, ganz in der Gegenwart zu sein und inmitten des Alltagstrubels zu leben.

Es gibt keine bessere Zeit als die Gegenwart

Der wahre Name der Ewigkeit ist »Heute«.
Philon

Zwei Arten von Zeit gibt es: die Uhrzeit und die ewige Zeit. Die Uhrzeit erfahren wir durch einen Blick auf das Zifferblatt. Mit ihrer Hilfe bleiben wir in der Welt der Persönlichkeit am Ball. Während uns Arbeit und Haushalt stets auf Trab halten, reisen wir unaufhörlich von der Vergangenheit in die Zukunft. All unser Streben, Werden und Handeln bewegt sich im Rhythmus der Zeiger.

Die ewige Zeit ist die endlose Gegenwart der Spiritualität.

Die ewige Zeit ist hier und jetzt. Inmitten der sich ständig wandelnden Unbeständigkeit des Lebens gibt es immer diesen einen winzigen Augenblick – jetzt und jetzt und jetzt.
Lassen wir es zu, hier und jetzt und jetzt und jetzt zu sein, öffnen wir uns für den ewigen GEIST, der in uns wohnt. Aus diesem Grunde setzen die jüdischen Chassidim *Schekhinah* (Gegenwärtigkeit Gottes) mit *Jesch* (dem, was ist) gleich; und darum auch beschreiben christliche Mystiker das Gebet als »die Gegenwart Gottes erfahren«.
Wenn wir uns auf die Uhrzeit konzentrieren und nicht wirklich im Hier und Jetzt sind, so ist dies nichts anderes als ein Ausweichmanöver, mit dem unsere Persönlichkeit unserer Spiritualität aus dem Wege geht und uns das Gefühl verleiht, eine Bürde zu tragen, die uns im Strom des Lebens niederdrückt.
In einem alten indianischen Märchen wird uns dieses Dilemma vor Augen geführt: »Vor langer Zeit hatten die Menschen kein Licht. Es war schwer für sie, in der Kälte und Dunkelheit zu leben, und so hatte der Nerz Erbarmen. Als er bei seiner Reise auf die andere Seite der Welt die Sonne erblickte, beschloß er, sie mitzunehmen und am Himmel aufzuhängen, damit alle an ihrem Licht teilhaben könnten. Nun gab es Licht und Wärme, und das Volk war glücklich. Der Nerz wurde so sehr gepriesen, daß er eitel wurde und beschloß, noch etwas anderes für die Menschen zu stehlen.
Als dann die Europäer ins Land kamen, erfuhr der Nerz, daß sie die Zeit besäßen, und so wollte er sie für das Volk stehlen. Er schlich sich in ihr Haus und stellte fest, daß die Zeit in einer Kiste auf dem Sims aufbewahrt wurde, merkwürdige Geräusche machte und zwei Pfeile trug, die sich immer im Kreis bewegten. Der Nerz stahl die mächtige Zeit, doch schon bald stellte er fest, daß er unablässig die Zeiger beobachten und das Ganze aufziehen mußte, so daß ihm keine Zeit mehr blieb, die Dinge zu tun, die er für gewöhnlich tat, wie Angeln oder Singen.

Nun mußte er zu einer bestimmten Zeit aufstehen und zu einer bestimmten Zeit schlafen gehen. Er mußte zur Arbeit gehen, wenn die Zeitkiste es ihm sagte, und wieder heimkehren, wenn die Zeitkiste es ihm sagte. Der Nerz hatte die Zeit gestohlen, und jetzt hatte sie ihn und das Volk in Besitz genommen.«

Ein australischer Ureinwohner berichtet, wie merkwürdig einem nicht unter dem Einfluß der modernen Zivilisation stehenden Menschen unser Leben und Umgang mit der Zeit erscheinen muß: »Im Leben der Mutanten [der Weißen] [...] gibt es etwas, das man ›Kaschierung‹ nennt. Es scheint Ausdruck dafür zu sein, daß sie so gut wie jede Sekunde ihres Daseins damit zubringen, die alleroberflächlichsten, künstlichsten, vergänglichsten, wohlschmeckendsten, bestaussehenden Vorhaben zu planen, und nur einige wenige Sekunden ihres Lebens effektiv der Entwicklung und Entfaltung ihres ewigen Seins widmen.«

Computer, Faxgeräte und Datenautobahnen führen uns immer schneller und schneller durchs Leben. Wir lassen uns von ihnen aus dem Hier und Jetzt »zoomen«, um ein hoffentlich besseres Dort und Dann zu finden.

Unser Leben entfernt sich unablässig von dem Punkt, an dem wir sind, und entreißt uns dem Hier und Jetzt. Dabei verlieren wir uns gelegentlich so sehr, daß wir selbst unsere Existenz in Zweifel ziehen und nach irgendeiner Art des Beweises dafür suchen, daß wir tatsächlich da sind.

Sum, ergo sum

Auf seiner Suche nach Gewißheit über das Leben und seine eigene Existenz kam der französische Mathematiker und Philosoph René Descartes zu der Erkenntnis: *Cogito, ergo sum* – Ich denke, also bin ich.

Doch leider haben sich die von Descartes und unserer westlichen Kultur propagierte Überbetonung des Denkens und die künstliche Abspaltung der denkenden Substanz vom Körper – sowie eines jeden von uns von der übrigen Welt – als ausgesprochen schädlich erwiesen.

Bei genauerer Betrachtung stellen wir fest, daß in Wirklichkeit nicht unser Denken, sondern unsere Existenz die Grundlage unseres Lebens bildet. Wir sind immer hier, selbst wenn wir mit hundert Stundenkilometern über die Autobahn fahren, telefonieren oder auf ein Fax warten. In uns ist stets das elementare Sein, mit dem wir geboren wurden und das unseren physischen Körper beim Eintritt des Todes überlebt. Dies ist es, was unser Mensch-Sein ausmacht.

Und so sollte, anders als bei Descartes, die Formulierung *Sum, ergo sum* – »Ich bin, also bin ich« – die Grundlage menschlicher Erkenntnis bilden, oder einfacher noch: »Ich bin, der ich bin.«

Ich bin, der ich bin

Unter der Oberfläche der alltäglichen Sorgen, Gedanken und Abgespaltenheit unserer Persönlichkeit ist das Sein. In dem heiligsten Buch, das unsere westliche Kultur kennt, der *Bibel*, sagt Gott zu Moses, wer Er ist, als dieser Ihn fragt, wie er erklären solle, wer ihn gesandt habe, um sein Volk zu führen. Und Gott sprach: »ICH BIN, DER ICH BIN.« Dann fuhr er fort: »So sollst du zu den Israeliten sagen: Der ›Ich bin‹ hat mich zu euch gesandt!«

> Der Große Geist fragt und antwortet:
> Wer bin ich? Ich bin, der ich bin.
> Wer bin ich? Ich bin. Ich existiere. Ich bin ganz einfach Existenz an sich.
> Wer bin ich? Ich bin die ewige Lebenskraft, der allgegenwärtige Große Geist.

Wer bin ich? Ich bin Bewußtsein und Gegenwärtigkeit.

Wer bin ich? Ich bin hier; ich nehme wahr, daß ich hier bin, in mir ruhend, bewußt und gegenwärtig.

Wer bin ich? Das, was jenseits von Worten und Gedanken ist.

Das Reich Gottes ist in uns gegenwärtig, es ist unser ursprüngliches Sein, diese Von-Augenblick-zu-Augenblick-Erfahrung im Gewahrsein dessen, was gegenwärtig ist.

Auf die Frage seiner Jünger: »Wann wird die neue Welt kommen?« antwortete Jesus: »Das, worauf ihr wartet, ist schon gekommen, doch ihr erkennt es nicht.« Millionen von Menschen sehen Jesus als ihren eigenen Erlöser an und deuten diesen Satz als Hinweis auf die Person des Jesus. Ohne jedoch Jesus' Größe in Zweifel zu ziehen, meinen andere, daß das bewußte Sein, der göttliche GEIST in Jesus – und in einem jeden von uns – immer hier und jetzt da ist, stets bereit für den Augenblick, in dem wir erkennen, daß wir schon haben, wonach wir suchen. Wir erkennen es nur deshalb nicht, weil wir unfähig sind, uns auf die Gegenwart und das, was in Wirklichkeit existiert, einzulassen. Im Hinduismus ist die letztendliche Wahrheit *Brahman*, die Präsenz reinen Seins, reinen Bewußtseins und reiner Glückseligkeit. Um unser ursprüngliches Wesen wiederzufinden, so sagt der hinduistische Heilige Ramana Maharshi, »ist es deine Pflicht, ZU SEIN und nicht dieses oder jenes zu sein. ›Ich bin, der ich bin‹, heißt die ganze Wahrheit.«

Wenn wir atmen, um unser Bewußtsein zu erwecken, gewinnen wir ein Stück Bauholz für unser Floß, mit dem wir auf den Wellen des Lebens reiten. Nun erhalten wir ein zweites Stück Holz: die Gegenwärtigkeit. Wir können bewußt atmen und uns in der Gegenwart entspannen, in der wir jetzt, in diesem Augenblick, sind.

Seien Sie ruhig und still

Stellen Sie sich vor, all ihre persönlichen Bedürfnisse sind bereits gestillt. Sie haben in der Lotterie gewonnen, Ihre ganze Familie und all Ihre Freunde lieben Sie und werden von Ihnen geliebt. Es gibt einige sinnvolle Dinge, die Sie tun möchten, und Sie können es sich leisten, sie zu tun. Sie haben all die Besitztümer, die Sie sich wünschen. Ihr Gesundheitszustand ist prächtig, Ihr Verstand klar, und Sie haben bereits alles erreicht, was Sie wollten.
Endlich ist der Druck gewichen. Sie können es sich finanziell, emotional und mental erlauben, alles langsamer angehen zu lassen und sich zurückzulehnen. Stellen Sie sich das einmal vor! Sie haben alles, was Sie immer haben wollten! Atmen Sie mit aller Gelassenheit ein, und atmen Sie ruhig wieder aus. Stellen Sie sich für einen Augenblick vor, daß es nichts zu erledigen gibt. Keinen Ort, wohin Sie gehen müßten, und nichts, was es zu tun gäbe.
Nehmen Sie einen tiefen, entspannten, zufriedenen Atemzug, und atmen Sie dann ganz langsam, gelassen und ruhig wieder aus. Spüren Sie ein Gefühl der Vollkommenheit in sich. Lächeln Sie, und genießen Sie die Losgelöstheit. Lassen Sie für einen kleinen Augenblick die Vorstellung zu, wie es wohl wäre, wenn sich Ihre Persönlichkeit ganz diesem Gefühl hingeben würde.

Wenn wir dieses Gefühl in seiner ganzen Größe erfahren, erwachen wir in der Gegenwart. Unsere Persönlichkeit findet zur Ruhe, weil es – zumindest für die Länge dieses Atemzuges und dieses Augenblicks – nichts gibt, was es für sie zu tun gäbe. In dem Augenblick, in dem unsere Persönlichkeit zur Seite tritt, kann der GEIST zum Vorschein kommen.

Zufrieden und vollkommen

Um die Last des Alltags abzustreifen, müssen wir weniger Zeit in Vergangenheit und Zukunft verbringen und uns mehr in der Gegenwart aufhalten – bewußt wahrnehmend, wo wir sind, was wir tun und wie wir uns fühlen.

In der Gegenwart können wir uns einem tieferen Gefühl der Zufriedenheit und Vollkommenheit öffnen, als wir es erfahren, wenn wir uns in der Vergangenheit oder der Zukunft verlieren. Die Uhrzeit wird zur ewigen Zeit, wenn wir zufrieden und vollkommen sind.
Gegenwärtigkeit ist der Schlüssel zum Gewahrsein des GEISTES, dem Licht in uns, das uns belebt und niemals stirbt. Je mehr wir in der Gegenwart sind, desto größer wird unser Gefühl der Zufriedenheit und Vollkommenheit.
Wer bin ich? Ich bin zufrieden und vollkommen. A. H. Almaas, ein zeitgenössischer Meister des Seins und der Spiritualität, formuliert es so: »Gegenwärtigkeit ist Vollkommenheit. Wer endlich verstanden hat, was Gegenwärtigkeit ist, wer wirklich in der Gegenwart ist, der ist vollkommen. Hierin besteht der Wert der Gegenwärtigkeit; hier nimmt er seine Vollkommenheit wahr. Wer vollkommen ist, ist zufrieden damit, gegenwärtig zu sein. Er hat kein Bedürfnis nach etwas anderem.«

Tun Sie es jetzt

Wenn ich im Hier und Jetzt ruhe, habe ich das Gefühl, daß im Augenblick alles in Ordnung ist. Ich kann das Leben so lassen, wie es ist, ohne etwas anderes zu benötigen. Ich bin endlich gut genug, und auch das Leben selbst ist gut, denn alles ist genau so, wie es sein sollte.

Einen Augenblick lang spüre ich, was es heißt, zufrieden und vollkommen zu sein. Ich lehne mich zurück und bin erleichtert, während ich ausatme und seufze. Endlich bin ich zu Hause angelangt. Mein Gesicht ist gelöst und entspannt, und vielleicht zeigen sich ein paar kleine Tränen oder auch ein winziges Lächeln.

Es ist möglich, in jedem beliebigen Moment gegenwärtig zu sein, wenngleich natürlich manche Momente einladender sind als andere. Wenn wir durch unberührte Waldlandschaft reiten oder auf einer hawaiischen Insel am Strand liegen, so sind dies Augenblicke, die uns in der Gegenwart willkommen heißen, und vielleicht fühlen wir für kurze Zeit, daß wir wunschlos glücklich sind. Doch das Leben ist komplex und oft schwierig oder gar schmerzlich, und so fällt es uns schwer, in der Gegenwart zu verweilen. Wir möchten nicht, daß es so ist, wie es ist. Beim Anblick des Behandlungsstuhls in der Zahnarztpraxis oder der Spritze in der Hand einer Krankenschwester würden wir am liebsten fortlaufen und uns verstecken. Unweigerlich werden wir mit dem Tod oder Verlust eines geliebten Menschen konfrontiert. Wir haben Probleme in unseren Beziehungen und bei der Arbeit, und wir plagen uns mit Geldsorgen herum. Kein Wunder, daß wir uns die Gegenwart anders wünschen, als sie in Wirklichkeit ist.

Unsere Persönlichkeit wählt aus, akzeptiert und lehnt ab. Wir sehnen uns nach dem, was uns gefällt, und weisen ab, was uns mißfällt. Spiritualität aber ist ein inneres Ruhen und die Achtsamkeit des Augenblicks für das, was ist – was auch immer es sein mag, selbst wenn wir krank sind oder Probleme haben.

Doch wir fühlen uns nicht zufrieden oder vollkommen. Mit vor Anstrengung gerunzelter Stirn blicken unsere Augen stets auf den nächsten Hügel, den es zu besteigen gilt. Unsere Persönlichkeit bewertet und ringt, und wir laufen vor unseren Schmerzen und Problemen fort, indem wir uns an die Vergangenheit erinnern und Pläne für die Zukunft schmieden. So finden wir keine Ruhe dort, wo wir gerade sind. Der GEIST aber kann nur in uns wohnen und uns durchdringen, wenn wir im Hier und Jetzt ruhen und erkennen, daß wir spirituelle Wesen sind. Almaas schreibt:

> Was ist wichtig? Du bist wichtig. Du brauchst nichts Wichtiges zu tun, um wichtig zu sein. Du mußt nicht zur Erleuchtung gelangen oder eine hehre Tat vollbringen, um deinem Leben Wichtigkeit zu verleihen. Du bist etwas ganz Besonderes, immer und zu jeder Zeit [...] Du bist wichtig aufgrund deines Wesens [...] Du bist wichtig, denn ohne deine wirkliche Gegenwärtigkeit hat das Leben keinen Sinn, keinen Wert. Dir deiner Existenz bewußt zu sein, das ist eine Erfahrung voll ungetrübter Freude, einer Freude, die da ist, ganz gleich, was du tust, ob du nun Böden schrubbst, ins Bad gehst oder etwas ganz Wunderbares vollbringst. Jeder Augenblick ist wertvoll und wird voll und ganz gelebt. Du bist nicht die Gefühle oder die Gedanken oder der Inhalt deines Gewahrseins. Nichts davon macht dich wirklich aus. Du bist die Fülle deines Seins, die Substanz deiner Gegenwärtigkeit.

Das bedeutet keineswegs, daß wir unsere sinnvollen Ziele aufgeben oder aufhören sollten, unsere Grundbedürfnisse zu stillen. Zu lernen, achtsam und gegenwärtig zu sein, stellt zumindest in der Anfangszeit ein Ziel für sich dar. Wir leben und arbeiten weiter, doch jetzt sind wir bei den Höhen und Tiefen präsent. Wir sind immer noch wir selbst – wertvolle Geschöpfe, oder wie Almaas es formuliert, »das Du, das *du* wirklich bist, ganz gleich, was *du* tust, dein ganzer Wert als Geschöpf«.

Unseren »ganzen Wert als Geschöpf« können wir in jedem einzelnen Augenblick spüren, wenn wir im Hier und Jetzt ruhen.

Wer in der Gegenwart ruht, versteht, was Rabbi Abraham Heschel meinte, als er sagte: »Einfach nur zu *sein* ist segensreich. Einfach nur zu leben ist heilig.« Rabbi Moshe hat dies wohl verstanden, denn nach seinem Tod fragte Rabbi Mendel einen von Moshes Schülern: »Was war deinem Lehrer am wichtigsten?«, und der Schüler antwortete: »Was auch immer er im Augenblick gerade tat.«

Die Gegenwart: nur ein winziger Punkt

Spiritualität und Gegenwart gehören zusammen, und wir müssen gegenwärtig sein, um wirklich mit unserer Spiritualität in Verbindung zu stehen.
Stellen wir uns vor, das Bewußtsein sei der Gastgeber in unserem Haus und die Gegenwart sei unser Gast. Die Gegenwart klopft ständig an die Tür, doch das Bewußtsein ist nicht zu Hause. Es ist in der Vergangenheit, der Zukunft oder an irgendeinem Ort oder Zeitpunkt in unserer Phantasie. Der Gast (die Gegenwart) hört nicht auf, anzuklopfen, doch erst, wenn wir wach und zu Hause sind, können wir es hören. Dann können wir dem winzigen Punkt des Jetzt die Tür öffnen und erkennen, was immerfort da ist, sich ständig wandelnd, vergänglich und doch ewig. In diesem Augenblick werden wir des GEISTES in unserem eigenen Leben gewahr und sind von einem Gefühl der Zufriedenheit und Vollkommenheit erfüllt.
Wenn wir es zulassen, in der Gegenwart zu sein, bedeutet das keineswegs, daß wir uns keine Gedanken über die Vergangenheit oder Pläne für die Zukunft machen würden. Wir sind vielmehr in der Lage, inmitten all des Trubels von Mal zu Mal ruhiger zu werden.

Inmitten des Alltagstrubels zur Ruhe finden

Das Bewußtsein, hier zu sein, jetzt, in diesem Augenblick, ist die letztendliche Tatsache. Shunruyu Suzuki

Ich sitze im Büro und Aktennotizen flattern herum, Faxe kommen und gehen, und gerade eben wurde meine Kaffeetasse umgestoßen. Meine Gedanken kreisen noch um das letzte Telefongespräch, denn ein neuer Kunde braucht Hilfe, doch auch darum, daß ich auf dem Heimweg heute abend noch einkaufen muß, am Nachmittag noch eine Besprechung vorgesehen ist, ob ich wohl rechtzeitig aus dem Büro kommen werde, um den Zug zu erwischen. Und da blinkt schon wieder das Telefon und zeigt an, daß ein neuer Anrufer in der Warteschleife ist, während ich noch den verschütteten Kaffee aufwische.

Durch bewußtes Atmen kann ich hier und jetzt gegenwärtig sein. Ich kann zur Ruhe kommen, mich zufrieden und vollkommen fühlen, tief in meinem Inneren zum Frieden finden. Für den Augenblick muß ich nirgendwohin, und es gibt nichts zu tun. Es gibt nur das Hier, nichts als das, jetzt.

Verantwortung, Streß, Ärger, Enttäuschungen und Forderungen zerren an mir aus zehn verschiedenen Richtungen. Das da draußen ist ein Dschungel, und so ist es auch hier drinnen ein Dschungel. Doch wenn ich atme und mich im Augenblick einfinde, kann ich mit mehr Gelassenheit da sein. Ich fühle ganz deutlich, daß *das Ich, das ich bin, ganz gleich, wo ich bin,* in allem wirksam ist. Ich bin bewußt gegenwärtig, hier an diesem Ort. Ich brauche nicht irgend etwas zu tun, es reicht, daß ich es tun kann, während ich diese Worte lese und dabei atme, jetzt atme.

Ich lasse mich in meinen Stuhl sinken, wach, bewußt, aufmerksam für das, was in mir und rings um mich herum ge-

schieht. Autos fahren vorüber, draußen ruft ein Vogel, der Wind raschelt in den Blättern der Bäume.
Gelingt mir dies, habe ich bessere Karten auf der praktischen, persönlichkeitsbezogenen Ebene und mehr Kraft auf der spirituellen Ebene. Kehre ich dann zu der Aufgabe zurück, die es gerade zu erledigen gilt, kann ich Prioritäten setzen und so effizient sein, wie ich sein möchte oder sein muß. Ich kann den nächsten Anruf entgegennehmen, mich von meinen abschweifenden Gedanken lösen und den verschütteten Kaffee lächelnd und mit einem Achselzucken vom Tisch wischen. Wir können in all dem Trubel Raum zum Atmen finden. Es kann immer wieder vorkommen, daß einmal etwas verschüttet wird. Das Leben geht weiter. Gestatten wir uns, unser Gegenwärtigsein bewußt wahrzunehmen, entdecken wir nach und nach eine lebendige, wundervolle Seite in unserem Leben, die unsere Last leichter und erträglicher macht.

Was kann ich tun?
Das Rezept zum Leben im Hier und Jetzt

Im letzten Kapitel sind wir darauf eingegangen, wie wichtig bewußtes Atmen ist, um uns zu konzentrieren und achtsam zu sein – der erste Gang der Geistigen Basisdiät.

Nun werden wir sehen, daß das Atmen einen zweiten, nicht weniger wichtigen Sinn hat: Es hilft uns dabei, gegenwärtig zu sein. Indem wir uns auf die Atmung konzentrieren, können wir unsere Aufmerksamkeit ins Hier und Jetzt bringen und so ein Gefühl der Zufriedenheit und Vollkommenheit erleben. Dies ist der zweite Gang und der zweite Atemzug der Geistigen Basisdiät.

1. Atmen Sie und fühlen Sie sich im Universum zu Hause.
Wo auch immer wir sind, wir können unsere Aufmerksamkeit in die Gegenwart bringen, selbst wenn uns das nur einen Moment lang gelingen mag. Wir können einen ersten Atemzug tun, um unsere Aufmerksamkeit zu konzentrieren (Achtsamkeit, Bewußtheit ...), und einen zweiten, um im Hier und Jetzt (in der Gegenwart) zu sein und in einem Gefühl der Zufriedenheit und Vollkommenheit zu ruhen.
Wir können einfach dasein bei dem, was wir gerade tun – dann, wenn wir es tun. Kommen Sie zur Ruhe. Sehen Sie sich um. Nehmen Sie Einzelheiten im Raum wahr. Lauschen Sie einem Geräusch, betrachten Sie eine Farbe, erspüren Sie Ihre Gegenwart. Neben uns steht vielleicht eine Lampe, die wir vor vielen Jahren einmal gekauft haben; und weil wir sie ständig vor Augen haben, haben wir vergessen, wie schön sie eigentlich ist. Jetzt aber können wir wieder ihre Konturen, die Beschaffenheit ihrer Oberfläche und ihre Farben bemerken.
Wenn wir mit unserer Aufmerksamkeit in der Gegenwart sind, können wir all die kleinen Kostbarkeiten in uns und um uns herum wahrnehmen: den Umriß eines winterlich kahlen Baumes vor schwarzblauem, mondhellem Himmel; eine Vase voller gelber Blumen auf dem Schreibtisch der Sekretärin; das Gefühl unserer Kleidung auf unserem Körper; die wunderbare Süße einer reifen Erdbeere beim Verzehr einer schnellen Mahlzeit; die Wärme der Umarmung eines alten Freundes. Ganz gleich, wo wir sind – wir können uns überall zu Hause, zufrieden und vollkommen fühlen.

2. Kehren Sie immer und immer wieder in die Gegenwart zurück und sei es jedesmal auch nur für die Länge von ein bis zwei Atemzügen.
Trotz unserer Sorgen und Gedanken können wir immer wieder in den Augenblick zurückkehren, wo wir auch gerade sein mö-

gen. Man kann sich jeden Tag ein klein wenig Zeit dafür nehmen; ob wir nun die Disziplin aufbringen, regelmäßig in die Gegenwart zu kommen, oder nicht – wir können unser ganzes Leben lang immer wieder in den Augenblick zurückkehren.

3. Vereinen Sie GEIST und Persönlichkeit.

Wir können inmitten all unseres persönlichen Strebens geistig zur Ruhe finden. Inmitten unseres Tuns, ganz gleich, was es auch sein mag, können wir gegenwärtig sein. Mit anderen Worten, wir können SEIN, während wir meditieren, und wir können ebenso SEIN, während wir eine Verkaufspräsentation halten oder einen Telefonanruf entgegennehmen.

Versuchen Sie es jetzt einmal: Nehmen Sie einige tiefe, langsame Atemzüge, um Ihre Aufmerksamkeit auf die Gegenwart zu konzentrieren. Atmen Sie ein und aus, erwachen Sie hier und jetzt. Was fällt Ihnen dabei auf? Vielleicht hören Sie die Stimme Ihres Kindes, so vertraut und liebenswert. Wie klingt sie? Was löst sie in Ihnen aus? Sehen Sie, wie das Licht durch das Fenster in den Raum fällt, wie es den Teppich mit seinen goldenen Strahlen erhellt. Atmen Sie und seien Sie da, inmitten des Werdens. Finden Sie zur Ruhe, da, wo Sie sind, nehmen Sie wahr, was in Ihnen und in Ihrer Umgebung vorgeht, lösen Sie sich von der Eile und der Dumpfheit, die Sie davon abgehalten haben, mitten im Leben zu stehen und es in seiner ganzen Fülle zu kosten. In der Ferne krächzt eine Krähe, vor dem Fenster bewegt sich der Zweig eines Baumes im Wind. Einen Augenblick lang atmen, sein, werden und ein Gefühl der Zufriedenheit und Vollkommenheit verspüren.

4. Pflichten, Routinearbeiten und Probleme können als Erinnerungsstützen dafür dienen, im Augenblick zu sein.

Wenn wir abwaschen, uns die Zähne putzen oder hören, wie das Telefon klingelt, ja, selbst wenn wir uns über die Zukunft

Gedanken machen – all das kann uns aufwecken und erkennen lassen, wo wir im Augenblick gerade sind. Alles und jedes kann als Gedankenstütze dafür dienen, einen ersten und zweiten Atemzug zu tun und achtsam in der Gegenwart zu sein.

5. Suchen Sie nach kleinen Gelegenheiten, gegenwärtig zu sein.
Wenn wir genau hinsehen, erkennen wir kleine Nischen im Leben, in denen wir im Hier und Jetzt SEIN können: die halbminütige Fahrt mit dem Aufzug, der zweiminütige Weg zum Auto, eine Kaffeepause, während wir im Restaurant auf einen Freund warten, auf dem Heimweg nach Feierabend, während wir auf der Toilette sitzen, wenn im Fernsehen die Werbung läuft: all dies sind Gelegenheiten, inmitten anderer Aktivitäten in der Gegenwart zu sein.

6. Seien Sie achtsam, selbst wenn Sie nicht gegenwärtig sind.
Aufmerksam für das zu sein, *was ist*, ist einfach, natürlich und jederzeit möglich. Gleichzeitig ist es schwierig, weil es den Elan unserer Persönlichkeit bremst und unser Selbst-Gefühl (unser liebstes Besitzstück) verändert. Für die Menschen unseres Kulturkreises erscheint es beinahe unpassend, einfach nur zu SEIN. In sich zu ruhen ist etwas Ungewohntes für uns.

Gespräch zwischen Persönlichkeit und Geist

Persönlichkeit: Es ist langweilig, jetzt einfach nur so dazusein.

GEIST: Atme bewußt in der Gegenwart, und überlasse dich dem Gefühl der Zufriedenheit und Vollkommenheit. Wache auf und komme zur Ruhe, hier und jetzt, damit die Schönheit deines Wesens an die Oberfläche deines Bewußtseins dringen kann.

Persönlichkeit: Ich möchte meinen Rhythmus nicht verlangsamen und einfach nur sein. Was habe ich denn davon? Es ist mir unbequem. Ich bin es gewohnt, ständig auf Trab zu sein, Lösungen zu finden und etwas zu leisten, und »einfach nur dazusein« kommt mir wie eine Verschwendung von Zeit und Energie vor.

Geist: Wenn wir erkennen, welche Bürden wir uns durch unsere mangelnde Gegenwärtigkeit aufladen, wissen wir, was es bedeutet, im Augenblick zu sein und die Last des Alltags abzustreifen. Bis dahin beschränkt sich unsere Wahrnehmung auf unser ständiges Tun und Machen und Rennen, das uns aus dem Hier und Jetzt fortzieht. Mit bewußter Achtsamkeit können wir uns immer und immer wieder in die Gegenwart zurückkehren lassen.

Erst wenn wir mit unserer Aufmerksamkeit in der Gegenwart sind, können wir die Fülle des Lebens kosten und seine natürliche Nahrhaftigkeit entdecken.

Viele fühlen sich einfach besser, wenn sie in der Gegenwart sind. »Wenn ich einen Raum voll fremder Menschen betrete, komme ich mir jetzt nicht mehr so dumm, abweisend oder schüchtern vor wie früher«, sagte Ann, nachdem sie einige Monate lang an unserer Geistigen Diät teilgenommen hatte. »Ich gab viel auf die Meinung der anderen. Jetzt kenne ich mich sehr viel besser und habe ein besseres Selbstwertgefühl. Ich mußte ununterbrochen reden, weil ich es einfach nicht ertragen konnte, wenn einmal Pausen im Gespräch entstanden. Jetzt kann ich *sein,* wo ich bin, selbst in der Gesellschaft anderer, und ich kann sehr viel besser zuhören, was die anderen sagen oder meinen. Ich kann mich sehr viel besser entspannen, dort, wo ich bin, und so, wie ich bin.«

Wir können die Last abstreifen, die wir uns durch unsere mangelnde Verbundenheit mit der Gegenwart aufbürden. Wir können uns der Schwere entledigen, die dadurch entsteht, daß wir ständig in der Vergangenheit und Zukunft weilen, und der Gegenwart Gelegenheit geben, uns zu unterstützen und unsere Seele zu nähren. Immer und immer wieder können wir heimkehren in die Gegenwart, die uns mit offenen Armen empfängt. Endlich zu Hause, im Hier und Jetzt.

Rezept zur Geistigen Basisdiät

Die Geistige Basisdiät besteht anfangs ganz einfach darin, zwei tiefe, langsame Atemzüge zu nehmen: Atmen Sie einmal ein und aus, um achtsam zu werden und ein zweites Mal ein und aus, um in die Gegenwart zu kommen. Dann kehren Sie zur normalen Atmung zurück und versuchen, weiterhin mit Ihrer Achtsamkeit in der Gegenwart zu sein.

Anfangs gelingt es Ihnen vielleicht nur für einen ganz kurzen Moment, aufmerksam und gegenwärtig zu sein, doch mit zunehmender Erfahrung wächst Ihre Fähigkeit, mit Ihrer Achtsamkeit in der Gegenwart zu bleiben. Auf diese Weise nähren die beiden Atemzüge der Geistigen Basisdiät Ihren spirituellen Wesenskern – im ständig sich wandelnden Hier und Jetzt wachsam zugegen zu sein – und bringen das elementare Gute und die Liebe, das Mitgefühl und die nahe Verbundenheit mit dem Leben als eine segensreiche Erfahrung ans Licht …
Die beiden wichtigsten Zutaten der Geistigen Basisdiät – Achtsamkeit und Gegenwärtigkeit – können allein angewandt oder mit einer der vielen Zutaten kombiniert werden, die in den nachfolgenden Kapiteln beschrieben werden, so daß Sie sich Rezepte zur Geistigen Diät ganz nach Ihrem Geschmack zusammenstellen können. Die Schritte der Geistigen Basisdiät:

- *1. Schritt:* Atmen Sie ein erstes Mal tief und langsam ein, und achten Sie dabei ganz bewußt auf das Ein- und Ausströmen des Atems.
- *2. Schritt:* Atmen Sie ein zweites Mal tief und langsam ein, und kommen Sie im Hier und Jetzt zur Ruhe. Atmen Sie dann ganz normal weiter, und bleiben Sie mit Ihrer Achtsamkeit in der Gegenwart.
  Sie können einen dritten Schritt hinzufügen, um die Last einer ganz spezifischen Bürde zu mindern oder in dem einen oder anderen Bereich zu innerem Wachstum zu finden.
- *3. Schritt:* Atmen Sie ein drittes Mal ein und aus, und kombinieren Sie diesen Atemzug mit einer Zutat der Geistigen Diät nach Ihrer Wahl, um so Ihr ganz persönliches Rezept zu kreieren.
  Verspüren Sie beispielsweise eine tiefe Traurigkeit und möchten Sie diese Traurigkeit mit einem positiveren Gefühl ausgleichen, könnten Sie sich während des dritten Einatmens das Wort »glücklich« sagen und dabei an einen echten Grund zur Freude denken; Sie könnten dann den Atem mit einem zufriedenen »Ahhhh« entströmen lassen. Oder wenn Sie sich zum Beispiel nach mehr spiritueller Liebe und Geborgenheit sehnen, dann versuchen Sie, sich beim Einatmen »Gott« und beim Ausatmen »liebt mich« zu sagen.
  Es gibt endlose Möglichkeiten. In jedem der folgenden acht Kapitel werden Zutaten und Rezepte vorgeschlagen (Gebet, Liebe, Freude, Mitgefühl, elementare Gutheit, Vollkommenheit usw.), die Sie mit Hilfe der Erklärungen leicht anwenden können. Wählen Sie aus, was Ihnen zusagt und Ihnen am besten dabei hilft, die Last des Alltags abzustreifen.

Beschränken Sie sich nicht auf drei Atemzüge. Sie können Ihr Geistiges Rezept drei Atemzüge, drei Minuten oder drei Stunden lang praktizieren. Wir empfehlen, daß Sie sich vornehmen, Ihr Geistiges Rezept täglich mindestens einmal – nach Möglichkeit öfter – anzuwenden. Manche arbeiten mindestens fünfmal am Tag mit ihrem jeweiligen Rezept, andere versuchen, es fünfundzwanzigmal zu praktizieren. Es liegt ganz an Ihnen und der Dringlichkeit Ihres Wunsches, sich von Ihren Bürden zu befreien und Ihre Seele zu nähren.

Es ist hilfreich, mit den drei Schritten und drei Atemzügen wie oben beschrieben zu arbeiten. *Mit zunehmender Erfahrung können Sie das Ganze aber auch vereinfachen und in einem Atemzug zusammenfassen,* sobald Achtsamkeit, Gegenwärtigkeit und Gebet (oder eine andere Zutat) ineinander verschmelzen.

Sie brauchen nicht jeden Tag dasselbe Rezept anzuwenden, genausowenig, wie Sie jeden Tag das gleiche Essen zubereiten müssen. Dennoch hat ein jeder von uns gewisse Lieblingsgerichte, die er besonders gerne kocht und ißt, und so können wir unser ganz persönliches »Geistiges Diätkochbuch« mit unseren Lieblingsrezepten zusammenstellen. Während des Lesens empfiehlt es sich also, die Zutaten zu notieren, die Sie am besten von Ihren Bürden entlasten können, die Rezepte herauszuschreiben, die Sie anwenden möchten, und dann damit zu arbeiten.

Ziel der Geistigen Diät ist es, Ihnen spirituelle Erfahrungen zu vermitteln und nicht nur einen Glauben an den göttlichen GEIST. Sie erhebt Sie in den Zustand der Achtsamkeit und Gegenwärtigkeit, so daß Sie zur Ruhe kommen und sich für die spirituelle Dimension des Lebens öffnen können. Natürlich ist kein Buch, kein Mensch und kein Programm in der Lage, die Arbeit eines anderen zu übernehmen. Ein jeder von uns muß sich selbst nähren. Doch die Geistige Diät bietet die Nahrung und Unterstützung an, die ein jeder braucht, um zu psychischem und spirituellem Heilsein und zur Vollkommenheit zu gelangen.

Sie können den nachstehenden Text ganz einfach von Anfang bis Ende durchlesen und dabei die Rezepte herausfinden, notieren und probieren, die am ehesten dazu angetan sind, Sie von Ihren allerschwersten Bürden zu entlasten. Beim Lesen können Sie sich fragen: »Ist dies eine Last, die ich im Augenblick auf meinen Schultern trage?« Wenn es so ist, schreiben Sie es nieder, und arbeiten Sie mit den Techniken, die in den Rezepten am Ende eines jeden Kapitels beschrieben sind. So können Sie Ihr ganz persönliches »Geistiges Kochbuch« führen.

Sie können aber auch überlegen, welche Bürden im Augenblick am schwersten auf Ihnen lasten, und nur die Kapitel lesen, die auf Ihre dringlichsten Bedürfnisse eingehen (wenngleich wir unseren Lesern unbedingt empfehlen, wenigstens Kapitel 1 bis 4 ganz durchzulesen).

Identifizieren Sie Ihre Bürden

Wenn Sie dieses Buch von Anfang an lesen, werden Sie wahrscheinlich feststellen können, welche Belastungen Ihnen ganz speziell zu schaffen machen. Ob diese nun physischer, mentaler, moralischer, emotionaler oder anderer Art sind – sie alle beschränken und hemmen uns. Allein durch das Erkennen, welche Bürden auf uns lasten, können wir schon etwas von der Last abstreifen, die uns niederdrückt.

Werfen wir nun einen Blick auf die Bürden, von denen in der Geistigen Diät die Rede ist. Anschließend können Sie eine Bestandsaufnahme machen und sich überlegen, wie es in Ihrem Leben aussieht. Denken Sie einmal darüber nach. Fragen Sie sich, inwieweit das Folgende auf Sie zutrifft. Konzentrieren Sie sich dabei ganz besonders auf jene Bürden, die im Augenblick am schwersten auf Ihnen lasten:

- Habe ich das Gefühl, ständig beschäftigt zu sein, und fällt es mir schwer, abzuschalten und zur Ruhe zu kommen? Habe ich das Gefühl, als würde etwas Wichtiges in meinem Leben fehlen? Bin ich gestreßt oder nervös, oder fühle ich mich unsicher? Mache ich mir ständig Sorgen, oder fällt es mir schwer, mich zu konzentrieren? Bin ich unaufmerksam, und lasse ich mich leicht ablenken? Wenn dies zutrifft, siehe *Kapitel 2: Der Atem des Lebens.*
- Fällt es mir schwer, in der Gegenwart zu bleiben? Bin ich in Gedanken die meiste Zeit über in der Vergangenheit oder der Zukunft, oder hänge ich Tagträumen nach? Fühle ich mich unvollkommen, und bin ich niemals wirklich im Frieden mit mir selbst? Mache ich mir Gedanken, und probe und plane ich für die Zukunft? Verbringe ich viel Zeit damit, mir Vergangenes in Erinnerung zu rufen und erneut zu durchleben? Habe ich Schwierigkeiten, Dinge loszulassen? Wenn dies zutrifft, siehe *Kapitel 3: Im Hier und Jetzt leben.*
- Verlange ich zuviel, und bin ich allzu selbstkritisch? Habe ich das Gefühl, ganz gleich, was ich tue, ich müsse noch mehr tun? Schleppe ich negative Gefühle, wie Schuld, Scham oder Peinlichkeit, mit mir herum? Habe ich die Verbindung zu meiner elementaren Gutheit verloren? Hätte ich gern mehr Selbstvertrauen und eine größere Selbstachtung? Zweifle ich an mir selbst? Wenn dies zutrifft, siehe *Kapitel 4: Seelennahrung.*
- Leide ich, weil ich nicht in Einklang mit meinem Körper lebe? Habe ich weniger Freude am Sex, als ich es gerne hätte? Mache ich mir Sorgen, und bekomme ich nicht wirklich mit, was rings um mich herum vorgeht? Sehne ich mich nach mehr Berührung und Zärtlichkeit? Empfinde ich meinen Körper lediglich als lästige Verantwortung, die mich Zeit kostet? Nehme ich die Empfindungen meiner Sinne – schmecken, fühlen, sehen, hören, riechen – nur am Rande wahr? Wenn

dies zutrifft, siehe *Kapitel 5: Im Einklang mit dem Körper schwingen.*

- Kommt es mir so vor, als würde ich niemals genug bekommen? Jage ich ständig etwas Neuem, Größerem oder Besserem nach? Habe ich das Gefühl, es noch nicht geschafft zu haben? Möchte ich selbst dann noch mehr, wenn das Geld womöglich nicht reichen wird, um meine Grundbedürfnisse zu erfüllen? Bin ich enttäuscht, und habe ich das Gefühl, daß meine Bedürfnisse nicht richtig gestillt werden? Wenn dies zutrifft, siehe *Kapitel 6: Endlose Wünsche und Sehnsüchte.*
- Mache ich ständig Gedankensprünge? Wünsche ich mir, mich besser konzentrieren zu können? Mache ich mir Sorgen, und habe ich Schwierigkeiten, mich daran zu erinnern, was ich eigentlich tun sollte? Überschlagen sich meine Gedanken, wenn ich versuche, zur Ruhe zu kommen? Bin ich nicht richtig geerdet und in Gedanken verloren? Wenn dies zutrifft, siehe *Kapitel 7: Springende Affen.*
- Fällt es mir manchmal schwer, morgens aus dem Bett zu kommen? Habe ich ein Problem mit Ärger und Gereiztheit? Halte ich mich zu lange bei den Dingen auf? Bin ich nervös und unruhig, ohne recht zu wissen, warum? Fühle ich mich nie wirklich gut, und wünsche ich mir, irgendwie freudvoller und glücklicher zu sein? Wenn dies zutrifft, siehe *Kapitel 8: Innere Ströme.*
- Verliere ich mich in dem, was ich tue, und habe ich das Gefühl, mein Pensum gerade nur so zu schaffen? Frage ich mich manchmal, warum ich eigentlich tue, was ich gerade tue? Ist mein Leben langweilig und zur Routine geworden? Fehlt mir der Sinn und das Ziel im Leben, und frage ich mich, wozu das Ganze überhaupt gut ist? Wenn dies zutrifft, siehe *Kapitel 9: Warum bin ich hier?*
- Habe ich das Gefühl, jeder ist sich selbst der Nächste? Bin ich manchmal einsam oder allein, selbst wenn ich mit anderen

Menschen zusammen bin? Erlebe ich mich als von den anderen Menschen getrennt? Mache ich mir über mich selbst und meine Welt viele Gedanken? Wenn dies zutrifft, siehe *Kapitel 10: Zu viel Ich*.

Arbeiten Sie mit den Anleitungen zur Geistigen Diät, um Ihre Psyche und Spiritualität zur Entfaltung zu bringen. Wie Sie dies tun, bleibt ganz Ihnen überlassen. Die Geistige Diät ist Nahrung und Labsal für Ihre Seele. Wenn Sie die nachstehenden Anleitungen lesen und befolgen, werden Sie sich heiler und spirituell gefestigt fühlen.

Kapitel 4

SEELEN-NAHRUNG

Jedes menschliche Wesen hat einen elementaren Kern von Gutheit, der unverfälschbar und unbeirrbar ist.
Chögyam Trungpa

Übermäßige Selbstkritik und Schuldgefühle hinterlassen seelische Wunden. Wir werden geheilt und wandeln uns, wenn wir das elementare Gute in uns entdecken und uns davon nähren lassen.

Hungrige Seelen

Ganz gleich, welche Erfolge ich auch verzeichnen mag oder wie viel ich dazulerne, ich glaube immer noch, daß es nicht genug ist. Mir ist klar, daß ich zuviel verlange und allzu selbstkritisch bin, doch ich weiß nicht, was ich dagegen tun kann. Mein Therapeut meint, wenn ich mit meiner Familie und meinen Angestellten so penibel sei, bedeute das nur, daß ich mit ihnen nicht anders umgehe als mit mir selbst.
Hätte ich doch nur mehr Vertrauen und Selbstachtung! In gewisser Weise zweifle ich an mir selbst, doch es gibt überhaupt keinen Grund dazu. Nach außen hin handle ich und gebe mich so, als wäre ich mir absolut sicher, doch dahinter verberge ich, wie ich mich wirklich fühle.
Bekanntlich sagt niemand allzeit die ganze Wahrheit, aber ich fühle mich immer noch unwohl, wenn ich Dinge absichtlich unerwähnt lasse oder Ausreden vorbringe. Ich verstehe nicht, warum solche belanglosen Dinge mir derart zu schaffen machen.

Bislang haben wir über die Geistige Basisdiät gesprochen. Wo immer wir gerade sind und wann immer wir es einrichten können, nehmen wir einen ersten tiefen, langsamen Atemzug, um zur Achtsamkeit zu finden, und einen weiteren tiefen, langsamen Atemzug, um gegenwärtig zu sein. Dann fahren wir mit der normalen Atmung fort und bleiben achtsam in der Gegenwart, solange wir können.

Nun fügen wir die Größe der elementaren Gutheit hinzu. Was ist unter diesem Begriff zu verstehen?

Die elementare Gutheit ist Nahrung für unsere Seele. Gleich einer gesunden, köstlichen Vorspeise nährt, kräftigt und belebt sie uns. Manche unter uns spüren das Gute tief in ihrem Inneren, andere wiederum haben den Kontakt dazu vollkommen verloren. Wie dem auch sei, die elementare Gutheit entstammt unserer essentiellen spirituellen Natur, ob wir sie nun spüren oder nicht. Unsere spirituelle Dimension tritt hervor, sobald wir bewußte Achtsamkeit praktizieren (Kapitel 2), stetig in der Gegenwart weilen (Kapitel 3) und »gut« sind.

In der Genesis steht geschrieben: »Und Gott sah alles an, was er gemacht hatte, und siehe: es war sehr gut.« Oder wie es in den Psalmen heißt: »Der Herr ist gut« und »Die Erde ist erfüllt von der Güte des Herrn«. Wir alle verfügen über eine unaufhörlich sprudelnde Quelle des Guten, die sich aus der inhärenten Gutheit des uns alle innewohnenden GEISTES speist.

Die elementare Gutheit im GEISTE kann zwar versteckt und dem Blick verborgen bleiben, doch sie kann niemals zerstört werden. Wir werden es spüren, wenn wir unseren Atem einsetzen, um aufmerksam und präsent zu werden, oder auch einfach nur unsere eigenen guten Gefühle in die Erinnerung zurückrufen.

Probieren wir es doch gleich einmal, und sei es auch nur für einen Moment: *Atmen Sie langsam und tief ein und aus, und bringen Sie Ihre Aufmerksamkeit in die Gegenwart. Dann denken Sie an lebensbejahende Dinge, die Ihnen in den letzten Tagen begegnet sind. Vielleicht haben Sie jemandem einen Gefallen getan, einem Kind Mut zugesprochen oder einen Freund getrö-*

stet. Vielleicht haben Sie jemanden mit offenen Armen und einem freundlichen Lächeln empfangen. Oder Sie haben ganz einfach einen Freund mit dem Auto irgendwohin gefahren oder einem Nachbarn etwas aus dem Lebensmittelladen mitgebracht. Es muß gar nichts Großes gewesen sein. Gute Taten, ob klein oder groß, kommen aus der gleichen Quelle in uns, dem sprudelnden Brunnen des elementaren Guten.

Fürsorglichkeit und der Wunsch zu helfen, auch das wurzelt in der elementaren Gutheit. Mitgefühl wird erweckt, wenn wir mit dem Leid anderer Menschen konfrontiert werden und darauf eingehen, ganz gleich, ob wir die Betroffenen nun persönlich kennen oder nur auf Bildern sehen. Sorgen wir uns um die Not eines anderen, so kommen wir dem Leidenden näher und nehmen in gewissem Maße Anteil an seinem Schmerz. Ebenso wie unsere guten Taten ist auch unser Mitgefühl eine Manifestation des elementaren Guten in uns.

Fürsorglichkeit und Mitgefühl werden sehr viel leichter und schneller in uns erweckt, wenn wir an unsere Liebe und Zuneigung zu einer bestimmten Person in unserem Leben denken: an die Großmutter oder den Großvater, die gute Mutter oder den guten Vater, eine hilfsbereite Tante oder einen Onkel, der immer für uns da war, an unser eigenes oder ein fremdes Kind, oder vielleicht an ein heißgeliebtes, treues Tier. Rufen wir uns solche Beziehungen in Erinnerung, dann spüren wir förmlich, wie uns ein Gefühl der Wärme, Sanftheit, Offenheit und Fürsorglichkeit durchströmt.

Beim Gedanken an all diese Gefühle der Fürsorglichkeit und des Mitgefühls sowie des Wunsches zu helfen erhaschen wir einen flüchtigen Blick des elementaren Guten, das uns innewohnt.

Natürlich empfindet nicht jeder Mensch diese Wärme im Herzen. Häufig steigen nämlich unangenehme Gefühle in uns auf, wenn wir atmen und unsere Aufmerksamkeit in die Gegenwart bringen. Oder wir scheinen ganz einfach keinen richtigen Zugang zu unserer Freundlichkeit, dem Mitgefühl und der Liebe in uns zu finden. Vielleicht gelingt es uns auch gar nicht, zu atmen und gegenwärtig zu sein, weil immer dann, wenn wir uns auf die Gegenwart einlassen, Gefühle des »Schlechtseins«, der Schuld, Scham, Angst oder anderer negativer Prägung in uns hochkommen und uns den Weg zu unserer elementaren Gutheit versperren. Unsere Seele ist unterernährt und hungrig. Manchmal haben wir uns völlig in den Stürmen unseres persönlichen Lebens verirrt und plagen uns mit Schuldgefühlen und Selbstkritik, doch das spirituelle Bewußtsein scheint durch die Wolkendecke hindurch – immerzu, immerdar, ob wir uns dessen bewußt sind oder nicht.

Wie gering unsere Verbindung zum elementaren Guten in uns auch sein mag und wie wenig entwickelt oder unerkannt sie ist, sie existiert immer in uns, allzeit bereit, enthüllt und zur Nahrungsquelle unserer Seele entfaltet zu werden. Wir müssen unbedingt einen Weg finden, die negativen Gefühle zu überwinden, die uns immer dann beschleichen, wenn wir in der Gegenwart sind. Nur dann finden wir Zugang zu unserer inneren Gutheit und können diese in ihrer ganzen Dimension erfahren.

Am Anfang

Wenn auch die Vorstellungen im einzelnen differieren, so wird das menschliche Leben in nahezu allen großen Weltreligionen auf den GEIST zurückgeführt.

Beim Begriff GEIST denken wir an ein Meer des Bewußtseins – allgütig, allwissend, unendlich weit und ewig. In unserer Vorstellung sehen wir, wie sich irgendwo in der Weite dieses Meeres Wellen formieren und an der Oberfläche auf- und niedersteigen. Wir selbst sind wie eine dieser Wellen, eine ganz bestimmte Seele, die aus den endlosen Wassern des GEISTES emportaucht, um sich letztendlich in unserer Inkarnation als Mensch zu manifestieren. Daraus erwächst unsere Persönlichkeit und unser individuelles menschliches Leben.

Während unseres Erdendaseins ist das spirituelle Bewußtsein immer ein Teil von uns, unser verborgener Klang, unsere wahre Identität, gegenwärtig in jedem Atemzug, den wir nehmen. Obwohl wir immerzu ein Teil davon sind, fehlt uns manchmal das wache Gespür dafür, daß wir das spirituelle Bewußtsein manifestieren.
Spirituelles Bewußtsein ist zu wissen, und dieses Wissen umgibt uns allenthalben, ist in uns und jenseits unserer Endlichkeit. Bewußtsein ist die Quelle der Achtsamkeit – jener Teil in uns, der weiß und weiß, das er weiß.

Da die gesamte Schöpfung aus geistiger Sicht gut ist, sind auch wir bei unserer Geburt im Grunde gut. Doch sind wir erst geboren, tragen wir die Verantwortung für unseren Körper und unsere Existenz in einer physischen und sozialen Welt, welche uns mit unzähligen komplexen Problemen überschüttet, die es allesamt zu lösen gilt. Mit der Entwicklung unserer Persönlichkeit »fallen wir aus der Gnade«, denn unsere Achtsamkeit und Gutheit müssen den Filter unserer persönlichen Erwartungen und Bedürfnisse passieren.
Die Persönlichkeit ist etwas ganz Wesentliches, denn sie erhält unseren Körper am Leben, pflegt, ernährt und beschützt uns, macht uns zu einem wohlfunktionierenden Glied der Gesellschaft und kommt unseren vielen Bedürfnissen nach. Die Persönlichkeit ist es, die uns das Gefühl der Getrenntheit vom Ozean des Bewußtseins gibt. Sie sagt uns, was wir mögen und was wir nicht mögen, und schürt unseren Drang zu überleben und in dieser Welt auf eigenen Füßen stehen zu wollen.

Als Kleinkinder beginnen wir, das als »gut« zu bewerten und zu erleben, was sich gut anfühlt: warme Milch, wie sie wohlig in unseren Magen hinunterfließt, weiche, saubere Windeln, ein lächelndes Gesicht und sanfte Hände, die uns halten und wiegen. Wir bemerken alles, was wir als gut empfinden und was uns wachsen und gedeihen läßt. Fühlt es sich gut an, so ist es auch gut. Unser kindlicher Sinn für das persönliche »Gute« basiert weitgehend auf einfachen physischen Bedürfnissen.
Mit fortschreitender Entfaltung unserer Persönlichkeit lernen wir, daß nicht alles, was sich gut anfühlt, auch wirklich »gut« ist. Wir gelangen langsam zu der Einsicht, daß es eine größere oder höhere Gutheit geben muß, die man selbst zwar nicht unbedingt als gut empfinden mag, die aber dennoch gut ist. Diese höhere Gutheit ist in allen Religionen verankert und begründet weitgehend unsere Spiritualität.
Es mag Spaß machen, den Nachtisch zuerst aufzuessen, anderen das Spielzeug wegzunehmen oder eine Spielkameradin zu schlagen. Doch Eltern, Lehrer und andere Menschen, die diese Lektion schon gelernt haben, bringen uns bei, daß unser persönliches Empfinden von »gut« sicher nicht den Maßstäben des »höheren Guten« entspricht. Und so fangen wir an, unser Verhalten zu beurteilen und Selbstdisziplin zu erlernen und diese im Angesichte der Versuchung auch zu bewahren.
Wir werden uns bewußt, was »gut« ist, aber was ist wichtiger: das persönliche Gute (also das, was unserem Körper und unserer Persönlichkeit guttut) oder das höhere Gute (wonach unsere Handlungen von unserem gesellschaftlichen und spirituellen Gewissen bestimmt werden)? Da wir uns ständig zwischen beiden entscheiden müssen, hört das Ringen in uns nie auf. Wir alle kennen dieses innere Tauziehen nur zu genau, aber Kinder empfinden es als besonders einschneidend, wenn sie zum erstenmal vor dem Dilemma stehen, was nun unartig und was brav ist. Unsere Tochter Amanda bildete da keine Ausnahme.

Unartig oder brav

Mandy war vier Jahre alt, als wir wieder einmal alle zusammen bei unseren lieben Freunden, Chuck und Kate, das Weihnachtsfest verbrachten. Dieses Fest wurde alljährlich von den beiden ausgerichtet, und es hatten sich im Laufe der Jahre verschiedene Traditionen eingebürgert, so spielte beispielsweise Jonathan immer den Nikolaus und Chuck den Knecht Ruprecht.

Irgendwann nach dem Abendessen verschwanden die beiden wie gewöhnlich, um in ihre aufwendigen Kostüme und die damit verbundenen Rollen zu schlüpfen. Dann erschienen sie unter Glockengeläut und großem Brimborium. Sie sprachen mit veränderten Stimmen, tollten herum und teilten Geschenke aus; und jeder durfte einmal auf Nikolaus' Schoß sitzen.

Unsere vierjährige Amanda glaubte fest an den Nikolaus und wartete wie immer sehnsüchtig auf seinen alljährlichen Besuch. Doch als sie dem Nikolaus diesmal ins Gesicht sah, wußten wir alle, daß der Traum ausgeträumt war: Amanda schaute direkt in die Augen ihres Vaters. Sie erkannte ihn, und wie man auf ihrem Gesicht ablesen konnte, war es ein Schock für sie. Mit einer für ihr Alter fast an ein Wunder grenzenden Haltung sagte sie kein einziges Wort. Einen Augenblick lang schloß sie die Augen und vergrub ihr Gesicht in Nikolaus' Brust; dann spielte sie mit, ließ sich fotografieren, nahm ihre Geschenke entgegen und sprang von Nikolaus' Schoß, damit das nächste Kind an die Reihe kommen konnte.

Als Jonathan »zurückkam«, nutzten wir Eltern die erstbeste Gelegenheit, um unsere Köpfe zusammenzustecken. Wir hatten beide Amandas Entdeckung genau bemerkt und waren entschlossen, sie zu fragen, ob sie darüber mit uns sprechen wolle. Amanda wollte jedoch überhaupt nicht darüber sprechen.

Statt dessen zeigte sie sich so gelassen, wie sich eine Vierjährige nur zeigen kann, und gesellte sich zu den anderen Kindern. Sie

gab keinerlei Kommentar ab, als diese ihre Spielzeuge zeigten und vom Besuch des Nikolaus erzählten.
In den folgenden Tagen spielten wir beide behutsam auf das Thema an, doch zu unserer Überraschung war Amanda immer noch nicht gesprächsbereit. Sie schien alles andere als entsetzt oder gar desillusioniert zu sein, und alles war wohl in bester Ordnung. Sie benahm sich besser als sonst, räumte unaufgefordert ihr Zimmer auf und bat um Erlaubnis, ob sie die Bonbons essen dürfe, die ihr ihre Freunde mitgebracht hatten.
Wir gelangten zu dem Schluß, daß wir uns entweder in bezug auf ihre Entdeckung geirrt hatten oder daß Mandy das Märchen vom Nikolaus einfach nicht aufgeben und gegen die Realität eintauschen wollte. Also entschlossen wir uns abzuwarten, bis sie das Thema von selbst anschneiden würde, und befaßten uns nicht weiter mit der Sache.
Erst ein Jahr später verstanden wir, was wirklich in ihr vorgegangen war. Es fehlten noch ein paar Stunden bis zur alljährlichen Weihnachtsfeier, wir waren gerade dabei, uns fertig zu machen und redeten darüber, wie großartig es letztes Jahr doch gewesen sei, als Amanda mit ihren fünf Jahren mit großer Bestimmtheit verlauten ließ: »Ich glaube nicht, daß es so toll gewesen ist. Für mich war es ziemlich hart.«
»Hart? Was meinst du damit?« fragte Diane.
Schüchtern sah Mandy uns an, so als ob sie nicht genau wüßte, ob es recht wäre zu sagen, was sie in ihrem Inneren bewahrt hatte. Dann sagte sie: »Weißt du, es ist wegen dir, Papa, und ... dem Geheimnis«, fügte sie nach einigem Zögern hinzu. »Aber ich bin brav gewesen, nicht wahr. Ich habe mein Zimmer aufgeräumt und immer geholfen, oder?«
»Natürlich warst du ein braves Kind. Doch was hat das mit Papa zu tun? Und von welchem Geheimnis sprichst du eigentlich?«
Amanda drehte und wendete sich voller Unbehagen, denn sie stand plötzlich im Mittelpunkt unserer beider Aufmerksamkeit.

»Ich habe ihn erkannt«, fuhr Mandy fort und wies mit dem Finger auf ihren Vater. »Letztes Jahr habe ich es gemerkt. Ich wollte es sagen, aber ich wußte doch, daß es ein Geheimnis war.«

»Welches Geheimnis?« fragte Diane weiter.

»Nun, ihr kennt doch beide das Lied?«

»Welches Lied?«

Sie sah uns an, als ob wir nicht ganz richtig im Kopf seien und meinte: »Ihr wißt doch, dieses Lied: *You'd better not shout, you'd better not cry 'cause Santa will know if you're naugthy or nice**. Ihr kennt doch dieses Lied. Vorher habe ich immer geglaubt, daß der Nikolaus alles wüßte. Doch als ich dann gesehen habe, daß der Nikolaus in Wirklichkeit mein Papa ist: Wow!« Ihre Augen wurden ganz groß, als sie fortfuhr: »Da wußte ich genau, daß ich WIRKLICH brav sein müßte!«

Arme Amanda! Stellen Sie sich einmal vor, unter welchem Druck Sie bei dem Gedanken gestanden hätten, daß Ihr Vater der echte Nikolaus sei, daß er mit Ihnen unter einem Dach wohnt und jede Ihrer guten oder schlechten Taten bis in alle Einzelheiten kennt, in eine Liste einträgt und doppelt hinschaut, ob Sie nun »unartig oder brav« gewesen sind.

Wir haben uns sofort hingesetzt und ernsthaft über alles gesprochen. Amanda hat die Wahrheit erfahren, daß nämlich der ursprüngliche Nikolaus, der heilige Nikolaus, im vierten Jahrhundert lebte, also vor langer, langer Zeit . Und weil er heute nicht mehr lebt, lebt der liebende GEIST, der gibt und für uns sorgt, in uns allen weiter. Und wir erinnern uns gegenseitig daran, zu geben und fürsorglich zu sein, indem wir uns Jahr für Jahr verkleiden, unser Haus mit einem Baum und Lichtern schmücken, Karten schreiben und uns gegenseitig Geschenke machen.

* Zu deutsch etwa: »Schimpf' lieber nicht, wein' lieber nicht, denn der Nikolaus weiß, wer unartig war und wer brav.«

Als Amanda das Geheimnis für sich behielt, um die besondere Identität ihres Vaters nicht preiszugeben, hatte sie eine Reflexion und Selbstkontrolle an den Tag gelegt, die für ihr Alter recht ungewöhnlich waren. Sie hatte aber auch einen anderen Bestandteil der menschlichen Natur offenbart.

Die Vorstellung von unartig und brav wird uns schon in sehr jungen Jahren und in ganz simpler Form vermittelt. Wenn wir nach den uns vorgegebenen Maßstäben »brav« sind, werden wir belohnt; sind wir hingegen »unartig«, bekommen wir Probleme. An irgendeinem Punkt jedoch fragen wir uns, wer denn eigentlich bestimmt, was nun unartig und was brav ist? Wer beobachtet uns wirklich? Und wie schnell werden wir bestraft? Diese Erfahrung ist nicht nur für unsere Beziehung zur Welt, sondern – wichtiger noch – zu uns selbst und unserer Spiritualität von entscheidender Bedeutung. Wenn wir älter werden und differenzierter denken, lernen wir, daß »unartiges« Verhalten oft toleriert und vielfach gar belohnt wird. Wir können zusehen, wie manche Menschen gerade dadurch, daß sie die Regeln mißachten, reicher werden und mehr Erfolg haben.

Weil unsere Gesellschaft die Bedeutung von individuellem, materiellem und sozialem Erfolg betont, ignoriert oder bestraft sie häufig jene, die gut, edel, wahrhaftig, mitfühlend, fürsorglich und ehrlich sind und den spirituellen Pfad beschreiten. Der Ausspruch »Die Guten erreichen als letzte das Ziel« bewahrheitet sich so lange, wie der äußere Erfolg den Maßstab bildet. Und da viele von uns weit von ihrer spirituellen Natur entfernt sind, wird dieses Erfolgsrezept vielleicht auf lange Sicht unser einziges bleiben.

Sich öffnen für die uns innewohnende elementare Gutheit im GEISTE ist also ein fortlaufender Prozeß, der durch die bei uns übliche Betonung von Individualismus und materiellem Erfolg noch erschwert wird.

Ein Defizit an Anständigkeit und Lauterkeit

Eltern machen sich oft mehr Sorgen darum, daß sich ihre Kinder in der persönlichkeitsbezogenen und materiellen Welt sicher und erfolgreich behaupten, als sich Gedanken darüber zu machen, wie sie in der spirituellen Welt zurechtkommen. Der folgende Witz veranschaulicht dies in aller Deutlichkeit:

Eine berühmte Interviewerin konnte sich selbst nach ihrem Tod nicht von ihrem Beruf trennen. Als sie nun den Himmel betrat, bat sie die Jungfrau Maria um ein Interview. Ein Termin wurde vereinbart, und als die Jungfrau Maria eingetreten war und Platz genommen hatte, fing die Interviewerin an:

»Bitte, Jungfrau Maria, alle Mütter dieser Welt möchten es wissen: Wie fühlt man sich als Mutter von jemandem, den Millionen Menschen als Sohn Gottes ansehen?«

»Nun, offen gesagt«, erwiderte die Jungfrau, »wir hatten eigentlich gehofft, er würde Arzt werden!«

Arzt zu sein mag sicherlich für manche eine echte Berufung darstellen. Doch dieser Witz ist eine Anspielung auf unsere westliche Welt mit ihrer Betonung des praktischen, gesellschaftlichen Erfolges, der sich sogar gegen das höhere Gute in uns wenden kann. Damit entsteht ein *Defizit an Anständigkeit und Lauterkeit*, getragen von dem Leitsatz »Vorankommen um jeden Preis« und einer aggressiven, egoistischen Interpretation des »Hilf dir selbst, so hilft dir Gott«.

Die meisten Menschen machen sich zumindest geringer moralischer Verstöße schuldig, aus welchen Beweggründen auch immer. So werden beispielsweise kleine Unwahrheiten erzählt oder Dinge »ausgeliehen«, die einem eigentlich gar nicht gehören. Und im Ergebnis heißt das, daß wir zwar alle dem Prinzip des höheren Guten folgen möchten, trotzdem aber manchmal der Versuchung erliegen, angesichts des übermächtigen Überlebens- und Erfolgsdrangs entgegen unseren Wertvorstel-

lungen und moralischen Bedenken zu handeln. Verstoßen wir dann gegen unsere Prinzipien, so fühlen wir uns schlecht, schuldig und wertlos, sind beschämt oder peinlich berührt. Wenn wir uns nun auf die Suche nach größerem spirituellen Bewußtsein begeben und unser Augenmerk auf Achtsamkeit und Gegenwärtigkeit richten, werden wir uns ganzheitlicher mitsamt all unserer Selbstkritik und allen Schuldgefühlen wahrnehmen. Wir erkennen, daß unser persönliches Handeln nicht mehr mit unserem inneren Sinn für das Gute im Einklang steht und daß unser spirituelles Licht durch die Dunkelheit unserer von der Moral abweichenden Taten verhangen ist.
Sara, eine von Dianes Studentinnen, rief kürzlich wegen einer Beratung an, weil sie eine anhaltende Schreibblockade hatte. Sara hatte bereits einen sehr erfolgreichen Science-fiction-Roman veröffentlicht, konnte aber mit ihrem nächsten Werk nicht so richtig vorankommen, obwohl ihr Verleger ihr ständig Mut zusprach. »Ich sitze da, und in meinem Kopf herrscht totale Leere. Ich bin beunruhigt und kann nicht mehr entspannen. Es ist so, als ob ich Angst davor hätte, dieses Buch zu schreiben«, berichtete sie und erzählte uns, wie verzweifelt sie war.
Nach eingehender Betrachtung der Situation wurde klar, daß Saras Unbehagen größtenteils in dem Gefühl gründete, es nicht zu verdienen, erfolgreich zu sein oder sich über das zu freuen, was sie vollbracht hatte. Erst als sie gründlich darüber nachdachte, erkannte sie die eigentliche Ursache. Sara war auf einen Job angewiesen, in dem sie Teilzeitarbeit am Abend verrichtete. Sie verkaufte per Telemarketing ein bestimmtes Schneeballsystem an Senioren. Sara haßte die Manipulation, die dem Ganzen zugrunde lag: »Wir belügen diese Leute zwar nicht direkt,« sagte sie, »doch wir wissen, wie wir ihre Ängste vor Armut und Krankheit nutzen und an ihre Gier nach der schnellen Mark appellieren können.«

Während sie erzählte, wurde ihr so richtig bewußt, wie unglücklich sie eigentlich war. »Ich kann meinen Job nicht so ohne weiteres aufgeben. Er ist von der Zeiteinteilung her ideal, denn ich kann ihn neben meinem Studium und dem Schreiben ausüben und mit so einem regelmäßigen Einkommen meine gesamten Kosten bestreiten. Doch die Sache an sich gibt mir das Gefühl, nichts wirklich Gutes zu verdienen, wenn ich so viel Zeit mit Dingen zubringe, die anderen schaden.«

Es war offensichtlich, daß Saras Schuldgefühle sie daran hinderten, sich wohlzufühlen; und dies wiederum stand ihrer schriftstellerischen Tätigkeit im Wege.

Diane führte Sara in die Geistige Basisdiät ein und ließ sie einen ersten und einen zweiten Atemzug nehmen, um sie zur Achtsamkeit und Gegenwärtigkeit zu bringen. So fand sie Zugang zu ihren Gefühlen von Wertlosigkeit, Schuld und Scham, die sie davon abgehalten hatten, sich im gegenwärtigen Augenblick wohl zu fühlen. Vielen von uns ergeht es genauso. Atmen wir tief und entspannt mit dem Ziel, bewußt im Hier und Jetzt zu leben, dann fühlen wir uns in unserer eigenen Haut nicht wohl. Unser Selbstwertgefühl ist irgendwie getrübt. Manche wissen, woher ihre schuldhaften und negativen Gefühle kommen, anderen hingegen sind die Gründe nicht ersichtlich, und sie treiben auf verlorenem Posten in einem Meer unguter Empfindungen dahin.

Wir laufen vor uns selbst davon und scheuen davor zurück, uns selbst als das zu sehen, was wir sind, weil uns nämlich nicht gefällt, was wir da sehen. Wir verstecken uns vor uns selbst, und unser Gefühl, befleckt zu sein, versperrt uns den Weg zur spirituellen Achtsamkeit. Möglicherweise sind wir niedergeschlagen und deprimiert oder angespannt und überaus beschäftigt oder geben uns dem Rausch des Essens, Einkaufens oder Alkohols hin.

Ungeachtet ihrer Herkunft hindern uns negative Gefühle wie

Scham, Schuld oder Verlegenheit daran, gegenwärtig zu sein, denn sie sind der Quell all jener unangenehmen Empfindungen, die uns Unbehagen bescheren. Ganz instinktiv ziehen wir uns dahin zurück, wo wir sie nicht mehr spüren können. Bei einigen Menschen sind die negativen Gefühle durch vergangenes oder gegenwärtiges negatives Handeln gerechtfertigt. Wie kann ich denn auch wach und achtsam im Hier und Jetzt sein, wenn ich spüre, daß mit mir etwas nicht in Ordnung ist? Andererseits fühlen sich viele von uns irgendwie schuldig, ohne gegen die Prinzipien der elementaren Gutheit direkt verstoßen zu haben. Selbst wenn Scham- und Schuldgefühle bei solchen Menschen auch noch so unverdient sein mögen, sind sie dennoch vorhanden. Durch übermäßige Selbstkritik, unrealistisch hohe Erwartungen und ungerechtfertigte Scham- und Schuldgefühle fühlen sich viele Menschen miserabel, obwohl sie im Grunde ihren Wertvorstellungen gemäß handeln und ihren Moralbegriffen treu geblieben sind.

Unserer elementaren Gutheit nicht den rechten Stellenwert beizumessen ist einem guten Mahl gleichzusetzen, das wir zu uns nehmen, ohne die Nährstoffe daraus zu verwerten.

Verstoßen wir gegen unsere Prinzipien, errichten wir eine Schranke zwischen uns und dem GEIST. Eine gleichermaßen destruktive Sperre entsteht aber auch, wenn wir nicht zu schätzen wissen, was wir recht machen, unnötigerweise Selbstkritik an uns üben oder die Ausdrucksformen unseres elementaren Guten nicht genügend würdigen. Durch dieses Muster der Negativität berauben wir uns unserer guten Gefühle.

Übermäßige Selbstkritik

»Ich bin nicht gut genug.« Haben Sie das nicht schon einmal gehört, gedacht oder gefühlt? So gut wie jeder kann diese Frage bejahen. Warum?
Die elementare Gutheit ist uns zwar in die Wiege gelegt, doch mit fortschreitender Entwicklung vom Kind zum Erwachsenen wird unser Wert immer mehr an dem bemessen, was wir oder andere erreichen, welchen Abschluß wir in der Schule erlangen, wie wir aussehen, welche sportlichen und sonstigen Erfolge wir verzeichnen können, wie sehr wir unsere Möglichkeiten ausschöpfen, unsere Sympathie und unseren Charme einzusetzen wissen und wie erfolgreich wir generell in der Gesellschaft, unserem Beruf und der gesamten Welt der Materie sind.
Wir werden bemessen und messen uns selbst und andere, wobei wir Errungenschaften und Erwartungen als Maßstäbe zugrunde legen. Oft genug bekommen wir zu hören, was wir alles »falsch«, und nur allzu selten, was wir »richtig« machen. Somit konzentrieren wir uns in der Hauptsache auf unsere Mängel und Grenzen, unsere Irrtümer und Unzulänglichkeiten, auf Scham und Schuld, Fehler und Defekte.
Unser Sohn Nicholas lieferte uns einmal ein Beispiel für eine häufig anzutreffende Form der Selbstkritik. Hier folgt seine Geschichte.

»Minus Drei« in Rot

Nick, unser Ältester, war ein fröhliches Energiebündel, das entweder hüpfend oder im Laufschritt aus der Schule gerannt kam. Eines Tages jedoch – es war Herbst, und ich (Jonathan) hatte mein Auto an der Ecke abgestellt – sah ich unseren damals Sechsjährigen in ungewohnter Langsamkeit auf mich zugehen. Mit hängendem Lockenkopf und nach unten gezogenen Mundwinkeln hielt er ein Bündel Papier in Händen. Nick schleppte sich geradezu den Bürgersteig entlang. Langsam öffnete er die Autotür und ließ sich in den Sitz fallen.

»Nun, Nick, wie geht es dir?« fragte ich.

Keine Antwort.

»Was ist los? Ist denn heute etwas Schlimmes passiert?«

Er nickte zögernd und wandte sich dann ab. Als Psychologe konnte ich mich natürlich wieder einmal nicht beherrschen und fing an zu bohren: »Komm schon, Nick, sag' deinem Papa, was nicht in Ordnung ist.«

»Ich bin schlecht«, antwortete Nick nach langem Zögern.

»Schlecht? Warum sagst du so etwas?«

Nick reichte mir ein zerknülltes Blatt Papier.

Ich glättete es, und Reihen von Rechenaufgaben starrten mir entgegen. Am oberen Rand des Blattes prangte in großen roten Lettern die Aufschrift »– 3«.

»Guck nur!« kam es aus ihm hervor. Tränen kullerten über seine Wangen, und seine Lippen zitterten in dem verzweifelten Bemühen, sich zu fangen. Er zeigte auf die rote »minus Drei« und meinte: »Schau her, Papa, ich habe eine schlechte Note bekommen.«

Ich dachte ein ganze Weile nach und sagte dann: »Diese rote Zahl bedeutet nicht, daß du schlecht bist oder daß du eine schlechte Note bekommen hast, Nick. Es heißt nur, daß du drei Aufgaben auf dem Blatt nicht gelöst hast. Dein Lehrer möchte, daß du aus deinen Fehlern lernst. Doch das allein zählt nicht. Wie viele Aufgaben hast du denn richtig gelöst?«

Nick wußte es nicht, und so machte ich mich daran, die richtigen Lösungen zu zählen, die nicht angestrichen waren. Nach der zehnten richtigen Lösung fing Nick an mitzuzählen, und als wir bei 27 angekommen waren, zeigten sich auf Nicks tränenbenetztem Gesicht Anzeichen von Freude. Ich ließ ihn groß »+27« genau neben der »– 3« schreiben.

»Schau her, 27 Richtige!« Nick brauchte einen Moment, um diese Erkenntnis sickern zu lassen, und dann breitete sich wieder jener normale, fröhliche Ausdruck auf seinem Jungengesicht aus. Damit war das Thema beendet und der Tag gerettet. Nick hat aus dieser Sache viel gelernt. Doch vielen von uns bleibt diese Lektion vorenthalten. In der Regel begegnet uns zu Hause oder in der Schule eine Flut von direkter oder indirekter Kritik. Weil wir nur das lernen und uns dem anpassen, was uns vertraut und geläufig ist, meldet sich unsere innere Stimme automatisch bei allem Neuen kritisch zu Wort, und diese Form von Kritik wenden wir dann auf uns selbst und unsere Umwelt an. Wir entwickeln häufig eine Art von Radarsystem, das alles, was wir bei uns selbst und in unserem Leben recht machen, als selbstverständlich hinnimmt und einzig und allein das minutiös herausfiltert, was bei uns und den anderen fehlt oder falsch ist. Dann fühlen wir, daß wir selbst und vielleicht auch unser Leben und das anderer Menschen »schlecht« ist – also unzulänglich, unvollkommen, schändlich, unwert und unliebsam.

Für unser Leben und unseren Weg der inneren Entfaltung ist es natürlich äußerst wertvoll, aus Fehlern zu lernen und hohe Ziele und Maßstäbe zu haben. Aber übermäßige Selbstkritik und ständig steigende Erwartungen verletzen uns gleichzeitig auch, denn innerlich fragen wir uns: »Warum bin ich nicht gescheiter, sehe nicht besser aus, bin nicht erfolgreicher, ein besserer Liebhaber, dünner oder etwas schlanker, warum verdiene ich nicht mehr, amüsiere mich nicht besser, bin ich nicht weniger müde, spare nicht mehr Geld, habe ich keine besseren Eltern, bin ich nicht effizienter, besser in Mathe, treibe ich nicht mehr Sport und kann der Schokolade nicht widerstehen?«

Unser westlicher Lebensstil verstärkt und mehrt diese Art von Selbstkritik durch Zeitschriften, Fernsehen, Werbung und so weiter. Unsere Ziele und Maßstäbe helfen uns natürlich auch dabei, das Beste aus uns herauszuholen, und aus Scham- und Schuldgefühlen lernen wir, unser Verhalten zu korrigieren. Doch allzu hohe Erwartungen und harsche Selbstkritik sind derart weitverbreitet, daß wir modernen Menschen der westlichen Hemisphäre immer eine gewisse Unzulänglichkeit empfinden. Die daraus resultierenden Ängste und Depressionen zählen zu den häufigsten Gründen, warum Psychologen und Therapeuten überhaupt aufgesucht werden.

Übermäßige Selbstkritik sowie gerechtfertigte und ungerechtfertigte Schuldgefühle trennen uns von unserer Spiritualität und belasten uns mit einem Gefühl des »Schlechtseins«, was unsere guten Gefühle nicht zur Geltung kommen läßt. Dann beginnen wir, die Sinnlosigkeit und Unehrlichkeit unseres Lebens zu erkennen, wir geraten in Depressionen oder Ängste und glauben schließlich, erzielte Erfolge einfach nicht verdient zu haben. Dies beeinträchtigt unsere Fähigkeit, uns zu freuen, zu wundern, erfürchtig zu sein und die Nähe zu anderen Menschen zu erleben.

Die Masken, die wir tragen, dienen unter anderem auch dazu, unsere Fehler und Unzulänglichkeiten zu verbergen. Auch Verlegenheit, Frustration und Verteidigungshaltungen führen zu einer Verhärtung unserer Persönlichkeit und überdecken unser spirituelles Bewußtsein mit einer dicken Kruste.

Von Grund auf schlecht

Viele Menschen fühlen sich schlecht. Schuldgefühle entspringen dem, was man getan oder zu tun unterlassen hat. Schamgefühle hingegen erwachsen aus dem, was ich bin oder nicht bin. Wenn wir uns dumm vorkommen, schämen wir uns deswegen. Das alles verletzt unsere Persönlichkeit. Negative Gefühle verhindern, daß wir zur Ruhe kommen und uns wohl

fühlen. Unser Bewußtsein ist zerstreut, unsere Atmung eingeengt und unser Licht mit Wolken verhangen.
Vielleicht haben wir zu wenig Liebe, Aufmerksamkeit, Sicherheit oder menschliche Nähe erfahren. Womöglich wurden wir auch emotional, mental, physisch oder sexuell mißbraucht. Oder wir waren möglicherweise allzu egoistisch oder nachsichtig mit uns selbst und haben gedankenlos gehandelt. Vielleicht haben wir auch Dinge getan, von denen wir wußten, daß sie falsch waren. Oder vielleicht sind wir einfach nur viel zu selbstkritisch und fordernd.
Aus dem einen oder anderen Grund fühlen sich viele Menschen unzulänglich und inkompetent, werden dadurch depressiv oder in gewisser Hinsicht lebensuntauglich. Fühlen wir uns schlecht, legt sich ein Schleier der Dunkelheit über unser Leben. Oft sind Beziehungsprobleme, falsche Entscheidungen und schlechte Gewohnheiten nur eine Folge davon, ähnlich wie wir an einem bewölkten Tag graue Wolken am Himmel heraufziehen sehen.
Unsere inneren Probleme erschweren es uns möglicherweise, die Verbindung zu unserer elementaren Gutheit aufrechtzuerhalten. Gleichwohl muß sich ein jeder von uns in der Realität unserer modernen Welt behaupten. Und das macht alles doppelt schwierig.

Mit der elementaren Gutheit in unserer realen Welt leben

Wir mögen zwar von dem Wunsch beseelt sein, unsere Gutheit zu pflegen und zu nähren, doch in der realen Welt ist es trotzdem sehr schwierig, sich immer für das höhere Gute zu entscheiden. Wir leben mit einer Erwachsenenversion desselben Dilemmas von »unartig oder brav«, in dem sich Mandy befand,

nachdem sie sich mit dem Nikolaus in ein und demselben Haus gefangen wähnte.
Vielleicht tun wir manchmal etwas, was wir eigentlich nicht tun sollten, oder wir unterlassen etwas, was wir unbedingt tun sollten. Und natürlich können nur wir selbst die »ganze Wahrheit« über uns kennen. Womöglich fühlen wir uns schuldig wegen etwas, was wir getan oder unterlassen haben, oder schämen uns für etwas, was wir sind oder nicht sind. Wir wissen nicht, wie wir mit den tatsächlichen Belastungen unserer realen Welt umgehen sollen.
Als Richard beispielsweise mit der Geistigen Basisdiät begann, über die Atmung zu Aufmerksamkeit und Gegenwärtigkeit fand und sich gleichzeitig die ihm innewohnende elementare Gutheit bewußt machte, sah er auf einmal, wie er sich dazu nötigen ließ, die unehrenhaften Verhaltensweisen seines Chefs zu unterstützen und zu tolerieren, obwohl er in Wahrheit überhaupt nicht damit einverstanden war. Dadurch fühlte sich Richard miserabel, und in dem Maße, wie ihm diese Umstände richtig bewußt wurden, fiel ihm seine Arbeit noch schwerer, so daß er abends einfach nicht mehr einschlafen konnte.
Richard wollte sich mit seinem Chef auseinandersetzen, doch seine mehrköpfige Familie war auf sein Einkommen angewiesen, und so war ihm das Risiko einfach zu groß. Nur allzu oft wird bei unserer Lebensgestaltung die Spiritualität außer acht gelassen. Mit zunehmender Präsenz und Wachheit wächst unsere Frustration angesichts der Situation, in der wir uns gerade befinden. Ähnlich erging es Richard, als ihm seine unmittelbare Lage immer bewußter wurde und er erkannte, welche Möglichkeiten ihm offenstanden: Er konnte seinem Chef mitteilen, daß er dessen Geschäftspraktiken ablehne, würde damit aber den Verlust seines Arbeitsplatzes riskieren. Er konnte versuchen, einen Mittelweg zu finden, das heißt, seinem Chef nichts zu sagen und das Problem zu umgehen versuchen. Er konnte sich auch

bemühen, eine andere Position oder Aufgabe in der Firma zu bekommen beziehungsweise den Vorgesetzten zu wechseln. Schließlich hatte er auch noch die Möglichkeit, sich nach einem neuen Arbeitsplatz umzusehen oder sich selbständig zu machen. Der Weg der höchsten Wahrheit geht mit der größten geistigen Stärke einher. Doch manchmal erweist sich die Rückkehr zur Wahrheit als schwierig, insbesondere wenn diese lange Zeit hindurch nicht im Mittelpunkt unseres Lebens gestanden hat.

Vielleicht müssen wir vieles in uns selbst oder in unserem Umfeld verändern, was eine Menge Zeit und Anstrengung erfordert. Oder aber wir müssen bei der Übernahme eines Risikos einfach mehr Vertrauen haben. Oder wir müssen womöglich unsere Fähigkeiten ausbauen, um Veränderungen erfolgreich vornehmen zu können. Vielleicht brauchen wir auch einfach nur mehr Geduld und Ausdauer.

Voller Aufmerksamkeit und Gegenwärtigkeit hielt Richard Ausschau nach jeder Gelegenheit, etwas verbessern zu können. Das ist oft das einzige, was wir guten Gewissens tun können, während wir auf eine Chance warten, unsere Lage zu verändern, um wieder mit unserer elementaren Gutheit in Einklang zu kommen.

Richard kam zu dem Entschluß, seinen Arbeitsplatz zunächst behalten und seinem Chef weiterhin den Rücken decken zu müssen. Indem er aber mit seiner Achtsamkeit bewußt in der Gegenwart blieb, hörte er auf, sich selbst etwas vorzumachen, und er entschied sich dafür, die Lügen seines Chefs zwar weiterhin zu decken, jedoch diesmal in vollem Bewußtsein dessen, was er tat. Er beschloß also, die Schuld auf sich zu nehmen in der klaren Erkenntnis, daß dies ihn von seiner elementaren Gutheit trennen würde, und sich einzugestehen, daß er dabei sich selbst und einen Teil seiner Verbundenheit mit der eigenen Spiritualität um der Familie willen opfern würde.

Wenn wir wissen, was wir tun, und voll dahinterstehen, können wir eine Zeitlang zumindest den Schaden begrenzen, der durch Unwahrheit entsteht. Wir sind uns unserer Lage bewußt und arbeiten gleichzeitig an einem Wandel unserer Lebensumstände, um der belastenden Situation so schnell wie möglich entfliehen zu können.

Bist du schuldig, mußt du dich aufrichten. Bist du allzu selbstkritisch, mußt du dich entlasten.

Wir setzen also unserem Gefühl von Schuld und Unrecht unsere Bewußtheit entgegen und bemühen uns nach Kräften, im Einklang mit dem elementaren Guten in uns zu leben. Wenn wir etwas Unrechtes tun, bedarf es einer Kurskorrektur in unserem Verhalten. Und durch Mitgefühl mit uns selbst können wir mit übermäßiger Selbstkritik und ungerechtfertigten Schuldgefühlen fertig werden.
Schuldgefühle lassen sich relativieren, indem wir die Komplexität einer Situation durchschauen, uns vergangene Fehltritte eingestehen, aktuellen Verfehlungen gegen unsere elementare Gutheit mit Achtsamkeit und Gegenwärtigkeit begegnen, Vergehen wiedergutmachen, wann immer sich die Möglichkeit dazu bietet, und uns ehrlich und aufrichtig darum bemühen, in Zukunft das Richtige zu tun. Auf diese Weise richten wir uns auf den GEIST aus, soweit es im Augenblick möglich ist.
Die Auseinandersetzung mit unseren negativen Gefühlen ist ganz wichtig, denn sonst verhärtet sich unsere Persönlichkeit und umschließt uns mit einem Panzer, der uns von unserer spirituellen Gegenwärtigkeit und Achtsamkeit abschneidet. Einer hungernden Seele gleich, bleibt uns der Zugang zur spirituellen Quelle und Versorgung verwehrt.

Der gute Geist

Wie zuvor gesagt, ist das große Meer des ursprünglichen GEISTES, aus dem wir alle geformt sind, von Natur aus gut und daher Quell unserer elementaren Gutheit. Ausdruck dessen sind unsere positiven und lebensbejahenden Gedanken, Gefühle und Taten. Sie alle speisen und nähren uns, solange wir das Rechte tun und die Früchte unseres Handelns richtig nutzen. Das ist unsere Seelennahrung.

Der Prophet Mohammed hat einmal gesagt: »Welche Taten sind wohl die herausragendsten? Das Herz eines Menschen zu erfreuen, die Hungrigen zu speisen, den Leidenden beizustehen, den Kummer der Betrübten zu lindern oder den Geschädigten das Unrecht abzunehmen.«

Jesus' Worte waren: »Selig, die reinen Herzens sind.«

In Kirchengemälden wird Jesus mit einem von einem Feuerkranz umgebenen Herzen dargestellt – sein Gesicht ein Inbegriff von Lauterkeit und Schönheit, als sichtbare Verkörperung der spirituellen Liebe und Güte.

Der heilige Augustinus glaubte, daß Gottes gesamte Schöpfung gut sei.

Im Judaismus wird von der Wichtigkeit des *yetzer ha tov* gesprochen, den guten Absichten also, die zur Bekämpfung des Bösen unabdingbar sind. Gott schenkt der Menschheit liebende Herzensgüte.

Der Buddha lehrte: »Sprich und handle mit reinem Sinn, und das Glück wird dich unbeirrbar als dein Schatten begleiten.« Und weiter:

> Dem Bösen entsagen,
> Das Gute erringen,
> Seine Gedanken und Sinne reinigen,
> Das ist die Lehre aller Erwachten.

Der Dalai Lama drückte es so aus: »Meine wahre Religion ist die Güte [...] In allen Religionen und Lehren werden wir dazu angehalten, ein guter Mensch zu sein, warmherzig, aufrichtig und mitfühlend. Das wichtigste aber ist, die Güte im Herzen zu haben.«

In einem persischen Sprichwort heißt es: »Als du auf die Welt kamst, weintest du, und um dich herum freuten sich alle. Lebe so, daß, wenn du die Welt verläßt, rings um dich alle weinen und du allein lächelst.«

In der Bergpredigt heißt es: »Selig die, die reinen Herzens sind, denn sie werden Gott schauen.« (Mt. 5,8)

Der Schriftsteller Cleve Barlow, der sich in seinen Werken mit den polynesischen Maori befaßt, schreibt:

»*Aroha* ist der allumfassende Ausdruck von Gutheit, der sich in Liebe zu den Menschen, der Erde, den Vögeln und Tieren, den Fischen und allen Lebewesen niederschlägt. Ein Mensch, der *aroha* für andere empfindet, drückt damit seine echte Besorgnis um sie aus und hat bei allem, was er tut, nur ihr Wohlbefinden im Sinn, ungeachtet von deren jeweiligem Gesundheitszustand oder Reichtum. Es ist der Akt der Liebe, der die Lebensqualität erhöht und dem Leben einen höheren Sinn verleiht.«

Alle diese Aussagen sind Zeugnis der Gutheit im GEISTE aus unterschiedlichen Kulturen und Epochen. Ein immerwährender Ausdruck des elementaren Guten, dem wir in allen Hauptreligionen der Welt begegnen, ist die »Goldene Regel«. Jahrtausende lang hat uns die Goldene Regel einen Weg aufgezeigt, wie wir uns von negativen Gefühlen befreien, unser Verhalten beurteilen, mäßigen und beherrschen können.

Goldene Regeln

Wie eine Biene sich anschickt, Honig zu machen, so sollten auch wir die geistige Süße guter Taten sammeln.
Abt John, »der Zwerg«

Die Goldene Regel: »Alles, was ihr also von anderen erwartet, das tut auch ihnen«, kann man in irgendeiner Form in fast allen Religionen der Welt antreffen:

- *Bei den nordamerikanischen Indianern:* »Tue nichts Unrechtes und hasse deinen Mitmenschen nicht, denn nicht ihm tust du unrecht, sondern dir selbst.«
- *Im Buddhismus:* »Füge anderen kein Leid zu mit dem, was dir selbst Schmerz bereitet.«
- *Im Christentum:* »Alles, was ihr also von anderen erwartet, das tut auch ihnen!«
- *Im Konfuzianismus:* »Was du nicht willst, das man dir antue, das füge auch keinem anderen zu.«
- *Im Hinduismus:* »Tue anderen nichts an, was dir Schmerz bereiten würde, wenn man es dir antäte; dies ist die Summe aller Pflichten.«
- *Im Islam:* »Niemand ist ein wirklich Gläubiger, bevor er nicht seinem Bruder das wünscht, was er sich selbst wünscht.«
- *Im Judaismus:* »Was du selbst hassest, tue keinem Menschen an.«
- *Im Zoroastrismus:* Der Mensch ist gut, wenn er anderen nichts antut, was für ihn selbst nicht gut ist.«

Die Zehn Gebote gelten in der einen oder anderen Form auch als universale Manifestation der Gutheit im spirituellen Sinne, sie dienen als lebensbejahender Leitfaden für unser Verhalten im Alltag. Einen Gott (eine spirituelle Einheit) anbeten, keine Götzen (die Vielfalt und das Materielle) anbeten, einen Tag in der Woche heilig und ohne Arbeit halten, Gott nicht die Ehre versagen, Vater und Mutter ehren, nicht töten, keinen Ehebruch begehen, nicht stehlen, nicht lügen, nicht das Haus oder die Frau (den Mann) des Nächsten oder etwas anderes begehren, das einem nicht gehört: Jede einzelne dieser Anweisungen richtet das Verhalten unserer Persönlichkeit auf den GEIST aus. Der achtfache Pfad des Buddha zur Befreiung von Leid ist eine weitere Manifestation der Gutheit im GEISTE, denn er lehrt uns die Praxis des rechten Handelns, des rechten Redens, der rechten Lebensweise, der rechten Achtsamkeit, der rechten Konzentration, des rechten Strebens, des rechten Erkennens und der rechten Gedanken.

Wenngleich in unserem familiären und kulturellen Umfeld moralische Wertvorstellungen vermittelt werden, ist die elementare Gutheit unser innerstes Gut und tief mit unserer spirituellen Natur verwoben. Zoologen haben sogar festgestellt, daß selbst bei höheren Primaten elementare Rechte, Gerechtigkeit und Fairneß häufig anzutreffen sind. Schimpansen küssen sich beispielsweise, um sich nach einem Kampf wieder auszusöhnen, sie streicheln und umarmen sich, um sich gegenseitig zu trösten – ja, sie zeigen untereinander sogar Sympathie und Einfühlungsvermögen.

Die Goldene Regel sichert das Überleben der Gemeinschaft und der Spezies, fördert Leben und Wachstum und ist Maßstab und Richtlinie zugleich für unser Tun und Handeln.

Das Konto »Elementare Gutheit«

Der wahre Wert eines Menschen liegt
im Guten, das er in dieser Welt tut.
Mohammed

In unserer Vorstellung können wir alle ein persönliches *Konto »Elementare Gutheit«* führen, auf das wir Einlagen vornehmen, wenn wir im Einklang mit dem GEIST und den höchsten Werten der Gesellschaft handeln und uns unserer grundsätzlich guten Taten auch bewußt sind.
Halten wir uns an die Goldene Regel, die Zehn Gebote, den achtfachen Pfad oder an unseren eigenen Moralkodex, so bringt uns das Pluswerte auf unserem *Konto »Elementare Gutheit«*. Unsere guten Taten und Anstrengungen bereichern uns persönlich und geistig.

Wenn die Persönlichkeit gute Taten verrichtet und gute Absichten hegt, richtet sie sich nach dem GEIST aus. Wir achten uns selbst mehr. Wir spüren, daß wir ein »besserer Mensch« sind als zuvor, wir fühlen uns wohler und sind stolz auf uns. Sind wir dann ganz bewußt mit unserer Achtsamkeit in der Gegenwart, können wir unsere elementare Gutheit sehr viel leichter spüren.

Verletzen wir die Goldene Regel, die Zehn Gebote, den achtfachen Pfad oder den Moral- und Verhaltenskodex unserer Gesellschaft, ziehen wir gutes Gefühl von unserem Konto ab. Selbstverachtung, Schuld- und Schamgefühle belasten unser Konto der guten Gefühle, und wir verlieren den Respekt vor uns selbst. Obwohl aber jedes Fehlverhalten unser Konto belastet, können wir dennoch stets uns selbst, Gott (Jesus, Buddha, den Großen Geist) oder andere, bei denen wir uns entschuldigen müssen, um Vergebung bitten.

Wir können uns unser falsches Handeln eingestehen, um Beistand bitten und alle Anstrengungen unternehmen, das Unrecht zu korrigieren. Dabei geben wir unser Bestes, um das Geschehene wiedergutzumachen, wo und wann immer wir können, und eine Wiederholung des Vergehens auszuschließen.
Wir werden niemals vollkommen sein (aus der Sicht der Persönlichkeit), doch mit wachsender Spiritualität und Moral findet unsere Wahrnehmung und unser Verhalten immer automatischer zum Einklang mit der elementaren Gutheit. Das elementare Gute stellt sich ganz von selbst ein, auf natürliche Art und Weise, sobald wir mehr Zeit damit zubringen, wach und aufmerksam im Hier und Jetzt zu sein.
Jesus sagte: »Liebet eure Feinde und betet für die, die euch verfolgen, damit ihr Söhne eures Vaters im Himmel werdet; denn er läßt seine Sonne aufgehen über Bösen und Guten, und er läßt regnen über Gerechte und Ungerechte.« Daß Jesus über alle Anwesenden gleichermaßen seine Liebe ausschüttet, ist ein Ausdruck fortgeschrittener Spiritualität, die jenseits des Verständnisses unserer Persönlichkeit liegt.
Der Buddha formulierte es so: »Wie eine Mutter, die ihr Kind, ihr einziges Kind, mit ihrem eigenen Leben schützt, so sollte ein jeder von uns im Herzen grenzenlose Liebe und nimmerendendes Mitgefühl für alle Lebewesen tragen.«
Rajneesh wendet sich an seine fortgeschrittenen Schüler, wenn er sagt: *»Zuerst bist du,* und wenn du bist, dann gibt es keine Aufgabe mehr. Hast du die Glückseligkeit erlangt, dann gehst du nicht mehr vom Weg ab, um anderen beizustehen – dein bloßes Sein ist Hilfe, wo immer du bist, du erhebst es nicht zum Beruf. Durch deine Art zu sein, wo immer du bist, hilfst du.«
Dies ist ein Teil des sogenannten Königspfades, wie er in der östlichen Welt bezeichnet wird – die innere Weisheit derjenigen, die emporgestiegen und zur Entfaltung als Mensch gefunden haben. Den Königspfad zu beschreiten bedeutet für unsere

Persönlichkeit, mit dem GEIST zu verschmelzen, so daß elementare Gutheit zu einem Produkt unseres normalen Lebens wird. Wenn wir innerlich weit genug gereift sind und wissen, daß wir diese Welt ausmachen und die anderen ebenfalls Teil unseres größeren Selbst – dem Meer des Bewußtseins – sind, dann handeln wir aus einer universalen spirituellen Gutheit und nicht mehr aus persönlichen Interessen heraus.

Es gibt viele verschiedene Möglichkeiten, uns mit dem uns innewohnenden Guten zu verbinden und dies zum Ausdruck zu bringen. Sie alle haben eines gemeinsam: sie versorgen uns mit natürlichem Nektar und bringen unser Konto »Elementare Gutheit« weiter ins Plus. Wir können anhand des Menüvorschlages zur elementaren Gutheit all das Gute erfassen, das wir Tag für Tag, in der Woche oder im Monat tun und das uns geistige und seelische Nahrung zuteil werden läßt.

Lesen Sie die nachfolgende Aufstellung genau durch, und überlegen Sie, welche Posten Sie für sich selbst noch hinzufügen möchten. Denken Sie auch über die großen und kleinen Möglichkeiten nach, wie Sie Ihre elementare Gutheit in Ihrem Bemühen, Ihren Absichten und Handlungen zum Ausdruck bringen könnten.

Und beachten Sie, daß es zu Beginn eines Wandels in der Regel großer Anstrengung bedarf, denn unsere alten Muster haben – wie wir ja wissen – eine Eigendynamik. Ist erst einmal ein neues Muster eingeführt, können wir uns mit dem spirituellen Fluß treiben lassen. Wenn wir selbst zum spontanen Ausdruck des elementaren Guten werden, sind wir reich und wohlgenährt.

Empfehlungen zur Entfaltung unserer elementaren Gutheit im Rahmen der Geistigen Diät:

1. Wählen Sie täglich mehrere Dinge aus dem Menüvorschlag zur elementaren Gutheit aus, um Ihrer Seele Nahrung zuzuführen.

2. Achten Sie darauf, daß sich Ihre Energien im Alltag besser auf das elementare Gute ausrichten.
3. Erkennen und würdigen Sie das Gute, das Sie tun.

Menüvorschlag zur elementaren Gutheit

- *Andere umsorgen:* Das Kind mit einem Gutenachtkuß zu Bett bringen; jemanden aufrichtig fragen, wie es ihm geht, und seine Antwort anhören; einem Freund in einem Familienproblem beistehen; angesichts der Notlage anderer von Traurigkeit ergriffen sein; eine Geburtstagskarte für einen Mitarbeiter unterschreiben lassen; einen Hund ausführen …
- *Anderen helfen:* Einen kranken Freund anrufen; eine Besorgung für ein Familienmitglied machen; die Batterie im Auto des Nachbarn aufladen; sich für eine ehrenamtliche Tätigkeit zur Verfügung stellen oder eine Spende für einen wohltätigen Zweck machen …
- *Geistige Ausrichtung:* Zur Kirche, in den Tempel, die Synagoge oder in die Natur hinaus gehen; Bücher und Schriften geistigen Inhalts lesen; aufmerksam sein; beten; einfach nur sein …
- *Moralisches Handeln:* Die Goldene Regel, die Zehn Gebote, den achtfachen Pfad und andere Formen ethischen Verhaltens (die Wahrheit sagen, nicht töten, nicht stehlen) befolgen …
- *Gewissenhaft sein:* Gewissenhaft sein und zu Hause beziehungsweise in der Firma gute Arbeit leisten, dabei die Natur stets im Auge behalten (einen Garten anlegen, die Umwelt nicht verschmutzen, immer hinter sich selbst herräumen, Recycling); als Vater, Mutter, Kind, Partner oder Freund sein Bestes geben; die Meinung anderer gelten lassen …

- *Gutes mit Blick auf den anderen tun:* Allem Tun die rechte Absicht zugrunde legen; hilfreich sein wollen; rücksichtsvoll sein wollen; mitfühlend und verzeihend sein wollen; die Bedürfnisse und Standpunkte anderer verstehen wollen …
- *Rücksicht auf andere nehmen:* Einen Fußgänger oder ein Auto vorbeilassen; andere die Dinge auf ihre Weise tun lassen; unsere Unordnung selbst wegräumen; auf den Standpunkt eines anderen Rücksicht nehmen …
- *Vergebung und Mitgefühl:* Dinge loslassen, die uns gestört, verletzt oder geärgert haben; Verständnis für sein Gegenüber aufbringen, sich in andere einfühlen können …
- *Gute Manieren:* Anderen gebührende Aufmerksamkeit schenken und aufrichtig »Hallo«, »Wie geht es Ihnen?«, »Danke«, »Bitte« sagen; andere mit einem aufrichtigen Händedruck oder Schulterklopfen begrüßen; jemanden freundlich umarmen …
- *Reines Sein:* Die Bedeutsamkeit und den Wert des Seins an sich erkennen, unsere Warmherzigkeit und liebende Güte fühlen; um den uns innewohnenden spirituellen Schatz wissen und niemals vergessen, wie wertvoll wir sind.

Das alles sind Möglichkeiten, unsere Seele und Persönlichkeit zu nähren, während wir gleichzeitig die Persönlichkeit auf das elementare Gute im GEIST ausrichten. Wir können jeden Tag aufs neue nach Gelegenheiten suchen, dem elementaren Guten in uns Ausdruck zu verleihen und unser Handeln und Bemühen entsprechend zu schätzen lernen. Denn daraus speist und nährt sich sowohl unsere Persönlichkeit als auch unsere Seele, und dies wiederum hilft uns, die Bürden des Lebens abzustreifen.

Die elementare Gutheit erfahren

Den Punkt sollst du erfassen und begreifen: Das H*ERZ ist der Kern jeden Seins, die Mitte, ohne die es überhaupt nichts gibt.*
Das Herz ist das undifferenzierte Licht reinen Bewußtseins. Ramana Maharshi

Achtsamkeit ist das Licht des menschlichen Bewußtseins, und Gegenwärtigkeit ist unsere Heimat. Gutheit kommt aus dem Herzen, der Mitte unseres Seins, dem Licht unseres Lebens, der Wärme unseres Zuhauses. Mit Aufmerksamkeit und Präsenz finden wir zur Ruhe und verbinden uns mit unserer Spiritualität, unserem ewigen Selbst, das uns immer willkommen heißt, während sich unsere Persönlichkeit *ausruht, zufrieden und vollkommen in dem Moment, wenn auch nur einen Augenblick lang.*

Wir gestatten unserem Selbst abzuschalten, während wir diese Worte lesen. Wir atmen und sind aufmerksam, in diesem Augenblick. Es folgt ein weiteres Ein- und Ausatmen und dann noch eines und noch eines, bis unsere Gedanken langsam zur Ruhe kommen.
Einen Moment lang sind wir im Augenblick, sind uns bewußt, wo wir sind, bewußt der Farben und Konturen, der Geräusche und Klänge, des Gefühls, einen physischen Leib zu haben, der Empfindungen in unserem Körper. Wir sind wach und gegenwärtig, und wir sind gegenwärtig, und wir sind gegenwärtig. Wie die klaren Töne einer Glocke, die uns augenblicklich erweckt. BIM! BIM! BIM!
Einen Augenblick lang fühlen wir uns selbst als Mittelpunkt der Welt. Wir lenken die Aufmerksamkeit auf das Gute und rufen uns einige unserer guten Taten ins Gedächtnis zurück. Vielleicht erinnern wir uns an die Zeit unserer Kindheit, als wir jemanden liebhatten, ganz besonders lieb – einen Hund oder eine Katze,

einen Freund oder eine Freundin oder jemanden aus unserer Familie, der uns besonders nahe stand. Wir erinnern uns an Augenblicke, in denen wir voller Mitgefühl waren und handelten, und spüren eine Art Sanftheit in uns, einen Sinn für Fürsorglichkeit und Mitgefühl für unsere Mitmenschen, Tiere und Orte, die wir lieben und geliebt haben.
Wir fühlen, wie die innere Wärme und Gutheit unserer Persönlichkeit Wohlbefinden verleiht. Denken wir an Momente voller Gutheit, und vergegenwärtigen wir uns diese Gefühle einmal.
Sobald wir dieses Gefühl der Gutheit bewußt in uns tragen, gehen wir weiter und tiefer in uns hinein, um zu sehen, woher dieses Gute denn kommt. Wir suchen den Auslöser, der uns fürsorglich, helfend und mitfühlend sein ließ. Es ist unser natürlicher Drang zu helfen, zu lieben, zu sorgen und zu schützen. Nun entspannen wir noch mehr, nehmen einen tiefen, langsamen und bewußten Atemzug und sind im Hier und Jetzt. Im Augenblick müssen wir nirgends mehr hin, und es gibt nichts zu tun.
Atmen, sein, umsorgen. Nun atmen wir bewußt ein und lassen den Atem in unser Herz einströmen. Dann atmen wir wieder aus, ganz ruhig, und lassen den Atem wieder aus unserem Herzen ausströmen. Ein mit dem Herzen, aus mit dem Herzen … Wir spüren vielleicht, wie uns warm und leicht ums Herz wird, wie sich unser Herz öffnet. Vielleicht füllen sich unsere Augen mit Tränen, denn wir werden immer verletzlicher, und verborgene Gefühle kommen an die Oberfläche. Vielleicht verspüren wir Trauer ob eines geliebten, lange verstorbenen Familienmitglieds, Freundes oder Tieres. Das ist nur natürlich und reinigend. Lassen wir die Welle der Traurigkeit und des Verlustes kommen und gehen, uns jetzt durchströmen, Trauer und Liebe. Ein mit dem Herzen, aus mit dem Herzen …
Wir gestehen uns selbst einen Moment der Entspannung zu, im Hier und Jetzt. Indem wir unseren Atem lenken (von der Stelle, wo er in Nase und Mund ein- und ausströmt), geben wir unserer

Aufmerksamkeit und Präsenz eine bestimmte Richtung – wir atmen ein und sind hier, atmen aus und bleiben hier. Wir atmen ein und erinnern uns an einen kürzlichen Akt der Güte; wir atmen aus und spüren das elementare Gute. Stellen wir uns nun das Gute in uns vor: hell und gelb, glühend und golden. Es erfüllt uns mit Wärme. Wir spüren das Glühen in unserer Brust und genießen das Gefühl, und sei es auch nur für einen Augenblick. Vielleicht zieht ein Lächeln über unser Gesicht, während wir uns des lebendigen, liebenden und dem Ursprung nach guten Bewußtseins erfreuen, das immer in uns wohnt. Wir atmen mit ganzer Aufmerksamkeit, und während wir entspannen, spüren wir das gute Gefühl in uns. Ein mit dem Herzen, aus mit dem Herzen.

Die Achtsamkeit wird größer und wächst allmählich über unser eigenes Selbst hinaus, um sich mit der spirituellen Quelle unserer elementaren Gutheit zu verbinden. Persönlichkeit und Spiritualität vereinigen sich, wie der Strom in den Ozean mündet.

Wenn wir einen tiefen, entspannten Atemzug nehmen und dabei gegenwärtig sind, mit der Güte im Herzen, dann ergreift uns eine tief empfundene Liebe, und wir können von innen heraus lächeln. Wir spüren die Frische und Sauberkeit, wenn wir aus der Dusche kommen, wir erfreuen uns der Frühlingsbrise, wie sie über unsere Haut streicht, und der frischen Luft, wie sie unsere Lunge durchströmt.

Durch die Erfahrung der uns innewohnenden Gutheit verbindet sich unser eigenes, getrenntes Selbst mit dem GEIST. Es ist eine Manifestation des GEISTES. Und beim Gewahren unserer elementaren Gutheit und Fürsorglichkeit erkennen wir, daß nicht nur wir selbst wichtig sind. Haben wir erst ein Gespür für das Gute, verbinden wir uns mit unseren Mitmenschen und fühlen uns selbst in ihnen. Wir können uns dem größeren Bewußtsein hin öffnen, von dem wir alle ein Teil sind. Wir sind die Welt. Jeder von uns ist im Gewand des Lebens eingewoben.

Empfinden und handeln wir im Einklang mit unserer elementaren Gutheit, so erkennen wir, daß wir ein Ausdruck Gottes sind. Das spirituell Gute lebt durch unsere guten Handlungen, liebevollen Gedanken und mitfühlende Gesinnung, dadurch wird die Welt besser und zu einer lebenswerteren, liebenswerteren Stätte.
Rabbi Aryeh Kaplan schreibt in diesem Zusammenhang:

> Wie wir wissen, sind die Zehn Gebote eine besondere Gabe Gottes zur Erfahrung des Göttlichen [...] Stellen Sie sich vor, Sie sind verliebt. Da wären Sie doch ständig bemüht, Dinge zu tun, um Ihrem Geliebten eine Freude zu machen und ihm noch näher zu kommen [...] Das gleiche gilt für Gottes Gebote. Es handelt sich hier nicht um Taten, die jemand aus eigenem Antrieb vollbringt, um seiner Liebe zu Gott Ausdruck zu verleihen, sondern vielmehr um Dinge, die Gott uns als Ausdruck seiner Liebe zu tun gebeten hat. Wenn wir Gott bei der Beachtung der Gebote im Herzen tragen, erfahren wir eine überwältigende Liebe und Nähe zum Göttlichen.

Der GEIST manifestiert sich in dieser Welt durch uns. Jeder von uns kann ein reiner, liebender Ausdruck unseres ursprünglich guten spirituellen Wesenskerns sein. In dem Maße, wie wir aus unserer Gutheit heraus agieren, wird die Welt zu einer besseren und liebenswerteren Wohnstätte für uns.
Wir essen und werden gefressen. Wir schlingen das Leben in uns hinein und werden von ihm verschlungen. Wir sind Teil der Nahrungskette, denn unsere Körper gehen letztendlich zur Erde zurück, woher wir kamen – als Nahrung für Würmer und Vögel, Blumen und Früchte –, Moleküle, die in der Luft schwirren. In den *Upanishaden* wird gesagt: »Ich bin die Speise des Lebens, und ich bin derjenige, der die Speise des Lebens ißt.«

Was kann ich tun?
Das Rezept zum Nähren der Seele

1. Richten Sie Ihr Augenmerk auf Ihre elementare Gutheit, atmen Sie unterdessen bewußt, und bleiben Sie in der Gegenwart.

Wie in der Geistigen Basisdiät empfohlen, sollten wir täglich Atemübungen praktizieren (tief und langsam ein- und ausatmen mit bewußter Achtsamkeit, hier und jetzt). Anschließend machen Sie sich daran, Ihre *elementare Gutheit* zu erkennen und zu stärken.

Als Beispiel mag folgender Rezeptvorschlag im Sinne der Geistigen Diät dienen: Zur Einstimmung nehmen wir einen ersten und zweiten Atemzug, um unsere Achtsamkeit in die Gegenwart zu bringen, und dann einen dritten Atemzug, um unsere elementare Gutheit zu erkennen. Vielleicht sagen wir bei unserem dritten Atemzug zu uns: »Ich fühle mich gut, so wie ich bin« und erinnern uns bewußt an eine gute Tat. Oder wenn wir gerade darum ringen, unser Alltagsleben nach den Prinzipien des elementaren Guten auszurichten, könnten wir uns sagen: »Gott (Jesus, Großer Geist …), hilf mir«, oder »Gott, gib mir die Kraft zur Veränderung«. Unser Rezept können wir jeden Tag wiederholen und ganz besonders dann, wenn wir spüren, daß unsere Seele Nahrung braucht.

Unsere tägliche Zielsetzung kann lauten, wach, präsent und so gut wie möglich zu sein. Je mehr wir danach streben, unserem Leben eine positive Richtung zu geben, desto einfacher wird es, ein gutes Leben zu führen. Sind wir uns unserer elementaren Gutheit bewußt und tun wir alles, um sie zu verwirklichen, können wir uns selbst viel positiver sehen. Dies macht es uns leichter, in der Gegenwart zu bleiben und mit uns selbst zufrieden zu sein. Wir können uns dies als ein *Rad des Guten* vorstellen: Wenn wir Gutes tun, fühlen wir uns gut, dann können wir entspannter im Hier und Jetzt sein und bleiben. Also sind wir gegenwärtiger und bewußter, und mit zunehmender Präsenz werden wir uns mehr und mehr unserer natürlichen Gutheit bewußt. Daraus erwächst wiederum ein gutes Gefühl – so läuft das *Rad der Gutheit* immer weiter:

2. Gutes Essen nährt unseren Körper, und eine tägliche Portion elementarer Gutheit nährt unsere Seele. Suchen Sie nach Möglichkeiten, das elementare Gute in Ihnen zur Entfaltung zu bringen, indem Sie Ihr Handeln auf den Gedanken, das Gefühl oder den Impuls ausrichten, verstehen, umsorgen und helfen zu wollen.

Wir atmen bewußt ein und aus *mit dem Herzen* und spüren Fürsorglichkeit für unsere Mitmenschen. Unser Handeln wird vom inneren Impuls, zu lieben und zu helfen, bestimmt. Und nun müssen wir unsere guten Taten erkennen und gebührend würdigen.

Wenn jemand etwas braucht, was Sie ihm geben können, geben Sie ihm, soviel Sie können. Nehmen Sie also aus einem Supermarkt etwas zusätzliches Essen mit und schenken Sie es einem Obdachlosen, an dem Sie mit vollen Einkaufstüten vorbeigehen. Halten Sie Ausschau nach den kleinen Möglichkeiten, jemanden zu umsorgen, zu helfen und etwas Gutes zu tun. Registrieren Sie ganz bewußt, was Sie tun, und erkennen Sie die spirituelle Quelle in allem. Unser Alltagsleben kann uns dabei helfen. Behalten wir den Menüvorschlag zur elementaren Gutheit (Seite 136–137) im Auge.

3. Bleiben wir wachsam und offen für Gelegenheiten, die Welt auf die eine oder andere Weise zu verbessern.
Wir spüren die glühende Wärme in unserem Herzen, während wir mit Aufmerksamkeit einatmen und vollkommen ruhig und entspannt wieder ausatmen. So schaffen wir uns ein warmes Zuhause voller Fürsorglichkeit und Mitgefühl für uns selbst und die anderen.

4. Ungeachtet der Religionszugehörigkeit kann ein jeder von uns Jesus' Lehren von der Liebe und die Lehren des Dalai Lama von der Güte in sein Leben und in sein Herz aufnehmen.
Liebe, Güte, Barmherzigkeit und Mitgefühl können eine wichtige Rolle in unserer täglichen Lebensphilosophie im Sinne der Geistigen Diät spielen.

5. Richten Sie Ihr Augenmerk darauf, sich selbst zu heilen und zu nähren.
Die Persönlichkeit ist häufig außerordentlich stark mit emotionalen Wunden belastet. So fällt es uns schwer, uns wohl zu fühlen und unsere Gutheit zum Ausdruck zu bringen, solange wir von Unglück, Sorgen oder Leid geplagt sind (siehe Kapitel 8 über Möglichkeiten zur richtigen Verarbeitung unangenehmer und unerquicklicher Emotionen).
Um uns selbst zu heilen, können wir unsere Persönlichkeit und unsere Seele mit einem *»Wohlfühl-Register«* nähren. Legen Sie

einen Ordner an, in dem Sie alles sammeln, was Ihre Wunden heilt, Ihnen ein gutes Gefühl zu sich vermittelt und Ihr Handeln im Einklang mit dem elementaren Guten dokumentiert. Ein Dankesgruß der Großmutter gehört in diesen Ordner, ebenso wie ein Anerkennungsschreiben und alle Auszeichnungen oder positiven Beurteilungen. Notieren Sie ferner alles, was man Gutes über Sie gesagt hat (mit Namen und Datum). Sie können auch Fotos und Namen von Menschen hinzulegen, die Ihnen am Herzen liegen, oder ein Tagebuch führen, in dem Sie Ihre Bemühungen, das Gute zum Ausdruck zu bringen, eintragen.

Das »Wohlfühl-Register« ist Nahrung für Persönlichkeit und Seele. Es ist wie Balsam auf unsere emotionalen Verwundungen, ändert unsere Sichtweise und unser Verhalten und bringt unser persönliches und spirituelles Leben ins Gleichgewicht. Wir sollten uns angewöhnen, unseren Ordner ständig mit weiteren guten Dingen zu ergänzen.

6. Entdecken und entfalten Sie die liebende Mutter oder Großmutter, den liebenden Vater oder Großvater in sich.

Viele Menschen sind während ihrer Kindheit tief verwundet worden. Ein Gefühl der elementaren Schlechtheit bestimmt daraufhin ihr Leben, und es fällt ihnen schwer, zu ihrer elementaren Gutheit zurückzufinden. Wir können uns selbst helfen und heilen, indem wir in unserem Inneren eine liebende Mutter oder Großmutter, einen Vater oder Großvater entdekken und entfalten – jenen heilenden, unterstützenden und fürsorglichen Teil in uns, der auf das elementare Gute im GEISTE ausgerichtet ist. Welche Form wir auch wählen, wir können immer diesen älteren, weiseren und sichereren Teil des Lebens finden und ihn in unserem Denken und Fühlen bewahren.

7. Wir können uns selbst gegenüber fürsorglich sein und alles, was wir durchgemacht haben, verstehen und würdigen. Wir können uns selbst und unserem Leid Mitgefühl entgegenbringen und Vergebung finden, dann können wir uns besser damit abfinden, wer und was wir sind. Wir sind nicht mehr so übertrieben selbstkritisch und starren in unserem Leben nicht mehr wie gebannt auf drei falsche Antworten, wo es doch siebenundzwanzig richtige gibt. Wir können unser Konto »Elementare Gutheit« auffüllen. Damit können wir eine tiefe Zuneigung zu uns selbst empfinden und uns noch mehr lieben lernen, ob all der Schmerzen und Kämpfe, die wir durchgestanden haben. Wir beginnen zu verstehen, und uns wird Vergebung zuteil, so können wir loslassen und weitergehen. Haben wir dann gelernt, uns selbst gegenüber fürsorglich und mitfühlend zu sein, können wir den Schmerz, die Schuld und die Scham transzendieren.

Unser mit Liebe erfülltes Herz kann Selbstvergebung und Geduld in uns wachrufen. Es wärmt uns mit seiner Glut und hält uns zu mehr Selbstachtung an. Wir können uns in die Augen schauen und in inniger Verbundenheit mit unserem Selbst und unserer kleinen Welt sein; dadurch werden wir geheilt und von unseren Bürden erleichtert.

Wir müssen lernen, uns selbst Liebe, Verständnis, Vergebung und Mitgefühl entgegenzubringen und uns von der Liebe und Akzeptanz anderer unabhängig zu machen. Wir werden eine unbegrenzte Quelle innerer Nähe, Freundlichkeit und Wärme in uns selbst finden, sobald wir unsere elementare Gutheit leben, verwirklichen und zu schätzen wissen.

8. Manche Menschen haben ernstliche Probleme, für die es in diesem Buch keine Lösung gibt. Solche Menschen sollten sich nach lebensbejahender, professioneller Hilfe umschauen, um ihre tief verwurzelten Persönlichkeitsmuster zu verändern.

9. Wir müssen verantwortlich leben und handeln, Selbstbeherrschung und -disziplin üben und uns dabei an den höchsten geistigen und gesellschaftlichen Wertvorstellungen orientieren.
Doch wir sollen uns nicht bestrafen, weil wir etwas falsch gemacht haben. Wir können Vergebung erlangen und den Leitsatz von Jesus beherzigen: »Geh hin und sündige nicht mehr.«

10. Schreite mutig voran.
Spirituelles Wachstum hat nichts mit dem Ansammeln von Wissen oder mit Auswendiglernen zu tun. Im geistigen Sinne wachsen wir nur durch den Vorgang des Ablegens unserer Bürden und streifen auf diese Weise die Last des Alltags nach und nach ab. Persönlicher Kampf und Schmerz lassen nach, während Spiritualität und Frieden in uns wachsen.
Es zählen die Achtsamkeit und Gegenwärtigkeit, die mit zunehmender Übung und Erfahrung aufblühen. Unsere Ziele und Absichten sind starke psychische Kräfte, die wir überall im Leben nutzen können. Wenn wir bewußt in der Gegenwart atmen wollen und uns intensiv darum bemühen, unseren Atem in unser Herz zu lenken, wächst unsere Aufmerksamkeit, Präsenz und Güte. Wenn wir mit ganzem Herzen dabei sind, wird das Rezept zur elementaren Gutheit mit der Zeit – seien es Tage, Wochen, Monate oder gar Jahre – seine lebensbejahende Wirkung zeigen.

Die elementare Gutheit eröffnet uns die Möglichkeit, mit uns selbst und der Welt ringsum auf innige und fürsorgliche Weise verbunden zu sein. Gehen wir einen Weg von ganzem Herzen, stehen zu unseren Werten und sind gegenwärtig und aufmerksam im Hier und Jetzt, dann lernen wir mit der Zeit das unglaubliche Geschenk, das uns gegeben wurde, schätzen und lieben – einfach am Leben zu sein.

Kapitel 5

Im Einklang mit dem Körper schwingen

Liebkose die göttlichen Kleinigkeiten.
Vladimir Nabokov

Viele Menschen sind von ihren Sinneseindrücken abgeschnitten. In dem Maße, in dem wir unseren Körper wieder bewohnen, wächst unsere Nähe zum Leben, und wir erkennen, daß wir in einem spirituellen Tempel wohnen, inmitten einer wunderbaren Welt.

Abgeschnitten

Manchmal mache ich mir so viele Gedanken, daß ich kaum wahrnehme, was rings um mich herum vorgeht. Es ist so, als würde ich essen, ohne etwas zu schmecken oder gar zu riechen. Und dann merke ich plötzlich, daß ich meinen halben Teller schon leer gegessen habe, und weiß doch kaum, was es gab.
Ich empfinde nicht so viel Freude am Sex, wie ich gerne möchte. Manchmal liegt es daran, daß ich an etwas anderes denke. Ein anderes Mal bin ich wie benommen oder zumindest nicht sehr sensibel, so daß die Berührung mich nicht so sehr erregt, wie ich es gerne hätte.
Meist kommt es mir so vor, als sei mein Körper nur eine zusätzliche Last und Verantwortung, mit der ich fertig werden muß. Ich muß ihn baden, ernähren, kleiden, verschönern, trainieren, verarzten, befriedigen und hoffen, daß er sich nicht verletzt oder krank wird.

Eine Frau brachte einmal zwei Affen nach Hause und wollte sie in ihrem Schlafzimmer einquartieren. Ihr Ehemann war dagegen. Er meinte: »Denk nur an den Geruch!« Seine Frau aber entgegnete: »Mach dir keine Gedanken wegen des Geruchs. Ich habe mich daran gewöhnt. Da werden sie sich auch daran gewöhnen.«

Auch wenn wir ewiger Geist sind, leben wir doch in menschlichen Körpern, die behaart sind, riechen und schwitzen und ab und zu eine Dusche brauchen. Der Schriftsteller und Pulitzer-Preisträger Ernest Becker umschrieb unser komplexes Dasein mit folgenden treffenden, wenn auch ein wenig vulgären Worten: »Der Mensch ist ein Gott, der scheißt.«

Wir sind das Schöne und das Biest. In jedem von uns steckt das Schöne, die sanfte Seele unseres spirituellen Wesens, und das Biest, der physische Körper, in dem wir wohnen und der essen, trinken, schlafen, Sex haben will und vieles andere mehr.

Aus diesem Grunde verband uns Menschen stets eine Art Haßliebe zu unserem Körper. Einerseits verherrlichen wir unsere physische Form in Gemälden und Skulpturen, erheben schöne Männer und Frauen zum Idol (indem wir ihnen automatisch Erfolg, Charme und Intelligenz zuschreiben) und wenden eine enorme Menge an Zeit, Energie und Geld für unser Äußeres auf (Kleidung, Make-up, Parfum, Friseur usw.). Und natürlich bereitet uns unser Körper auch eine Menge Vergnügen (Essen und Trinken, Musik und Tanz, Zuneigung und Sex).
Andererseits empfinden wir unsere Körperfunktionen als peinlich, und wir verbannen sie für gewöhnlich ins private Kämmerlein. Sie sind zudem Ursprung der meisten Flüche und kommen nicht nur in Schimpfworten vor, mit denen wir Zorn und Aggression zum Ausdruck bringen (»beschissen«, »zum Kotzen« usw.), sondern auch in einer endlosen Zahl von Witzen. Während wir also unseren Körper einerseits lieben, sind wir ihm gegenüber andererseits oftmals unsicher und empfinden ihn als etwas Abstoßendes.
Seit Menschengedenken gilt der Körper als etwas Vulgäres, der Geist hingegen als etwas Heiliges, etwas Göttliches. Schon im sechsten Jahrhundert vor Christus lehnten bestimmte religiöse

Gruppen ihren physischen Körper als Hemmnis des GEISTES ab. »Läuterung« (durch Schmerz, Entsagung, ja sogar Feuer) sollte den Menschen von seinem Körper loslösen oder abspalten, damit die Seele frei werden könne. Mit Methoden wie dem Fasten, der sexuellen Enthaltsamkeit, ja sogar der Selbstverstümmelung wurde der Körper bestraft, um ihm seine Kraft zu rauben und ihn seiner sinnlich-kreatürlichen Freuden zu berauben.
Die meisten von uns lehnen ihren Körper nicht ganz so radikal ab und fürchten sich nicht so sehr vor ihm. Doch wir alle lernen auf sehr subtile Art und Weise, unser physisches Verhalten zu kontrollieren und unsere Sinneswahrnehmungen zu unterdrücken.
Der französische Geburtshelfer Frederic Leboyer schrieb einmal, daß wir als Babys in einem Meer von Sinneseindrücken schwimmen:

> Es sind die Intensität, die grenzenlose Bandbreite und Verschiedenartigkeit der Erfahrungen, die erdrückende Fülle, die im Säugling bei der Geburt solche Ängste auslösen.
> Man sagt – und glaubt –, ein Neugeborenes würde gar nichts fühlen. Dabei fühlt es *alles*.
> Alles und jedes, ohne Wahlmöglichkeit oder Filter oder Unterscheidungsvermögen.
> Die Geburt ist eine Flutwelle von Sinneseindrücken, die unsere gesamte Vorstellungskraft übertrifft. Sie ist eine derart überwältigende gefühlsmäßige Erfahrung, daß wir sie kaum fassen können.

Als Neugeborene sind unsere Sinne ungeteilt, ihre Grenzen verlaufen in einem Meer aus Brustwarze – Mund – Augen – Haut – Milch. Erst später lernen wir, zwischen Sehen und Riechen, Fühlen und Schmecken, Hören und allem anderen zu unterscheiden, und schließlich empfinden wir dies als ganz normal.

Als Kinder orientieren wir uns noch immer stark nach unseren Sinnen. Doch in dem Maße, wie wir lernen, unsere Eindrücke unter Kontrolle zu halten, büßen wir schon bald mehr und mehr von unserer Sensibilität ein.
»Weine nicht! Das ist doch nicht so schlimm!« sagen Eltern oft zu ihren Kindern. Und so lernen wir, den Schmerz auszublenden und unsere Reaktionen zu beherrschen. Ein andermal heißt es: »Iß das auf! Du darfst erst aufstehen, wenn du deinen Teller leer gegessen hast.« Und so lernen wir, unseren natürlichen Geschmackssinn (der uns sagt, daß uns das Essen nicht schmeckt) und das Gefühl unseres Magens (der uns sagt, daß er schon längst voll ist) zu ignorieren. Dann wieder bekommen wir zu hören: »Sag mir nicht, daß du müde bist! Es geht dir doch gut! Du kannst ruhig in die Schule gehen.« Und so lernen wir, uns über unsere körperliche Müdigkeit hinwegzusetzen und das zu tun, was von uns erwartet wird. Schließlich heißt es: »Schau nicht dauernd aus dem Fenster, und mach endlich deine Hausaufgaben fertig!« Und so lernen wir, nicht mehr auf das zu achten, was um uns herum (und in uns) vorgeht, um uns auf das zu konzentrieren, was wir zu tun haben.
Dies ändert sich nicht, wenn wir älter werden. Während wir unserer äußeren Erscheinung enorme Aufmerksamkeit schenken, nehmen wir unsere physischen Sinneseindrücke nur ganz am Rande wahr. Wie es der Schriftsteller und Schauspieler Robert Benchley einmal humorvoll ausdrückte: »Was mich anbelangt, fühle ich mich, abgesehen von einem gelegentlichen Herzanfall, so jung wie nie zuvor.«
Und je schwerer die Bürde unserer Verantwortungen auf uns lastet, desto mehr trifft dies zu. Natürlich macht es uns etwas aus, wie wir uns fühlen, doch nur insoweit, als es uns dabei hilft, unsere Arbeit zu erledigen. Wir beklagen uns vielleicht über Schmerzen und Wehwehchen, doch nur, weil wir sie nicht ignorieren können und wir uns darüber aufregen, daß sie uns

bei unserem Tun stören. Dies gilt besonders für die Eltern kleiner Kinder, die weitermachen müssen, ungeachtet, ob sie sich müde, krank, hungrig oder wie auch immer fühlen. Je mehr wir zu tun haben, desto mehr lernen wir, unseren Körper zu ignorieren, um weitermachen zu können.
Das gleiche trifft auch auf den Bereich der Sexualität zu. Sind wir von unseren Sinneseindrücken abgeschnitten, leiden wir unter verminderter sexueller Lust, neigen zu Frigidität, Impotenz, vorzeitigem Samenerguß und anderem mehr. Natürlich ist Selbstbeherrschung etwas Unabdingbares und Wertvolles, doch sie hat auch ihren Preis. Im Zuge unserer Sozialisierung lernen wir, uns selbst zu beherrschen und so zu gesetzesfürchtigen, produktiven Mitgliedern der Gesellschaft zu werden, gleichzeitig aber lernen wir, unsere physischen Empfindungen zu ignorieren. Wohin das führt, sagt uns Allan Watts, wenn er schreibt: »Die Bewußtheit unserer eigenen Existenz ist so oberflächlich und begrenzt, daß uns nichts langweiliger erscheint, als einfach nur dazusein. Auf die Frage, was ich gestern getan, gesehen, gehört, gerochen, gefühlt und geschmeckt habe, werde ich mich an kaum etwas anderes erinnern, als an schwache, schemenhafte Umrisse einiger weniger Dinge, die mir aufgefallen sind und die ich in dem Augenblick für erinnerungswürdig hielt.«

In dem Maße, wie unsere Persönlichkeit in den Kampf um Erfolg und Überleben verstrickt ist, erscheinen uns unsere körperlichen Bedürfnisse zunehmend als zeitraubende Pflichten, und unsere Sinneseindrücke sind bloß noch eine Art Hintergrundgeräusch.

Wir sind zu sehr damit beschäftigt, zur Arbeit zu fahren, um zu bemerken, daß unsere Hände auf dem Lenkrad liegen. Wir jagen zu sehr unseren Gedanken nach, um dem Gesang eines Vogels lauschen zu können. Wir sind zu sehr in ein Gespräch

oder die Zeitung vertieft, um wirklich unser Essen zu genießen. Gerüche identifizieren wir mehr mit dem Verstand, als sie über die Sinne zu erfahren, denn wenn wir sagen: »Oh, das ist eine Rose« oder »Das ist eine Geranie«, geben wir ihr vielleicht einen Namen, genießen aber nicht wirklich ihren süßen Duft.
Es ist, als würden unsere Gedanken und unser Tun unseren Wahrnehmungsapparat blockieren. Mit unserer geistigen Unbeweglichkeit verdrängen wir unsere Sinne und einen Großteil der übrigen Welt.
Das ist schade, denn so entgeht uns die Gelegenheit, in einem spirituellen Tempel zu wohnen, der uns dabei helfen kann, unsere weltliche Last abzustreifen.
Wenngleich wir unseren Körper manchmal als Belastung empfinden, bietet er uns doch die beste Möglichkeit, unser Leben voll und ganz auszukosten.

Wir müssen wieder »zur Be-sinnung kommen«

Wenn wir wieder zu unserem Körper zurückfinden, erfüllt uns allein die Tatsache des Daseins mit einer pulsierenden Lebendigkeit, wir sind vitaler und erfüllter. Allein über die Wahrnehmungen unserer Sinne können wir die physische Dimension des elementaren Guten des Lebens erkennen.

Wenn wir ganzheitlicher in unserem Körper wohnen, tritt das wirklich Gute in den einfachen Erfahrungen zutage, können wir uns inmitten unseres Alltags entspannen und zu Hause fühlen.

Bewußt und wach zu sein läßt das Licht der Achtsamkeit heller erstrahlen. Präsent zu sein läßt uns entspannen und gibt uns ein Gefühl der Zufriedenheit und Vollkommenheit. Die elementare Gutheit verleiht uns zudem die Wärme eines guten Herzens.

Die Achtsamkeit gegenüber unseren fundamentalen Sinneseindrücken hilft uns, unseren göttlichen Körper zu bewohnen und uns in unserem Leben mehr zu Hause zu fühlen.

Trungpa schreibt, daß »wir das wahre Gute nur entdecken, wenn wir die kleinen Dinge zu würdigen wissen. Wir sprechen nicht darüber, wie gut wir uns fühlen, wenn wir eine Million Dollar verdienen, endlich das Studium abgeschlossen haben oder ein neues Haus kaufen, wir sprechen vielmehr vom elementaren Guten, das darin besteht, am Leben zu sein.«

Wir leben im Fleische. Die spirituelle Energie in uns manifestiert sich in einem menschlichen Körper, und wenn wir auf diesen Körper hören, werden wir feststellen, daß vor uns ein Festmahl aufgetischt ist.

Unser Wachbewußtsein hat eine natürliche Neigung dazu, sich auf unsere Sinne einzustellen. Wenn wir unsere Achtsamkeit mit Hilfe unseres Atems in die Gegenwart holen, können wir unsere physischen Sinneseindrücke im Hier und Jetzt bewußter erleben. Dann sind wir und unsere Sinneseindrücke ein und dasselbe; wir sind nicht länger ein Mensch mit zwei Augen, der sieht, sondern werden zum Akt des Sehens selbst. Wir *sind* das Sehen.

Der chinesische Zen-Meister Garma C. C. Chang formulierte es einmal so:

> Wer zur Achtsamkeit findet, stellt fest, daß sich sein ganzes Wesen verändert. Was er auch tut, ob er spricht oder geht, er empfindet sein Sprechen und Gehen anders als zuvor – jetzt geht er mit offenem Sinn. Er weiß, daß *er es ist*, der da geht, der Regisseur – er selbst – sitzt mitten in seinem Kopf und dirigiert all sein Han-

> deln voller Spontaneität. Er geht mit heller Achtsamkeit und erleuchtetem GEIST [...] Dann spürt er, daß die anderen Menschen um ihn herum blind sind gegenüber der ihnen von Geburt an gegebenen, hellen Achtsamkeit und wie wandelnde Leichen durchs Leben gehen!

Millionen von uns vegetieren in einer Art spirituellem Koma dahin und sind nicht Herr ihres Körpers und ihres Lebens. Einer der wenigen, die erwachten und mit »heller Achtsamkeit« durchs Leben gingen, war Krishnamurti, der eine seiner Erfahrungen des Sehens mit »erleuchtetem GEIST« wie folgt beschreibt:

> Die Erde hatte die Farbe des Himmels, die Hügel, die grünen, heranreifenden Reisfelder, die Bäume und das trockene, sandige Flußbett – sie alle hatten die Farbe des Himmels, jeder Fels auf den Hügeln, die großen Gesteinsbrocken, sie waren Wolken und Felsen zugleich. Der Himmel war die Erde und die Erde der Himmel, die untergehende Sonne hatte alles verändert.
> Der Himmel war ein loderndes Feuer, das sich in jedem Wolkenfetzen entlud, in jedem Stein, in jedem Grashalm, in jedem Sandkorn. Der Himmel war in leuchtendes Grün, Purpur, Violett, Indigo getaucht – ein loderndes Flammenmeer.
> Die Hügel wurden durchsichtig, Felsen und Gestein waren schwerelos und trieben in der Farbe dahin, die fernen Hügel waren blau, trugen das Blau aller Meere und des Himmels über den Landschaften. Und die Straße, die das Tal durchschnitt, war purpur und weiß und so lebendig, daß sie zu einem der Strahlen wurde, die über den Himmel schossen. Und auch du selbst warst aus diesem Licht.

Wir können andere an unseren Erfahrungen teilhaben lassen, indem wir einem Freund eine köstliche, reife Erdbeere anbieten oder mit einem geliebten Menschen dasitzen und zusehen, wie die Sonne hinter bewaldeten Hügeln untergeht. Doch jeder von uns erlebt seine Sinneseindrücke in seinem eigenen Körper, der ihn mit der äußeren Welt aufs innigste verbindet. Öffnen wir uns ganz und gar für unsere Achtsamkeit, so sind wir mit der Erdbeere, der untergehenden Sonne, dem Berg, unserem Freund, dem geliebten Menschen verbunden. Unsere Nähe umarmt die ganze Welt, und wir lieben das, was ist. Dann erkennen wir, daß wir Gottes Augen und Ohren sind, eine physische Manifestation des göttlichen GEISTES.

Gottes Augen und Ohren

Der christliche Mystiker Meister Eckehart schrieb: »Das Auge, mit dem ich Gott sehe, ist dasselbe wie das Auge, mit dem Gott mich sieht. Mein Auge und Gottes Auge sind ein und dasselbe – ein Sehen, ein Wissen, ein Lieben.«

Wenn wir atmen, um mit unserer Achtsamkeit in der Gegenwart zu sein, erfahren wir uns selbst zunehmend sowohl als spirituelles, im Lichte des Bewußtseins stehendes Geschöpf als auch als physische Persönlichkeit mit all ihren komplexen Bedürfnissen und Wünschen.

Der Dichter Walt Whitman schrieb einmal: »Wenn irgend etwas göttlich ist, so ist es der menschliche Körper.« Der Körper ist Wohnstätte unserer Seele, das Ergebnis einer Milliarden von Jahren währenden biochemischen Evolution. Er ist ein physisches System von unvorstellbarer Komplexität, unglaublicher Anpassungsfähigkeit und – richtig eingesetzt – ein wahres Wunderwerk.

Wir residieren in einem Tempel, doch dies wird uns erst dann bewußt, wenn wir unseren Körper wirklich bewohnen. Vereinfacht ausgedrückt würde das besagen, daß unser Körper den

Geist enthält, bei differenzierterem Verständnis würden wir weiter gehen und das Einssein unserer Sinne mit dem Geist erkennen.
In den Paulinischen Briefen wird gefragt: »Wißt ihr nicht, daß ihr Gottes Tempel seid und der Geist Gottes in euch wohnt? [...] denn der Tempel Gottes ist heilig, und der seid ihr.«
Der deutsche Dichter Friedrich Novalis schrieb: »Wir berühren den Himmel, wenn wir unsere Hand auf einen menschlichen Körper legen.«
Kahlil Gibran sagte: »Dein Körper ist die Harfe deiner Seele.« Wenn wir in unserem physischen Tempel spielen, erklingt die Musik unseres elementaren Seins.

Hochentwickelte Seelen, die ein hohes Maß von Achtsamkeit in der Gegenwart erreicht haben, erkennen, daß unser Geist im physischen Körper mit all seinen Bedürfnissen und Wünschen, Freuden und Leiden und seinen fünf Sinnen wohnt. Das ewige Licht aber, das in ihm leuchtet, ist in seiner Existenz nicht auf die Physis angewiesen. Der Geist existiert jenseits der körperlichen Dimension.

Indem wir für unseren Körper sorgen, gewinnen wir Zugang zum Geist, wie er sich in unserem physischen Sein manifestiert. Unser Körper kann wie eine Tür zum Eßzimmer sein, in dem wir das »Mahl« bewußter Nähe zu uns selbst genießen.
Wenn wir immer und immer wieder mit unserer Achtsamkeit zu unseren körperlichen Bedürfnissen und Wünschen, Freuden und Leiden und den fünf Sinnen zurückkehren, können wir dem, was ist, unsere ungeteilte Aufmerksamkeit schenken. Der Körper geht mit Achtsamkeit, sitzt mit Achtsamkeit. Der Körper sieht, riecht und hört mit Achtsamkeit. Der Körper ißt mit Achtsamkeit. Achtsamkeit durchströmt unseren Körper und unsere Sinne und schenkt uns dabei Lebenskraft.

Die spirituelle Gegenwart wird dann durch den Körper selbst gelebt. Wenn wir intensiver in unseren Sinnen leben und es lernen, die »göttlichen Kleinigkeiten zu liebkosen«, wissen wir auf einmal all das zu würdigen, was unser Körper im Alltag erfährt, und erkennen, daß ein Festmahl vor uns angerichtet ist.

Was kann ich tun?
Das Rezept des »wunderbaren Tempels«

Unsere physischen Sinneseindrücke richtig »verarbeiten«. Wir können jeden Augenblick unseres Lebens ganz in unseren Sinnen leben. Ja, wir können es jetzt im Moment tun. Um uns wieder mit unserem Körper und unseren Sinnen zu verbinden, beginnen wir zunächst mit der Geistigen Basisdiät und schließen dann das Rezept zur Achtsamkeit für Sinneseindrücke an. Wir atmen langsam tief und bewußt ein und aus, um unsere Achtsamkeit zu erwecken. Anschließend atmen wir wiederum mehrmals tief ein und aus, um ins Hier und Jetzt zu kommen, dabei richten wir unsere Aufmerksamkeit in den Fluß der Sinneseindrücke in einer sich ständig verändernden Gegenwart. Indem wir unserem Körper diese Nährstoffe zuführen, setzen wir den spirituellen »Verarbeitungsprozeß« in Gang. Er verleiht uns die Kraft, achtsam und gegenwärtig zu sein, und gibt uns die Klarheit und Energie, die wir brauchen, um uns effizienter auf unsere jeweiligen Bürden und Aufgaben konzentrieren zu können – in unserem Falle darauf, mit dem wunderbaren Tempel unseres Körpers in Verbindung zu bleiben und mit all unseren Sinnen aufmerksam und gegenwärtig zu sein.

Der Verarbeitungsprozeß von Sinneseindrücken fängt mit der ersten und zweiten Atemübung der Geistigen Basisdiät an, die uns Achtsamkeit verleiht und in die Gegenwart führt. Wir fah-

ren dann wieder mit unserer normalen Atmung fort, bleiben aber mit unserer Achtsamkeit in der Gegenwart. Dann konzentrieren wir uns auf alle Sinneseindrücke, die an uns herangetragen werden, und erleben dabei alle Bilder, Geräusche, Gerüche, Geschmacksreize und Berührungen, die auf uns einströmen.
Praktizieren Sie nun selbst diese drei Schritte. Erwecken Sie mit Hilfe des Atems Ihre Achtsamkeit und Gegenwärtigkeit, bis Sie mit Ihrem Bewußtsein im ständig sich wandelnden Augenblick weilen, und konzentrieren Sie sich dann auf Ihre körperlichen Sinneseindrücke:

Beim bewußten Einatmen spüren Sie Ihre Arme, beim Ausatmen spüren Sie Ihre Beine.
Beim Einatmen riechen Sie förmlich, wie die Luft riecht, hier und jetzt, beim Ausatmen spüren Sie, wie die Luft aus Ihren Lungen weicht.
Beim bewußten Einatmen sehen Sie ein wunderschönes Blau, beim Ausatmen ein warmes Braun.
Beim Einatmen hören Sie das Geräusch eines Flugzeugs, beim Ausatmen hören Sie das Ausströmen des Atems in diesem Augenblick.
Beim Einatmen spüren Sie Ihre Zunge, beim Ausatmen schmekken Sie die Spucke in Ihrem Mund.
Beim Einatmen kommen Sie ganz in Ihrem Körper an, beim Ausatmen fühlen Sie die Kleidung auf Ihrer Haut.

Während die Luft durch Nase und Mund ein- und ausströmt, können wir achtsam und gegenwärtig sein, ob nun bekleidet oder unbekleidet.

Haben wir uns erst einmal in unsere Sinne vertieft, dann ist der nächste Schritt im Verarbeitungsprozeß der Sinneseindrücke, das Erlebte loszulassen und achtsam und gegenwärtig

zu sein für das, was auch immer als nächstes kommen mag, und dies in einem fortwährenden Zyklus.
Wir atmen ein und aus, sind achtsam und gegenwärtig bei den Farben vor unserem Auge – Blau und Braun, Türkis und Kastanie. Eine Katze miaut, und die Farben verblassen in dem Maß, wie sich unsere Achtsamkeit und Gegenwärtigkeit dem Kätzchen zuwenden, das durchs Zimmer läuft. Wir müssen loslassen und offen sein für das, was auch immer als nächstes kommen mag, ganz gleich, ob es sich nun um ein Bild, ein Geräusch, einen Geruch, eine Berührung oder einen Geschmacksreiz handelt.

Sehen: Welch unglaublicher Reichtum umgibt uns, wenn wir nur Augen haben zu sehen! Wo wir auch sein mögen, wir können uns jeden Tag einen Augenblick oder eine Minute (oder auch fünf, zehn, zwanzig) Zeit nehmen, um bewußt zu sehen, um die Farben, Formen und Schattierungen, Schatten, Muster und Bewegungen zu bemerken, die wir dank der Gabe des Sehens wahrnehmen können. Konzentrieren wir uns zum Beispiel einmal nur auf die Farben. Oder schauen wir uns nur das Grün an – welch unendliche Vielfalt an unterschiedlichen Farbschattierungen und Strukturen an Blättern und Autos und Kleidungsstücken in allen erdenklichen Grüntönen breitet sich da vor unseren Augen aus. Das Leben ist lebendige Farbe! Schauen Sie sich um!
Schließen Sie einmal für einen Augenblick oder eine Minute die Augen, und achten Sie beim Öffnen auf die faszinierende sichtbare Welt, die Sie unmittelbar umgibt. Die Farbe dieses Buches, die Art des auf diese Seite fallenden Lichtes, der Farbton Ihrer Haut und Kleidung – was es in unserer Umgebung zu sehen gibt, ist ein wahrer Augenschmaus. Wir können uns daran erfreuen und lernen, unsere Augen wertzuschätzen.
Nun lassen wir all diese Eindrücke in uns einströmen, an uns

herankommen, durch uns hindurchströmen, um sie dann loszulassen und unsere Achtsamkeit und Gegenwärtigkeit für das zu öffnen, was auch immer als nächstes kommen mag.

Schauen Sie jeden Tag Ihrem Spiegelbild in die Augen. Es heißt, die Augen seien die Fenster zur Seele, und wir können – und sei es nur für einen kleinen Augenblick – mit unserer eigenen Seele in Verbindung treten, wenn wir uns selbst jeden Tag in die Augen schauen (und vielleicht dabei an ein Ereignis denken, bei dem unlängst unsere elementare Gutheit zum Ausdruck kam). Wir können sehen, wer wir sind und wie es um uns bestellt ist, während wir für einen Moment zur Ruhe kommen und uns selbst betrachten.

Vielleicht gelingt es uns, so viel Ruhe in uns einkehren zu lassen, daß wir unser wahres Wesen schauen können, während wir uns morgens die Zähne putzen oder uns schminken oder unser Haar bürsten oder uns vor dem Essen die Hände waschen. Wir können einen tiefen, entspannenden Atemzug nehmen und uns selbst sehen.

Hören: Nehmen Sie sich nun einen Augenblick Zeit und wenden Sie Ihre Aufmerksamkeit den Klängen und Geräuschen zu, die gerade zu hören sind. Atmen Sie tief und langsam ein und aus, voller Achtsamkeit und Gegenwärtigkeit. Für einen Moment und die Länge eines Atemzugs entspannen Sie sich und horchen.

Schließen Sie nun einen Moment lang die Augen, und seien Sie wie ein frei zugängliches, offenes Mikrophon, das jedes Geräusch aufnimmt, das es gerade gibt. Lassen Sie es dann wieder gehen, und lauschen Sie dem nächsten Geräusch, das kommt (es kann sich dabei um das gleiche Geräusch wie zuvor oder auch ein anderes handeln). Es ist wirklich nicht schwierig. Es gibt Vordergrundgeräusche – ein Mensch, der mit lauter Stimme spricht, ein Radio, ein hupendes Auto –, und es gibt Hinter-

grundgeräusche – das Brummen des Computers, das Vorbeirauschen von Autos, Eiswürfel in einem Glas, ein Flugzeug in der Ferne, das Rascheln des Windes in den Bäumen. Wenn wir unserem Gehör und dem Hören unsere ganze Aufmerksamkeit schenken, eröffnet sich uns die Welt der Geräusche.
Helen Keller, eine blinde und taubstumme Frau, schrieb einmal: »Ich bin ebenso taub, wie ich blind bin. [...] Die Taubheit aber ist das wesentlich größere Übel. Denn es bedeutet den Verlust des lebenswichtigsten aller Stimuli – des Klangs der Stimme, die uns die Sprache bringt, unser Gedankenspiel anregt und uns in intellektueller Gesellschaft mit anderen Menschen sein läßt. [...] Ich habe erfahren, daß Taubheit eine wesentlich größere Beeinträchtigung darstellt als Blindheit.«
Wir, die wir nicht taub sind und unser Hörvermögen als gegeben hinnehmen, können das wunderbare Geschenk des Klanges würdigen und unseren Gehörsinn mit Achtsamkeit und Gegenwärtigkeit verfeinern. Dann können wir das Festmahl der Klänge genießen.

Riechen: Gerüche begleiten uns unser ganzes Leben lang, und wir können uns auf sie einstellen. Atmen Sie ganz bewußt tief und langsam ein und aus, hier und jetzt: das Aroma von frischem Kaffee am Morgen, der Duft von Parfum oder Kölnisch Wasser, mit dem sich die Menschen am Arbeitsplatz umgeben, der Duft der Blumen im Garten hinter dem Haus, der Geruch des Essens auf dem Herd. Wir können unsere Aufmerksamkeit jeden Tag auf unseren Geruchssinn lenken. Ohne Geruch ist das Essen leblos und fad. Aus diesem Grund haben wir oft auch keinen Appetit, wenn wir Schnupfen haben und unsere Nase verstopft ist. Wir wissen erst, was wir an unserer Nase haben, wenn wir ganz bewußt auf die Gerüche und Düfte achten, sie dann wieder loslassen und unsere Aufmerksamkeit dem nächsten Geruch zuwenden, der unsere Nase erreicht.

Fühlen: Eines Nachmittags kam eine alte Frau zum Buddha und fragte ihn, wie sie meditieren solle. Er wies sie an, sich jeder Bewegung ihrer Hände und Arme bewußt zu sein, wenn sie tagtäglich Wasser aus dem Brunnen schöpfte.

Solange wir im Fleische leben und wachsam sind und darauf achten, wie wir die Welt berühren und wie die Welt uns berührt, bietet uns jeder Tag eine schier grenzenlose Fülle an Möglichkeiten. Wir modernen Menschen holen kein Wasser mehr vom Brunnen, doch wenn wir uns etwas zu essen aus dem Kühlschrank holen oder uns ein Glas Wasser einschenken, wenn wir in einen Apfel beißen oder ein Glas Milch trinken, können wir unseren Mund und unsere Zähne fühlen.

Wir atmen ganz bewußt, tief und langsam, ein und aus, hier und jetzt. Wenn wir uns die Hände waschen oder Geschirr spülen, spüren wir unsere Hände und Arme und wie das warme Wasser unsere Haut berührt. Wir atmen bewußt in der Gegenwart, während wir die Welt berühren und fühlen, wie die Welt uns berührt.

Wir können uns jederzeit für die Wahrnehmungen unseres Tastsinnes öffnen. Jetzt, in diesem Augenblick, können wir fühlen, wie unser Körper auf dem Stuhl sitzt, wie er sich in der Kleidung bewegt, wie er die Seiten dieses Buches berührt. Unser Arm streicht an unserem Bein entlang, und wir spüren sehr viel intensiver die Lebendigkeit in unserem Körper.

Rabbi Zalman Schachter-Shalomi lehrt uns: »Fühlt die Erde unter euren Füßen, fühlt den Stuhl, fühlt, wie euch die Schwerkraft aufrecht stehen läßt. Die Schwerkraft ist die Art, in der die Erde ihre Liebe zu euch ausdrückt und uns anzieht. Wir sollten uns davon tragen lassen.«

Was für eine schöne Art, auf der Erde zu entspannen. Die Erde trägt unseren Körper, hält uns an ihrer Oberfläche, läßt uns den Bodenkontakt nicht verlieren und hilft uns permanent, geerdet zu sein. Spüren wir, wie unsere Füße den Boden berühren, wie

unser Gesäß und unser Rücken gegen den Stuhl gedrückt werden.
Wir können ganz bewußt unseren Haustür- oder Autoschlüssel in der Hand halten, wenn wir morgens aus dem Haus gehen oder abends heimkommen. Wir können bei der Arbeit unseren Füller oder Bleistift oder die Tasten des Computers mit Achtsamkeit berühren. Spüren Sie, wie aufregend Berührung ist. Geben Sie Ihren Lieben den morgendlichen Abschieds- oder abendlichen Begrüßungskuß nicht, ohne ganz bewußt dabei zu sein. Kommen Sie für diese wenigen Sekunden zur Ruhe, und fühlen Sie, wie Ihre Lippen die Wange berühren. Lassen Sie dann dieses Empfinden wieder los, und öffnen Sie sich für die nächste Berührung mit dem Leben. Selbst wenn wir uns einer Berührung nur ganz kurz bewußt sind, wird dieser Moment des Bewußtseins unser spirituelles Sein nähren und uns mehr echte Nähe zum Leben vermitteln.

Schmecken: Wie oft essen oder trinken wir unser Wasser oder unseren Kaffee, Tee oder Saft, ohne zu spüren, was wir da in unseren Körper hineinschütten. Kommen Sie während einer jeden Mahlzeit wenigstens eine Minute lang zur Ruhe, und achten Sie auf die Geschmackseindrücke. Atmen Sie ganz bewußt, tief und langsam, ein und aus, hier und jetzt. Nehmen Sie wahr, wie flüssig das Getränk ist, wie das Frühstücksmüsli schmeckt. Hören Sie das Krachen der Karotte oder der Kartoffelchips zwischen Ihren Zähnen, fühlen Sie die Konsistenz der Erdnußbutter und den nussigen Geschmack auf Ihrer Zunge. Salzig und sauer, süß und bitter – unser Geschmackssinn verbindet uns mit dem, was wir essen und trinken. Unsere Sinne bilden die Brücke zwischen uns und der äußeren Welt, während wir diese in unseren Körper aufnehmen.
Ein Hauch von Geschmack, der in unserem Mund zurückbleibt – vielleicht eine Spur von Kaffee oder Tee oder einer

kleinen Mahlzeit oder der Zahnpasta –, vermag uns daran zu erinnern, welch ein Genuß es ist, den uns unser Geschmackssinn da beschert. Dann verabschieden wir diesen Geschmack und öffnen uns für das, was als nächstes kommt. So lernen wir den Wert von Mund und Zunge zu schätzen.

Mit Achtsamkeit erfahren, »was ist«

Ob wir nun absoluter Anfänger oder vollendeter Meister sind, unsere Achtsamkeit kann immer wieder zu dem Moment zurückkehren, in dem wir hier und jetzt leben. Der Atem ist uns dabei eine besondere Hilfe, denn er holt uns immer wieder in unseren Körper zurück. Jeden Augenblick unseres Lebens atmen wir, und wir spüren das in Mund, Nase, Lungen, Brust, Magen, Bauch und Rücken. Ist unsere Wahrnehmung tief genug, fühlen wir, wie der Sauerstoff aus dem Atem über den Blutkreislauf ins Gehirn, in die Finger und Zehen gelangt. Wir können die Lebendigkeit unserer körperlichen Sinneseindrücke immer und zu jeder Zeit spüren, und unser Atem kann uns Hunderte und Tausende von Malen daran erinnern, in der Gegenwart zu erwachen, erkennend, daß wir in unserem Körper wohnen.

Leiden Sie ganz besonders darunter, daß Sie den Kontakt zu Ihren Sinnen verloren haben, dann sollten Sie sich bei der Geistigen Diät darauf konzentrieren, jeden Tag ganz bewußt in Ihrem Körper zu Entspannung und Ruhe zu finden:

- Wenn wir morgens aufwachen, spüren wir, wie der Atem durch unseren Körper fließt, ein und aus.
- Wenn wir uns die Zähne putzen, schmecken wir die Zahnpasta und fühlen unsere Zähne.
- Während des Frühstückens atmen wir bewußt und sind ganz

in der Gegenwart. Wir genießen dabei die Erleichterung und Zufriedenheit darüber, nicht nur unseren morgendlichen Hunger stillen zu können, sondern unserem Körper gleichzeitig all die Nährstoffe zuzuführen, die er für den bevorstehenden Tag braucht.

- Während wir zur Arbeit fahren, atmen wir und entspannen uns unterwegs, wir hören, wie die Autos vorbeirauschen, und sehen den blauen Himmel und die weißen Wolken.
- Im Büro finden wir einen Weg, uns unserem Tast- und Geruchssinn zu öffnen, all die Geräusche in unserer Umgebung wahrzunehmen und all das zu sehen, was es zu sehen gibt.

Unsere Aufmerksamkeit schweift unweigerlich ab. Solange wir leben, wird sie immer und immer wieder mal zu diesem Gedanken oder jener Sorge eilen, mal zu diesem Problem, das der Lösung bedarf oder jenem Plan, den es umzusetzen gilt. Dennoch müssen wir uns daran erinnern, unsere Aufmerksamkeit zu konzentrieren, um in die Welt der unmittelbaren Erfahrung zurückzukehren. Wir können dann erneut einen Augenblick innehalten und uns für einen Geruch, einen Anblick oder ein Geräusch, eine Berührung oder einen Geschmack bewußt öffnen.

Jeder Augenblick des Einlassens ist von unschätzbarem Wert, denn er vermindert das Gewicht der Bürde, die aus unserem Getrenntsein von der physischen »Heimstatt« des GEISTES herrührt. Das Öffnen für die Wahrnehmungen unserer Sinne geht einher mit einem Öffnen für unsere Spiritualität und der Erkenntnis der elementaren Gutheit der Natur und des Lebens selbst. Wenn wir wach sind, sind wir an den Strom der Lebensenergie angeschlossen, der uns durchfließt.

Unsere Lebensenergie wird von den chinesischen Taoisten als *Qi* bezeichnet, was zu deutsch soviel wie »Atem« bedeutet. Unser Atem entfacht die Flamme des Lebens, die uns vitalisiert und energetisiert. Unser Körper wird durch unseren Atem am Leben erhalten, und über unsere Sinne begeben wir uns in die Welt – sie sind unsere Verbindungsbrücke: Wir sehen die Welt, wir berühren die Welt, wir schmecken die Welt, wir riechen die Welt, wir hören die Welt. Über unsere Sinne erhalten wir Informationen über die Welt, mit ihrer Hilfe können wir genießen, was auf der physischen Ebene erschaffen wurde. Wenn wir uns auf unsere Sinne einlassen, erkennen wir, *daß wir selbst die Welt sind.*

Mit der Zeit können wir unsere Achtsamkeit so weit schulen, daß wir immer häufiger achtsam und gegenwärtig sind. Nach und nach fühlen wir uns in all unseren Sinnesorganen zu Hause, und indem wir lernen, uns tief in das zu versenken, was auch immer gerade ist, werden wir zur Reflexion all unserer Sinne. Wir sind wie ein Spiegel, der alle Bilder zurückwirft, die er sieht, oder wie ein Mikrophon, das die Geräusche in seiner Umgebung aufnimmt.

Geräusche sehen, Geschmack fühlen

Synästhesie ist die Vermischung unserer Sinneseindrücke, die sich einstellt, wenn die Grenzen zwischen den Sinnen zu schwinden beginnen. Geschieht dies, dann sehen, riechen und schmecken wir die Lasagne zugleich, während das Geräusch des Kauens und die Berührung der Nudeln in unserem Mund zu einem köstlichen Cocktail von Sinneseindrücken verschmelzen.

Als den Juden die Zehn Gebote überbracht wurden, »*sah* das ganze Volk die Donnerschläge« – eine bildliche Darstellung des Ineinanderfließens und Sich-Öffnens zu grenzenlosem Sinneseindruck.

Wir können uns für kombinierte Sinneswahrnehmungen öffnen. Dann *sehen* wir nicht nur den Obstsalat auf unserem Teller oder *hören* das Klappern des Löffels gegen das Porzellan oder *schmecken* eine Erdbeere, sondern alle Eindrücke verbinden sich untereinander in jenem Strom der Sinne, um den wir von Geburt an wissen. Die Sinneseindrücke vermischen sich wie Bäche, die in einem Fluß zusammenfließen – dem Fluß des Sehens – Riechens – Hörens – Fühlens – Schmeckens. Und wir können uns auf alle Kombinationen einstellen, so wie sie sich uns darbieten.

Lassen wir uns und unsere Achtsamkeit von den Erscheinungen der physischen Welt auf sanfte Weise wachrütteln: dem Klingeln des Telefons, dem leuchtenden Gelb eines Schals, dem Geschmack von Kaffee oder Saft, einem Hauch von Parfum, der Berührung der Haut eines anderen beim Händeschütteln.

Während des Abendessens können wir zunächst damit beginnen, ganz bewußt in der Gegenwart zu atmen. Wir fühlen, wie sich unsere Lunge mit Luft füllt, wie die Luft Mund, Lippen und Nase berührt, nehmen all die Gerüche um uns herum, die Farben des Essens, die Bläschen im Mineralwasser wahr. Wir sind achtsam für das, was um uns geschieht. Und in uns erwächst ein Gefühl der Dankbarkeit, daß wir genug zu essen haben. Hier und jetzt atmen und ruhen wir, während wir das Essen auf unserem Teller betrachten, wir sind zufrieden und vollkommen im Augenblick. Jetzt, in diesem Moment, lassen wir so viel Ruhe in uns einkehren, daß wir das Grün des Salats und die Kruste des Brotes bemerken. Wir bemerken den Raum, in dem wir sitzen, und achten auf das Licht an diesem Ort. Über unsere Ohren dringen Geräusche in uns ein, und wir wissen, worüber gesprochen wird. Der Duft des Essens zieht in unsere Nasenlöcher.

Wir merken, wie der Geschmack während des Kauens und mit jedem Schluck Flüssigkeit, den wir zu uns nehmen, langsam an Intensität verliert. Beim Schlucken fühlen wir, wie sich die Nahrung in uns bewegt, um uns zu nähren und unseren Durst und Hunger zu stillen. Intuitiv wissen wir, daß wir selbst ein Prozeß sind, eine Bewegung oder ein Fluß, und nach Brennstoff für unseren Energiehaushalt lechzen: Wir suchen und finden, verdauen und werden satt, sind entspannt und erleichtert. All diese Sinneseindrücke lassen uns mit den Vorgängen in unserem Leben in Verbindung sein.

Der Schmerz in unserem Nacken

Natürlich sind nicht alle Sinneseindrücke angenehm und genüßlich. Wir alle kennen physisches Leid. Der Bohrer des Zahnarztes, die Spritze des Arztes, der Schmerz der Arthritis, die wunde Nase nach einer Erkältung, Rücken-, Nacken- oder Kopfschmerzen. Obschon uns auch zahlreiche moderne Medikamente Linderung verschaffen, können wir diesen Schmerzen doch niemals völlig entkommen, selbst wenn unsere Persönlichkeit und unser Körper noch so sehr bemüht sind, sie für immer zu eliminieren.
Und so sehen wir uns in regelmäßigen Abständen der Herausforderung gegenüber, wie wir in unangenehmen oder schmerzvollen Situationen achtsam und gegenwärtig sein können. Wir achten sorgfältig auf unsere Gesundheit, indem wir Sport betreiben und uns vernünftig ernähren, doch ein gewisses Maß an Beschwerden können wir dennoch nicht vermeiden.
Wir können Krankheit und Schmerz nicht gänzlich entrinnen. Doch wir können lernen, damit zu leben. Wir können aufhören, gegen die Beschwerden anzukämpfen, und sie ihren Lauf nehmen lassen, während wir uns bewußt sind, was geschieht. Diese Achtsamkeit ermöglicht es uns, Schmerzen und Beschwerden als unangenehm zu empfinden und zurückzuweisen. »Ich hasse es, erkältet zu sein. Ich will meine rote, wunde Nase gar nicht anschauen, sonst muß ich sie schon wieder put-

zen. Ich habe einfach keine Lust, krank zu sein.« Das ist eine ganz natürliche Reaktion. Nichts zwingt uns dazu, alles zu mögen, was uns begegnet. Das entspringt nur der Phantasie und dem Wunschdenken unserer Persönlichkeit. Körper und Persönlichkeit zieht es unweigerlich und automatisch hin zu allem Genüßlichen und weg von allem Leid. Unser physisches Überleben basiert auf der Vermeidung von Schmerz. Und so ist es nur normal, Schmerzen und dem Tod aus dem Weg zu gehen und nach dem zu suchen, was es uns wohl sein läßt und uns in unserem Leben voranbringt. Dennoch wissen wir, daß wir Schmerzen nicht völlig ignorieren können, statt dessen müssen wir lernen, mit ihnen umzugehen. Gelingt uns dies, erleichtern wir die Bürde, die uns der Schmerz auferlegt. Dabei kommt es vor allem darauf an, im Augenblick wach und achtsam zu sein. Wir müssen hier und jetzt voller Achtsamkeit atmen, selbst wenn wir uns darüber ärgern, daß wir schon wieder Kopf- oder Rückenschmerzen haben oder uns eine Grippe plagt. Es erkennen, sehen und loslassen heißt die Devise. Also: Erkennen Sie es, sehen Sie es, lassen Sie es los.

Indem wir eins werden mit dem Schmerz, haben wir eine Facette des Problems beseitigt: Wir kämpfen nicht länger dagegen an und lassen zu, daß der unangenehme Prozeß seinen Gang nimmt, während wir trotz allen Übels atmen und in uns ruhen. Wir können unsere Persönlichkeit trösten, indem wir ihr sagen: »Auch das wird vorübergehen.«

Das bedeutet keinesfalls, daß wir nicht alles tun sollten, um unsere Schmerzen zu stillen und unser Leiden zu beenden. Haben wir aber erst einmal getan, was zu tun ist, ist es heilsamer zu wissen, daß die Schmerzen da sind, und uns dabei so gut wie möglich zu entspannen, achtsam zu sein und loszulassen.

Forschungen* haben ergeben, daß wir unsere Beschwerden

* *Journal of Personality and Social Psychology* (Ausgabe 64, Nr. 2).

verlängern, wenn wir physischen Schmerz unterdrücken oder uns abzulenken versuchen. Wer seine Schmerzen unterdrückt, sensibilisiert sich zusätzlich für alles Leid und überreagiert auf alle entsprechenden Sinneseindrücke. Sein Radar ist gewissermaßen auf Unangenehmes geeicht. Wir werden feststellen, daß unsere Aufmerksamkeit immer wieder zu den Schmerzen hingezogen wird, die wir fürchten und vermeiden wollen. Wer seine Schmerzempfindungen hingegen ganz genau registriert, wird sehr viel eher mit dem unangenehmen Gefühl fertig werden und schneller genesen. Also ist Achtsamkeit selbst bei Krankheit und Schmerz das beste Heilmittel.

Stellen unsere Beschwerden eine ganz außerordentliche Belastung dar, kann es notwendig sein, ihnen als Gegengewicht ganz bewußt angenehmere Gefühle entgegenzusetzen. Wir können *das Überbetonte mit dem Übersehenen kompensieren*, indem wir neben den unangenehmen und schmerzlichen verstärkt auf erfreuliche, schöne und angenehme Bilder, Geräusche, Düfte, Geschmäcke und Berührungen achten.

»Die körperliche Last des Alltags abstreifen« oder das Körpergewicht reduzieren

Für die meisten Menschen stellen der Geschmack, der Geruch, der Anblick, die Geräusche und das Berühren von Speisen eine der wichtigsten Quellen täglicher physischer Freude dar (ganz zu schweigen von den vielen anderen Bedürfnissen, die mit unserer Nahrung gestillt werden). Wenn wir uns intensiver auf unsere Sinnesorgane einlassen, werden wir in der Regel langsamer essen, schneller satt werden und somit unser Körpergewicht reduzieren. Sobald wir aus anderen Quellen als dem Essen körperliche Befriedigung erfahren, legen wir dem Essen einen geringeren Stellenwert bei und sind damit in der Lage

abzunehmen. Das Leben selbst ist Festmahl genug, wenn wir nur lernen, es zu genießen.
Wenn wir mit Achtsamkeit essen, nähren wir nicht nur unseren physischen Leib, sondern auch unseren GEIST.
Unser Magen braucht etwa zwanzig Minuten, um dem Gehirn die Botschaft zu vermitteln, daß er nun genug zu sich genommen hat. Nehmen wir uns also Zeit zum Essen, verlangsamen wir unseren Rhythmus und genießen jeden Bissen, den wir zu uns nehmen, dann essen wir automatisch weniger – dies ist eine natürliche Form der Diät.
Achten Sie auf die Nahrungsmittel, die Ihnen guttun, und beobachten Sie, wie sich diese auf Ihr inneres körperliches Befinden auswirken. Achten Sie auch auf die Nahrungsmittel, die Ihnen Lebenskraft rauben, und spüren Sie, wie sich diese auf Ihr inneres körperliches Empfinden auswirken.
Mit zunehmender Achtsamkeit werden Sie sich besser fühlen. Wenn Sie atmen und Ihre Sinne öffnen, werden Sie spüren, wie Sie tiefer in die Entspannung gleiten.
Mit zunehmender Öffnung der Sinne werden Sie feststellen, daß die Grüntöne grüner, die Pfirsiche saftiger und die Sonne strahlender erscheinen.
Wenn wir erst einmal an uns selbst erfahren haben, welchen Einfluß das Essen auf unseren Körper hat, können wir klarer unterscheiden, was uns guttut und was nicht. Dann werden wir wahrscheinlich eher das meiden, was uns schadet, und das zu uns nehmen, was uns guttut. Die persönliche Willenskraft verliert an Bedeutung, wenn wir wirklich darauf hören, wie unser Körper auf das reagiert, was wir essen und trinken.
Janice, eine Frau in mittleren Jahren, die an unserer Geistigen Diät teilnahm und sich selbst lachend als »Schokoholikerin« bezeichnete, erreichte eine außerordentliche Bewußtheit ihrer Körperlichkeit. Sie berichtete, daß sie auf einmal in aller Deutlichkeit sah, welch unangenehme Symptome ihr das Essen von

Schokolade bescherte, wie zum Beispiel leichte Schulterschmerzen, Darmschwäche und Schmerzen in den Fingergelenken. In dem Maße, wie ihr die Zusammenhänge zwischen diesen Problemen und dem Verzehr von Schokolade klar wurden, nahm ihre Sucht nach Schokolade ab. Eines Tages erzählte sie, daß ihr jemand eine Schachtel Pralinen geschenkt, sie sich einen kleinen Ruck gegeben und diese dann an eine Freundin weitergeschenkt hätte (was früher für sie ein Unding gewesen wäre), ohne dabei allzuviel Reue zu verspüren, eher schon sorgte sie sich um die Gesundheit der beschenkten Freundin.

Körperliche Bewegung ist etwas Natürliches und die gesündeste Art, unser Körpergewicht zu reduzieren. Mit zunehmender Achtsamkeit erkennen wir den Bewegungsdrang unseres Körpers – er will rennen, laufen, tanzen, sich strecken, hüpfen und sich beugen.

Der Spaß, den Kinder durch den schieren Akt der Bewegung, des Rennens und Springens erfahren, ist den meisten Erwachsenen verlorengegangen. Für uns Erwachsene dient Bewegung als Mittel, um zu einem Ziel zu gelangen, und währenddessen beschäftigen uns Hunderte von Gedanken und Vorstellungen. Dennoch ist es uns möglich, die mentale Ebene zu verlassen und zu unseren Sinneswahrnehmungen zurückzufinden, wenn wir uns nur ein paar Augenblicke Zeit nehmen und achtsam sind.

Schenken wir unseren Sinnen die gebührende Aufmerksamkeit, entdecken wir die Notwendigkeit, unseren Körper öfter zu bewegen und ihm mehr abzuverlangen. Als Dank dafür wird unser Körper heiler, leichter, stärker und beweglicher werden, und wir werden unser Übergewicht reduzieren.

Wenn wir uns körperlich so gesund wie möglich erhalten, können wir ein spirituell erfüllteres Leben führen, denn dann brauchen wir uns nicht so viele Gedanken über unsere physische Existenz zu machen und können besser entspannen und zur Ruhe kommen, wo immer wir gerade sind.

Jenseits des Körpers

In dem Maße, wie wir uns mehr auf unsere Sinne einlassen, wächst in uns die Erkenntnis, daß sich unser Geist über den Körper Ausdruck verschafft. Wir werden uns unserer physischen Existenz bewußt und finden über unsere Sinne Zugang zur Spiritualität.

Mit der Zeit erkennen wir, welchen spirituellen Wert es hat, mehr im Körper zu sein, und wie uns dies jederzeit gelingen kann. Sitzen wir, so wissen wir, daß wir sitzen. Wir spüren die Sitzfläche des Stuhls unter unserem Gesäß, die Lehne an unserem Rücken. Gehen wir, so wissen wir, daß wir gehen. Liegen wir, so wissen wir, daß wir liegen. Auf diese einfache und direkte Art und Weise fühlen wir uns mehr und mehr als Bewohner unseres Körpers.
Und während wir dies tun, streifen wir das Gewicht ab, das wir uns durch Unachtsamkeit gegenüber unseren Sinneseindrükken aufgebürdet haben. Haben wir dies erst einmal verstanden, bringen Farbe und Geschmack, Bilder und Berührungen in jedem Augenblick neuen Reichtum, den wir unser ganzes Leben lang immer wieder erleben dürfen.

Wir atmen ein und sind in unserem Körper,
Atmen ein und wieder aus.
Jetzt, während wir hier sitzen,
Beim Lesen dieses Buches.
Wir sehen die Worte, berühren das Papier.
Und wie wir Seite für Seite umblättern,
Nehmen wir uns immer bewußter wahr.

Und wie wir mehr und mehr zu unseren Sinnen finden, erinnern wir uns an das Lied der Navajo-Indianer:

Wenn ich gehe, wenn ich gehe,
Geht das Universum mit mir.
Schön – geht es vor mir her,
Schön – geht es hinter mir her,
Schön – geht es unter mir her,
Schön – geht es über mir her,
Schön – an allen Seiten.
Wenn ich gehe – gehe ich Hand in Hand
mit der Schönheit.

Wir sind unser Körper und zugleich mehr als unser Körper. Selbst wenn wir glauben, unsere physische Existenz und unsere Sinne seien das Allernatürlichste der Welt, ist unser spirituelles Sein doch umfassender, weitreichender und ursprünglicher. Wir messen unserer Erscheinung, unseren Sinneseindrücken und unseren Freuden große Bedeutung bei, und doch gibt es da noch etwas Höheres, Größeres als unsere physische Existenz. Wir leben in einem Körper. Es ist nur natürlich, wenn wir uns in unserer Körperlichkeit zu Hause fühlen. Bewußtes Atmen in der Gegenwart verankert uns physisch im Hier und Jetzt, und während wir in unserem Körper ruhen, sind unsere Sinne wach und aufmerksam. Inmitten des Alltagstrubels stehen wir auf festem Boden.

Wenn wir achtsam und gegenwärtig sind, aus der Wärme unseres Herzens und unserer Gutheit heraus handeln und in unserer physischen Hülle zu Hause sind, dann ist das Universum in Wahrheit schön, und wohin wir auch gehen – wir gehen Hand in Hand mit dem Schönen.

Kapitel 6

Endlose Wünsche und Sehnsüchte

Es ist schmerzlich, in unerfüllten Sehnsüchten hängenzubleiben und ständig nach Zufriedenheit zu suchen. Chögyam Trungpa

Unsere Persönlichkeit ist voll von Wünschen und Sehnsüchten, Frustrationen und Enttäuschungen. Wir können Erfüllung und Zufriedenheit finden, wenn wir unsere Bedürfnisse verstehen lernen, ihnen Rechnung tragen und zu einer spirituellen Sichtweise gelangen.

Mehr, größer, besser

Irgendwie scheine ich nie genug zu haben. Kaum habe ich etwas Neues bekommen, will ich gleich wieder losgehen, um etwas anderes zu kaufen. Ich kaufe mir ein neues Paar Schuhe, obwohl ich schon zehn im Schrank stehen habe.
Nie bin ich mit dem Erreichten zufrieden. Ich hatte mir jahrelang gewünscht, zum Abteilungsleiter befördert zu werden, doch kaum hatte ich es geschafft, wollte ich stellvertretender Direktor werden. Jetzt, da ich stellvertretender Direktor geworden bin, peile ich den Posten des Direktors an. Ganz gleich wie hoch ich auch klettere, ich habe stets das Gefühl, es noch nicht geschafft zu haben.
Ich wünsche mir so viele Dinge, doch die Hälfte davon kann ich mir nicht leisten. Ich habe sowieso schon Schulden, und so bin ich jedesmal frustriert, wenn ich ein Geschäft betrete.

Sehnsüchte und Wünsche sind ebenso natürlich wie das Leben selbst. Ein jeder von uns hat Grundbedürfnisse nach Nahrung, Unterkunft, Geborgenheit und menschlicher Nähe. Unsere Wünsche basieren auf dem Drang, zu überleben, erfolgreich zu

sein und uns Zufriedenheit zu verschaffen, und das möglichst auf eine für uns angenehme, bequeme Art und Weise.
Schon als Säuglinge haben wir erste Wünsche und wollen uns so richtig wohl fühlen (weder zu warm, noch zu kalt, weder zu hungrig, noch zu satt). Bereits in diesem frühen Stadium sehnen wir uns nach Annehmlichkeiten und Geborgenheit. Unsere Wünsche und Forderungen kennen keine Grenzen. Wir erwarten, alles zu bekommen, was wir wollen und wann wir es wollen, und wir verschwenden keinen Gedanken darauf, weniger zu wollen.
Mit der Zeit lernen wir jedoch, daß unsere Möglichkeiten, tatsächlich immer alles zu bekommen, was wir uns wünschen, nicht endlos sind. Unglücklicherweise sind uns hier durch die praktische Wirklichkeit enge Grenzen gesetzt. Wir können nicht alle Spielzeuge haben, die wir uns wünschen, und wir müssen zur Schule gehen, selbst wenn wir lieber daheimbleiben und den ganzen Tag spielen wollen. Doch wenn wir auch wissen, daß wir nicht alles haben können, was wir uns wünschen, heißt dies nicht automatisch, daß wir weniger wollen. Wie auch immer unsere Lebenssituation sein mag, unsere Wünsche und Sehnsüchte übersteigen unsere überlebenswichtigen Grundbedürfnisse stets um ein Vielfaches.

Die moderne westliche Kultur führt uns zu maßlosem Wünschen und Wollen, indem sie uns vorgaukelt, Glück und Freude ließen sich durch Kaufen und Konsum erlangen.

Von frühester Kindheit an werden wir dazu angehalten, immer mehr zu wollen. Tausendfache Reklame und Werbung verlocken und verführen uns, eine endlose Zahl an Spielzeugen, Nahrungsmitteln und anderen Dingen zu kaufen. An Geburtstagen und im Urlaub wird Liebe zum Ausdruck gebracht, indem wir uns Geschenke machen. Sind wir traurig oder haben wir uns weh getan, bekommen wir etwas zu essen oder Geschenke zum »Trost«. Millionen von Eltern sind außerstande, ihre Zeit mit ihren Kindern zu verbringen, weil sie Geld verdienen müssen, um den Bedürfnissen und Wünschen ihrer Familie nachzukommen. Angesichts ihrer eigenen Frustriertheit und als Antwort auf ihre Schuldgefühle kaufen sie dann allerhand »Belohnungen« für ihre Kinder.

Kinder stellen oftmals fest, daß ihr Stellenwert unter den Gleichaltrigen von ihren Besitztümern abhängt. Wer das »coolste« Kleidungsstück, Spielzeug oder Fahrrad hat, hat mehr »Freunde«, die mit ihm spielen wollen.

Gleichzeitig lernen wir, daß wir mit unseren Wünschen und Sehnsüchten auch unsere Lebensbedingungen verbessern können. Wollen wir bei Prüfungen gut abschneiden, sind wir automatisch fleißig, erhöhen damit unseren Wissensstand und bekommen bessere Noten. Auf diese Art üben wir Selbstdisziplin und Selbstbeschränkung – beides Fähigkeiten, die uns langfristig nützlich sind. Die Zivilisation selbst basiert auf dem Wunsch der Menschheit, es besser haben zu wollen als zuvor. Dies ist es, was wir als »Fortschritt« bezeichnen. So streben wir ständig nach Erfüllung unserer Wünsche und fragen uns selten oder nie, wie hoch der offensichtliche und verborgene Preis unserer Wünsche ist oder ob wir nicht ohnehin schon genug haben. Wir wachsen auf in dem Gefühl, daß Liebe, Aufmerksamkeit, Freundschaft, Wohlbefinden, sozialer Status und Fortschritt samt und sonders mit dem Konsum von Annehmlichkeiten und der Anhäufung von Dingen zu tun haben.

Wen mag es da wundern, daß wir früh lernen, Glück, Freude und Zufriedenheit im Essen oder in dem Erwerb von neuen Kleidern, »Spielzeugen« aller Art und anderen materiellen Gütern zu suchen? Wen mag es da wundern, daß wir am Ende häufig soviel von unserer Lebensenergie verschwenden, um uns unsere Wünsche und Sehnsüchte zu erfüllen?

Ist einer unserer Wünsche gestillt, erhöhen viele von uns schlichtweg den Einsatz und verlangen nach weiterer oder noch differenzierterer Erfüllung. Dieses Muster läßt uns in der Regel ein Leben lang nicht los.

Wir haben zwar Essen, doch wir wollen mehr und wohlschmeckenderes Essen, eigens für uns zubereitete und auf edlem Geschirr angerichtete Speisen, die uns an einem Platz mit wunderbarer Aussicht serviert werden.
Wir haben zwar ein Haus, doch wir wollen ein neueres, luxuriöseres und größeres Haus in einer besseren Wohngegend.
Wir haben zwar Geld, doch wir geben so viel davon für unser Haus oder im Restaurant aus, daß wir mehr brauchen. Wir haben einen Job, doch wir wollen mehr Anerkennung, Status oder Macht, mehr Vorteile oder Gehalt oder ein schöneres Büro.
Wir können uns zwar unsere sexuellen Bedürfnisse erfüllen, doch wir wollen mehr oder längeren Sex mit mehr Gekuschel oder mehr Abwechslung.
Da wir nun einmal leben, müssen wir uns unsere Bedürfnisse stillen und so die Welt verändern und formen.

Die Erfüllung unserer Grundbedürfnisse ist von essentieller Bedeutung. Problematisch wird es erst dann, wenn die Wirklichkeit immer so sein soll, wie wir sie uns wünschen, und wir sie immer anders haben wollen, als sie gerade ist. Denn, wie Buddha uns lehrte, sind grenzenlose Begierden die Wurzel aller menschlichen Unzufriedenheit und Leiden.

Wir wünschen und wollen und werden enttäuscht

Warum bereiten uns unsere endlosen Wünsche und Sehnsüchte solche Probleme? Es gibt zwei Gründe dafür. Zum einen wollen wir, daß das Leben so ist, wie wir es gern haben möchten, und beurteilen die Welt danach, inwieweit sie unseren Wünschen und Vorstellungen gerecht wird. Es liegt in der Natur der Sache, daß wir in dem Augenblick, da wir uns etwas Neues wünschen, das zurückweisen, was ist oder was wir bereits haben. Dies geschieht so automatisch und unbewußt, daß wir es gar nicht bemerken, und dennoch bewerten und verurteilen wir ständig einen Teil unseres Lebens.

Durch unsere endlosen Wünsche und Sehnsüchte möchten wir immer etwas anderes, als wir gerade haben, und dies verurteilt uns zu nimmer endender Enttäuschung. Solange wir die Welt ablehnen, die uns hier und jetzt umgibt, können wir in ihr niemals richtig zur Ruhe kommen. Und dies hindert uns daran, unseren Seelenfrieden zu finden.

Betrachten wir dies an folgendem Beispiel: Wir wachen morgens auf und öffnen die Augen. Das Wetter ist schön. Wir nehmen dies als gegeben hin und freuen uns kaum darüber. Beim Aufstehen erinnern wir uns an einen unangenehmen Termin, und während wir uns entschließen, dennoch hinzugehen, verurteilen wir innerlich die Zeit, die wir dort verbringen werden, und ärgern uns darüber. Doch auch dies ist nur ein Teil unseres Tages, den wir hinter uns bringen müssen. In aller Eile ziehen wir uns an, schalten dabei auf Autopilot und denken kaum darüber nach, welch enorme Auswahl unser Schrank bietet und wieviel Zeit und Mühe darauf verwendet wurde, all die Kleidungsstücke herzustellen.

Wir gehen in die Küche und stellen fest, daß unsere geliebten Cornflakes ausgegangen sind und wir statt dessen etwas anderes essen müssen. Währenddessen denken wir womöglich die ganze Zeit daran, daß wir uns mit der zweiten Wahl begnügen müssen. Dabei bemerken wir gar nicht, wie gut und nahrhaft das ist, was vor uns steht, und lassen so eine Gelegenheit, uns spirituell und körperlich zu nähren, ungenutzt verstreichen.
An der Tür wartet der Hund schon hechelnd darauf, ausgeführt zu werden. Doch wir sind in Eile, und so bemerken wir weder den liebevollen Blick des Tieres noch sein freundliches Schwanzwedeln. Während wir die Tür öffnen, übersehen wir die Schönheit der Wolkenformationen oder der hindurchfallenden Sonnenstrahlen. Wir ärgern uns nur noch mehr, daß uns dieser Hund mit seinen ewigen Ansprüchen so sehr aufhält, und stürzen dann los zur Arbeit.
So oder so ähnlich gehen Millionen von uns durchs Leben, ständig in der Erwartung, daß unsere Vorstellungen in Erfüllung gehen mögen. Ein wunderbares Essen steht vor uns auf dem Tisch, doch es ist nicht genau das, was wir uns vorgestellt haben, und so genießen wir es nicht. Oder wir gehen ins Kino, und der Film ist zwar recht unterhaltsam, doch nicht ganz so gut wie der andere Film, den wir vor kurzem gesehen haben, und wir mindern den möglichen Genuß durch eben diesen Vergleich.

Wir verwenden einen mehr oder weniger großen Anteil unserer Zeit und Energie darauf, das, was wir nicht mögen, abzulehnen und es entsprechend unseren Wünschen zu verändern, und übersehen dabei all das, was wir bereits haben. So sind wir in einem immerwährenden Kreislauf des Begehrens und der Enttäuschung gefangen, der uns permanent ein gewisses Maß an Leid bringt.

»Die Ego-Suppe«

Der zweite Grund, warum uns unser ständiges Wünschen und Begehren Probleme bereitet, hat eine tiefere Wurzel.

Während unseres Lebens ist in uns – zumindest unterschwellig – ein Gefühl der Existenzangst. Wie fest auch immer wir unsere Augen vor unserer Sterblichkeit verschließen mögen, wissen wir doch, daß unsere Persönlichkeit ständig von unserem Körper bedroht wird, der ständig altert und eines Tages sterben wird. Unsere Persönlichkeit weiß um ihre eigene Vergänglichkeit, und so ist unser Streben unter anderem auch von dem Wunsch beseelt, unserer Sterblichkeit und Vergänglichkeit durch die Ausübung von persönlicher Macht und das Anhäufen von Besitztümern zu entrinnen. Dies ist die Speise, die unser Ego nährt.

Dieses Unterfangen ist zum Scheitern verurteilt, denn je mehr wir uns mit unserer Persönlichkeit identifizieren, desto mehr schmoren wir im Saft unserer eigenen Angst und Unsicherheit, in der »Suppe« unseres Egos also, und desto größere Angst haben wir vor unserer Sterblichkeit.
Aus diesem Grund versuchen wir, uns noch fester an das Leben zu klammern, so wie wir es kennen, indem wir unser Ego füttern. »Ego-Nahrung« ist eine Mischung aus angehäuften Besitztümern (Auto, Bankkonto, Kleidung, Stereoanlage, Fernseher usw.), Identifikationen (Beruf, Familie, Leistungen usw.) und Bindungen (Körper, Besitz, Errungenschaften usw.) – alles Dinge, die uns ein Gefühl geben, auf festem Boden zu stehen und etwas Besonderes zu sein. Wir können uns sagen: »Was ich will, ist von Bedeutung«, »Ich bin so gefestigt und real, wie ich es mir vorstelle«, »Mein Name und die Erinnerung an mich werden fortdauern«. All dies werfen wir in einen Topf, den wir

unser Leben nennen, und essen die »Suppe«, die wir uns da eingebrockt haben, Tag für Tag.
Die »Ego-Suppe« ist ausgesprochen anregend: Dinge anzuhäufen macht Spaß, Macht zu haben ist ein gutes Gefühl. Sich zugehörig zu fühlen beruhigt uns in unserer Unsicherheit und unseren Ängsten. Unsere Rollen im Leben zu kennen schenkt uns Zuversicht. Das Gefühl zu haben, immer so weitermachen zu können, befriedigt uns.
Die »Ego-Suppe« kann eine herzhafte Mahlzeit sein, doch irgendwo im Laufe des Anhäufungsprozesses erkennen die meisten von uns, daß die Zufriedenheit flüchtiger Natur ist. Wir bekommen etwas, das wir uns gewünscht haben – einen neuen Anzug, ein Auto, eine Stereoanlage, eine Beförderung. Wir bekommen es und freuen uns darüber, doch schon kurze Zeit später wünschen wir uns etwas anderes. Irgendwann erkennen wir vielleicht, daß die »Ego-Suppe«, ähnlich wie Zucker oder Koffein, zwar ausgesprochen anregend ist, uns aber auf lange Sicht nicht wirklich weiterbringt. Am Ende wachsen unsere Wünsche ins Uferlose. Wir müssen noch mehr Zeit darauf verwenden, weiter zu suchen, und so haben wir weniger Zeit für unsere Familie und Freunde, weniger Zeit, bewußt und wach im Hier und Jetzt zu sein und damit weniger Verbundenheit mit unserer Spiritualität – dem einzigen Teil in uns, der wirklich unsterblich ist. Kein Wunder, daß viele Menschen inmitten allen Überflusses eine solche Leere, Sinnlosigkeit und Armut empfinden.

Die Armut des Westens

Mutter Teresa sagte einmal, die Menschen im Westen seien eigentlich noch ärmer als die von Armut geplagten Völker des Ostens, weil wir dem materiellen Reichtum zu viel und den spirituellen Werten zu wenig Bedeutung beimessen.

Jesus sagte: »Es ist leichter für ein Kamel, durch ein Nadelöhr zu gehen, als für einen Reichen, in das Reich Gottes einzugehen.«
Der Buddha sagte, wir seien »Sklaven unserer Begierden«, die durch ihre grenzenlosen Sehnsüchte in Armut gehalten werden.
Der amerikanische Philosoph und Psychologe William James meinte: »Die ausschließliche Anbetung der Hurengöttin ›Erfolg‹ [ist] unsere Nationalkrankheit.«
Im Westen zählt das Geld. Vielleicht haben wir gelernt, daß es gut sei zu teilen, doch am gründlichsten hat man uns beigebracht, das zu schätzen, was wir an materiellen Dingen für uns und unsere Familie anhäufen können. Wir arbeiten nicht nur darauf hin, »genug« zu bekommen, sondern soviel wie möglich. Wie man in Amerika sagt: »Wer bei seinem Tod die meisten Spielzeuge hat, hat gewonnen« und »Man kann nie zu reich oder zu dünn sein.«
Andrew war mit 38 bereits stellvertretender Direktor einer Bank. Er war als Einzelkind einer wohlhabenden Familie in einem riesigen Haus aufgewachsen, wo man jeden Tag um Punkt 19 Uhr ein förmliches Abendessen zu sich nahm – in Anzug und Krawatte versteht sich. Das Tischgespräch drehte sich darum, wie erfolgreich Andrew in der Schule und beim Sport gewesen war, was es an der Börse Neues gab und welche Einkäufe man getätigt hatte. Andrews Leben wurde beizeiten danach ausgerichtet, durch aggressives Fordern und Durchsetzen seines Standpunktes vorwärtszukommen und soviel Reichtum wie möglich anzuhäufen. Gelegentliche Verstöße gegen die Regeln waren in Kauf zu nehmen, damit unter dem Strich mehr herauskäme.
Als seine Frau Elisabeth die Scheidung einreichte, sagte sie: »Andrew ist sein eigener Gott, und er betet vor dem Altar des Geldes und Erfolgs. Er schaut immer nur auf seine eigenen Interessen und ist so sehr damit beschäftigt, sich ein noch größeres Haus oder Boot oder Flugzeug zu erkämpfen, daß die Kinder

und ich ihn kaum zu Gesicht bekommen. Und wenn er dann einmal zu Hause ist, ist er so sehr mit sich selbst und seinen Bedürfnissen beschäftigt, daß wir ihn nicht erreichen können. Er hat keine echten Freunde, sondern nur Geschäftspartner, und er hat keine enge Beziehung zu irgendeinem seiner Verwandten. Und glauben Sie nicht, umgekehrt sei das recht viel anders gewesen. Was mich anbelangt, ist das kein Leben im eigentlichen Sinne, und ich halte es nicht mehr aus. Wenn er sich nicht ändern kann, möchte ich das Ganze beenden.«

Andrew ist ein extremes Beispiel für fehlgeleitetes persönliches und materielles Streben, doch viele Menschen sind mehr oder minder in der Verfolgung ihrer eigenen Wünsche und Ziele gefangen. So lastet auf ihnen die Bürde endloser Enttäuschung darüber, wer sie sind und was sie haben.

Ein Teil der Schwierigkeit besteht darin, daß wir uns in einem Teufelskreis von ständig wachsenden Erwartungen und Konsumzwängen bewegen, ohne uns wirklich darüber im klaren zu sein, welch enormen Preis wir dafür zahlen:

Vor 50 Jahren hatte keiner ein Telefon oder einen Fernsehapparat, jetzt haben fünfundneunzig Prozent der Amerikaner beides.

Vor 30 Jahren lag die durchschnittliche Wohnungsgröße in Amerika bei etwa 130 m^2. Heute liegt sie bei 215 m^2, und doch: Wer wünscht sich nicht mehr Platz zum Leben? Mittlerweile erwarten wir geradezu, ein neues und größeres Haus zu bekommen.

In den fünfziger Jahren hatten nur wenige Familien zwei Autos. Heute betrachten Vorstadtbewohner zwei Autos als Notwendigkeit, und sie können ohne ein eigenes Fahrzeug für jeden Erwachsenen nicht mehr auskommen. Um die Kosten für Anschaffung, Benzin, Reparaturen und Versicherungsprämien zu bestreiten, muß Woche für Woche viele Stunden lang gearbeitet werden. Diese Zeit und Energie geht uns in anderen Be-

reichen verloren, so daß unsere Lebensqualität und unsere Beziehungen leiden.
Vor 30 Jahren konnte man es sich leisten, das damals kleinere Haus zu kaufen, wenn nur einer in der Familie (normalerweise der Mann) zur Arbeit ging, während der andere (normalerweise die Frau) bei den Kindern zu Hause blieb. Zweifellos hatte dies nicht nur Vor-, sondern auch Nachteile. Doch heute meinen die meisten Männer und Frauen, ganztags arbeiten gehen zu müssen, um das größere Haus, den Fernseher, das Telefon und all die anderen Dinge, die wir zu brauchen glauben, bezahlen zu können. Die Kinder wachsen im Hort auf, und etwa jede zweite Ehe wird geschieden.
Wir streben ständig nach einem höheren Lebensniveau und opfern dabei Teile des Lebens, die für das Wohlergehen, die Gesundheit und die spirituelle Erneuerung von uns selbst und unserer Familie unabdingbar sind. Statt dessen sollten wir uns fragen: »Sind die Dinge, für die ich arbeite, die Zeit und den Aufwand wert? Bleibt mir genug Freiraum für das, worauf es eigentlich ankommt, und zur Verwirklichung meiner eigentlichen Lebensziele und für innere Erfahrungen, die mich nähren und meine menschliche Entwicklung fördern?«

Die ständige Auseinandersetzung mit unseren Wünschen, materiellen Verhaftungen und Freizeitbeschäftigungen bürdet uns eine schwere Last auf. Sie gibt uns das Gefühl, das Leben sei nicht gut genug, so wie es ist, und so können wir im Hier und Jetzt nicht mehr richtig zur Ruhe finden und glücklich sein.

Dies ist das Dilemma des modernen Menschen. Schließlich tun wir nur das, was uns natürlich erscheint, was uns unsere Gesellschaft zu tun gelehrt hat und worin sie uns bestärkt. Sollen wir nun einfach aufhören, Wünsche zu haben? Was sollen wir tun?

Das Ende des Wünschens herbeiwünschen

Nicht alle Menschen im Westen frönen solch materiellen Gelüsten. Die *Amish People* leben in einer westlichen Gesellschaft und haben dennoch ganz andere Werte, als sie in der sie umgebenden Kultur gelten. Sie führen ein bodenständigeres Leben in engen Familien- und Gemeinschaftsverbänden und sind weitgehend unberührt von der modernen Technologie. Vor kurzem starb Mary Lambright, eine Amish-Frau aus Minnesota, als ihre Pferdekutsche von einem Lastwagen gerammt wurde. Die moderne Gesellschaft, die sie und ihr Volk so vehement ablehnten, hatte ihr das Leben genommen. Ihr Mann und jetziger Witwer, Mahlon Lambright, 43 Jahre alt und von Beruf Schreiner, muß nun allein seine 11 Kinder großziehen. Als ihm aber die Versicherungsgesellschaft 212 000 Dollar als Schadensersatz für den Tod seiner Frau anbot, lehnte er dies mit dem Hinweis ab, das Geld würde die Lebensweise seiner Familie bedrohen und mehr Probleme verursachen, als es beheben könne. Außerdem würden sich die anderen Mitglieder der Amish-Gemeinschaft schlecht fühlen, wenn er das Geld annähme. Für die meisten von uns ist ein solches Verhalten beinahe unvorstellbar. Doch während uns unser Lebensstil der materiellen und persönlichen Wünsche und Bedürfnisbefriedigung enorme Vorteile bringt, bürdet er uns gleichzeitig eine schwere Last auf – ein Gewicht, das nur jene spüren, die sich davon zu befreien versuchen.

Selbst wenn wir versuchen, mit dem Wünschen ganz aufzuhören, wird uns dies in Wahrheit nicht gelingen, weil allein der Wunsch, mit dem Wünschen aufzuhören, ein neuer Wunsch ist. Und durch dieses Verlangen wird der Prozeß des Wünschens fortgeführt, indem sich unsere Persönlichkeit – der Wünschende also – gegen sich selbst wendet. Dabei wird die ablehnende Haltung der Persönlichkeit gegenüber der Wirklichkeit noch verstärkt. Durch die damit einhergehende weitere Frustration und Enttäuschung entsteht wiederum der Wunsch, all diese negativen Gefühle loszuwerden – ein endloser Teufelskreis.

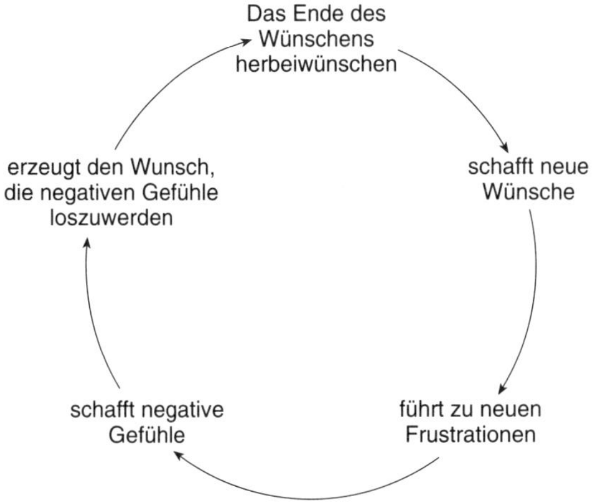

Wir können weder mit dem Wünschen aufhören, noch all das bekommen, was wir gerne hätten. Was sollen wir also tun?
Wir fangen damit an zu verstehen, welche Wünsche es tatsächlich zu erfüllen gilt und auf welche wir verzichten können. Mit der Erkenntnis, daß wir den wirklichen Bedürfnissen unserer Persönlichkeit nachgekommen sind, kann diese ihren Griff lockern und braucht sich nicht mehr so sehr mit uns selbst und unseren Wünschen zu befassen. Hat unsere Persönlichkeit erst einmal ihre Umklammerung gelöst, kann sie sich sehr viel besser hin zur Spiritualität öffnen, und wir können unsere wahren Bedürfnisse befriedigen. Gleichzeitig lernen wir, Grenzen zu setzen, Selbstkontrolle zu üben und bewußter auf den Teufelskreis des Wünschens zu achten.
Ein erster Schritt zur Entwicklung unseres neuen Selbstverständnisses besteht darin, die normalen, typisch menschlichen Bedürfnisse und Wünsche zu verstehen.

Was kontrolliert uns?

Die nachfolgende Übersicht über die menschlichen Motivationen führt uns ganz allgemein vor Augen, von welchen Beweggründen wir getrieben werden. Auf der linken Seite werden die Motivationen im Zusammenhang mit *Überleben und Sicherheit* genannt, sie lassen uns Spannung abbauen oder reduzieren. Es handelt sich hier um sogenannte »Mangel-Motivationen«, die uns dazu führen, etwas zu vermeiden, das uns unangenehm ist.

Auf der rechten Seite stehen die Motivationen, die uns *Zufriedenheit und Anregung* verschaffen und uns beleben oder stimulieren. Diese sogenannten »Fülle-Motivationen« veranlassen uns dazu, etwas zu erreichen, das uns mehr Wohlbefinden schenkt.

Beide Motivationsarten ziehen und zerren an uns in fünf Grundbereichen des menschlichen Lebens: Körper, Verstand, Selbst, Umwelt und Gesellschaft.

Die Übersicht über die menschlichen Motivationen ist ein nützliches Instrument, das das Leben in zehn Felder unterteilt. Wie jede schematische Darstellung hat auch diese ihre Beschränkungen. Dennoch hilft sie uns, unsere körperlichen, geistigen, persönlichen, umweltbedingten und sozialen Antriebe, Wünsche, Sehnsüchte und Bedürfnisse zu verstehen.

Schalten Sie einen Moment ab, atmen Sie ein paarmal tief, bewußt und voller Zufriedenheit ein und aus, hier und jetzt. Lesen Sie wenigstens einige der Begriffe aus jedem Feld, um den Grundgedanken zu erfassen. Achten Sie beim Lesen auf Ihre physischen und emotionalen Reaktionen.

Überleben und Sicherheit	Zufriedenheit und Anregung
Körper	
Schmerzen, Durst, Hunger, Sauerstoffmangel, Müdigkeit, übermäßige Hitze oder Kälte, Krankheit, Harndruck/Stuhldrang, Muskelverspannungen, Unwohlsein und Tod … **vermeiden**	Angenehme Sinneseindrücke (angenehme Geschmacksempfindungen, Gerüche, Berührungen, Bilder und Klänge), sexuelle Entspannung/Befriedigung, physisches Wohlbefinden, Beherrschung, körperliche Bewegung, Geborgenheit und Kontakt … **erreichen**
Verstand	
Langeweile, mangelnde Stimulation, Konfusion, Unwissenheit … **vermeiden**	Wache Achtsamkeit, Herausforderungen, Klarheit, Wissen und Ausbildung, mentales Training, Verständnis des Lebens, seiner Zusammenhänge und unseres Platzes darin, Vielfalt, Abwechslung und neue geistige Anreize … **erreichen**
Selbst	
Minderwertigkeitsgefühle, Versagen, Scham, Furcht, Traurigkeit, Identitätsverlust, Schuldzuweisung, Schuld, Versagen in Beziehungen, Peinlichkeit, Unterlegenheit, Angst und andere schmerzliche Emotionen … **vermeiden**	Selbstachtung, Integrität, das Gefühl, etwas geschafft zu haben, moralische Wertvorstellungen, einen sinnvollen Platz in der Gesellschaft, Selbstwert, Selbstrespekt, Selbstvertrauen, Selbstausdruck und Selbstbeherrschung, Kompetenzgefühl und spirituelle Einheit … **erreichen**
Umwelt	
Gefahr, Häßlichkeit, Dinge, vor denen wir uns ekeln oder die uns ein Gefühl von Unsicherheit oder Instabilität verleihen … **vermeiden**	Angenehme Dinge, Verständnis und Beherrschung der Umwelt, Problemlösungen, Erfindungen, Neues und Veränderung, Spiel, Schönheit, Raum, Ordnung und Abgeschlossenheit sowie Dinge, die für unser künftiges Überleben, unsere Geborgenheit, Stabilität und Sicherheit von Bedeutung sind … **erreichen**

Überleben und Sicherheit	Zufriedenheit und Anregung
Gesellschaft	
Zwischenmenschliche Feindschaft, Isolation, Einsamkeit, als Ausgestoßener am Rande der Gesellschaft zu stehen, Statusverlust, Schuld … **vermeiden**	Liebe, Zugehörigkeit, Verständnis, Akzeptanz, Aufmerksamkeit, Hilfe, Gespräche und erfreuliche Begegnungen mit anderen, Unabhängigkeit, normales Erscheinungsbild, Lob, Vertrauen, Förderung, Erfolg, Anerkennung, Zuneigung, Bestätigung, Nähe … **erreichen**
Nach: Kreck, Crutchfield und Livson, *Elements of Psychology* (Knopf: New York, 1974).	

Ein weiteres nützliches Instrument, um uns selbst zu verstehen, ist die von dem Psychologen Abraham Maslow aufgestellte »Hierarchie der Bedürfnisse«:

- *Selbstverwirklichung*
  (Möglichkeiten und Fähigkeiten erkennen, Schönheit und Wissen entdecken …)
- *Bedürfnisse nach Wertschätzung*
  (Prestige, Bedeutsamkeit, Besonderheit, Respekt …)
- *Bedürfnisse nach Zugehörigkeit und Liebe*
  (Kontakt, Aufmerksamkeit, Zuwendung, Anteilnahme …)
- *Sicherheitsbedürfnisse*
  (Geborgenheit und Stabilität …)
- *Physiologische Bedürfnisse*
  (Hunger, Durst, Wärme, sexuelle Entspannung …)

Maslow ordnete diese Bedürfnisse in einer Pyramide an, beginnend mit den elementarsten bis hin zu den höchsten, wie sie uns auf unserem Entwicklungsweg als Individuum und in der Gesellschaft begegnen. Zu den höchsten Bedürfnissen, also jenen nach Selbstverwirklichung, gehören Autonomie, Kreativität, Ausdruck der eigenen Talente und Begabungen und das Hinauswachsen über uns selbst.

Versäumen wir es, einem der »niederen« Bedürfnisse gerecht zu werden, wird unser Aufstieg in der Pyramide verlangsamt oder gar vereitelt. Dies zeigt, wie wichtig, wenn nicht gar unumgänglich es ist, unsere Grundbedürfnisse zu stillen, um uns weiter entfalten zu können.

Wenn wir uns weniger nach unseren Wünschen ausrichten, können wir uns mehr mit dem GEIST identifizieren, und je mehr wir dies tun, desto weniger Angst bereitet uns unsere physische und psychische Vergänglichkeit. Dies wiederum hilft uns dabei, unser Bedürfnis nach Ego-Nahrung zu vermindern, so daß wir uns intensiver der Spiritualität widmen können. Hieraus entsteht ein positiver Kreislauf:

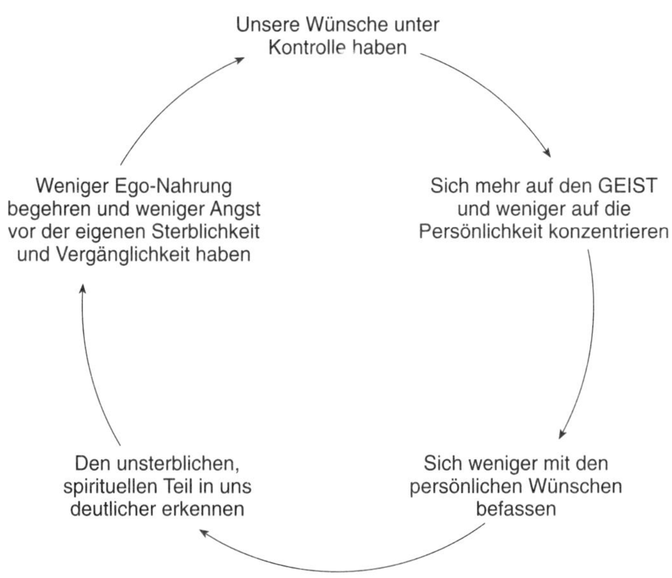

Das Verständnis darum, von welchen Motiven wir *getrieben* werden, hilft uns dabei, unsere Grundbedürfnisse und wichtigen Prioritäten von solchen Dingen zu unterscheiden, die überflüssig und extravagant sind. Lernen wir, unsere Grundbedürfnisse zu stillen und dabei gleichzeitig unsere unnötigen Sehnsüchte und Wünsche einzuschränken, so können wir unsere Umklammerung lösen und den endlosen Kreislauf von Wünschen und Enttäuschungen verlangsamen. Dies entlastet uns von unserer Bürde, so daß wir uns mehr dem GEIST öffnen und unsere höheren Bedürfnisse stillen können.

Mit mehr Achtsamkeit zu besseren Entscheidungen finden

Marylin ist eine alleinerziehende, berufstätige Mutter von zwei Töchtern im Grundschulalter namens Sandi und Tanya. Als man Marylin befördern und ihr ein größeres Verkaufsgebiet übertragen wollte, war sie zunächst Feuer und Flamme. Endlich würde sie sich all das leisten können, was sie sich schon immer für ihre Familie gewünscht hatte. Auf ihrer »Wunschliste« standen eine größere Wohnung (damit jedes der Kinder ein eigenes Zimmer haben könnte), ein zweites Fernsehgerät (um den Streit zu beenden, wer welches Programm sehen darf) und ein neues Auto mit Telefon (um so von unterwegs mit den Kindern besser Kontakt halten zu können). Marilyn schätzte, daß das neue Verkaufsgebiet pro Woche etwa vier Stunden Mehrarbeit bedeuten und sich Zeitaufwand und Fahrerei unbedingt lohnen würden.

Sechs Monate später mußte Marilyn feststellen, daß sie durch ihr neues Verkaufsgebiet mindestens fünf Nächte mehr im Monat außer Haus übernachten und in der Woche mindestens zehn zusätzliche Arbeitsstunden leisten muß. Das Autotelefon kann ihre Anwesenheit zu Hause nicht ersetzen, der Babysitter betreut Sandi und Tanya nicht so, wie es sein sollte, und es kommt zu häufigen Auseinandersetzungen zwischen den beiden Mädchen. Wenn sie streiten und Mama nicht zum Vermitteln da ist, zieht sich jedes in sein Zimmer zurück und setzt sich vor den eigenen Fernseher, so daß Konflikte niemals wirklich gelöst werden. Mitteilungen von Sandis und Tanyas Lehrern lassen darauf schließen, daß sich die Probleme bereits auf die schulischen Leistungen und die Beziehungen zu den Mitschülern auswirken. Und wenn Marilyn zu Hause ist, muß sie noch zusätzlichen Schreibkram erledigen und ist viel müder, abgespannter und genervter als früher. Anstatt ihr Leben zu verbessern, hat sich Marilyn durch die Beförderung eine neue Last aufgebürdet.

Die Beförderung hatte zwar ihre Vorteile, doch der versteckte Preis, den sie und ihre Familie dafür bezahlen mußten, war horrend. Als sie erkannte, was da mit ihr und ihren Kindern geschah, gab sie das größere Verkaufsgebiet wieder auf und kehrte zu dem weniger anspruchsvollen, besser zu bewältigenden Job zurück, den sie vorher ausgeübt hatte.

Dies bedeutet nicht, daß wir all unseren Ehrgeiz aufgeben sollten. Doch wir sollten uns unseren Ehrgeiz eingehend betrachten und unsere bewußte Achtsamkeit darauf verwenden, zwischen notwendigen Bedürfnissen und überflüssigen Wünschen zu unterscheiden. Brauche ich diese Nachspeise wirklich? Brauche ich noch eine weitere Hose? Ist das größere Haus seinen erkennbaren und den versteckten Preis tatsächlich wert?

In dem Maße, wie Sie sich Ihrer Wünsche bewußter werden, können Sie sich fragen: *Ist dieser Wunsch Ersatz für ein unerfülltes Grundbedürfnis?*

Stellen wir beispielsweise fest, daß wir uns schon wieder etwas Neues wünschen, obwohl uns unser Verstand sagt, daß wir genug haben, dann ist es wichtig, darüber nachzudenken, warum wir uns etwas wünschen, was wir nicht wirklich brauchen.

Versuchen Sie, sich bewußt zu machen, was sich hinter dem Wunsch verbirgt. Welcher Teil unserer Persönlichkeit wird nicht richtig genährt?

Vielleicht haben das Hemd oder die Schuhe damit zu tun, daß wir wegen unseres Aussehens bewundert werden möchten und damit unser Wohlbefinden erhöhen wollen. Vielleicht gilt es, sich einmal mit unserem tieferen Bedürfnis nach Selbstwert zu befassen und dieses zu befriedigen (siehe Kapitel 4 über die elementare Gutheit und das »Wohlfühlregister«).
Vielleicht legen wir allzu großen Wert auf das Essen, das Sammeln von Rezepten und Restaurantbesuche und sprechen über unsere neueste kulinarische Entdeckung, obwohl wir in Wirklichkeit nach größerer Nähe zu geliebten Menschen hungern. In diesem Fall wäre es sinnvoller, unsere Zeit damit zuzubringen, uns die gewünschte Nähe zu verschaffen oder dieses tiefe, unerfüllte soziale Bedürfnis zumindest deutlicher ins Auge zu fassen. Oder vielleicht müssen wir den spirituellen Wert unseres ureigenen Seins erkennen (siehe Kapitel 3).
Versuchen Sie herauszufinden, welcher Antrieb hinter Ihren Sehnsüchten und Wünschen steckt, und leiten Sie die notwendigen Schritte zur Befriedigung des tieferen, zugrundeliegenden Bedürfnisses ein, anstatt einkaufen zu gehen oder etwas zu tun, was das Symptom Ihrer Frustration zwar oberflächlich beseitigt, langfristig aber einen hohen Preis an Zeit, Energie, Geld und Aufmerksamkeit fordert, den sie sonst zur Lösung des echten Problems hätten einsetzen können.

Das zu schätzen wissen, was wir bereits haben

Nur allzu oft nehmen wir jene unserer Bedürfnisse, die bereits erfüllt werden, als gegeben hin und schenken all unsere Zeit und Energie, unser Geld und unsere Aufmerksamkeit den unerfüllten Wünschen. Wie Marilyn ersehnen wir uns eine größere Wohnung, einen neuen Fernseher oder ein Autotelefon, weil uns etwas zu fehlen scheint und wir uns vorstellen, wieviel schöner das Leben wäre, wenn wir nur hätten, was wir uns so sehr wünschen.

Wir können die Nährstoffe des Lebens sehr viel besser nutzen, wenn wir zu würdigen wissen, auf welch vielfältige Weise wir unsere Wünsche erfüllt bekommen. Werfen Sie noch einmal einen Blick auf die Übersicht auf Seite 196 und überlegen Sie, auf welch unterschiedliche Weise Ihre Bedürfnisse bereits gestillt werden.

Nehmen Sie einen »ersten« und einen »zweiten« Atemzug, um mit Ihrer Achtsamkeit ins Hier und Jetzt zu kommen, und freuen Sie sich darüber, daß Sie und Ihre Familie ein Dach über dem Kopf haben. Atmen Sie aus mit einem zufriedenen »Ahhh«. Atmen Sie, ganz bewußt und gegenwärtig, und freuen Sie sich über das Essen und Trinken, das Sie heute zu sich genommen haben, »ahhh«. Seien Sie sich der Tatsache bewußt, daß Sie Luft zum Atmen haben, »ahhh«, daß Sie Freunde und eine Familie haben, die Ihnen Ihr Bedürfnis nach Geselligkeit erfüllen, »ahhh«, daß Sie gesund genug sind, um sich an dem zu erfreuen, was Sie haben, »ahhh«. Seien Sie offen für die nächste Erfahrung der Zufriedenheit und Erleichterung.

Wir können die Erfahrung von Anerkennung und Wertschätzung weiter ausdehnen, wenn wir daran denken, daß Millionen von Menschen in einer weniger glücklichen Lage sind als wir – Frauen, Männer, Jungen und Mädchen überall auf der Welt, die nicht einmal genug zu essen oder gar eine sinnvolle Arbeit oder auch nur ein Dach über dem Kopf haben. Wir können und sollten versuchen, jenen zu helfen, die weniger haben als wir. Gleichzeitig aber können und sollten wir uns an all dem freuen, was wir haben und was uns persönlich und spirituell bereichert.

Wach und gegenwärtig bei unseren Wünschen sein

Wir können unsere tieferen, elementaren Bedürfnisse erkennen und stillen, den versteckten Preis unserer Wünsche sehen und all das schätzen lernen, was wir haben. Gleichzeitig können wir uns aus der festen Umklammerung unserer Wünsche lösen.

Wenn wir atmen, um achtsam zu sein, im Augenblick zu entspannen und hier und jetzt zur Ruhe zu kommen, können wir unsere Wünsche objektiver betrachten und entdecken, daß wir nicht mit unseren Wünschen identisch sind. Mit wachsender Achtsamkeit spüren wir jenen Teil in uns, der größer ist als unsere Wünsche. Wir erkennen, daß unser innerstes spirituelles Selbst weder Wunsch noch Wünschender ist. Unsere Persönlichkeit empfindet den Wunsch, sie ist es auch, die ihn zu erfüllen sucht, doch wir sind mehr als unsere persönlichen Wünsche.

Ken Wilber, Schriftsteller und Theoretiker im Bereich der Bewußtseinsforschung, beschreibt diese Geisteshaltung mit folgenden Worten: »Ich habe zwar Wünsche, doch ich bin *nicht* meine Wünsche. Ich kann um meine Wünsche wissen, doch was gewußt werden kann, ist nicht der wirkliche Wissende. Wünsche kommen und gehen, sie treiben in meinem Bewußt-

sein, doch sie haben keinen Einfluß auf mein inneres Ich. Ich *habe* Wünsche, aber ich *bin nicht* meine Wünsche.«
Es sei nochmals betont, daß wir nun keinesfalls das Wünschen ablehnen oder aufgeben und damit in einen inneren Krieg mit unserem Selbst treten müßten. Es geht vielmehr darum zu lernen, uns unsere Wünsche bewußter zu machen und sie klarer einschätzen zu lernen. Anstatt uns unbewußt von unseren Sehnsüchten beherrschen zu lassen, können wir inmitten all unseres Wünschens achtsam und wach bleiben.

Wir können den Teufelskreis des Wünschens als eine unerfüllte Sehnsucht betrachten, und wir können beurteilen, ob wir bereits genug haben oder nicht. Auf diese Weise können wir uns auf das konzentrieren, was wir wirklich brauchen, und nicht auf das, was wir einfach nur haben wollen.

Unser Wünschen identifizieren und benennen

Bei der Lektüre dieses Buches stellen Sie also fest, daß Sie 60 Stunden pro Woche an Ihrer vielversprechenden Karriere arbeiten, eine Familie versorgen und Darlehen abzahlen müssen und es Ihnen im übrigen nicht an Plänen mangelt, bei jeder Gelegenheit für alle möglichen anderen Dinge Geld auszugeben. Wo können Sie nun ansetzen, um den Spieß umzudrehen? Beginnen Sie damit, gegenwärtig und achtsam zu sein. Fangen Sie an, sich und ihre Wünsche getrennt zu sehen. Wenn Sie atmen, um mit Ihrer Achtsamkeit in die Gegenwart zu kommen, schauen Sie einfach, welche Gedanken in Ihnen aufsteigen. Wenn es Wunschgedanken sind, dann betrachten Sie sie als solche – Wünsche nach einem neuen Auto oder Kleid, einem neuen Job oder einer Reise nach Bali. Erkennen Sie, daß Sie bei allen persönlichen Wünschen sehr viel mehr sind als

ihre Wünsche. Das Wünschen geht von unserer Persönlichkeit aus, nicht von Seele und GEIST.
Machen Sie sich Ihre Wünsche und Sehnsüchte bewußt. Sehen Sie den Wunsch nach Sex oder Essen oder Trinken, das Streben nach Besitz und Prestige, nach Aktivität und Stolz als das, was es ist. Wann immer in ihrem Bewußtsein ein Wunsch aufsteigt, sagen sie sich: »Jetzt will ich etwas« oder »Jetzt wünsche ich mir etwas«. Wenn Sie möchten, können Sie es auch spezifischer formulieren, zum Beispiel: »Ich will eine neue Stereoanlage« oder »Jetzt hätte ich gerne einen Kaffee«.

Ich sitze im Büro und hätte gerne ein Stück Kuchen und wünschte, ich könnte jetzt einfach so nach Rio fliegen.
Mir fallen Titel ein wie »Phantasie«, »Süßigkeiten« und »Langeweile«. Ich erkenne, daß ich Pause machen, aufstehen, mir ein Glas Wasser holen und mir unterwegs viel Zeit lassen muß. Dann setze ich mich wieder hin, und während ich langsam zur Ruhe komme, nehme ich einen tiefen, entspannenden Atemzug, komme mit meiner Aufmerksamkeit in die Gegenwart, trinke mein Wasser voller Achtsamkeit und bin für den Augenblick zufrieden.

Das ist zwar keine Reise nach Rio, doch Momente wie dieser über den Tag, die Wochen, Monate und Jahre verteilt, können unser Leben enorm bereichern.
Der amerikanische Meditationslehrer Ram Dass meint:

> Der Dialog zwischen unserem innersten Selbst und unserem Ego ist etwas Kontinuierliches [...] Wir hören permanent zu in dem Versuch, das Ego und das innere Selbst in einer Art Harmonie zu vereinen, bei der das Ego aus dem inneren Selbst heraus spricht oder das innere Selbst darstellt. Sie stellt sich ein, wenn die Verstrickung des Selbst und des Ego aus der Identifikation mit den Wünschen gelöst wird.

Unsere Bedürfnisse und Wünsche zu benennen kommt einer gedanklichen Aerobic-Übung gleich, die uns energetisiert, stärker macht und entlastet. Nehmen wir die individuellen Sehnsüchte und fassen sie in Gedanken unter einer Überschrift zusammen, bekommen wir eine klarere Vorstellung von uns selbst und unseren inneren Motivationen. In dem Maße, wie wir uns unserer inneren Funktionsweisen bewußter werden, kommen wir uns weniger verloren vor, gewinnen Distanz zu den einzelnen Wünschen und haben zunehmend das Gefühl, die Fäden in der Hand zu halten.
Gleichzeitig erfahren wir mehr über uns selbst. Als Andrew, von dem weiter oben bereits die Rede war, damit begann, seine Wünsche zu benennen, erkannte er, daß er sich wesentlich mehr Gedanken über das Geldverdienen und seine Sicherheit machte, als er je gedacht hätte. Während dies für Außenstehende offensichtlich war, war es ihm selbst nie aufgefallen. Er meinte, er habe bereits genug Geld, um fünf Familien zu ernähren, und doch lebte er so, als käme er kaum über die Runden. Bei näherem Hinsehen erkannte er, daß das Streben nach Reichtümern nicht nur ein Gewohnheitsmuster darstellte und einer alten Familientradition entsprach, sondern daß er innerlich eine tiefe Einsamkeit und emotionale Unsicherheit verspürte. Seinen Worten zufolge war er in einer wohlhabenden Familie aufgewachsen, die »emotional bankrott« war. Es hatte während seiner Kindheit weder Zuneigung noch Wärme gegeben, und nun versuchte er, diese Leere mit materiellen Reichtümern zu füllen – gerade so, wie es seine Eltern getan hatten. Dadurch aber wurde er noch einsamer und süchtiger nach Geld. Durch das Benennen seiner Wünsche fand Andrew selbst zu einer Perspektive und Einsicht, die er von außen niemals hätte annehmen können. Und erst dann konnte er nach und nach sein zwanghaftes Verhalten in finanziellen Dingen ablegen und lernte das zu schätzen, was er bereits hatte.

Ein ununterbrochener Dialog

Wenn wir unsere Bedürfnisse beobachten, verstehen, benennen, erfüllen (falls sie es wert sind) und dann loslassen, werden wir uns auf ganz natürliche Weise ständig weiter entfalten. Diese Entfaltung läßt unsere elementare Spiritualität hervortreten – Achtsamkeit und Erleben im Hier und Jetzt, Ganzheit, Liebe, Gegenwärtigkeit im Licht einer spirituellen Kraft (Gott, die Buddha-Natur, Jesus, der Große Geist), Verbundenheit und Identifikation mit allem Lebendigen, Gutheit, Wahrhaftigkeit, Selbstlosigkeit, Glaube, Vertrauen, Offenheit, Bewußtheit, Selbstkontrolle, Seelenfrieden, Klarheit, Freude, Ehrfurcht, Mitgefühl, Großzügigkeit, Vergebung und Weisheit. Der Weg führt jedoch nicht über das direkte Anstreben dieser Eigenschaften, bei dem diese zu Zielen werden, die es zu erreichen gilt (wodurch das Wünschen und der Wünschende noch bestärkt werden). Er führt vielmehr darüber, bewußt und gegenwärtig bei dem zu sein, was ist, so wie es ist – zulassend und vertrauend. Hierzu gehört auch, unseren Grundbedürfnissen mit Achtsamkeit und auf vernünftige Weise nachzukommen und die Grenzen persönlicher Zufriedenheit zu entdecken.

Was kann ich tun? Das Rezept der »gestillten Bedürfnisse«

1. Wir atmen, um bewußt und gegenwärtig zu sein und unsere Wünsche voller Achtsamkeit wahrzunehmen.

Machen wir uns bewußt, ob und inwieweit wir das, was ist, so wie es ist, annehmen oder ablehnen. Achten wir dabei auf Gefühle von Enttäuschung und Zufriedenheit, die mit dem Prozeß des Wünschens einhergehen.

Ein Rezept der »gestillten Bedürfnisse« kann beispielsweise

darin bestehen, daß wir mehrere tiefe, langsame Atemzüge nehmen, um bewußt und gegenwärtig zu sein, und uns dann sagen, was wir uns gerade wünschen oder wonach wir uns sehnen: »Ich habe Lust auf ein Eis«, »Ich wünschte, dieser Lärm würde aufhören«, »Ich will unbedingt einen neuen Computer« usw. Wir brauchen keine eigenen Bewertungen abzugeben. Wir sind nur achtsam, unsere Aufmerksamkeit ist auf unser Wünschen und Tun gerichtet, und wir sehen die Muster, die wir ständig aufs neue wiederholen.

2. Wir können unsere Wünsche und Bedürfnisse anhand der Übersicht über die menschlichen Motivationen (Seiten 195 bis 196) verstehen lernen, Prioritäten setzen und dabei feststellen, in welchem Maße wir unsere Grundbedürfnisse unerfüllt lassen, sie unterdrücken oder ihnen frönen.
So können wir herausfinden, ob ein bestimmtes Bedürfnis es wert ist, erfüllt zu werden oder nicht.

3. Wir können lernen, wo die Bedürfniserfüllung ihre Grenzen hat.
Angesichts der Erkenntnis, daß unser Wünschen endlos ist, müssen wir lernen, uns in der Erfüllung unserer Bedürfnisse Grenzen zu setzen. Dies gilt umso mehr, wenn wir den echten Preis bedenken, den wir als Gegenleistung für unsere Wünsche erbringen müssen: Enttäuschungen ohne Ende und die Getrenntheit vom GEIST.

4. Wir können Selbstbeherrschung üben.
Es ist von äußerster Wichtigkeit, uns in unserem Tun zu kontrollieren und uns darin zu beschränken, Zeit und Energie für überflüssige Wünsche aufzuwenden. Wir können unsere Ressourcen für unsere wichtigsten Ziele und Grundbedürfnisse aufsparen.

5. Wir können das würdigen und schätzen, was wir bereits haben.
Schauen wir auf das, was wir in der Regel als gegeben hinnehmen und freuen wir uns darüber, auf welch vielfältige Weise unsere Bedürfnisse bereits gestillt werden! Dann sind wir erfüllt und zufrieden, und unsere Persönlichkeit kann zur Ruhe kommen.

6. Wir können unsere Wunschgedanken als solche identifizieren und benennen.
Wenn wir bewußt atmen und gegenwärtig sind, können wir Namen vergeben wie »Wunsch nach Urlaub«, »Lust auf Sex« oder »Appetit auf Süßes«, dadurch Abstand zu unseren Sehnsüchten und Wünschen gewinnen und ein klareres Verständnis von uns selbst erlangen.

Haben wir erst einmal gelernt, das zu würdigen, was wir haben, unseren Grundbedürfnissen nachzukommen, uns unsere Wünsche bewußt zu machen, unsere Getriebenheit einzuschränken und den gesamten Wunschprozeß zu durchschauen, können wir uns in der Geistigen Diät den »springenden Affen« in unserem Kopf zuwenden.

Kapitel 7

Springende Affen

Wir sind, was wir denken. Alles, was wir sind, entsteht mit unseren Gedanken. Mit unseren Gedanken machen wir die Welt.

Gautama Buddha

Unsere Gedanken springen von einer Sache zur anderen, und so verzetteln wir uns, sind unkonzentriert, vergeßlich und konfus. Mit wachsender spiritueller Achtsamkeit lernen wir, unseren Denkprozeß zu beobachten und zu verstehen und Gebete, Mantras und reine Gedanken zu gebrauchen.

Affen in Käfigen

Wenn ich zu meditieren oder beten versuche, bin ich in Gedanken überall und nirgends. Ich weiß gar nicht so recht, was »Seelenfrieden« oder »Seelenruhe« bedeutet.
Meine Gedanken springen mal hierhin, mal dorthin. Zuerst denke ich darüber nach, was ich bei der Besprechung sagen werde. Dann denke ich an die kaputten Bremsen bei meinem Auto, dann an einen Kollegen, der mir Probleme bereitet. Ich wünschte, ich könnte mich besser konzentrieren, doch ich bin so unkonzentriert und zerstreut und weiß nicht, wie ich das ändern soll.
Ich gehe ins Nebenzimmer, um etwas zu holen, doch wenn ich dort bin, kann ich mich nicht mehr daran erinnern, was ich eigentlich holen wollte. Ich bin noch nicht alt genug, um senil zu sein, und so müssen es all die Dinge sein, die mir im Kopf herumgehen, die mich so vergeßlich machen und mich so belasten.

Sobald wir morgens die Augen aufschlagen, gehen uns tausend Gedanken und Vorstellungen durch den Kopf: »Ich muß mich beeilen. Ich muß heute die Besprechung leiten, und ich sollte mir vorher noch einmal die Tagesordnung ansehen und dafür sorgen, daß immer genug Kaffee da ist. O je, ich könnte jetzt selbst einen gebrauchen. Ach, und die Kinder müssen auch noch auf den Weg gebracht werden. Was sie wohl am liebsten zum Mittagessen möchten? Apropos Mittagessen. Wann werde ich heute denn Zeit haben, selbst etwas zu essen?«

Gedanken, Pläne, Phantasien, Vorstellungen, Proben und erneute Darstellungen von bereits Erlebtem – unsere Gedanken springen von Keksen zu Sex, von einem Fax, das wir noch abschicken müssen, zur Kreditkartenrechnung, vom heutigen Abendessen zu den Telefonaten, auf die es zu reagieren gilt. Tagaus, tagein schwirren die Gedanken in unserem Kopf, so als würde in unserem Gehirn eine Stimme ununterbrochen reden. Abends im Bett kommt sie vielleicht sogar ein wenig zur Ruhe, nur um im Traum weiter auf uns einzureden.

Unser gedankliches Beschäftigtsein spiegelt die Geschäftigkeit unseres modernen Lebens wider. Wer weniger Verantwortung trägt und geringeren Anforderungen gerecht werden muß, ist innerlich womöglich ruhiger und gelassener als andere, die mehr zu tun haben. Doch zu welchem Grad auch immer wir ausgelastet sind – wir alle schaffen es, unseren Kopf mit einem permanenten Gedankenwust zu füllen.

Probieren Sie es jetzt einmal, in diesem Augenblick: Legen Sie dieses Buch für eine Minute aus der Hand, schließen Sie die Augen, atmen Sie, und versuchen Sie, an nichts zu denken.

Den meisten Menschen gelingt es nicht, dem ständigen Hin und Her der »springenden Affen« Einhalt zu gebieten, und so geht der gedankliche Monolog unablässig weiter und weiter und weiter. Es ist, als würden wir die ganze Zeit über Selbstgespräche führen, wenn die Stimme in unserem Gehirn über Geld oder Essen oder Sex oder Arbeit oder Kinder plappert. Schnatternd und springend sprudeln unaufhörlich Gedanken aus unserem inneren Mund, ganz gleich, ob uns das recht ist oder nicht oder ob wir wollen, daß es aufhört.

Gedankenwust

Zweifelsohne ist das Denken in unserer modernen Welt von enormer Wichtigkeit, und unser Gehirn ist so hoch entwickelt, daß wir es nicht automatisch abschalten können. Wenn aber permanent ein Gedanke den anderen jagt, schaffen wir es nicht mehr, zur Ruhe zu kommen oder uns gedanklich zu konzentrieren.

Der permanente Gedankenwust raubt uns nicht nur unsere geistigen Energien, sondern erweckt auch den irrigen Eindruck, wir seien identisch mit unseren Gedanken.

Dieser falsche Eindruck resultiert daraus, daß unsere Persönlichkeit die Gedanken im wesentlichen zu folgenden zwei Zwecken einsetzt:
Unsere Persönlichkeit setzt Gedanken und Denkprozesse ein, um unsere Welt unter Kontrolle zu halten, damit wir überleben können und erfolgreich und zufrieden sind. Wir leben in komplexen Strukturen, die uns Tag für Tag Tausende von Entscheidungen abverlangen. Die Persönlichkeit nutzt unser Denkvermögen, um Entscheidungen zu fällen und Maßnahmen zu ergreifen, mit deren Hilfe sich die persönlichkeitsbezogenen Bedürfnisse und Ziele erfüllen lassen.
Unsere Persönlichkeit setzt Gedanken und Denkprozesse darüber hinaus dazu ein, uns eine eigene Identität zu verleihen und diese zu erhalten. Während unser Denken uns also überlebensfähig macht und uns erfolgreich sein läßt, verleiht es uns gleichzeitig ein Gefühl des Gefestigtseins. Über unser Denken identifizieren wir uns mit dem, was wir in Form von Titeln, Macht, persönlichen Beziehungen und Besitztümern erwerben.
So betrachten wir uns beispielsweise als Geschäftsmann oder -frau, Eltern, Autobesitzer, Clubmitglied, Bewohner eines ge-

wissen Viertels, einer Stadt, eines Bundeslandes, eines Staates. Wir legen uns bestimmte Rollen, eine Garderobe, eine Wohnungseinrichtung zu – alles Dinge, die unsere persönliche Identität unterstreichen. Wir bezeichnen uns als Großmutter, Wohnungsmieter, Mittvierziger, Regierungsbeamter oder Computerneuling, als extrovertiert oder als Mitglied der Babyboom-Generation. Mit je mehr dieser Aushängeschilder wir uns identifizieren, desto mehr haben wir das Gefühl, einzigartig und wichtig zu sein und auf festem Boden zu stehen. Eine wohlhabende Studentin sagte einmal: »Ich trage eine Armbanduhr von Rolex und Jeans von Calvin Klein, denn das entspricht genau dem, was ich bin.« Sie glaubte also: »Ich bin, was ich habe und wie ich mich kleide« und identifizierte sich tatsächlich mit ihrem Besitz. Dieser Glaube prägte ihr spezifisches Persönlichkeitsbild und ihr Denken bei der Arbeit und führt uns vor Augen, wie wir selbst uns und unsere Welt unter Zuhilfenahme von Millionen von unterstützenden Wahrnehmungen, Vorlieben, Reaktionen und Gedanken betrachten.

Wir sind, was wir zu sein glauben

In der Bibel steht geschrieben: »Wie der Mensch denkt, so ist er.« Wir sind, was wir zu sein glauben. Und so formt unsere Persönlichkeit die Welt um uns herum weitgehend mit unseren Gedanken. Unsere jeweiligen Gedanken werden vor allem durch unsere besonderen Erlebnisse im Rahmen unserer Familie oder unseres kulturellen Umfelds geprägt. All unsere Gedanken werden durch unsere Erfahrungen, unsere Herkunft und unseren bisherigen Werdegang gefiltert.

Vielleicht waren wir zum Beispiel schlecht in der Schule oder fühlten uns unattraktiv, oder unsere Eltern stritten sich ständig, oder wir wurden immer wieder ausgelacht oder mißbraucht,

oder die Menschen rings um uns herum waren stets freudlos, so daß unsere Persönlichkeit möglicherweise ein Muster von Traurigkeit oder Unzulänglichkeit verinnerlicht hat. In diesem Fall werden wir Gedanken haben, die dieses Muster bestätigen und Empfindungen oder Vorstellungen von Traurigkeit und Unzulänglichkeit in uns auslösen, anstatt uns solchen Dingen zuzuwenden, die uns positivere Gefühle bescheren würden. Unsere Antennen sind auf Traurigkeit ausgerichtet, sie empfangen entsprechende Signale und verstärken diese, so daß andere Aspekte unseres Daseins in den Hintergrund gedrängt werden.
Wenn wir mit Erfahrungen aufwuchsen, die uns zornig oder ärgerlich machten, und wir so das Muster entwickelt haben, leicht in Wut zu geraten, dann werden wir die Welt durch einen Filter betrachten, der all jene Dinge für uns auswählt, die uns frustrieren oder ärgern, und wir werden ausgesprochen empfänglich für Gedanken des Ärgers und des Zorns sein. Unser Filter wird jene Aspekte des Lebens zu uns durchlassen und hervorheben, die uns ärgern oder auf die Nerven gehen, und so werden wir uns in Gedanken ständig mit Problemen befassen, die Zorn oder Ärger in uns auslösen.
Solche Persönlichkeits- oder Denkmuster sind ein integraler Bestandteil unserer Identität, also dessen, was wir zu sein glauben. Wenn wir unsere Gedanken beobachten, werden wir diese mentalen Muster oftmals wahrnehmen können.

Wellen in einem endlosen Ozean

Die Buddhisten sprechen von der Existenz eines »Großen Geistes« und eines »Kleinen Geistes«. Der Große Geist ist der riesige, grenzenlose Ozean des Bewußtseins, der allen Wesen teilhaftig ist. Unser Kleiner Geist hingegen ist unsere individuelle, mentale Persönlichkeit. Wir sind Wellen im Ozean, ein jeder von uns ist ein bestimmter, individueller Teil des allumfassenden Bewußtseins.

Unser Kleiner Geist bringt das Wasser mit seinen Gedanken in Bewegung, indem er wählt und sich entscheidet und die Welt unterteilt nach Dingen, die er mag, und solchen, die er ablehnt. Der Kleine Geist glaubt sich irrtümlicherweise vom Großen Geist getrennt. Doch ganz gleich, ob wir es nun erkennen oder nicht: der Kleine Geist ist stets Teil des Großen Geistes, so wie jede auch noch so kleine Welle stets Teil des großen Ozeans ist. Wie Shunruyu Suzuki es formulierte: »Daß alles in deinem GEIST enthalten ist, ist die Essenz des GEISTES. Dies zu erfahren bedeutet, deine wirkliche Verbundenheit mit dem göttlichen GEIST zu erfahren.«

Denken Sie einmal an die Millionen und Abermillionen von Menschen auf der Welt, die allesamt denken. Ein jeder von uns treibt im gleichen Ozean des Bewußtseins und der Gedanken. Führen Sie sich nun vor Augen, daß Ihre eigenen, ganz persönlichen Gedanken Variationen ein und derselben Themen sind, mit denen sich die übrige Menschheit befaßt (Daseinskampf, Beruf und Erfolg, Familie und Freunde, Frühstück, Mittag- und Abendessen, Krankheit und Schmerz, Nähe und Sex usw.), Variationen der Wellen im Ozean des Bewußtseins.

Suzuki fährt fort: »Auch wenn sich Wellen bilden, bleibt die Essenz deines GEISTES rein, sie ist einfach nur wie klares Wasser mit ein paar Wellen. In der Tat gibt es kein Wasser ohne Wellen.« Es entspricht der Natur des menschlichen GEISTES, Gedanken zu haben.

Und weiter schreibt er: »Wellen sind die Bewegung des Wassers. Von Wellen ohne Wasser oder Wasser ohne Wellen zu sprechen ist Illusion. Wasser und Wellen sind eins. Der Große Geist und der Kleine Geist sind eins.«

Unser persönliches Bewußtsein ist in der Tat eine Manifestation des göttlichen Bewußtseins. Unser alltäglicher GEIST ist

Gottes GEIST. Um das göttliche Bewußtsein zu gewahren, müssen wir nur hinter die Gedanken schauen, auf die Kraft des Bewußtseins selbst, die letztendliche Quelle unserer Achtsamkeit. Dennoch sind wir uns dieser Verbindung zum Göttlichen nicht immer bewußt, weil wir so sehr in unserem persönlichen Denken gefangen und verloren sind und uns viel zu sehr damit identifizieren.

Wir gehen auf einem Pfad, der von Bäumen gesäumt ist. Von außen scheint die Sonne zwischen den Bäumen hindurch. Die Sonne ist die Quelle des Bewußtseins, die Bäume sind vergleichbar mit unseren Gedanken, die den Blick auf die Sonne verstellen. Wenn wir langsamer gehen, sehen wir auf einmal das Licht, das zwischen den Bäumen hindurchfällt. Durch tiefes, langsames Atmen konzentrieren wir unsere Aufmerksamkeit auf den Augenblick und können das Licht sehen. Mit der Zeit erkennen wir, daß die Bäume selbst ein Produkt des Sonnenlichts sind, so wie unsere Gedanken letztendlich ein Produkt des spirituellen Bewußtseins sind.

Die Religionen dieser Welt sind sich darin einig, daß das Persönliche eine Manifestation des göttlichen GEISTES ist, wenngleich sie jeweils unterschiedliche Begriffe dafür haben. Die Buddhisten sprechen vom »Kleinen Geist« und vom »Großen Geist«, die Hindus von Brahman (die letztendliche Wirklichkeit) und Atman (das individuelle Selbst oder die Seele), und die Christen sagen: »Der Geist Gottes wohnt in euch« und meinen damit Gottvater und die Dreifaltigkeit von Vater, Sohn und Heiligem Geist, die sich in unserem Leben manifestieren. Der Sufi Pir Vilayat Khan sagt: »Wir denken so, wie das Universum denkt, nur wird das Denken des Universums in unser Denken eingetrichtert und dort verzerrt.« Dennoch »sind wir göttliches Denken«. Wir mögen zwar den göttlichen GEIST in uns tragen, können dies aber nicht richtig wahrnehmen, weil unser GEIST gespalten ist, er hat sich in einem Gedankenwust verloren und wird von Tausenden von Gedanken und unendlichen Phantasien abgelenkt.

»Was ist das Tao [der Weg, die Wahrheit]?« fragt der Schüler. »Dein alltägliches Denken«, antwortet der Meister und fährt fort: »Wenn ich hungrig bin, dann esse ich, wenn ich müde bin, dann schlafe ich.« Der Schüler wundert sich und fragt: »Aber tut das nicht ein jeder von uns?« »Nein«, erwidert der Meister. »Die meisten Menschen sind niemals ganz bei dem, was sie tun. Während sie essen, sind sie mit tausend Gedanken und Phantasien beschäftigt, wenn sie schlafen, kommen sie nicht wirklich zur Ruhe. Das oberste Kennzeichen des reifen Menschen ist es, die Getrenntheit vom GEIST aufgehoben zu haben.«

Während wir damit befaßt sind, unsere eigene kleine Welt mit Hilfe unserer Denkmuster aufrechtzuerhalten, verfinstert unsere Persönlichkeit unsere Spiritualität unter anderem durch die Gedanken. Wir sind so sehr damit beschäftigt, zu tun und zu denken, daß uns nur wenig Raum bleibt, um zu sein.

Affen im Zuckerrausch

Unsere Persönlichkeitsmuster sind auf die Sicherstellung unseres Überlebens ausgerichtet, sowie auf die Erlangung von Zufriedenheit und eines Gefühls der Standfestigkeit. Sie nehmen einen so großen Teil unserer Zeit und Gedanken in Anspruch, daß in unserem Gehirn normalerweise für nichts anderes mehr Platz ist. In der Tat denken wir nicht nur unaufhörlich, sondern unsere Gedanken rasen zudem derart, daß es in unserem Kopf so zugeht, als befände sich darin eine Horde von Affen, denen man zu viel Zucker gefüttert hat. Unsere Gedanken, die mentalen Affen, springen so schnell von Ast zu Ast, daß wir oft vergeßlich, sorgenvoll und unkonzentriert sind.

Bei manchen von uns gibt es so viele Affen, daß sie aufeinander herumklettern. Vor lauter Gedränge, Geschnatter und Gespringe können wir nicht durch den Käfig hindurch die Sonne erblicken, ja vielleicht bezweifeln oder verleugnen wir gar die Existenz des Lichtes an sich.

Wie können wir das mentale Geplapper, Abgelenkt- und Getrenntsein hinter uns lassen? Wie können wir ungeachtet der Affenhorde unsere Gedanken konzentrieren? Am liebsten würden wir wohl in unserer Vorstellung auf einen Berg hinaufklettern, der hoch über die Köpfe der Affenbande hinausragt, und »RUHE!« brüllen.

Doch damit ist uns auch nicht geholfen. Wir können nicht einfach so mit dem Denken aufhören. Und wir brauchen dies auch nicht zu tun. Unser innerer Gedankenwust ist nützlich für unser Überleben und unsere Zufriedenheit, und das Denken wird in gewissem Maße immer in uns weitergehen, ganz gleich, was wir auch tun. Dennoch können wir Techniken einsetzen, die uns zu mehr gedanklicher Ruhe und Klarheit finden lassen.

In dem Maße, wie wir innerlich zur Ruhe kommen und unsere Gedanken konzentrieren, werden auch die Affen ruhiger, bis sie schließlich still dasitzen. Viele kehren auch in ihren Bau zurück. Und mit jedem Affen, der geht, wird die Horde kleiner, so daß die Sonne (oder das natürliche Licht des Bewußtseins) wieder hindurchscheinen kann.

Bei einem spirituell entfalteten Menschen führt sich die mentale Affenbande ruhiger auf, weil sein Denken auf das Hier und Jetzt gerichtet ist. Die Geistige Basisdiät bringt uns spirituell weiter und hilft uns, über die Atmung zu mehr konzentrierter Aufmerksamkeit und Gegenwärtigkeit zu finden. Daneben gibt es noch andere Wege, um die Affenbande in unserem Inneren zur Ruhe zu bringen. Hierzu gehören die bewußte Beachtung unserer Denkprozesse, das Benennen unserer Gedanken, das Verstehen unserer Gedankenmuster, das Durchschauen unserer

Gedanken, das Ausgleichen allzu negativer Gedanken sowie die Verwendung reiner Gedanken, Gebete und Mantras. Jeder einzelne dieser Punkte wird im folgenden näher erläutert.

Unsere Denkprozesse bewußt wahrnehmen

Unsere Gedanken aktiv bekämpfen zu wollen wäre so, als wollten wir die Affen verscheuchen: Sie würden dadurch nur um so lebhafter herumspringen und noch mehr Geschwätz von sich geben. Bewußter zu sein ist da die bessere Methode. Achten wir bewußt auf unsere Gedanken, sind wir nicht länger in ihnen gefangen und können nach und nach unsere Muster verändern. Wir können den Affen effektiv eine spirituell nahrhafte Diät voll stiller Achtsamkeit und Akzeptanz auftischen. Wir können das Rezept der Geistigen Basisdiät (die Aufmerksamkeit über die Atmung in die Gegenwart lenken) auch auf unsere Denkprozesse anwenden. Wir versuchen nicht, mit dem Denken aufzuhören, sondern atmen einfach bewußt ein und aus und achten darauf, wie unsere inneren Affen springen und schnattern.

Versuchen Sie es jetzt für eine kleine Weile. Atmen Sie ein und aus, und achten Sie darauf, wie die Luft ein- und wieder ausströmt. Nun kommen Sie zur Ruhe, dort wo Sie sind, während Sie ganz bewußt ein- und ausatmen. Atmen Sie weiter und beobachten Sie, wohin ihre Gedanken schweifen. Ganz gleich, ob Sie sie nun als Affengeschwätz, Wellen im Ozean, Bäume in einer Allee oder als einen inneren Film betrachten mögen – seien Sie sich einfach der Gedanken bewußt, die in Ihnen aufsteigen. Schlüpfen Sie in die Rolle eines Kinobesuchers oder von jemandem, der im Zoo auf einer Bank sitzt und die Tiere beobachtet. Sie können Ihre Gedanken viel losgelöster von sich selbst betrachten, wenn Sie sich vorstellen, daß sie auf einer Leinwand vor Ihnen abgespult werden oder in einem Käfig

sitzen. Treten wir einen Schritt von unseren Gedanken zurück und beobachten sie nur, anstatt uns von ihnen gefangennehmen zu lassen, erkennen wir schon bald, daß es einen Teil in uns gibt, der nicht mit den Gedanken eins ist.
Wir können die Geschwindigkeit der Gedanken nicht beeinflussen, doch indem wir sie bewußt in der Gegenwart wahrnehmen, werden die Affen in unserem Kopf mit der Zeit zur Ruhe kommen. In den *Upanishaden* heißt es: »Wenn der GEIST ruht, zaudert der Intellekt nicht – dann, so sagt der Weise, ist der höchste Zustand erreicht.«
Unsere Persönlichkeit kann sich kaum vorstellen, was es bedeuten würde, wenn unsere Affen zur Ruhe kämen. Indem wir unseren Gedanken wertungsfreie, stille Aufmerksamkeit schenken, geben wir unseren inneren Affen vollwertige Nahrung anstelle von aufputschendem Zucker, und sie kommen langsam zur Ruhe, wenn wir uns darauf einlassen, zu unserer eigenen Achtsamkeit und Präsenz zu finden.
Krishnamurti fragt:

> Hast du jemals still dagesessen, ohne dich zu bewegen? Versuche es einmal. Sitze ganz still, mit geradem Rücken, und beobachte, was in deinem Kopf geschieht. Versuche nicht, es zu kontrollieren, sage nicht, er solle nicht von einem Gedanken zum nächsten springen, von einem interessanten Punkt zum nächsten, sondern achte einfach nur darauf, wie deine Gedanken hin- und herspringen. Tue nichts, um es zu ändern. Beobachte lediglich, wie du vom Flußufer aus dem Fließen des Wassers zusiehst. Im Fluß treiben so viele Dinge – Fische, Blätter, tote Tiere –, doch er lebt immer, ist ständig in Bewegung, und deine Gedanken sind wie er. Sie sind stets rastlos und schwirren von einem Ding zum nächsten, wie ein Schmetterling [...] Beobachte einfach deine Gedanken. Es macht großen Spaß. Wenn du es als Spaß betrachtest, als etwas, das dich belustigt, dann wirst du sehen, wie deine Gedan-

ken langsam zur Ruhe kommen, ohne daß du irgend etwas tun müßtest, um sie unter Kontrolle zu bringen. Es gibt dann keine Zensur, keinen Richter, keinen Bewerter, und wenn die Gedanken so in sich selbst ganz still geworden sind, von ganz allein still geworden sind, dann weißt du, was es heißt, froh zu sein. Weißt du, was Frohsein bedeutet? Es heißt ganz einfach zu lachen, sich an allem und jedem zu erfreuen, um die Freude des Lebens zu wissen, lachen zu können, einem Mitmenschen geradewegs ins Gesicht zu schauen ohne eine Spur von Angst.

Wir können uns ganz einfach hinsetzen und atmen und mit bewußter Achtsamkeit dort weilen, wo wir gerade sind. Wir können uns unseren inneren Film ansehen und den Affen zuschauen, wie sie springen und schwatzen. Es ist etwas ganz Natürliches. Vertrauen wir einfach auf unsere spirituelle Natur oder wie auch immer wir es nennen oder es uns vorstellen mögen. Dann hören wir auf, uns selbst ändern zu wollen (eine persönlichkeitsbezogene Anstrengung), und wenden statt dessen unsere Achtsamkeit dem zu, was ist (ein spirituell ausgerichteter Zustand).

Das bedeutet: Wenn die Affen springen, freuen wir uns an ihrer Verspieltheit und Produktivität und versuchen nicht länger, den Gedankenfluß zu stoppen. Werden wir uns vielmehr bewußt, welche Gedanken oder Tagträume, welche Ängste oder Vorstellungen uns beschäftigen und was auch immer sonst in unserem mentalen Dschungel gerade vorgeht. Immer und immer wieder kehren wir einfach, sanft und vertrauensvoll zu den plappernden Affen, dem inneren Kino, der Allee oder den tosenden Wellen zurück.

Treten wir erst einmal einen Schritt von unseren Gedanken zurück, erkennen wir plötzlich, wie schnell und wie viel wir denken. Wenn wir wirklich hinsehen, bemerken wir, daß unsere Gedanken und Sinne im Grunde außer Kontrolle geraten sind.

Bin ich etwa verrückt?

In dem Maße, wie wir uns unserer Denkprozesse bewußt werden, tauchen Probleme auf. Henepola Gunaratana, ein Philosoph aus Sri Lanka, sagt:

> Irgendwo auf diesem Weg siehst du dich plötzlich mit der schockierenden Erkenntnis konfrontiert, daß du völlig verrückt bist. Dein Kopf ist ein einziges lärmendes, plapperndes Irrenhaus auf Rädern, das sich holterdiepolter auf einer Talfahrt befindet, völlig außer Kontrolle geraten und hoffnungslos verloren. Doch keine Sorge! Du bist nicht verrückter, als du es gestern warst. Es war immer so, es ist dir nur nie aufgefallen. Du bist auch nicht verrückter als all die anderen rings um dich herum. Der einzige wirkliche Unterschied besteht darin, daß du dich der Situation gestellt hast, sie haben es noch nicht getan [...], laß dich von dieser Erkenntnis nicht beunruhigen. Sie ist ein echter Meilenstein auf deinem Weg, ein Zeichen wahren Fortschritts. Allein die Tatsache, daß du dem Problem direkt ins Auge gesehen hast, bedeutet, daß du dabei bist, es zu überwinden.

Wenn wir uns aus einer ruhigeren, zentrierteren Perspektive heraus betrachten, werden wir Dinge in uns entdecken, die uns vorher niemals aufgefallen sind: ein Rest von Traurigkeit über einen vor langem verlorenen Freund, ein peinlicher Augenblick aus der Schulzeit, Momente völliger Ausgelassenheit, eine rasende Wut über ein vor kurzem erlittenes Unrecht.
Wir sollen uns keinesfalls gegen uns selbst wenden, sondern vielmehr liebevoll und mitfühlend mit uns selbst umgehen. Wir können in unserer Haltung unseren Gedanken gegenüber das elementare Gute in uns zum Ausdruck bringen. Gestatten wir uns, hier und jetzt zu sein, bei dem, was gerade ist, was wir gerade denken, ganz einfach mit Achtsamkeit.

Wenn wir uns aus dem Käfig befreit haben, sind unsere Gedanken wie Vögel, die in der grenzenlosen Weite unserer Erlebniswelt fliegen. Unsere spirituelle Achtsamkeit, unser inneres Ich, unser inneres Auge, leuchtet viel heller. Den ganzen Tag über können wir uns unserer Gedanken bewußt sein – während wir arbeiten, reden, Schlange stehen oder fernsehen. Ein Atemzug oder ein Gedanke kann uns Gedächtnisstütze sein und uns daran erinnern, wieder auf unseren inneren Monolog zu achten.

Unsere Gedanken benennen

Gedanken zu benennen kann uns dabei helfen, sie uns bewußt zu machen, uns von ihnen zu lösen und sie zu beruhigen. Wenn wir einen Denkprozeß mental identifizieren, entwickeln wir den »inneren Zeugen«. Dieser innere Beobachter kann mit größerer Klarheit und Ruhe achtgeben. Wir können unsere Gedanken immer und immer wieder neu benennen und dann mit unserer Aufmerksamkeit zur Atmung zurückkehren.
Während wir langsam zur Ruhe finden, können wir

Uns der Luft bewußt sein,
die durch Nase oder Mund in uns einströmt,
»Denken, Denken«.
Uns der Luft bewußt sein,
die durch Nase oder Mund wieder ausströmt,
»Affengeschwätz, Affengeschwätz«.

Unsere Gedankenmuster und Denkinhalte verstehen

Wenn wir einmal auf unsere Gedanken achten, kommen wir Mustern auf die Spur, die dem Streben unserer Persönlichkeit nach Überleben, Erfolg und Stabilität entspringen. Tag für Tag haben wir Tausende und Abertausende von Gedanken, und die meisten von ihnen befassen sich mit jenen alten Themen, die wir schon so oft zuvor durchdacht haben. Neutrale Gedanken (»Cornflakes auf die Einkaufsliste schreiben«, »den Fernseher ausschalten«, »die Gartentür zusperren« usw.) enthalten grundlegende Informationen, die unser Leben funktional gestalten und ordnen, sie sind am häufigsten vertreten. Negative Gedanken (»Ich bin so ein Idiot!«, »Ich hasse diese Schuhe!«, »Mensch, schon wieder Montag morgen!«) sind wie ungesunde Fertignahrung für unsere Persönlichkeit. Haben wir positive Gedankenmuster (»Ich gebe mein Bestes«, »Das ist wirklich gutgegangen«, »Ich freue mich so auf mein Enkelkind« usw.), fühlt sich unsere Persönlichkeit so richtig wohl. Was wir auch denken und worauf unser Denken auch abzielen mag, wir können uns die Inhalte und Muster unserer üblichen Gedanken bewußtmachen.

Manchen fällt es leichter, ihre Denkprozesse in den Griff zu bekommen, wenn sie die Geistige Basisdiät mit bestimmten Gedankenkategorien koppeln. Etwa beim bewußten Einatmen: »Ich denke an die Arbeit«, »jetzt denke ich ans Einkaufen«, »an ein Bad«, »an Mutter«, »jetzt bin ich beim Planen«, »nun schwelge ich in Erinnerungen«, »gerade mache ich mir Sorgen«.

Mit anderen Worten: Atmen, um achtsam zu werden und in die Gegenwart zu kommen, und sich dann sagen: »Jetzt denke ich an …«

Wenngleich uns die meisten spirituellen Lehren auffordern,

den Inhalt unserer Gedanken zu ignorieren (indem wir einfach nur feststellen, daß wir Gedanken haben, und diese dann loslassen), erkennen wir durch die Beobachtung unserer Denkmuster, daß wir die meiste Zeit über damit beschäftigt sind, einem oder mehreren unserer normalen Alltagsbedürfnisse gerecht zu werden (siehe Übersicht über die menschlichen Motivationen in Kapitel 6). Vielleicht ist uns daran gelegen, ein noch nicht befriedigtes Bedürfnis zu registrieren und uns einen Aktionsplan dafür auszudenken, um das ganze Thema anschließend für eine Weile beiseite zu schieben und zur Aufmerksamkeit zurückzukehren. Wenn wir atmen und »an unseren Erfolg denken«, sollten wir uns vielleicht notieren, daß wir noch einen wichtigen Telefonanruf zu machen haben, bevor wir weitermachen und atmen und an etwas anderes denken.
Verstehen wir den Inhalt unserer Gedanken, stellen wir fest, daß unsere Gedanken außer von Bedürfnissen oftmals auch von Emotionen gesteuert werden. Sind wir deprimiert, werden auch unsere Gedanken eher negativ und pessimistisch sein, sind wir hingegen glücklich und zufrieden, sind auch unsere Gedanken positiv und optimistisch. In Kapitel 8 werden wir fünf Grundemotionen betrachten und lernen, sie uns bewußt zu machen. Hier aber können wir sehen, daß unsere Gedanken oft mit unseren Gefühlen in Zusammenhang stehen, und wir können bewußt atmen und unsere Gedanken je nach Gefühlslage benennen: Bewußt in der Gegenwart atmen, »an etwas Trauriges denken«, achtsam und gegenwärtig, »an etwas Beängstigendes denken«, »an etwas Ärgerliches denken«. Diese etwas kompliziertere Technik bringt uns gefühlsmäßig unserer Persönlichkeit näher, gleichzeitig treten wir einen Schritt zurück und beobachten, was geschieht. Kennen wir uns erst einmal gut genug, daß uns dies gelingt, empfinden wir es als tröstlich, unsere Gedankenmuster zu verstehen.

Durch unsere Gedanken hindurchschauen

Wir alle sind unweigerlich in unseren Gedanken verloren. Sobald wir aber erkennen können, wann wir uns wieder einmal von unseren Gedanken haben davontragen lassen, können wir zum Bewußtsein zurückfinden und ganz gelassen und voller Achtsamkeit weiteratmen. Auf diese Weise umarmt die Spiritualität unsere Persönlichkeit. Der »Große Gedanke« – der Ozean des Bewußtseins – ist für den »Kleinen Gedanken« – unsere Persönlichkeit – erwacht. In dem Maße, wie unsere Persönlichkeit durch unsere Gedanken hindurchschaut und sich weniger mit ihnen identifiziert und in Verbindung bringt, findet sie zum Einklang mit dem GEIST. Ken Wilber, einer der führenden Bewußtseinstheoretiker, schreibt: »Ich *habe* Gedanken, aber ich *bin nicht* meine Gedanken [...] Gedanken kommen und gehen, aber sie berühren nicht mein inneres Ich. Ich *habe* Gedanken, aber ich *bin nicht* meine Gedanken.«

Dies trifft selbst für Langeweile und andere negative Gedanken zu. Während wir auf unser Atmen und Denken achten, spüren wir womöglich, wie ein Gefühl von Langeweile, Reizbarkeit oder Ruhelosigkeit in uns aufsteigt. Dies sind ganz natürliche Reaktionen unserer Persönlichkeit, die sich ja vom Trubel unseres Alltagslebens nährt. Es ist gerade so, als wenn wir bisher unser Essen stark gesalzen hätten und auf einmal weniger davon nähmen. Anfangs mag uns das Essen fad erscheinen, doch mit der Zeit tritt der Geschmack des Essens sogar noch deutlicher und stärker hervor. Und auf eben diese Weise erleben wir selbst das kleinste gedankliche Intermezzo auf einmal als etwas ganz Intensives.

Wenn unsere Gedanken also langsam zur Ruhe kommen, hält unsere Persönlichkeit nach neuen Reizen Ausschau. Doch Langeweile vergeht ebenso leicht, wie sie gekommen ist. Fahren wir einfach fort mit unseren Gegenwärtigkeits- und Achtsamkeitsübungen. Der Atem kommt und geht stets auf die gleiche, vorhersehbare Weise. Er beruhigt. Er ist längst nicht so aufregend wie Gedanken an Liebe, Geld, Sex oder Eiscreme oder an den bevorstehenden Urlaub. Die Geschäftigkeit unserer Persönlichkeit läßt langsam nach, wenn wir atmen und im Hier und Jetzt ruhen. Bleiben Sie die ganze Zeit über einfach bei Ihrer Achtsamkeit.

Allzu negative oder positive Gedanken ausgleichen

Manche Menschen üben sich in der Kraft des positiven Denkens, tragen eine rosarote Brille und denken stets, das Glas sei noch halb voll, ganz gleich, wie die Wirklichkeit auch aussehen mag. Eine positive Lebenseinstellung ist etwas Wertvolles, doch selbst das Positivsein kann übertrieben werden. Dann läuft unsere Persönlichkeit Gefahr, eine gekünstelte, spröde Fassade zu zeigen und unfähig zu werden, mit den »negativen« Aspekten des Lebens umzugehen und sie zu verarbeiten. Vermeiden oder leugnen wir Schwierigkeiten und leidvolle Situationen, kämpfen wir gegen das, was es zu sehen gilt und womit wir uns auseinandersetzen müssen. Damit aber versäumen wir es, die wichtigen Dinge unseres realen Alltags richtig zu verarbeiten. Dann ist es an der Zeit, einmal bewußter hinzusehen, wie unsere Wirklichkeit eigentlich aussieht, und die Probleme und das Leid anzuschauen, die nach Abhilfe und Heilung verlangen.

Sind wir hingegen allzu negativ oder pessimistisch, empfiehlt es sich beispielsweise, mit dem »Wohlfühlregister« (siehe Kapitel 4 und 8) zu arbeiten und uns auf unsere elementare Gutheit zu konzentrieren (siehe Kapitel 4).

Oder aber wir verwenden reine Gedanken, die uns dem GEIST näherbringen – Gebete und Mantras. In diesem Fall ist es ratsam, mit einem langsamen, tiefen Atemzug in die Gegenwart zu kommen und uns ein Gebet oder Mantra ins Bewußtsein zu rufen, das unseren persönlichen Neigungen entspricht. Würden wir dies jeden Tag nur fünf oder zehn Minuten lang tun, so würde unser Leben mit der Zeit eine spirituelle Wandlung erfahren.

Reine Gedanken, Gebete und Mantras

In den meisten großen Religionen werden die Gedanken durch Gebete oder Mantras zur Ruhe und Konzentration gebracht. Dabei richten wir unser Denken mit Hilfe von reinen Gedanken auf den GEIST, ein Gegengewicht zu unseren normalen, persönlichkeitsbezogenen Gedanken.

Mit Gebeten zentrieren wir unsere Gedanken und richten sie auf das Spirituelle. Mantras sind Worte oder Sätze, die ständig wiederholt werden, während wir unsere Gedanken dem Göttlichen zuwenden. Ein sinntragendes Mantra wird bewußt rezitiert und nicht einfach nur »heruntergeleiert«.

Gebete und Mantras können sowohl still als auch laut rezitiert werden. Wie man sie auch aufsagen mag, sie helfen uns dabei, die Spiritualität und das Göttliche zu integralen Bestandteilen unseres Alltags werden zu lassen. Mit Gebeten und Mantras will unsere Persönlichkeit den GEIST erreichen, und der GEIST findet damit Ausdruck durch uns.
Millionen von Menschen beten Tag für Tag, darunter auch solche, die keiner bestimmten Religion angehören. Überall auf der Welt gibt es den Brauch, vor dem Essen oder Schlafengehen ein Gebet zu sprechen.
Beten hat erwiesenermaßen großen gesundheitlichen Nutzen,

es baut Streß ab und beschleunigt den Heilungsprozeß. Gebete können die Form von *empfänglicher Achtsamkeit* oder *konzentriertem Bemühen* haben. In beiden Fällen ist es das Ziel, dem Spirituellen durch fortgesetzte Wachheit näherzukommen. Dies ist auch das Ziel der Geistigen Basisdiät.

Im Zustand der *empfänglichen Achtsamkeit* sind wir ein lebendiger Spiegel – gelassen und offen für das, was da kommen mag. Dann tritt unser innerer Monolog deutlicher zutage. Konzentrieren wir uns auf unsere Gedanken, verlieren diese an Geschwindigkeit und Intensität, und wir werden ruhiger und klarer. Manche Wissenschaftler sind der Ansicht, daß wir uns beim Beten der gleichen biochemischen Pfade bedienen wie beim Entspannen, dabei verringern sich Puls- und Atemfrequenz, wodurch die Ausschüttung von Streßhormonen im Blut gedrosselt und das Immunsystem gestärkt wird. Doch welche Gründe auch immer vorliegen: Achtsamkeit allein genügt, um unsere »inneren Affen« mit gehaltvoller spiritueller Nahrung zu versorgen.

Arbeiten wir mit *konzentriertem Bemühen*, richten wir unsere Aufmerksamkeit bewußt auf ein bestimmtes Gebet oder Mantra, um damit unseren inneren Gedankenmonolog zeitweilig zu überlagern. Ein spirituelles Gebet oder Mantra tritt also an die Stelle der springenden Affen in unserem Kopf.

Wir versuchen oft, mit Hilfe von Gebeten den GEIST der Persönlichkeit zu Diensten zu machen, wo doch das spirituelle Gebet der Persönlichkeit die Möglichkeit bietet, dem GEIST zu dienen. Jesus sagte: »Nicht mein Wille, sondern Dein Wille geschehe.« Anstatt Gott darum zu bitten, uns in der Lotterie gewinnen zu lassen (Erfüllung von persönlichen Wünschen), ist es von größerem spirituellen Wert, darum zu beten, die Tatsachen des Lebens akzeptieren zu können, so wie Gott sie uns beschert (einschließlich des verlorenen Spiels oder der Niete).

Dies soll nicht heißen, daß wir nun aufhören müßten, den Ausgang einer Sache beeinflussen zu wollen. Wir können uns auch künftig nach Kräften bemühen, das Spiel zu gewinnen, oder weiterhin Lotterielose kaufen und dabei hoffen, damit unsere finanziellen Probleme loszuwerden, doch möge Gott uns die Fähigkeit verleihen, bewußt und erfolgreich mit dem zu leben, was dabei herauskommt (auch mit unserer Enttäuschung).

Statt »Gott möge mir meinen Wunsch erfüllen, damit ich zufrieden sein kann« soll unser Gebet also lauten: »Gott möge mir Achtsamkeit und Gegenwärtigkeit schenken sowie die Fähigkeit, mit allem umzugehen, was auch immer mir begegnen mag.«

Nun bin ich zwar enttäuscht darüber, im Spiel oder in der Lotterie verloren zu haben, doch ich schätze das Spiel als solches und kann die damit einhergehenden Emotionen vollständig verarbeiten (siehe Kapitel 8). Es ist schon erstaunlich, daß ich mir solche Gedanken darüber mache, Geld nicht gewonnen zu haben, das mir nie gehört hat. Ich atme bewußt ein und betrachte mein Denkmuster – meine Besorgnis darüber, Geld zu brauchen, um die Rechnungen bezahlen zu können. Ich atme aus, bin gegenwärtig und sehe meinen Wunsch nach finanzieller Entlastung, meinen Wunsch, mich als Gewinner zu fühlen. Mit der Zeit lerne ich mich besser kennen und öffne mich für eine größere Welt jenseits der Begrenztheit meiner persönlichen Bedürfnisse und Wünsche.
Im persönlichen Gebet erbitten wir etwas für unsere Persönlichkeit. Im spirituellen Gebet lauschen wir auf die spirituelle Stimme tief in uns. Wir horchen auf den verborgenen Klang, die leise Stimme, die immer lauter wird und uns zu tieferem Verständnis und größerer Verbundenheit führt, die uns das Gefühl der Verlassenheit nimmt und uns mehr Leichtigkeit empfinden läßt, die uns hilft, die Last des Alltags abzustreifen.

Ein von der Persönlichkeit formuliertes Gebet kann durch einen neuen Fernseher erfüllt werden. Das bedeutet jedoch nicht unbedingt, daß damit auch das spirituelle Gebet erhört wurde. Spirituelle Gebete finden vielmehr dadurch Erfüllung, daß wir uns mit der spirituellen Dimension des Lebens verbunden fühlen, daß wir größeren Seelenfrieden empfinden, daß wir in den alltäglichen Dingen das Göttliche erkennen, daß wir inmitten unseres Alltags wacher und gegenwärtiger sind.

Bei der Geistigen Diät soll die Atmung zur Achtsamkeits- und Gegenwärtigkeitsfindung mit reinen Gedanken, Gebeten oder Mantras verbunden werden, und das jeden Tag aufs neue.

Es braucht Zeit und Geduld, um die Wirkung von Gebeten und Mantras zu spüren. Unser bisheriges Tun hat eine gewisse Eigendynamik, und so neigen wir dazu, auch künftig damit fortzufahren. Daher ist es ausgesprochen hilfreich, eine einfache und praktikable Routine in den Tagesablauf aufzunehmen. Ist die Ausrichtung auf den GEIST erst einmal zu einem festen Bestandteil unseres Alltags geworden, können wir unserem spirituellen Wachstum mit reinen Gedanken einen wesentlichen Impuls geben. Morgens nach dem Aufwachen, wenn ich mich zum Essen an den Tisch setze, beim Duschen oder wenn ich vor dem Einschlafen im Bett liege, kann ich mit Hilfe der Geistigen Basisdiät und meinem Gebet oder Mantra die spirituelle Kraft in mir stärken.
Dabei mögen uns die Worte des erhabenen Weisen der Ogala-Sioux-Indianer, Schwarzer Elch, hilfreich sein: »Der Große Geist ist überall, er hört, was immer in unseren Gedanken und in unserem Herzen ist, und so ist es nicht notwendig, die Stimme zu erheben, um zu ihm zu sprechen.« Und während wir mit dem GEIST in Kommunikation treten, seien wir an die Worte von Rabbi Harold Kushner erinnert: »Das Beste am Beten ist

das Lauschen, ein Sichöffnen für Botschaften, die wir nicht bekämen, wenn wir nicht beten würden.« Wir können ganz leise sprechen und dennoch offen für das sein, was da kommen mag. In *The Way of the Pilgrim* heißt es: »Überall, ganz gleich, wo immer du auch sein magst, kannst du mittels Gebet in deinem Inneren einen Altar Gottes errichten.« Ob wir das Gebet einer bestimmten etablierten Glaubensrichtung wählen oder mit unseren eigenen Worten beten – wir errichten damit in uns und um uns herum einen Altar für die spirituelle Kraft.
Im folgenden seien nur einige der unzähligen Möglichkeiten genannt. Wir können aus fremden Religionen eine Menge lernen. Wenn wir die reinen Gedanken anderer Traditionen lesen, öffnen wir uns und finden zu einem Gefühl größerer Verbundenheit.

Christliche Gebete und Mantras: Der heilige Johannes von Damaskus sagte, beten sei »das Erheben des Geistes zu Gott«, und Paulus wies die Thessaloniker an, »ohne Unterlaß« zu beten (1 Thess. 5,17).
Beim kontemplativen Gebet überläßt sich der Betende in aller Stille der schlichten Achtsamkeit für die göttliche Gegenwärtigkeit. Die Tatsache, daß wir ständig atmen, kann uns beim Beten behilflich sein. Lassen Sie sich durch Ihre Atmung immer wieder daran erinnern und darin bestärken: »Jesus« (beim Einatmen) »liebt mich« (beim Ausatmen). »Gelobt« (beim Einatmen) »sei Maria« (beim Ausatmen).
In dem im 14. Jahrhundert entstandenen Werk *The Cloud of Unknowing* wird die Christenheit angewiesen:

> Erhebet eure Herzen zu Gott in demütiger Rührung der Liebe, und strebet nach Gott selbst und nicht nach einer seiner Kreaturen. Und achtet darauf, an nichts anderes als an ihn zu denken, so daß nichts in eurem Herzen oder Willen ist außer ihm [...]

> Zu Beginn wird eine Finsternis um euch sein, und eine Wolke der Unwissenheit wird euch einhüllen, und ihr wißt nichts, außer daß ihr in eurem Willen eine Sehnsucht nach Gott verspürt. Ganz gleich, was ihr auch tut, diese Finsternis und diese Wolke wird zwischen euch und eurem Gott stehen und euch im Wege sein [...] Seid bereit, so lange in dieser Finsternis zu verweilen, wie es sein muß [...] Durch Liebe könnt ihr ihn erreichen und bei ihm sein, doch niemals durch Denken.

Das gebräuchlichste christliche Gebet ist das Vaterunser, das Jesus seine Jünger lehrte und das in der Bergpredigt verankert ist (Mt. 6,9–13): »Vater unser, der du bist im Himmel: Geheiligt werde dein Name. Dein Reich komme. Dein Wille geschehe wie im Himmel, also auch auf Erden. Unser tägliches Brot gib uns heute. Und vergib uns unsere Schuld, wie auch wir vergeben unseren Schuldigern. Und führe uns nicht in Versuchung, sondern erlöse uns von dem Bösen! Amen.«
Auch das Jesusgebet ist unter den Christen weit verbreitet: »Herr Jesus Christus, Sohn Gottes, hab Erbarmen mit mir Sünder!« Der Benediktinermönch David Steindl-Rast berichtet, daß er eine verkürzte Version als Mantra oder Gebet mit dem Rhythmus seiner Atmung verbindet: »Herr Jesus, Erbarmen, Herr Jesus, Erbarmen.« Beim Einatmen »Herr Jesus«, beim Ausatmen »Erbarmen«.
Calixtus, ein Kirchenfürst des ersten Jahrhunderts, sagte: »Wir atmen die Luft ein und aus. Darauf gründet das Leben des Körpers und davon hängt seine Wärme ab. Sitzt du also in deiner Kammer, sammle deine Gedanken, richte sie auf den Weg des Atems, über den die Luft hereinströmt, führe sie gemeinsam mit der eingeatmeten Luft ins Herz und halte sie dort [...] und spreche dann das folgende Gebet: Herr Jesus Christus, Sohn Gottes, hab Erbarmen mit mir Sünder! Dies sei dein unablässiges Bestreben, das du niemals aufgeben sollst.«

Der heilige Simeon, ein frühchristlicher Kirchenvater aus dem ersten Jahrhundert, meinte: »Aufmerksamkeit sollte mit dem Gebet so untrennbar verbunden sein, wie der Körper mit der Seele verbunden ist«, und er riet: »Die Gedanken sollten im Herzen sein, und also bete aus der Tiefe deines Herzens zu Gott [...] Wachen Geistes zu sein und Jesus im Herzen zu tragen, das ist Sein Gebet – Herr Jesus Christus, Sohn Gottes, hab Erbarmen mit mir! Einer der heiligen Väter sagt: ›Sitze still in deiner Kammer, und dieses Gebet wird dich alles lehren.‹«
»Am Anfang war das Wort, und das Wort war bei Gott, und Gott war das Wort.« (Joh. 1,1)

O Herr im Himmel, gib, daß ich nicht so sehr danach strebe,
Getröstet zu werden, als zu trösten,
Verstanden zu werden, als zu verstehen,
Geliebt zu werden, als zu lieben;
Denn indem wir geben, bekommen wir;
Indem wir vergeben, wird uns vergeben;
Indem wir sterben, werden wir zum ewigen Leben geboren.

Hl. Franz von Assisi

»Alles, was ich bin, schenke ich dir, o Herr, denn du bist es ganz und gar. Gehe nicht weiter, sondern verharre in dem nackten, reinen, elementaren Bewußtsein, daß du bist, wie du bist« (hl. Johannes vom Kreuz).

Jüdische Gebete und Mantras: Die Juden blicken auf eine jahrtausendealte Tradition von Meditation und Gebet zurück. Es ist bei ihnen Brauch, dreimal am Tag zu beten. Dies kann in einem Tempel, einer Synagoge oder aber zu Hause geschehen. Sie sitzen aufrecht in bequemer Haltung, die Hände ruhen im Schoß, die Augen sind geschlossen oder geöffnet, ohne auf etwas Bestimmtes zu schauen. Nehmen Sie sich Zeit, um anzukommen und es sich behaglich zu machen. Viele Juden finden es hilfreich, mit dem Oberkörper hin- und herzuschaukeln. Atmen Sie tief und kommen Sie in die Gegenwart, lassen Sie an die Stelle Ihrer Gedanken ein Gebet treten, das entweder auswendig rezitiert oder gelesen wird.

Das wichtigste Gebet der Juden ist das auf das erste Jahrhundert zurückgehende *Amidah*, dessen erste Strophe wie folgt lautet:

> Gesegnet seist Du, Adonai, unser Gott und Gott unserer Väter,
> Gott Abrahams, Gott Isaaks und Gott Jakobs,
> Großer, starker und furchtbarer Gott,
> Höchster Gott,
> Der Du beglückende Wohltaten erweisest
> Und aller Meister bist,
> Der Du der Frömmigkeit der Väter gedenkst
> Und einen Erlöser bringst ihren Kindeskindern
> Um Deines Namens willen
> In Liebe.
> König, Helfer, Retter,
> Gesegnet seist Du, Adonai, Schutzschild Abrahams.

Das vielleicht älteste jüdische Gebet und Herzstück des Judaismus ist das aus der Thora entnommene *Schma* (wörtlich »hören«) (Deut. 6,4–6): *Schma Jissrael, Adonai Elohenu, Adonai Echad* – »Höre, o Israel, der Ewige ist unser Gott, der Ewige ist einzig!«

Das Wort *Israel* bedeutet »Streiter Gottes« (Genesis 32,29), und so werden die Juden, von denen erwartet wird, Gott in den Mittelpunkt ihres Lebens zu stellen, gelehrt, sich ihrer Einheit oder ihres Einsseins mit Gott bewußt zu sein. Dies ist die Wurzel des Monotheismus und der Grund dafür, warum es in einem der Zehn Gebote heißt, man solle keine anderen Götter oder Götzen verehren. Nach der Thora soll das *Schma* zweimal am Tag – morgens und abends – rezitiert werden, und sie weist die Juden an, sich ihrer Einheit mit Gott immer bewußt zu sein. Viele Juden sagen ganz einfach *Schma Jissrael.*

Das *Schma* geht weiter: »Du sollst den Ewigen, deinen Gott, lieben mit deinem ganzen Herzen und deiner ganzen Seele und deinem ganzen Vermögen. Es seien diese Worte, die ich dir heute befehle, in deinem Herzen. Schärfe sie deinen Kindern ein und sprich von ihnen, wenn du in deinem Hause sitzest und wenn du auf dem Wege gehst, wenn du dich niederlegst und wenn du aufstehst.« Die eindeutige Botschaft lautet, die spirituelle Dimension des Lebens zu einem allgegenwärtigen und zentralen Thema zu machen, und genau das ist es, was wir mit Hilfe von Gebeten erreichen können.

»Heilig, heilig, heilig, ist der Herr der Heerscharen, die ganze Welt ist von Seinem Ruhm erfüllt« (Jesaja 6,3), so lautet ein weiteres altes jüdisches Gebet.

Rabbi Aryeh Kaplan empfiehlt, *Ribbono shel Olam* – »Herr des Universums« – als Mantra zu verwenden. Es ist seit mehr als zweitausend Jahren bekannt und ist laut oder zumindest mit entsprechenden Mundbewegungen zu rezitieren, und zwar mindestens einen Monat lang über zwanzig bis dreißig Minuten täglich, bis sich etwas tut – das kann eine größere Nähe zu Gott, aber nicht unbedingt die Erfüllung unserer eigenen Wünsche und Ziele sein.

»Gepriesen sei der Herr« (Gen. 24,27) lautet ein bei Juden und Christen gleichermaßen gebräuchliches Gebet, und in den am Toten Meer entdeckten Schriftrollen heißt es: »Gepriesen seist Du, o Herr, der Du der Menschheit die Einsicht in das Wissen geschenkt hast, um Deine Wunder zu verstehen.«

Wie schön ist es, eine Mahlzeit mit dem Ausdruck der Dankbarkeit zu beginnen und zu beten: »Gepriesen seist Du, o Herr, König des Universums, der Du das Brot aus der Erde hervorbringst.«

Buddhistische Gebete und Mantras: In der *Herz-Sutra* heißt es: »Das große Mantra, das Mantra des großen Wissens, das allerhöchste Mantra, das unvergleichliche Mantra [...] heißt *Gate gate paragate parasamgate bodhi svaha* – Gegangen, gegangen, hinweggegangen, hinweggegangen selbst über das Hinweg hinaus zum vollständigen Erwachen! Heil Allem!«
Die Lotus-Sutra besagt: »*Nam myoho renge kyo* – Ehre der Sutra des Lotus und des Gesetzes Gottes. Unser Leben ist Buddhas Leben, und das Mantra selbst ist der Klang von Buddhas Weisheit.«
Im Shin-Buddhismus wird mit *Nembutsu* durch Wiederholung der Worte *Namu Amida Butsu* – »Gelobt sei der Buddha des unendlichen Lichtes und Lebens« – über den Buddha meditiert. Wir sehen den Buddha nicht mit unseren Augen, sondern fühlen ihn mit dem Herzen, wenn wir von einem warmen, liebenden und glänzenden Licht eingehüllt sind.
Auch das *Mu* der Zen-Buddhisten, meist mit »Nichts« oder »Leere« übersetzt, kann als Mantra des Bewußtseins rezitiert werden.

Shataku, ein Zen-Mönch aus dem 14. Jahrhundert, schrieb:

Meine Gedanken sind ins Reich des Dharma entlassen,
Und ich sitze in dem vom Mondschein erfüllten Fenster,
Betrachte die Berge mit den Ohren,
Höre den Fluß mit geöffneten Augen.
Jedes Molekül predigt das vollkommene Gesetz,
In jedem Augenblick erklingt die reine Sutra:
Der flüchtigste aller Gedanken ist zeitlos,
Ein einziges Haar genügt, um das Meer in Bewegung zu bringen.

Der Bodhisattva gelobt:

Wie viele fühlende Geschöpfe es auch immer sein mögen,
ich gelobe, sie zu retten.

Wie unerschöpflich auch immer die Verirrungen sein mögen,
ich gelobe, sie auszulöschen.
Wie unermeßlich auch immer die Dharmas sein mögen,
ich gelobe, ihrer Herr zu werden.
Wie unvergleichlich die Erleuchtung auch sein mag,
ich gelobe, sie zu erlangen.

Hinduistische Gebete und Mantras: *Aditya Hridayam Punyam, Sarva Shatru Bina Shanam* bedeutet: »Wenn die Sonne im Herzen ist, verschwindet alles Böse aus dem Leben.« Visualisieren Sie, während Sie dieses Mantra sprechen, wie die Sonne alles erwärmt und aus dem Herzen strahlt.

Eine Anrufung aus den *Upanishaden:*

Führe mich vom Unwirklichen zum Wirklichen.
Führe mich aus der Finsternis ins Licht.
Führe mich vom Tod zur Unsterblichkeit.

Aus der *Chandogya-Upanishad:*

Aus sich selbst heraus erschuf Er den Kosmos
Und drang in alles ein, was ist.
Es gibt nichts, das nicht von Ihm wäre.
Von allem ist Er das innerste Selbst.
Er ist die Wahrheit. Er ist das oberste Selbst.
Du bist das, Shvetaketu, du bist das.

Ramana Maharshi rät, sich immerfort die Frage »Wer bin ich?« zu stellen, um so ständig unsere persönliche Identifikation mit Gedanken, Gefühlen, Sinneseindrücken und so weiter zu durchschauen, bis wir schließlich zu der Wurzel unseres Seins vordringen.
In der *Isa-Upanishad* heißt es: »Schaue das Universum in der Herrlichkeit Gottes und alles, was auf Erden lebt und sich be-

wegt. Lasse das Vergängliche hinter dir, und finde im Ewigen Glückseligkeit.«

> O Gedanke, werde erfüllt von ewigem Frieden;
> O Wort, rufe die unsterbliche Litanei hinaus:
> Erbaut ist der goldene Turm, geboren das Flammenkind.
>
> Aurobindo

Islamische Gebete und Mantras: Die Muslime beten fünfmal am Tag und beziehen auf diese Weise die Spiritualität als integralen Bestandteil in ihren Alltag ein. Verneigen Sie sich gen Mekka, und sprechen Sie viermal, ohne andere Gedanken zu haben oder sich ablenken zu lassen: *Allahu akbar* – »Gott ist der Größte.« *Sami'a allahu li-man hamida, rabbana la-kum al-hamd* – »Gott erhört den, der ihn preist, unser Herr, gepriesen seist du.« *Subhana rabbiya al-a'la* – »Ehre meinem Herrn, dem Allerhöchsten.« *La ilaha illa'llah* – »Es gibt keinen Gott außer Gott.« Rezitieren Sie, während Sie die Energie vom Nabel zum Herzen fließen lassen, die folgenden Worte: »Ich will nichts, suche nichts, liebe nichts *illah'llah* – außer Gott.«

Im Koran heißt es:

> O Meine gläubigen Diener!
> Meine Erde ist gewiß riesig,
> Darum sollt ihr Mir allein dienen.

Bei Rumi lesen wir:

> Herrlich ist der Augenblick, da wir im Palast sitzen, du und ich
> Zwei Formen, zwei Gesichter, doch eine einzige Seele, du und ich
> Die Blumen werden in voller Blüte stehen, und Vogelstimmen
> werden Unsterblichkeit über uns kommen lassen
> In dem Augenblick, da wir den Garten betreten, du und ich
> Alle Sterne des Himmels werden vor Neid toben

In jenem Platz lachen wir in höchster Verzückung, du und ich
Welch ein Wunder, du und ich, eng umschlungen im selben Nest
Welch ein Wunder, du und ich, ein Geliebter, ein Liebender, ein Feuer
In dieser Welt und in der nächsten, in nimmer endender Ekstase.

Konfessionsunabhängige Gebete und Mantras: Diese Texte können von allen ungeachtet einer Religionszugehörigkeit verwendet werden, z. B. das tägliche Gebet der nordamerikanischen Lakota-Indianer: »Lasset uns danken für diesen schönen Tag. Lasset uns danken für dieses Leben. Lasset uns danken für das Wasser, ohne das kein Leben möglich wäre. Lasset uns danken für die Große Mutter Erde, die uns schützt und ernährt.«

Ein Segensspruch der nordamerikanischen Chinook-Indianer:

Wir rufen all jene an, die auf dieser Erde weilten, unsere Vorfahren und unsere Freunde,
Die sich für künftige Generationen das Beste erträumten und auf deren Leben unsere Leben gegründet sind.
Und voller Dankbarkeit rufen wir sie an, damit sie
Uns lehren und uns den Weg weisen.
Und wir rufen alles an, was uns am heiligsten ist, die Gegenwart und Macht
Des Großen Geistes der Liebe und Wahrheit, der das gesamte
Universum durchströmt. Er möge bei uns sein, um
Uns zu lehren und uns den Weg zu weisen.

Der vietnamesische Zen-Mönch Thich Nhat Hanh schlägt folgendes Gebet vor:

Wenn ich aufwache an diesem Morgen, dann lächle ich.
Vierundzwanzig taufrische Stunden liegen vor mir.
Ich gelobe, in jedem Augenblick voll und ganz da zu sein
Und mit mitfühlendem Blick auf alle Geschöpfe zu schauen.

Die Unitarier sprechen folgendes Gebet:

Von allem, was unter den Himmeln wohnt,
Lasse Glauben und Hoffnung voll Freude erstehen,
Lasse Schönheit und Wahrheit und Güte erschallen,
In jedem Land, in allen Sprachen.

Und der englische Dichter Samuel Taylor Coleridge schrieb:

Wer gut liebt,
Der gut betet,
Ob Mensch, ob Vogel, ob Tier.
Wer am meisten liebt,
Alle Dinge, ob groß oder klein,
Der betet am besten,
Denn der gepriesene Gott,
Der uns liebt,
Erschuf und liebt alles.

Vielleicht sagen wir aber auch einfach nur beim Ausatmen »Gott« und beim Einatmen »Liebe«. Ziel ist es, unser Denken auf spirituelle Achtsamkeit, Gegenwärtigkeit, Gutheit und Herzensgüte auszurichten.

Was kann ich tun?
Das Rezept zur Beruhigung der »Affen«

1. Die Geistige Basisdiät mit unserem Denken verbinden. Atmen Sie, um im Hier und Jetzt wach zu sein, und wenden Sie Ihre Aufmerksamkeit Ihrem Denkprozeß zu. Ein Rezept zur Beruhigung der »Affen« kann zum Beispiel beinhalten, daß wir voller Achtsamkeit atmen, uns der schwatzenden, springenden Affen in uns bewußt sind und das stete Gerede unseres inneren Monologs hören.

2. Die Gedanken benennen und Gedankenmuster und -inhalte erkennen.
Ganz bewußt im Hier und Jetzt sein: »an die Arbeit denken«, »ans Essen denken« usw.

3. Durch die Gedanken hindurchschauen.
Ich habe zwar Gedanken, doch ich bin weit mehr als mein Denken.

4. Allzu negative oder positive Gedanken ausgleichen.
Allzu düstere, trübselige Stimmungen lassen kein Licht und Heil hindurch, Herzensgüte aber läßt sie zutage treten, und wir können unsere Gedanken auf das Positive richten und so dem allzu Negativen entgegenwirken. Andererseits kann auch übertriebenes Positivsein die Aufforderung beinhalten, die ernsteren Seiten des Lebens zu konfrontieren.

5. Wir können die Geistige Basisdiät mit täglichem Beten oder Rezitieren von Mantras verbinden, um die spirituelle Kraft in unserem Leben nachhaltig zu stärken.
Haben wir erst einmal ein Gebet oder Mantra gewählt, können wir es niederschreiben und in unserer Geldbörse oder im Terminkalender aufbewahren, damit wir es ständig vor Augen haben und uns daran erinnern, es uns täglich aufzusagen.

Haben wir nun gelernt, bewußt zu atmen und gegenwärtig zu sein, uns dabei auf unser Denken zu konzentrieren und unsere Persönlichkeit mittels reiner Gedanken, Gebete und Mantras der Spiritualität näherzubringen, können wir uns dem nächsten Gang der Geistigen Diät zuwenden: unseren inneren Strömen der Emotionen.

Kapitel 8

Innere Ströme

Wir Menschen sind emotional ganz und gar verwundbar. Vielleicht sind wir die emotional verwundbarsten Wesen dieser Erde. Unsere Verwundbarkeit öffnet allen Möglichkeiten Tür und Tor. A. H. Almaas

Unsere Emotionen sind komplex. Häufig meiden wir sie oder verstricken uns in ihnen. Wenn wir lernen, unsere Emotionen durch Verständnis, Achtsamkeit, Erfahren und Erleben sowie Loslassen restlos zu verarbeiten, dann kann unsere Spiritualität hervortreten.

Querströmungen und Stromschnellen

Morgens aus dem Bett zu kommen ist gar nicht so einfach. Manchmal bin ich mittags noch nicht richtig wach.
Mein Zorn und meine Gereiztheit stellen zuweilen ein echtes Problem dar. Hin und wieder raste ich wegen Kleinigkeiten richtig aus. Ich fühle mich zwar nicht wohl dabei, doch ich bin einfach verärgert und ungeduldig.
Ich bin allzu nachtragend. Macht mich jemand wütend, dauert es bei mir eine ganze Weile, bis ich ihm wieder verzeihen kann.
Ich merke, wie zappelig und unruhig ich bin. Meine Rechnungen werden pünktlich beglichen, und doch mache ich mir weiterhin Sorgen. Ich bin nervös und habe Angst, ohne recht zu wissen, warum. Wahrscheinlich gehöre ich zu den Menschen, die das Glas immer nur halb voll sehen. Ich möchte gerne einen Weg finden, glücklicher und zufriedener zu sein.

Wenn wir an der Oberfläche auch noch so ruhig erscheinen, lauern darunter, wie im Meer, emotionale Strömungen, die uns mit unterschiedlicher Temperatur und Stärke durchfließen.

Gefühle können an die Oberfläche sprudeln. Sie können uns erfassen und in einen Strudel hineinziehen. Sie sind mit einem Eisberg vergleichbar, kalt, gefroren und meistenteils unserer Aufmerksamkeit verborgen. Sie können unsere ganze Energie rauben, uns krank machen und scheinen immer dann aufzutauchen, wenn wir sie am wenigsten brauchen können.
Die emotionalen Strömungen sind sehr komplexer Natur, so daß sie uns vor so manches Rätsel stellen. Mal sind wir besonders gut, ein andermal besonders schlecht gelaunt, und dabei haben wir nicht die geringste Ahnung, warum wir so empfinden. Viele Faktoren bestimmen, wie wir uns fühlen: genetische Veranlagung, Botenstoffe im Gehirn, Hormone, die Lichtmenge, der allgemeine Gesundheitszustand, soziale, finanzielle und seelische Kräfte, um nur einige wenige zu nennen.
Gefühle sind wichtig, und manchmal fällt es uns schwer, mit ihnen umzugehen. Sie spielen eine zentrale Rolle dabei, ob wir uns nun leicht und wie von Flügeln getragen fühlen oder niedergeschlagen und so, als laste das ganze Gewicht der Welt auf unseren Schultern.
Das Wort »Emotion« stammt vom lateinischen *movere* in der Bedeutung »bewegen«. Tief im Gehirn sind unsere Emotionen angelegt, und sie regen sich lange bevor unsere Denkfähigkeit einsetzt. Von ihnen gehen unmittelbare Handlungsimpulse aus. Angst läßt uns auf der Hut und bereit sein, zu rennen oder sonstwie auf eine Gefahr zu reagieren, Zorn erfüllt uns mit der nötigen Kraft, es mit dem Gegner aufzunehmen, Traurigkeit läßt uns still werden und nach innen gekehrt, so daß wir mit der Enttäuschung, dem Tod oder anderen Verlusten umgehen können. Die Liebe gibt dem Leben Schwung, sie zieht uns zu anderen hin in liebevoller Zuwendung und Fürsorglichkeit, Freude läßt unsere Energien anschwellen und treibt uns dazu an, im Leben positiv voranzuschreiten.
Gefühle hat zwar jeder, doch wie wir sie aus unserer Persön-

lichkeit heraus erleben und darauf reagieren, ist jeweils sehr unterschiedlich. Das hängt von unserer biologischen Veranlagung, der Lebenserfahrung, den Gewohnheiten und unseren Launen ab. So entschließt sich der eine, wenn er Angst hat, aufgrund seines Persönlichkeitsmusters zu Widerstand und Kampf, der andere hingegen zur Flucht. Wieder ein anderer setzt sich hin und meditiert über das Gefühl. Unsere Emotionen leisten also nicht nur einen Beitrag zur Schaffung und Formung unserer Persönlichkeit, sondern werden ihrerseits von der Persönlichkeit erschaffen und geformt.

Wegen der Komplexität unserer Emotionen und der Schwierigkeit herauszufinden, was sie bedeuten und wie man ihnen begegnen soll, gelingt es uns häufig nicht, mit unseren Gefühlen auf gesunde Art und Weise umzugehen. Was immer wir aber mit unseren Emotionen anstellen – es wirkt sich auf alle Aspekte unserer Lebens einschließlich unserer Spiritualität aus.

Mit Emotionen falsch umgehen

Die emotionale Intelligenz* (die eigenen Gefühle kennen, Einfühlungsvermögen in die Gefühle anderer haben, Emotionen sinnvoll nutzen und vollständig verarbeiten) steht in enger Beziehung zum Erfolg sowohl im äußeren Leben zwischen Karriere und Pflichten als auch in unserer inneren Welt der Spiritualität. Dennoch kommt es immer wieder vor, daß wir gelegentlich falsch mit unseren Emotionen umgehen; dies geschieht im Prinzip auf zwei verschiedene Weisen:

1. **Wir meiden unsere Emotionen.** Haltung zu bewahren gilt in vielen Gesellschaftsformen immer noch als eine bewundernswerte Eigenschaft, weil Emotionen mit der Erreichung

* Siehe Daniel Goleman, *Emotionale Intelligenz* zur weiterführenden Lektüre.

unserer Ziele und Alltagsverrichtungen kollidieren können. Besonders ausgeprägt ist die Verleugnung und Vermeidung von Emotionen in Geschäftsleben, Sport und Krieg, weil hier die emotionale Beherrschung von ausschlaggebender Bedeutung für das Überleben und Siegen ist. Sprüche wie »Jetzt erst recht« oder »Nur keine Schwäche zeigen« verführen uns dazu, unsere Gefühle zu verleugnen, nur um zu siegen und Erfolg zu haben.

Emotionale Beherrschung ist unbestreitbar wichtig und ein Zeichen von Reife. Trotzdem empfinden wir allzuoft unsere Emotionen als lästig, peinlich oder als Anzeichen von Verwundbarkeit und Schwäche. In vielen Fällen reagieren Eltern auf die Gefühle ihrer Kinder, indem sie sie zur Emotionsvermeidung anhalten oder sie davon überzeugen, daß sie eigentlich etwas ganz anderes empfinden müßten. Lehrer oder andere Bezugspersonen sagen dann Dinge wie: »So fühlst du dich doch nicht wirklich?« oder »Du bist doch nicht wirklich böse auf Tante Margie, nicht wahr, nach allem, was sie immer für dich getan hat? Du liebst Tante Margie doch, nicht wahr?« oder »Wie kannst du nur so fühlen?« oder »Du hast kein Recht, so aufgebracht zu sein!«

Kinder werden normalerweise gescholten, ins Zimmer geschickt oder anderweitig bestraft, wenn sie negative Emotionen wie Zorn zeigen oder aus Traurigkeit oder Angst heraus weinen. Millionen von Menschen wachsen also mit der Vorstellung auf, daß es etwas Anstößiges ist, Gefühle zu haben, daß viele Gefühle schlichtweg unakzeptabel sind und daß sie sie mithin nicht in ihrem ganzen Ausmaß beziehungsweise nur in angemessenem Rahmen empfinden sollten.

Anstatt unsere Emotionen bewußt wahrzunehmen und richtig mit ihnen umzugehen, lernen wir, sie zu vermeiden und in Schach zu halten, koste es, was es wolle. Uns wird beigebracht, die Emotionen einfach zu ignorieren und zu unterdrücken.

Folglich haben wir im Erwachsenenalter häufig auch nur eine geringe, begrenzte oder gar konfuse Vorstellung von dem, was wir wirklich fühlen.

Das Ignorieren und Unterdrücken von Gefühlen führt jedoch unglücklicherweise nur allzuoft zu Depressionen, Ängsten, sexuellen Störungen, übermäßigem Essen, Trinken, Einkaufen und Drogenmißbrauch sowie vielen anderen Problemen, die symptomatisch für eine Mißachtung und unsachgemäße Verarbeitung unserer tatsächlichen Gefühle sind.

Wer seine Gefühle immer unter Kontrolle hält, dem fällt vielleicht das Aufstehen am Morgen ausgesprochen schwer. Womöglich kommt er dann den ganzen Tag über nicht richtig in Schwung. Das rührt einfach daher, daß die Persönlichkeit enorm viel Energie aufwendet, um gegen die starken Gefühle anzukämpfen und sie daran zu hindern, ins Wachbewußtsein aufzusteigen. Solche Anstrengungen (obwohl man kaum bemerkt, daß man sie überhaupt macht) rauben uns unsere Energie und erschweren uns noch zusätzlich das Leben. Ein Kind mag beispielsweise wütend auf einen Elternteil sein. Hat es aber Angst, diesem Zorn Ausdruck zu verleihen (oder auch nur daran zu denken), frißt es ihn in sich hinein, um ihn womöglich in Form von übermäßiger Selbstkritik, emotionaler Verwundbarkeit oder sogar Depressionen gegen sich selbst zu wenden. Selbstmord ist häufig eine Form von verinnerlichtem Totschlag nebst der Hoffnungslosigkeit, überhaupt etwas an einer Situation ändern zu können – wir können den, auf den wir böse sind, nicht einfach umbringen, also richten wir den Zorn gegen uns selbst. Manchmal ärgern wir uns nicht über eine bestimmte Person, sondern über gewisse Umstände oder über das Leben an sich (wie kann einem so guten Menschen wie mir denn überhaupt so etwas zustoßen?).

Emotionen sind oftmals schwierig und schmerzvoll oder kommen uns ungelegen, da ist es viel einfacher, sie zu leugnen.

Wir hassen unseren Chef, aber wir müssen für ihn arbeiten. Also unterdrücken wir unseren Unwillen, damit wir uns bei der Arbeit nicht jedesmal ärgern müssen. Würden wir unseren Groll zulassen, befürchten wir vielleicht, er könne sich irgendwie in unserem Verhalten oder Auftreten niederschlagen und so unseren Arbeitsplatz gefährden. Unsere Dreizehnjährige scheint Drogen zu nehmen, doch wir wissen nicht, wie wir damit umgehen sollen. Wir gehen unseren Befürchtungen einfach aus dem Wege und ignorieren die Symptome (vielleicht gibt es sich von selbst).

Eine weitere Möglichkeit, Gefühle zu ignorieren, besteht in der Überbetonung eines anderen Gefühls. Jemand ist beispielsweise zornig oder traurig, gesteht sich dies aber nicht zu, weil es dadurch schwierig würde, sich mit sich selbst zu identifizieren. Statt dessen opfert er sich hingebungsvoll für andere auf. Zunächst klingt das sehr konstruktiv, und bis zu einem gewissen Grad ist es das ja auch. Aber das Leugnen und Meiden starker Emotionen, wie auch immer es geschehen mag, entpuppt sich häufig als Bumerang. So nehmen wir schockiert zur Kenntnis, daß ein angeblich so frommer Mensch ein Verbrechen begangen haben soll (zum Beispiel Kindesmißbrauch oder einen Verstoß gegen die eigenen Gelöbnisse, wie Ehebruch), und verstehen die Welt nicht mehr. So etwas geschieht gewöhnlich als Folge von unterdrücktem Zorn, verleugneten Sexualbedürfnissen oder Hunger nach Liebe. Ignorierte Emotionen verschwinden nicht einfach, sie brodeln unter der Oberfläche und kommen irgendwann einmal auf eine Art und Weise zum Ausbruch, die die betroffene Person selbst zutiefst erschrickt. Dann aber ist sie womöglich nicht mehr in der Lage, die geballte Kraft und zerstörerische Wirkung ihrer Handlungen unter Kontrolle zu halten, weil sich so viele unterdrückte Gefühle aufgestaut haben, daß ein trivialer Anlaß den Damm zum Bersten bringen kann.

Wir neigen mithin dazu, unsere Gefühle zu meiden, und erlegen uns damit eine schwere Bürde auf.

Die zweite Art des falschen Umgangs mit Emotionen steht der Emotionsvermeidung diametral entgegen.

2. Wir beißen uns an unseren Emotionen fest. Ähnlich wie ein Computer, der bei jedem Einschalten automatisch zu der vorgegebenen Standardeinstellung zurückkehrt, sind wir auf das eine oder andere Gefühl fixiert und kehren spontan immer wieder und wieder zu ihm zurück.

Ein jeder von uns kennt Menschen, die ausgesprochen reizbar sind. Sie sind weder krank noch von irgendwelchen Schmerzen geplagt und scheinen dennoch beim geringsten Anlaß, manchmal auch ohne jeden erkennbaren Grund, verärgert zu sein. Andere sind traurig und depressiv, selbst zu Zeiten, wo sie eigentlich froh und glücklich sein sollten. Dann wiederum gibt es Menschen, die unentwegt Nervosität ausstrahlen, ganz gleich, wie sehr sich die anderen in ihrer Umgebung auch bemühen mögen, ihnen Ruhe und Behaglichkeit zu schenken.

Solche Menschen hatten oft in früheren Zeiten guten Grund, verärgert, verletzt oder ängstlich zu sein, und ihrer Veranlagung entsprechend schlagen sie nun die eine oder andere emotionale Richtung ein: Im Laufe der Zeit wird dann das primäre Gefühl zur Gewohnheit. Tragen wir ununterbrochen eine bestimmte Emotion mit uns herum, verändert sich dadurch unser biochemischer Haushalt, so daß aus der emotionalen Gewohnheit mit der Zeit ein bio-elektrochemisches Muster wird.

Nehmen wir den Fall eines Menschen, der große Probleme während seiner Kindheit hatte. Vielleicht war er physisch unattraktiv, hatte keine Freunde. Womöglich hat er Vater oder

Mutter verloren oder ist in einer unglücklichen, von Traurigkeit geprägten Atmosphäre aufgewachsen. Vielleicht hat er auch in der Schule versagt und war mit sich selbst unzufrieden. Im Laufe der Jahre mögen sich die Umstände völlig gewandelt haben. Der eigentliche Grund der Traurigkeit mag also schon lange nicht mehr vorhanden sein, und doch bleibt das Leidensmuster weiter bestehen. Tief im Innern ist sein Herz womöglich noch verwundet und gebrochen, und er hat sich nie richtig erholt. Vielleicht hat er ein Verhaltensmuster entwickelt, sich irgendein wichtiges Bedürfnis nicht zu erfüllen und dadurch ständig neue, negative Gefühle zu erzeugen. Vielleicht findet er seine Traurigkeit auch einfach nur tröstlich, weil sie ihm so vertraut ist und er sich bei ihr »zu Hause« fühlt.

Ein solcher Mensch baut sich unbewußt sein Leben so auf, daß Traurigkeit entsteht, damit er weiterhin traurig sein kann. Ein Beispiel hierfür ist Miriam, eine Klientin aus Jonathans Therapiekreis. Sie stammte aus einer Familie, deren Eltern den Holocaust überlebt hatten. Miriams ganzes bisheriges Leben hatte sich im Kreis von Leuten abgespielt, die von schrecklicher traumatischer Traurigkeit gezeichnet waren. Kummer und Leid waren für sie etwas ganz Normales. Sie klagte zwar in der Therapiestunde über dieses Phänomen, hatte jedoch ihr eigenes Leben ebenfalls ganz und gar auf Traurigkeit ausgerichtet. Als sie mit der Therapie begann, arbeitete sie bereits seit sieben Jahren in einem Sterbehospiz. Ihre »Alltagskost« bestand also aus Schmerz, Verlust und dem Betrauern von todkranken Menschen und deren Angehörigen. Ihre gewohnheitsmäßige Traurigkeit kam ihr in ihrem Beruf sehr zustatten, denn sie konnte so eine viel größere Nähe zu ihren Patienten finden und diese besser trösten. Gleichzeitig aber konnte sie ihr eigenes Muster des ewigen Traurigseins bewahren und ausagieren – dies war die Last in Miriams Leben.

Manche Menschen können sich auch von neu entdeckten Emotionen kaum mehr lösen. Jemand weiß beispielsweise zu Beginn einer Therapie nichts von seiner Traurigkeit oder Wut, bis ihm diese im Verlauf der Behandlung bewußt wird. Anstatt sie nun zu durchleben und dann loszulassen, beißt er sich an ihr fest und verstärkt sie sogar noch zusätzlich, indem er unentwegt darauf beharrt. Er ist unfähig, sich seiner permanenten Traurigkeit oder seines Zorn zu entledigen und wühlt sich immer tiefer hinein. Dadurch erzeugt er wieder neue negative Gefühle und findet nicht mehr aus dem Sumpf heraus.

Ein Mensch kann sich auch in positiven Gefühlen verlieren und sich beispielsweise in der Liebe verstricken. Er liebt dann womöglich einen bestimmten Menschen und hält an dieser Liebe eisern fest, selbst wenn der geliebte Mensch auch noch so viele Dinge tun mag, die eine andere Beziehung schon längst hätten scheitern lassen. Eine gute Freundin von uns war ausgesprochen religiös und liebenswürdig, kaum jemals hatten wir sie böse oder zornig erlebt. Wut war für sie eine unheilige Emotion und Vergebung die einzige Art, mit Menschen umzugehen, die sie wütend machten. Seit über 50 Jahren war sie mit einem Alkoholiker verheiratet. Und erst als sich ihr Leben dem Ende zuneigte, gestand sie sich ein, sie habe immer gedacht, wenn sie ihn nur genug lieben würde, würde er sich schließlich ändern. Doch er hat sich niemals geändert, und so saß sie vor uns mit ihrem ganzen Leid. Sie hatte sich in der Liebe »festgebissen« und so die potentiell positiven Kräfte ihres Zorns verspielt, die sie möglicherweise zu einer Veränderung ihrer Lage hätten motivieren können.

In Emotionen festgefahren zu sein hat die Wirkung einer Stauschwelle, die den freien Fluß der Gefühle hemmt oder einengt. Wir können beispielsweise aus lauter Angst, einen geliebten Menschen zu verlieren, kaum noch zu echter Fürsorglichkeit finden oder so traurig sein, daß es uns schwerfällt, glücklich und froh zu sein.

Ewiger Fluß der Gefühlsströme

Wir meiden nicht nur Emotionen oder verstricken uns in sie, sondern wir und unsere Persönlichkeit erzeugen auch ständig neue. Somit müssen wir uns immerzu der Herausforderung stellen, den ewig fließenden Strömen in effizienter Form zu begegnen.

Darüber hinaus entwickeln wir noch Gefühle über unsere Gefühle. Haben wir beispielsweise Angst, so verärgert uns das möglicherweise. Ärger oder gar Zorn wiederum sind uns peinlich und lassen uns befürchten, die Kontrolle zu verlieren. Die anhaltende Komplexität unserer Emotionen führt häufig zu Verwirrung und Komplikationen, die uns herunterziehen und physische oder emotionale Probleme sowie Verhaltensstörungen auslösen können. Emotionale Bürden machen in der Tat den Hauptanteil der Last des Alltags aus, die die Menschen auf ihren Schultern tragen.

Die fünf Grundgefühle

Wir haben darüber gesprochen, daß wir Gefühle oft verleugnen oder uns darin verstricken, daß in uns ständig neue Gefühle aufgewirbelt werden und aus unseren Emotionen neue Emotionen erwachsen. Darüber hinaus unterliegen wir den unterschiedlichsten Stimmungen und Gefühlen, wie wir anhand der nachfolgenden Übersicht ersehen können.

Es ist zwar wichtig, all unsere Gefühle zu kennen und zu verstehen, doch aufgrund ihrer Vielfalt ist es sinnvoll, wenn wir uns für unsere Zwecke auf das Verständnis und die Verarbeitung der fünf wesentlichsten konzentrieren: Liebe, Freude, Traurigkeit, Angst und Wut. Wenn wir diese fünf grundlegenden inneren Emotionsströme verstehen und vollständig verar-

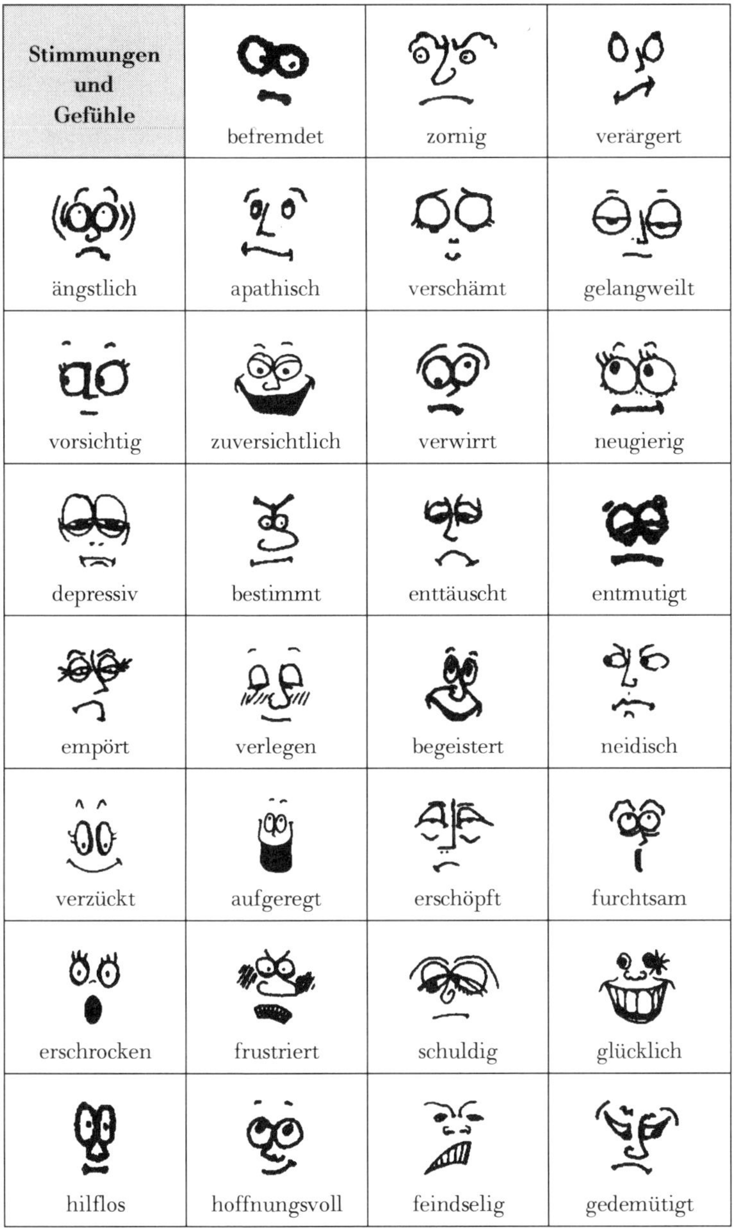
Stimmungen und Gefühle
befremdet
zornig
verärgert
ängstlich
apathisch
verschämt
gelangweilt
vorsichtig
zuversichtlich
verwirrt
neugierig
depressiv
bestimmt
enttäuscht
entmutigt
empört
verlegen
begeistert
neidisch
verzückt
aufgeregt
erschöpft
furchtsam
erschrocken
frustriert
schuldig
glücklich
hilflos
hoffnungsvoll
feindselig
gedemütigt

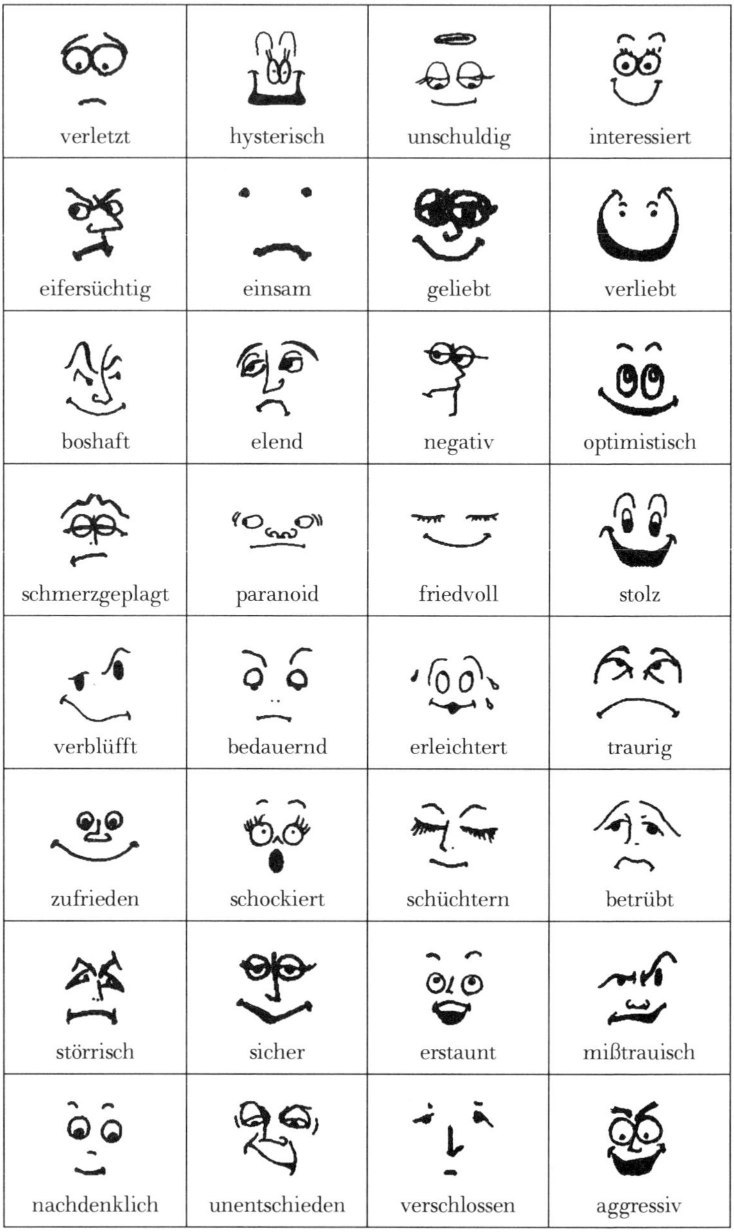
verletzt
hysterisch
unschuldig
interessiert
eifersüchtig
einsam
geliebt
verliebt
boshaft
elend
negativ
optimistisch
schmerzgeplagt
paranoid
friedvoll
stolz
verblüfft
bedauernd
erleichtert
traurig
zufrieden
schockiert
schüchtern
betrübt
störrisch
sicher
erstaunt
mißtrauisch
nachdenklich
unentschieden
verschlossen
aggressiv

beiten können, werden wir auch die anderen leichter begreifen. In dem Maße wiederum, wie wir unsere Gefühle besser verstehen, können wir sie intensiver erfahren und loslassen. Und je bewußter wir sie erfahren und loslassen können, desto mehr verbinden wir uns mit unserer Spiritualität – sind wach, gegenwärtig und im Einklang mit dem inneren Fluß der Gefühle. Beginnen wir mit der Liebe.

Liebe. *Die Bandbreite der Liebe reicht von schlichter Zuneigung und Akzeptanz, freundlicher und herzlicher Verbundenheit und Gewogenheit über Liebe, Hingabe und Vertrauen bis hin zu starker Leidenschaft, Vernarrtheit, Anbetung und schließlich zur universalen, spirituellen Liebe.*

Liebe stimuliert das Leben.

In der klassischen Kindererzählung *The Velveteen Rabbit* wird das ausgestopfte Häschen mit Leben erfüllt, wenn ein Kind es liebt. Im Kern bedeutet das: Die Liebe läßt das Häschen zur Realität werden.

In unserer materiellen Welt kann die Liebe zwar ein lebloses Objekt nicht im wörtlichen Sinne zum Leben erwecken, aber die Zauberkraft der Liebe ist mächtig und real. Wir können eine so starke und tiefe Liebe in uns empfinden, daß sie uns wie ein Wunder erscheint. Sie eröffnet uns eine völlig neue Dimension, ob es sich dabei um Liebe für einen einzelnen Menschen, die Familie und Freunde, für ein Haustier, eine Sache oder die Menschheit insgesamt handelt. Liebe ist jenes Gefühl, das uns unseren Mitmenschen am nächsten bringt und Wärme, Innigkeit und Verbundenheit in unser Leben einziehen läßt.

Der Dichter Robert Browning formulierte es so: »Nimmt man die Liebe weg, so ist die Erde ein Grab.« In der Bibel heißt es: »Gott ist die Liebe.« Spirituelle Liebe bedeutet, Akzeptanz und Mitgefühl für alles zu entwickeln, was ist – ein immerwährendes Feuer des Willkommens, das alles und jedes wärmt, das

seine Glut verspürt. Liebe ist der Kern der Christusbotschaft, das Herz des Christentums. Jesus sagte: »Ich gebe euch ein neues Gebot, daß ihr einander lieben möget.«
Spiritualität kennt keine Grenzen, sie ist offen und von Liebe erfüllt. Almaas beschreibt die spirituelle Liebe mit folgenden Worten: »Ein liebender Mensch ist Liebe. Liebe wird nicht gegeben. Sie fließt über. Es ist nicht einmal deine Liebe – es ist die ineinanderwirkende Liebe eines jeden einzelnen von uns. Die Liebe strömt aus uns heraus wie der Duft aus einer Rose.«
Letztendlich hält uns die göttliche Liebe mit ihren liebenden Armen umschlungen und gibt uns die Sicherheit, damit wir uns in ihrem Schoß ausruhen können.
Doch zunächst müssen wir lernen, eine liebende Beziehung zu uns selbst aufzubauen, denn leider wachsen wir mit dem Gefühl bedingter Liebe auf: Man liebt uns unter der Bedingung, daß wir gute Noten schreiben, uns mit den anderen vertragen und den Erwartungen entsprechen. Wenn wir aber nur bedingt geliebt werden, geht die Selbstliebe verloren oder kommt erst gar nicht zur Entfaltung. Dann sind wir auch von der spirituellen Liebe abgeschnitten und fühlen uns ihrer unwürdig.
Wir können aber die Beziehung zu uns selbst verändern: Selbstliebe, Selbstverständnis, Selbstakzeptanz und Mitgefühl für uns selbst beruhigen, nähren und heilen uns. Lieben wir uns selbst und sorgen wir für uns, so können wir unsere persönliche Umklammerung des Lebens lockern und uns für eine tiefere Liebe und Fürsorglichkeit anderen gegenüber öffnen. Je mehr wir zur Ruhe kommen und für uns selbst sorgen, desto stärker empfinden wir den sprudelnden Quell in uns, aus dem Liebe strömt, wer oder was auch immer uns gerade begegnet. Sobald wir diesen Teil in uns gefunden haben, ist unsere Liebe weniger an Bedingungen geknüpft, weniger ichbezogen und universaler. Diese bedingungslose Liebe schlägt eine Brücke zwischen Persönlichkeit und Spiritualität, und in ihrer reinen

Form heilt sie uns und macht uns ganz. Wir können einfühlsam bei allem sein, was wir und unsere Mitgeschöpfe erleiden. Und aus diesem Verständnis heraus spüren wir dann, wie die Bürden des Lebens von uns genommen werden.

Freude. *Freude hat viele Nuancierungen, von schlichtem Spaß und Vergnügen, Zufriedenheit, Erleichterung und Genugtuung über Glücklichsein, Heiterkeit und Entzückung bis hin zu Begeisterung, Ekstase, Hingerissenheit und überschwenglicher Fröhlichkeit.*

Mit der Freude kommen die positiven Gefühle, die uns zum mutigen Voranschreiten im Leben beflügeln; sie können sowohl unsere Persönlichkeit als auch unsere Spiritualität ansprechen. Die Persönlichkeit ist froh, wenn sie ein Ziel erreicht hat, wie den Schulabschluß, den Sieg im Spiel oder eine Beförderung. Wir sind glücklich und erleichtert, wenn etwas nicht eintritt, vor dem wir Angst hatten, oder unser Kind sich von einer Krankheit erholt. Die Persönlichkeit fühlt sich also wohl, wenn ihr Freude und Genugtuung widerfahren und ihr Schmerz, Frustration und Enttäuschung erspart bleiben. Doch alle persönlichkeitsbezogene Freude ist vergänglich.

Die spirituelle Freude bringt uns Zufriedenheit und innere Ruhe, wie sie unserem elementaren Sein entsprechen, ein Gefühl des Glücks ob der bloßen Tatsache, in diesem Augenblick wach und lebendig zu sein. Rajneesh beschreibt das mit folgenden Worten: »Warum bin ich froh und glücklich? Was habe ich bekommen, was du nicht bekommen hast? Warum bin ich gelassen und ruhig? Habe ich etwas erreicht, was du noch erreichen mußt? Nein, ich habe einfach im Sosein zur Ruhe gefunden.« Spirituelle Freude stellt sich ein, sobald wir im gegenwärtigen Augenblick zur inneren Ruhe finden und das Leben so nehmen, wie es gerade ist.

Wut. *Aggressive Gefühle reichen von kleinen Enttäuschungen, Gereiztheit, Verstimmung, Ungeduld, Groll und Verärgerung über Feindseligkeit, Entrüstung und tiefe Abneigung bis hin zu regelrechtem Haß, zu Wutausbrüchen und Raserei.*

Wut kommt in erster Linie aus der Persönlichkeit. Bekommen wir beispielsweise nicht, was wir wollen, so sind wir enttäuscht und verärgert. Sind wir in unseren Gefühlen verwundet und unterdrücken unsere Verletzbarkeit, führt das leicht zu Gereiztheit und Anspannung. Wütende Gefühle stellen sich auch in Momenten der Angst ein, wenn wir verwundet oder angegriffen werden oder uns in physische beziehungsweise emotionale Gefahr begeben. Aus Furcht vor Leid und Tod überdecken wir womöglich unsere existentielle Angst mit dem Mantel der Gereiztheit oder gar mit heftigem Zorn.

Wut kann uns einen wirksamen Energieschub geben, der uns zur Nutzung all unserer physischen und mentalen Ressourcen antreibt, um uns selbst zu schützen und alles bedrohlich Wirkende zu besiegen und abzuwehren.

Wut haben wir alle schon einmal auf mehr oder weniger intensive Art und Weise erlebt. Der Dalai Lama gesteht: »Manchmal werde ich regelrecht böse [...], kleine, winzige Dinge lösen Zorn in mir aus [...], wenn Mitarbeitern ganz unbedeutende Fehler unterlaufen, also sie beispielsweise eine unvollständige oder ungenügende Arbeit abgeben, dann ärgert mich das über die Maßen. Ich benutze dann auch harte Worte! [Er lacht.] Doch das Gute dabei ist, es hält nie lange vor. Es kommt, und es geht.«

Das Problem liegt nicht so sehr in der Wut selbst als vielmehr in unserer Einstellung dazu. Unterdrücken oder leugnen wir sie, hält sie länger an und kann sich sogar verstärken (was den Umgang mit ihr noch problematischer werden läßt), sie versperrt uns dann gleichsam den Weg zur inneren Ruhe, zu dem Frieden unserer Seele.

Haben wir uns andererseits im Zorn richtig festgefahren, füttern und nähren ihn gar, kann das zu Depressionen (wenn sich die Wut gegen uns selbst richtet) oder aggressiven Ausbrüchen (wenn sich die Wut gegen andere und die äußere Welt richtet) führen. Und sowohl Depressionen als auch aggressive Ausbrüche schaden unserer Gesundheit, unserer inneren Zufriedenheit und unseren Beziehungen.
Verstehen wir hingegen unsere Wut, gelingt es uns vielleicht, dem nicht erfüllten Wunsch nachzukommen, der die Frustration ausgelöst hat, oder die der Wut zugrundeliegende Angst zu zerstreuen. Sind wir in der Lage, unseren Zorn zu erkennen, können wir ihn wahrnehmen, wenn die Verstimmung oder Verärgerung noch ganz gering und damit noch sehr viel leichter zu verarbeiten und loszulassen ist. Wir werden bald lernen, wie wir uns diesen Prozeß zur Verarbeitung von Emotionen zunutze machen können.
Wut ist zwar in der Regel persönlichkeitsbezogen, sie kann aber auch aus dem GEIST geboren sein. Beispielsweise sind wir mit Recht entrüstet, wenn einem Kind etwas angetan oder ein Tier vernachlässigt oder schlecht behandelt wird. Unser Einfühlungsvermögen, Mitgefühl und die Verbundenheit mit anderen Lebewesen läßt uns am Leid anderer teilhaben, und so kann in uns ganz natürlich unpersönlicher Zorn aufkommen.
Der Schriftsteller Robert Louis Stevenson ging eines Tages spazieren und sah, wie ein Mann auf einen Hund einschlug. Daraufhin brüllte er ihn an: »Hören Sie sofort damit auf!« Der Mann entgegnete: »Was fällt Ihnen ein! Es ist schließlich mein Hund, und ich kann damit tun, was ich will.« »Nein, mein Herr!« schrie Stevenson, »es ist Gottes Hund, und ich bin hier, um ihn zu beschützen!« In Stevenson war ein natürlicher Zorn entflammt, der ihn automatisch antrieb.
Jesus' Zorn über die Geldwechsler im Tempel oder Moses' Wut über die Kinder Israels, als sie das Goldene Kalb anbeteten, sind

weitere Beispiele eines rechten oder spirituellen Zorns. Wer von uns sah sich nicht schon einmal zum Eingreifen genötigt, als er voller Entrüstung mit ansehen mußte, wie jemand einen anderen Menschen, ein Tier oder unsere Umwelt mißhandelte? Wut ist zwar etwas ganz Natürliches, dennoch lehren fast alle Religionen, sie zu meiden und statt dessen Liebe, Mitgefühl, Verständnis und Vergebung aufzubringen.

- Im Hinduismus: *»Wer den Groll ablegt, erreicht Gott.«*
- Im Judaismus: *»Wer nicht leicht erzürnt, hat großes Verständnis.«*
- Im Christentum: *»Laß die Sonne nicht über deinem Zorn untergehen.«*
- Im Schintoismus: *»Lassen wir ab von Zorn und wütenden Gesten.«*
- Im Islam: *»Vergelte Böses mit Gutem.«*
- Im Buddhismus: *»Erobere durch Liebe.«*
- Im Taoismus: *»Die Liebe wird sicher obsiegen.«*

Wut schafft Trennung, Liebe und Vergebung schaffen Nähe. Eines der großen Probleme, unter dem viele Anhänger der etablierten Religionen leiden, besteht jedoch in der vorzeitigen Vergebung, dem Bemühen also, nie zornig oder wütend zu sein. Mit dem Vorsatz, das vom GEIST her »Richtige« zu tun, halten Millionen von Menschen die andere Wange hin. Sie vergeben und vergessen, ohne ihrer Wut die Möglichkeit eingeräumt zu haben, aus ihrem Körper herausgespült zu werden. Das Ergebnis ist eine kompromißhafte Vergebung, die halbherzig und unvollständig erfolgt, denn die Wut lauert im Hintergrund. Nach innen gekehrt, verwandelt sie sich in Selbstkritik und Unterdrückung des eigenen Selbst. Nach außen hin zeigt sie sich in Groll, Zynismus, Ungeduld und Gereiztheit. Das Ziel, das alle im Auge haben, ist richtig, nur die Methode, um es zu erreichen, ist falsch, und die Ergebnisse sind alles andere als wünschenswert.

Besser, man akzeptiert, daß das Leben enttäuschend sein und uns ärgerlich und wütend machen kann, als den Zorn ständig zu unterdrücken. Wichtig ist, ihn im Ansatz zu erkennen, unser Verhalten unter Kontrolle zu haben und das Gefühl selbst genau zu verstehen, richtig zu verarbeiten und auszugleichen, um die Wut so zu transzendieren.

Sind wir über eine Sache so verärgert, daß Handlungsbedarf entsteht, dann müssen wir natürlich auch etwas tun und uns beispielsweise für bedrohte Kinder, Tiere oder Pflanzenarten einsetzen. Und wenn wir unseren Zorn solchermaßen verarbeiten und für einen guten Zweck nutzen, legen wir viel Gewicht ab und lassen unsere Spiritualität noch stärker heraustreten.

Traurigkeit. *Traurigkeit reicht von leichter Bedrückung oder Niedergeschlagenheit, Enttäuschung und Betrübnis über Unglücklichsein, Bekümmertheit bis hin zu starken Depressionen, Hoffnungslosigkeit, Aussichtslosigkeit, Verzweiflung und Lebensmüdigkeit. Traurigkeit kann auch aus der spirituellen Feinfühligkeit für die Leiden von Menschheit und Natur herrühren.*

Wir Menschen sind verletzliche Geschöpfe und sind alle irgendwann einmal mehr oder weniger traurig. Das Leben ist unstet und unterliegt einem ständigen Wandel. Zwangsläufig entspricht nicht immer alles unseren Vorstellungen, und so sind wir meistens zumindest ein bißchen enttäuscht. Ein jeder von uns erlebt hautnah Enttäuschungen, Niederlagen, Fehlschläge, Kritik und das Sterben geliebter Menschen und am Ende den eigenen Tod – es gehört einfach zum Menschsein dazu. Millionen von Menschen sind in der Tat tief verletzt, verzweifelt und deprimiert.

Gleichzeitig begibt sich unser von Fürsorglichkeit und Mitgefühl erfülltes Herz auf Wanderschaft in die weite Welt des

Leids, wenn uns die Medien tagtäglich den Schmerz und die Hoffnungslosigkeit der Menschheit aufs lebhafteste vor Augen führen.

Und damit nicht genug! Hinzu kommt noch das, was Almaas als »Loch der Liebe« und als »die tiefe Wunde« beschreibt. Diese Art von Traurigkeit rührt vom Verlust unserer eigenen Selbstliebe her und entsteht gewöhnlich dann, wenn wir an äußeren Normen und Idealen gemessen werden, uns unzulänglich oder unangenommen fühlen, unser Potential nicht voll entfalten und die uns innewohnende spirituelle Natur nicht verwirklichen und manifest werden lassen.

Traurigkeit ist ein natürliches, universales Gefühl. Eine Frau kam einmal zum Buddha und berichtete, ihr Kind sei gestorben, und sie sei nun völlig verzweifelt. Könne er wohl etwas für sie tun? Der Buddha wies sie an, von Haus zu Haus zu gehen und denjenigen ausfindig zu machen, der bisher noch von keinem schmerzlichen Verlust betroffen war. Als die Frau so von einem Haus zum nächsten kam, wurde ihr eine traurige Geschichte nach der anderen erzählt. Sie gelangte schließlich zu der Erkenntnis, daß alle gleichermaßen von Traurigkeit und Verlust betroffen sind.

Weil Traurigkeit etwas Unangenehmes ist, ist es nur natürlich, daß man sie zu meiden sucht. Das Unterdrücken und Leugnen von Traurigkeit aber läßt uns am Leid und an den Bürden des Lebens festhalten. Traurigkeit kann sich dann wie eine Infektion festsetzen und unsere Energien verzehren, solange wir alles tun, um das Leid zu beherrschen und es in Schach zu halten. Um damit zurechtzukommen, arbeiten wir vielleicht mehr und demonstrieren so Geschäftigkeit, oder wir essen mehr, greifen zu Medikamenten, zu Drogen oder zur Flasche oder stürzen uns in Einkaufsorgien. Womöglich schlägt unsere Traurigkeit auch in Gereiztheit um, oder wir inszenieren einen Wirbel von Aktivitäten rings um uns herum, der uns von unse-

rem Kummer ablenkt und unsere spirituelle Achtsamkeit, Präsenz und Entfaltung blockiert.
Wenn wir lernen, stark genug zu sein, um unserer Traurigkeit zu begegnen, können wir auch die Gefühle richtig verarbeiten. Öffnen wir uns für unsere Traurigkeit und lassen wir sie los, entsteht ein Gefühl von Lebendigkeit, Anteilnahme, Fürsorglichkeit und Nähe zum Leben.

Angst. *Angst reicht von leichter Beunruhigung und Nervosität, Verzagtheit, Vorsichtigkeit, Beklommenheit und Argwohn über Angespanntheit, Aufgeregtheit, Ängstlichkeit, Zitterigkeit, Furchtsamkeit und Beklemmung bis hin zu Grauen, Furcht und Schrekken, Panik und Hysterie.*
Unfälle passieren, Verbrechen sind eine Realität, Körper werden alt und krank, und keiner von uns wird lebendig aus dem Leben scheiden. Die Nachrichten führen uns ständig all die Scheußlichkeiten vor Augen, die die Zukunft für uns in petto hält, und wir alle leben in permanenter Unruhe und Angespanntheit hinsichtlich der physischen Sicherheit und Geborgenheit von uns selbst und den uns nahestehenden Menschen. Darüber hinaus muß unser Ego immer wieder Verletzungen durch Fehler, Unannehmlichkeiten, Enttäuschungen und Fehlschläge hinnehmen, und so sind wir permanent auf der Hut vor dem nächsten Fauxpas, Versagen oder Rückschlag.
All diese Sorgen und Unsicherheiten münden in einer existentiellen Angst, die ständig im Hintergrund unseres Lebens mitschwingt. Sie ist es, die uns vom GEIST abspaltet und Unsicherheit und Getrenntheit schafft, ob wir es nun bewußt wahrnehmen oder nicht.
Wir können unserer Furcht und Angst ins Auge sehen oder sie einfach ignorieren. Ängste kann man überdecken, indem man sie hinter übermäßiger Arbeit, viel Alkohol, Vergnügen ohne Ende oder einer materialistischen Lebenseinstellung verbirgt.

Wir können uns aber auch der Situation nach bestem Wissen und Gewissen stellen und lernen, unsere Angst richtig zu verarbeiten, so daß sie kommen und gehen kann.
Nach den religiösen Lehren sollen wir unsere Ängste durch das Vertrauen in Gott (Jesus, Buddha, Mohammed, den Großen Geist ...) abbauen. Wir sind aus dem GEIST gemacht, also können wir immer auf die Hilfe und Unterstützung des GEISTES zählen. In den biblischen Psalmen heißt es: *»Muß ich auch wandern in finsterer Schlucht, ich fürchte kein Unheil; denn du bist bei mir, dein Stock und dein Stab geben mir Zuversicht.«* Findet die Persönlichkeit ihren Weg zum GEIST, so können unsere Ängste auf heilsame Weise besänftigt werden: Zuversicht und Zufriedenheit stellen sich ein inmitten der Stürme des Lebens.

Meine Grundgefühle

Um unseren Emotionen in rechter Weise zu begegnen und uns von ihnen zu größerem spirituellen Erwachen führen zu lassen, müssen wir zunächst unser Verhältnis zu unseren Grundgefühlen begreifen.
Um ein besseres Verständnis für unsere Gefühle zu entwickeln, sollten wir uns einmal über die fünf Grundemotionen Gedanken machen. Gehen Sie also in sich, und schreiben Sie jeweils zwei oder drei Dinge auf, die in Ihnen die folgenden Grundgefühle wecken:

Freude ______________________________

Liebe ______________________________

Traurigkeit ______________________________

Angst ______________________________

Wut ______________________________

Nachdem wir nun über unsere Emotionen eine Weile nachgedacht haben, können wir uns dem Thema zuwenden, wie wir mit ihnen richtig umgehen sollen.

Die positive Kraft unerquicklicher Emotionen

Im allgemeinen können wir mit den unerquicklichen Gefühlen von Traurigkeit, Angst oder Wut weniger gut umgehen als mit den angenehmeren wie Liebe und Freude. Unerfreuliche Gefühle sehen wir häufig als etwas Negatives an, wir fürchten uns womöglich vor ihnen, weil sie uns peinlich sind oder frustrieren. Nur selten heißen wir unsere »negativen« Gefühle willkommen. Gelingt es uns jedoch, unser Handeln unter Kontrolle zu halten und unsere Gefühle richtig zu verarbeiten, kann auch aus einer negativen Emotion eine positive Kraft erwachsen.

Durchleben wir unseren Zorn, werden die erforderlichen Energien mobilisiert, um einer Gefahr zu begegnen. So kann uns beispielsweise Wut die Kraft verleihen, aus einer Beziehung auszusteigen, die uns nicht guttut.

Unsere Ängste machen uns auf bedrohliche Situationen aufmerksam, so daß wir uns gedanklich ganz auf die potentiellen Probleme konzentrieren und effektiv damit umgehen können.

Traurigkeit kann unser Leid lindern und in uns ein Gefühl der Verbundenheit mit anderen leidgeprüften Menschen entstehen lassen. Das hilft uns, auf unserem Weg voranzuschreiten und zu einem ganzheitlicheren und glücklicheren Leben zu finden.

Weinen wir, so werden Öle, Salze und die durch starke Emotionen freigesetzten Streßhormone hinweggespült, Tränen klären und reinigen unseren Körper.

Wenn wir unerquickliche Emotionen konstruktiv nutzen, verhilft uns das zu einer positiven Kraft. Haben wir erst einmal unsere unerfreulichen Gefühle vollständig verarbeitet, erschließen wir uns damit vor allem einen weiteren Weg zur Entfaltung und Entspannung unserer Persönlichkeit, dadurch wiederum wird unsere Spiritualität zum Erblühen gebracht.
Ein Großteil aller religiösen Menschen meidet und leugnet jedoch jegliche Art von »Negativität«, ebenso wie alles Unerfreuliche und versucht, sich darüber zu erheben und so zu tun, als seien wir nichts als Spiritualität. Doch dieses Negieren stellt sich einer konstruktiven Beziehung zu den unserer Spiritualität innewohnenden erquicklichen Emotionen in den Weg. Mit Leugnen und Unterdrücken errichten wir lediglich eine Barriere zwischen uns und der Vollständigkeit unseres Seins. Und wir verwehren uns damit die Erfahrung eines Teiles dessen, was wir sind. Durch das Verwerfen von allem Unangenehmen kommt es zu einer Spaltung in uns selbst, die die Persönlichkeit stärkt und den GEIST unterdrückt.
Wie wir sehen werden, gibt es viele Möglichkeiten, um unerquicklichen Emotionen zu begegnen und sie zu verarbeiten, ohne dabei eine innere Barriere zu errichten.

Die Emotionen vollständig verarbeiten

Die Methode zur richtigen Verarbeitung von Emotionen im Rahmen der Geistigen Diät umfaßt:

1. Richtiges Verarbeiten von Emotionen.
Wie wir uns erinnern, wird in Kapitel 5 der Verarbeitungsprozeß in fünf Stufen dargestellt: achtsam und gegenwärtig sein, die Emotion erfahren, sie loslassen und sich dem öffnen, was als nächstes kommt.

Um unsere Gefühle vollständig verarbeiten zu können, müssen wir das im jeweiligen Augenblick in uns vorherrschende Gefühl kennen (je früher wir es erkennen und je rechtzeitiger wir es zu »verarbeiten« beginnen, desto besser), uns darauf einlassen, bewußt bei diesem Gefühl gegenwärtig zu sein, es in unserem Körper fühlen und erfahren, es dann loslassen und uns dem nächsten Gefühl gleicher oder anderer Art öffnen.
Wenngleich unsere Persönlichkeit nach guten oder positiven Gefühlen lechzt und den schlechten oder negativen aus dem Weg zu gehen versucht, ist es aus spiritueller Sicht dennoch unwichtig, ob ein Gefühl »gut« oder »schlecht« ist, wichtig ist allein unser Verhältnis zu den Gefühlen. Mit zunehmender Praxis wird der Verarbeitungsprozeß bald zu einem natürlichen Fluß von Gefühlen, der der Persönlichkeit die Möglichkeit gibt, ihre Umklammerung zu lösen, und die Spiritualität mehr in den Vordergrund treten läßt.

Jetzt, in diesem Augenblick, bei diesem Atemvorgang, wird mir bewußt, wie aufgeregt ich bin und wie sehr ich mich darüber freue, einen kleinen Hund zu bekommen. Ich lasse meinen ganzen Körper an dieser Freude teilhaben, unterdessen steigt mein Energiepotential, ein Lächeln umspielt meinen Mund, und vor lauter Begeisterung drehen sich meine Gedanken im Kreise. In meinem Kopf schwirren Bilder von tatsächlich existierenden oder imaginären Hundebabys aller Zeiten. Ich atme und bin vor Freude wie elektrisiert. Ich atme mit diesem Gefühl und kann es dann loslassen, um mich dem nächsten neuen und unbekannten zu öffnen.

Den Ergebnissen von Untersuchungen zufolge wird uns leichter ums Herz, sobald wir uns von negativen Stimmungen lösen und voranschreiten. Doch bevor wir die »schlechten« Gefühle nicht kennengelernt haben, können wir sie auch nicht fortschicken.

Ein wenig angst und bange wird mir nun doch, wenn ich daran denke, wie der kleine Hund demnächst meine neuen Schuhe anknabbern und den teuren Tisch verkratzen wird. Ich atme ein und atme aus, dabei spüre ich, wie dieses Gefühl in meine verspannten Nackenmuskeln sinkt, mir die Brust zuschnürt und meine Atmung einengt. Ich schaue meine sorgenvollen Gedanken an, in denen ich bereits probe, wie ich am besten mit dem destruktiven Verhalten meines Hundes fertig werde. Ich kann meine Besorgnis physisch spüren und sie loslassen, damit werde ich frei und offen für neue Gefühle, die in mir aufsteigen, selbst wenn es sich dabei um die gleiche Freude oder Sorge handeln sollte.

Wir nehmen uns die Zeit, aufmerksam zu sein und die Gefühle zu erfahren, ob sie nun positiv, neutral oder negativ sind. Wir betrachten sie, ohne an ihnen festzuhalten, lassen sie los und öffnen uns dem, was danach kommt. Wir fühlen und lassen los, bleiben offen und bereit. Natürlich können genau die gleichen Gefühle sofort wieder präsent sein, schon im nächsten Augenblick. Doch ganz gleich, was auch kommt – wir vermeiden jede Zurückweisung und jedes Festhalten. Unsere Spiritualität begrüßt alles, was da ist, und läßt die Gefühle kommen und wieder gehen.

2. Richtiges Verarbeiten der Emotion durch Ausgleich des Überbetonten mit dem Übersehenen.

Aufgrund unserer persönlichen Veranlagung und Lebenserfahrung sind wir mit dieser oder jener Emotion auf vertrauterem Fuß, während wir andere meiden oder einfach übersehen. Manche Menschen scheinen immer ungehalten, andere eher ängstlich und wieder andere traurig zu sein. Wer von Wut geprägt ist, dem sind Gefühle von Zufriedenheit und Glück im allgemeinen fremd, während ängstliche Menschen Sicherheit und Geborgenheit und traurige oft die Freude übersehen.

Bewerten wir einmal unser typisches Verhältnis zu jedem dieser Grundgefühle anhand einer Skala, die von »übersehen« (das also, was wir zu fühlen vermeiden und versäumen) bis »überbetont« (das, was wir häufig oder gewohnheitsmäßig fühlen) reicht. Überlegen Sie, und kreuzen Sie in der nachfolgenden Skala an, wo Sie sich selbst sehen:

Meine **Freude** wird normalerweise

☐ übersehen ☐ richtig gehandhabt ☐ überbetont

Meine **Liebe** wird normalerweise

☐ übersehen ☐ richtig gehandhabt ☐ überbetont

Meine **Wut** wird normalerweise

☐ übersehen ☐ richtig gehandhabt ☐ überbetont

Meine **Angst** wird normalerweise

☐ übersehen ☐ richtig gehandhabt ☐ überbetont

Meine **Traurigkeit** wird normalerweise

☐ übersehen ☐ richtig gehandhabt ☐ überbetont

Wie schon gesagt, sind wir manchmal auf diese oder jene Emotion fixiert, während wir eine andere gewöhnlich meiden. Ist unsere emotionale »Standard-Einstellung« auf »traurig«, »ängstlich« oder »wütend« programmiert, fühlen wir uns emotional aus dem Gleichgewicht und mit einem Teil unverarbeiteter Gefühle allein gelassen. Doch wir können das Problem beheben, *indem wir das Überbetonte mit dem Übersehenen ausgleichen.*

Räumen wir beispielsweise der Traurigkeit zu viel Platz in unserem Leben ein (aus einer schmerzlichen, schrecklichen Erfahrung, genetischer Veranlagung oder Gewohnheit heraus, so wie bei Miriam, von der an anderer Stelle berichtet wurde, die bei Überlebenden des Holocaust aufwuchs und für die Traurigkeit gewissermaßen zum täglichen Brot gehörte), dann können wir uns zum einen den Verarbeitungsprozeß (achtsam und präsent sein, bewußt erfahren, loslassen und sich für das nächste Gefühl öffnen) zunutze machen und zum anderen unsere übermäßige Traurigkeit mit Freude zu kompensieren versuchen (oder mit dem jeweiligen Gegenpol des Gefühls, in dem wir uns festgefahren haben).

Miriam kam zu dem Entschluß, ihrem allzu großen Kummer ein besseres Gefühl entgegensetzen zu müssen. Also lenkte sie ihr Augenmerk von jetzt an auf die Tatsache, daß der Zweite Weltkrieg zwar Millionen von Menschen in großes Leid und Unglück stürzte, doch nun vorüber sei und für sie keine Gefahr mehr darstelle, wie damals für ihre Eltern. Sie begann, in ihrer Umgebung nach echten Gründen Ausschau zu halten, die ihr Anlaß zu Freude gaben. Und sie entdeckte eine ganze Reihe davon: ihr Ehemann Norman und ihr sechsjähriger Sohn Noah, die sie beide von ganzem Herzen liebte, daß sie allesamt gesund waren und jeden Tag genug zu essen hatten ...

Oder hier ein weiteres Beispiel: Sind wir in Furcht und Angst verstrickt, so können wir Gefühle der Sicherheit und des Geborgenseins in uns aufbauen, indem wir auf wirklich sichere Aspekte des Lebens achten, die unsere Persönlichkeit normalerweise als selbstverständlich hinnimmt und somit übersieht. Wir stellen fest, wie oft wir uns in der Vergangenheit unnötig Sorgen gemacht und sich unsere Ängste als unbegründet erwiesen haben (wahrscheinlich in 99 Prozent aller Fälle), wir bemerken die guten Schlösser an unseren Türen, wir meiden Nachrichten und Filme, die nichts als Angst, Unsicherheit und Furcht verbreiten.

Wir wollen hier nicht vorschlagen, die Wirklichkeit zu ignorie-

ren (der Verarbeitungsprozeß taucht uns ohnehin voll und ganz in die Realität ein), sondern solchen Gefühlen entgegenzuwirken, die wir übertreiben, und dafür jenen, denen wir aus dem Weg gehen, mehr Beachtung zu schenken.
Wenn wir also, wie Miriam, zu übermäßiger Traurigkeit neigen oder permanent auf Depression programmiert sind, sollten wir uns nach kleinen oder großen Anlässen zur Freude und zum Glücklichsein umsehen. Ist uns ein Gefühl fremd, dann sollten wir diesem Gefühl unsere ganz besondere Aufmerksamkeit widmen. Halten wir also zunächst Ausschau nach den kleinen Glücksgefühlen, wie Zufriedenheit, Genugtuung, Erleichterung. Werfen wir unseren Blick auf die guten Gefühle, die wir in der Regel als gegeben hinnehmen: daß wir beispielsweise gesundheitlich wohlauf sind, daß wir einen guten Freund haben, daß unser Kind in der Schule prima mitkommt, daß wir eine Arbeit haben, die uns die laufenden Kosten zu decken und das Essen auf den Tisch zu bringen hilft.
Oder nehmen wir uns etwas vor, das uns Freude und Zufriedenheit bringt und das Feuer übermäßigen Unbehagens löscht, wie Besuche bei Freunden und der Familie machen, beschwingte Musik hören, jemandem helfen, ein gutes Buch lesen, einen lustigen Film ansehen, eine Aufgabe pflichtgemäß erledigen, sich hübsch anziehen und zurechtmachen, einen langen Spaziergang im Park machen.
Gelangen wir zu der Erkenntnis, daß wir die Wut überbetonen, können wir neben dem richtigen Verarbeiten dieses Gefühls unseren Blick dahin lenken, wo uns Liebe, Zuwendung, Wärme und Nähe entgegengebracht werden, wir dies aber als selbstverständlich hinnehmen. So können wir von unserem bisherigen Weg abweichen und beginnen, Beziehungen und Gefühle voller Nähe zuzulassen und zur Entfaltung zu bringen.
Andrew, den wir bereits erwähnten, wuchs in einer kalten, materialistischen Welt auf, und als seine Frau die Scheidung ein-

reichte, kam er zu uns, weil er Hilfe brauchte, um mit seiner Wut fertig zu werden. Nachdem Andrew gelernt hatte, seinen Zorn bereits im Frühstadium der Entstehung zu erkennen, zeigten wir ihm, wie man ihn richtig verarbeiten und loslassen kann. Dann besprachen wir mit ihm die Notwendigkeit, seine gewohnheitsmäßige Wut mit positiveren Gefühlen auszugleichen. Andrew gestand uns, daß er seine Frau und die Kinder sehr liebte, jedoch nicht ohne weiteres Zugang zu diesen Gefühlen habe und sie schon gar nicht zeigen könne (außer in seiner Rolle als Versorger der Familie).

Also stieg er in die Geistige Diät ein. In Andrews Fall war es unrealistisch, mit dem Sicheinstellen auf ein intensives Liebesgefühl zu beginnen. Er mußte bei dem anfangen, was er wirklich empfinden konnte, nämlich Zuneigung, Fürsorglichkeit und Freude. Also begann er mit einem Rezept aus bewußter, gegenwärtiger Atmung, kombiniert mit wenig intensiven, aber herzlichen Gefühlen für die wenigen Menschen, die ihm wirklich etwas bedeuteten. Mehr und mehr wurde ihm klar, wie sehr er seine Frau, seine Kinder und seinen Hund mochte, brauchte und um sich haben wollte. Schon nach drei Monaten hatte er enorme Fortschritte gemacht und empfand diese positiveren und innigeren Gefühle längst nicht mehr als so bedrohlich oder unangenehm. Seine Frau entschloß sich, ihm noch eine Chance zu geben. Sie zog die Scheidung zurück, meinte aber, er müsse diesen Entwicklungsprozeß unbedingt fortführen.

Im Falle der Überbetonung von Schuld oder Scham können wir nach Möglichkeiten suchen, uns selbst zu stützen und im Einklang mit unserer elementaren Gutheit zu handeln, indem wir unseren eigenen Wert anerkennen und unser Leben entsprechend gestalten. Wir können Wege suchen, um vergangenes Unrecht wiedergutzumachen, und auf diese Weise vor uns selbst Vergebung finden. Dann haben wir größere Achtung vor uns selbst, und wir fühlen uns wohler, weil wir einige von den Bürden abstreifen konnten, die wir die ganze Zeit über mit uns herumgeschleppt haben.

Wir haben gesehen, daß auch positive Gefühle durchaus überbetont werden können. Übermäßige Liebe und Freude und die damit einhergehende Liebenswürdig- und Nettigkeit können auf uns selbst und andere falsch oder gekünstelt wirken. Erscheint uns ein Mensch unecht, bedeutet das womöglich, daß er eine unerquickliche Emotion (wie Zorn, Traurigkeit oder Angst) nicht anschaut und ihr also aus dem Wege gehen will. Erkennen wir das bei uns oder bei anderen, so können wir solche überbetonten positiven Gefühlsäußerungen zum Anlaß nehmen, einmal nach unangenehmen Gefühlen zu suchen, die wir möglicherweise vermeiden wollen.

Wenn wir eine allzu starke Überbetonung des einen oder anderen Gefühls in uns feststellen, sollten wir daran denken, daß es unter Umständen lange Zeit dauern kann und großer tagtäglicher Anstrengung bedarf, bevor wir uns aus der Umklammerung solcher Gefühle lösen und mit neuen anfreunden können. Andrew war dermaßen entschlossen, seine Ehe und Familie zu retten, daß er seine Rezepte der Geistigen Diät bis zu zehnmal täglich praktizierte.

3. Richtiges Verarbeiten der Emotion durch Identifizierung des Gefühls.

Wir atmen in der Gegenwart und lassen die Grundgefühle an die Oberfläche unseres Bewußtseins dringen.

Benennen hilft: Jedesmal, wenn Sandi mit einem anderen Mann sprach, wurde ihr Ehemann Dave fürchterlich eifersüchtig und zornig. Sobald Dave damit begann, seine Eifersucht und Wut beim Namen zu nennen, wurde ihm mehr und mehr bewußt, wie sehr er Sandi liebte und wie abhängig er von ihr war. Er sah andere Männer immer als eine Bedrohung der

Beziehung und reagierte mit Angst und Wut. Als er das einsah, erkannte er auch, daß seine Gefühle unbegründet waren, denn Sandi war ausgesprochen ehrlich, loyal und zuverlässig. Ihm wurde bewußt, daß seine vielen Wunden der Vergangenheit die Grundlage seiner derzeitigen Unsicherheit und Eifersucht bildeten.

Er war froh darüber, seine Angst und seine Wut nun leichter verarbeiten und loslassen zu können. Daves Rezepte der Geistigen Diät beinhalteten einen ersten »einstimmenden« Atemzug, um wach und aufmerksam zu sein, gefolgt von einem zweiten Atemzug, um im Hier und Jetzt anzukommen. Dann beobachtete er, wie eine Welle des Zorns in ihm hochstieg, war achtsam in seiner Wahrnehmung und bemerkte, wie die Welle wieder verebbte. Er sagte dabei zu sich: »Wut kommt, Wut geht« und »Angst steigt auf und flaut wieder ab«.

Dave war an einem Punkt angelangt, wo er sich mehr und mehr seiner Zuneigung für Sandi bewußt wurde, und er verarbeitete auch dieses Gefühl. Ein alter spiritueller Weg, Liebe zu spüren, ist, sich selbst vor seinem geistigen Auge durch das Herz ein- und ausatmen zu sehen. Stellen Sie sich vor, wie sich die Mitte Ihrer Brust öffnet und mit dem Atem herzliche und liebevolle Gefühle ein- und ausströmen. Mit jedem Einatmen sagte Dave zu sich selbst: »Geliebte Sandi«, und mit jedem Ausatmen ließ er das Gefühl der Zuneigung durch sein Herz strömen.

Mit der Zeit vereinfachte er seine Rezepte und atmete ein mit den Worten »Zorn kommt« und aus mit den Worten »Zorn geht«, »Furcht kommt, Furcht geht«, »Liebe, Liebe ...«

Versuchen Sie es selbst einmal:

Atmen (wach, achtsam, bewußt) und Sein (präsent, im Hier und Jetzt), jetzt bin ich ______________________

(glücklich, von Liebe erfüllt, traurig, ängstlich, wütend usw.). Bleiben Sie weiter bewußt dabei, und lassen Sie Gefühle jed-

welcher Art (das gleiche oder andere) an die Oberfläche Ihres Bewußtseins dringen. Atmen (wachsam) und Sein (gegenwärtig), jetzt bin ich ______________________________
(traurig, ängstlich, wütend, glücklich, von Liebe erfüllt). Atmen und Sein, und das Gefühl loslassen.

4. Richtiges Verarbeiten der Emotion durch Erkennen ihrer physischen und mentalen Auswirkungen.

Achten wir darauf, was jede einzelne der Emotionen in unserem Körper und in unseren Gedanken auslöst. Wenn wir uns auf unsere Gefühle einlassen und ihre Lebendigkeit einmal physisch wahrnehmen, bemerken wir, welch fundamentale Energien darin stecken. Durch das Verweilen bei dem Gefühl können wir so etwas wie innere Ströme verspüren, die uns durchfließen und physische und mentale Reaktionen in uns auslösen.

Wenn ich mich als zu dick und häßlich empfinde, sind meine Gedanken voller Selbstkritik, und ich höre aus den Worten anderer selbst dann Kritik heraus, wenn vielleicht gar nichts Derartiges beabsichtigt ist. So fühlt sich mein Körper noch schwerer und unattraktiver an, als er in Wirklichkeit ist. Fühle ich mich hingegen zufrieden und ganz, dann sind meine Gedanken klar. Ich höre die Dinge, wie sie gemeint sind, und mein Körper ist viel entspannter.

Freude zaubert ein Lächeln auf unser Gesicht, öffnet und weitet die Brust, ein Gefühl der Stärke und des Wohlseins erfüllt uns, die Gedanken sind gleich viel optimistischer und positiver. Mit Traurigkeit gehen flache Atmung, eingesunkene Haltung und pessimistisches Denken einher. Glückliche Körpergefühle erzeugen glücklichere und freudvollere Gedanken, traurige Körpergefühle erzeugen traurigere Gedanken. Wir können das an den fünf Grundgefühlen ausprobieren: also den verärgerten Körper und die zornigen Gedanken erkennen und bewußt erfahren, dann den verängstigten Körper und die angsterfüllten Gedanken, den traurigen Körper und die traurigen Gedanken, den glücklichen Körper und die glücklichen Gedanken, den liebevollen Körper und die liebevollen Gedanken. Achtsam und gegenwärtig, jetzt bin ich …

Wir können *die Gedanken hinterfragen*, die übermäßig unangenehme Emotionen begleiten. Wenn ein Gefühl des Aufgebrachtseins in uns aufsteigt, können wir uns fragen, inwieweit es begründet ist: Muß ich wirklich so extrem auf eine beleidigende Äußerung reagieren, wie ich es gerade im Begriff bin zu tun? Habe ich wirklich Grund dazu, so viel Angst zu haben, wie ich sie gerade in mir aufkommen fühle? Spielt es wirklich eine Rolle, daß sich jemand vor mir in die Schlange gedrängelt hat? Auf diese Art und Weise können wir die Situation nochmals überdenken und sie anschließend vielleicht weniger negativ sehen und empfinden (was die eventuell verbleibende Negativität viel leichter handhabbar macht).

In vielen Fällen können wir unsere allzu starken Emotionen auch *umdeuten*, um ihnen die Intensität zu nehmen. Wir können darüber nachdenken, ob sich unsere »negativen« Gefühle vielleicht aus einer Vermeidung »positiverer« Gefühle ergeben könnten (aus Gewohnheit, Vertrautheit, Veranlagung oder Familientradition).

Wir können zu der Erkenntnis gelangen, daß die unangenehmen Gefühle im Grunde genommen weder eine akute Gefahr darstellen noch lebensbedrohend sind. Sollte dies aber tatsächlich der Fall sein, brauchen wir professionelle Hilfe.

Wir können auch zu der Einsicht finden, daß sich unsere Emotionen wandeln. Wenn wir uns also einmal ganz besonders schlecht fühlen, sollten wir daran denken, daß auch das wieder vorübergehen wird.

Wir können unsere Probleme in einem größeren Zusammenhang betrachten und dabei feststellen, daß andere viel schwerere Bürden tragen und in einer weniger glücklichen Lage sind. Oder wir fragen uns einmal, wie wichtig das Ganze langfristig und im großen Lauf der Dinge wirklich ist? Stellen wir die Begründbarkeit unserer Gefühle erst einmal in Frage, so können wir es vermeiden, überemotional zu reagieren, und mithin unsere innere Ruhe leichter aufrechterhalten.

5. Richtiges Verarbeiten der Emotion durch Selbstbeherrschung.

Wir müssen verantwortungsvoll handeln. Während wir uns unseren Gefühlen hingeben, müssen wir in unserem Handeln unbedingt Selbstbeherrschung üben. Der Psychologe Daniel Goleman meint dazu: »Es gibt wohl keine fundamentalere psychische Fähigkeit als die, einem Impuls zu widerstehen.« Wenn wir uns unserer Selbstbeherrschung sicher sind und darauf vertrauen können, nicht impulsiv zu handeln, können wir die Geistige Basisdiät praktizieren, selbst wenn wir wütend oder anderweitig emotional aufgewühlt sind. Denn dann wissen wir ja, daß wir *nicht* die Beherrschung verlieren und irgend etwas Destruktives *tun* werden. Wir können uns also in aller Sicherheit unseren Gefühlen nähern und uns intensiv auf sie einlassen.

Wir können Selbstbeherrschung üben, indem wir uns mittels körperlichen Trainings und Entspannungstechniken in den Griff bekommen und beruhigen. Training und Entspannung sind Schlüssel zur Ruhefindung und Stabilisierung unserer Gesundheit, in diesem Zustand können wir bei unseren Gefühlen des Augenblicks bleiben.

Wenn wir die Geistige Basisdiät zur Anwendung bringen, können wir langsamer und tiefer atmen, um uns zurückzunehmen (keine schnelle, flache Atmung, sie führt zur Hyperventilation).

6. Richtiges Verarbeiten der Emotion durch »Hindurchschauen«.

Wir werden uns mit unseren Gefühlen weniger identifizieren, wenn wir erkennen, daß, wie Ken Wilber es ausdrückte, »ich Emotionen *habe*, aber ich *nicht* meine Emotionen *bin*«. Ich kann meine Emotionen fühlen und spüren, und was gefühlt und gespürt werden kann, ist nicht der Fühlende selbst. Emotionen durchziehen mich, doch sie berühren nicht mein Inneres. Ich *habe* Gefühle, aber ich *bin nicht* die Gefühle.

Wenn wir uns an die Methoden der Geistigen Diät zur vollständigen Verarbeitung unserer Gefühle halten, werden wir uns mit der Zeit viel weniger mit unseren Emotionen identifizieren. In der Folge legen wir die vielen mit den unverarbeiteten Gefühlen assoziierten Bürden ab. Wir haben weniger Sorgen und Ärger, dafür aber um so mehr Energie und können besser loslassen. Wir haben positivere Gefühle uns selbst und der Welt gegenüber.

Was kann ich tun?
Das Rezept der »inneren Ströme«

1. Die Geistige Basisdiät befolgen (Atmung mit Achtsamkeit und Gegenwärtigkeit) und sich der fünf Grundgefühle bewußt werden: Freude, Liebe, Angst, Traurigkeit und Wut.

2. Die Gefühle richtig verarbeiten und dabei:

- *Den Verarbeitungsprozeß nutzen* (achtsam und präsent sein, wahrnehmen und erfahren, loslassen und sich dem nächsten Gefühl öffnen)
- *Das Überbetonte mit dem Übersehenen ausgleichen* – Bislang ignorierte Emotionen aufspüren und dabei die gewöhnlich überbetonten Gefühle verarbeiten. Es ist zu bedenken, daß es

viel Mühe kostet, die normalerweise dominierenden Gefühle loszulassen und sich mit anderen anzufreunden.

- *Gefühle identifizieren und bewerten* – Das Benennen und Bewerten von Gefühlen schafft Distanz und macht sie in abgeschwächter, besser handhabbarer Form zugänglich und verarbeitbar.
- *Auf die mentalen und physischen Auswirkungen von Gefühlen achten* – Gefühle im Körper und in den Gedanken sehen, sie umdeuten und neu beurteilen, um sie handhabbar zu machen.
- *Selbstbeherrschung üben* – Verantwortlich handeln, sich beruhigen und zurücknehmen.
- *Durch die Emotionen hindurchschauen* – Sich bewußt machen: »Ich habe Gefühle, aber ich bin mehr als meine Gefühle.«

Durch die Arbeit an unseren nimmer endenden inneren Gefühlsströmen werden wir mit der Zeit zu Experten der Emotionsbewältigung. Die Schulung der Achtsamkeit und Erfahrung unserer Gefühle sind tragende Säulen der Geistigen Diät und helfen uns, die Last des Alltags abzustreifen.

Kapitel 9

Warum bin ich hier?

Das Ruhen der Gedanken bedeutet nicht, daß wir unsere Aktivitäten zum Stillstand bringen sollen. Wirklich Ruhe sollte in der Aktivität selbst gefunden werden. Shunryu Suzuki

Wir modernen Menschen hasten von einer Aufgabe und Verantwortung zur nächsten. Doch inmitten all dieser Hektik kann unsere Seele Frieden finden, wenn wir den Sinn unseres Lebens erst erkennen und ihn zum Leitmotiv unseres Alltags erheben.

Die Tretmühle

Ich bin so beschäftigt und verloren in dem, was ich gerade tue, daß es oft den Anschein hat, ich würde nur so durch den Tag rasen, ohne ihn wirklich zu leben oder gar zu genießen.
Ich weiß manchmal gar nicht, warum ich das, was ich gerade tue, überhaupt tue. Hin und wieder fühle ich mich wie auf einem Förderband und werde bewegt, ohne recht zu wissen, wohin oder warum.
Alles ist so langweilig und zur Routine geworden. Nun habe ich schon die Hälfte meines Lebens hinter mir und erkenne plötzlich, daß ich die Dinge, die ich immer tun wollte, eigentlich nicht getan habe.

Jeden Tag konzentrieren wir uns auf das, was vor uns liegt, beenden die eine Aufgabe und gehen über zur nächsten in einer schier endlosen Abfolge von Pflichten und Verantwortlichkeiten. Arbeiten wir nach diesem Prinzip, können wir ungeheuer produktiv und erfolgreich sein. Wir können uns aber auch so sehr von unseren Aktivitäten auffressen lassen, daß wir gar nicht mehr darauf achten, wie wir uns bei dem fühlen, was wir gerade tun, oder inwieweit wir es sinnvoll finden.

Der *Sinn* ist etwas, über das wir im allgemeinen nicht sonderlich nachdenken. Gewöhnlich sind wir auf unmittelbare oder greifbare Ziele ausgerichtet: den Bericht zu Ende bringen, die neue Software anwenden, die Kinder zum Fußballspiel fahren, Steuern bezahlen, das Auto reparieren, sich einen Urlaub genehmigen oder ganz einfach das Tagespensum erledigen.

Hin und wieder halten wir vielleicht inne und seufzen. Dann sinnen wir über die Fragen nach: *»Warum bin ich eigentlich hier? Was ist der Sinn meines Tuns? Ist mein Leben erfüllt? Und wozu das Ganze, was ist das Ziel?«*

Gelegentlich machen wir uns wirklich Gedanken über dieses Thema: wenn wieder einmal ein Geburtstag ins Haus steht oder zum Neujahrsbeginn, wenn uns all die guten Vorsätze durch den Kopf gehen. Doch solche besinnlichen Momente werden unweigerlich von unserer laufenden Routine unterbrochen. Erneut verfangen wir uns darin, nur noch eben diese eine Aufgabe zu erledigen und dann die nächste und die nächste …

Inmitten unseres Alltags warten wir stets auf *später*, in der großen Hoffnung, daß all unsere Fragen dann beantwortet würden. Später werden wir das tun, was wir eigentlich »tun sollten«. Später werden wir die Zeit haben, zur Ruhe zu kommen und über unser Leben nachzudenken. Später werden wir verstehen, was das alles auf sich hat. Doch ein Später wird niemals wirklich kommen, und am Ende erkennen wir, daß der ganzen Menschheit eines gemein ist: Persönlichkeit und Körper werden unweigerlich sterben. Viele von uns betrachten ihr Leben nie richtig aus der Nähe, bis es zu Ende geht.

In abstrakter Form haben wir alle schon einmal über den Tod nachgedacht. Vielleicht haben wir sogar ein Testament und Nachlaßverfügungen verfaßt. Doch nur wenige Menschen können sich wirklich vorstellen, was es heißt, eines Tages zu sterben.

Stellen Sie sich einen Augenblick lang vor, auf dem Totenbett zu liegen, und es sei der letzte Tag Ihres Lebens:
Sie liegen ganz still und allein da. Sie haben keine Schmerzen. Sie ruhen in dem Bewußtsein des nahenden Endes. Es spielt keine Rolle mehr, ob Sie auf Satin gebettet sind oder auf einem schmutzigen Boden liegen, denn weder das eine noch das andere ist jetzt noch von Belang – jetzt, da Sie wissen, daß Sie bald sterben werden. Alle Titel und Ehren, alle Anwesen und Besitztümer schwinden zur Bedeutungslosigkeit dahin.
Und wie Sie so daliegen und der Reise in das Große Mysterium entgegensehen, dessen globale Wirklichkeit niemand von uns jemals vollständig ermessen kann, schauen Sie auf Ihr vergangenes Leben zurück. Was war wohl das Herausragendste?
War es die Anzahl an Geräten, die Sie verkauften, die Beförderungen, die Sie erhielten, oder das verdiente Geld, das Haus, in dem Sie lebten, die Kleider, die Sie trugen, oder das Auto, welches Sie fuhren? Wenn Sie das Wesentliche in Ihrem Leben genauer anschauen, zeigt sich die Trivialität der Dinge, für die Sie die ganze Zeit über so viel Energie aufgebracht haben.
Während Sie hier ruhen und auf Ihr vergangenes Leben zurückblicken, zählt allein der Sinn, den Ihr Leben für Sie und andere hatte. Haben Sie unbewußt gelebt, das heißt, sind Sie von einer Sache zur nächsten gehastet, ohne den Sinn Ihres Tuns oder der größeren Aufgabe, in deren Rahmen Sie handeln, zu hinterfragen? Oder haben Sie ganz bewußt gelebt und Ihre Handlungen und deren tieferen Sinn immer mit Achtsamkeit betrachtet? Haben Sie Ihre verfügbare Zeit für sinnvolle Tätigkeiten eingesetzt, die Ihrer übergeordneten Aufgabe im Leben entsprechen, das heißt Sie zu etwas Höherem als Sie selbst hinführen und damit die tief in Ihrem Inneren schlummernden Gaben zur Entfaltung bringen? Haben Sie geliebt und anderen Liebe gegeben, und wurden Sie wiedergeliebt? Und zum Schluß, haben Sie ein spirituelles Leben geführt, so daß Sie sich bewußt und in der Fülle Ihrer

Erfahrungen mit der ewigen Essenz verbunden wissen, mit jenem einzigen Teil in Ihnen, der nicht sterben wird?

Mangelnde Sinngebung und das Fehlen einer Lebensaufgabe sind wohl die beiden schwersten Lasten, die wir mit uns herumtragen.
In den vorherigen Kapiteln haben wir uns damit beschäftigt, die Überaktivität unserer Persönlichkeit zu dämpfen, damit das spirituelle Bewußtsein besser zum Vorschein kommen kann. In diesem Abschnitt wird die Persönlichkeit dazu angehalten, im Alltagsleben aufzuwachen, herauszufinden, was dem Leben Sinn verleiht, unsere Lebensaufgaben zu erkennen und so zu leben, daß wir die Voraussetzungen für ein sinnvolles Dasein und die Erfüllung unserer Lebensaufgabe schaffen.

Wozu das Ganze?

Der Zweck des Lebens ist ein Leben mit Zweck.
Robert Byrne

Hat unser Leben einen Sinn? Haben unsere Aktivitäten einen Wert? Es gibt verschiedene Möglichkeiten, dem Leben eine Bedeutung zu geben. So empfinden wir unser Tun oft als sinntragend, wenn wir Handlungen um ihrer selbst willen ausführen. Wenn wir uns bei einer Aktivität wohl fühlen, beschert uns das ein Gefühl, etwas Sinnvolles getan zu haben, selbst wenn der einzige greifbare Lohn dafür in der Durchführung der Tätigkeit selbst liegt. Solches Tun macht Spaß, ist interessant, aufregend, schafft Freude und macht uns zufrieden.
Manche Tätigkeiten sind für viele, andere hingegen nur für einige wenige Menschen sinntragend. Es gibt beispielsweise Leute, die im Schachspiel einen Sinn sehen, im Motorradfah-

ren oder in der Gartenarbeit, während andere diese Tätigkeiten als uninteressant oder sinnlos einstufen.
Je mehr Sinngehalt wir unserem Leben verleihen, desto glücklicher, zufriedener und vollkommener fühlen wir uns. Obwohl wir in den meisten Fällen wissen, welche Aktivitäten unserem Leben einen Sinn geben würden, steht uns dafür oft nicht so viel Zeit zur Verfügung, wie wir es gerne hätten. Häufig fühlen wir uns in Tätigkeiten gefangen, die uns total langweilen und wenig sinnvoll erscheinen – in der Schlange stehen, Wäsche waschen, Berichte abheften, etwas Zerbrochenes reparieren und so weiter. Sogar Menschen mit »anspruchsvollem« Berufsbild, wie Ärzte, Zahnärzte oder Rechtsanwälte, berichten, wie sehr es sie langweilt, immer die gleichen Krankheitsbilder zu sehen, immer die gleichen Handgriffe zu tun und immer die gleichen Ratschläge zu erteilen.
Wir verbringen in der Regel mehr Zeit mit Dingen, die uns sinnlos erscheinen, als mit solchen, die wir für sinnvoll erachten. Für den Umgang mit Bürden, die wir uns durch die Beschäftigung mit sinnlosen Aktivitäten auferlegen, bieten sich im Prinzip drei Lösungen an.
Als erstes sollten wir Wege und Möglichkeiten finden, mehr Zeit für die uns sinnvoll erscheinenden Dinge aufzuwenden. Natürlich werden die meisten sogleich einwenden: »Nein, ich kann überhaupt nicht mehr Zeit für sinnvolle Dinge erübrigen, denn ich bin bereits mit den bedeutungslosen Sachen vollauf beschäftigt.« Haben wir erst einmal herausgefunden, was wir wirklich tun möchten, geschieht manchmal Erstaunliches. Hierzu folgendes Beispiel:
Vivian war 68 Jahre alt und hatte die meiste Zeit ihres Lebens bei einer Behörde gearbeitet. Sie haßte ihren Beruf. Ihre Freizeit verbrachte sie damit, Puppen zu sammeln. Diesem Hobby galt ihre ganze Leidenschaft und Liebe, weil sie ihre Freude darüber mit Mädchen und anderen Frauen teilen konnte. Sie

hatte jedoch nie daran gedacht, ihr »kleines Steckenpferd«, wie sie es nannte, professionell zu nutzen und sich damit ein berufliches Standbein zu schaffen, weil sie glaubte, sich damit finanziell niemals über Wasser halten zu können.

Erst nachdem sie in Rente gegangen war, entschloß sie sich, einen kleinen Puppenladen aufzumachen, in dem sie ihre Sammlung ausstellte und mit dem An- und Verkauf von Puppen und entsprechendem Zubehör begann. Sie gestand uns, daß ihr die Arbeit jetzt wie ein Spiel vorkam und sie die meiste Zeit in ihrem Laden verbrachte. Sie besuchte Antiquitätenläden und -messen, um nach weiteren passenden Artikeln Ausschau zu halten. Zu Vivians Überraschung lief das Geschäft immer besser. In zwei Jahren hatte sie mit ihrem Puppenladen mehr Geld verdient, als sie jemals im Staatsdienst bekommen hatte!

»Die ganze Zeit über habe ich also mit einer Arbeit vertan, die ich im Grunde haßte; dabei hätte ich mir mein Hobby längst zum Beruf machen können, wenn ich der Sache nur eine Chance eingeräumt hätte«, erzählte sie uns. »Blicke ich auf all die Jahre zurück, die ich regelrecht damit verschwendet habe, Formulare auszufüllen und Papierberge abzutragen, so würde ich sie am liebsten zurückholen.«

Aus Vivians Erfahrung können wir viel lernen, wenn es darum geht, unser Leben so auszurichten, daß es einen tieferen Sinn bekommt. Wir müssen also zunächst herausfinden, wofür wir uns ganz besonders interessieren, und diesen Dingen dann konsequent nachgehen.

Natürlich kann es auch vorkommen, daß das, was uns am sinnvollsten erscheint, nur mit Ausgaben verbunden ist und keinerlei Einnahmen abwirft. Trotzdem ist es für einen jeden von uns sehr wichtig, unser Leben auf seinen Sinngehalt hin zu durchforsten und mehr Dinge zu tun, die wir innerlich als lohnend empfinden.

Vielleicht sind wir am Ende überrascht, wenn wir doch mehr Zeit als ursprünglich angenommen dafür einräumen können, ein erfüllteres Leben zu führen.

Die Kunst des bewußten Bedienens

Vivians Geschichte ist ein ermutigendes Beispiel. Was aber tun, wenn wir in Handlungen verstrickt sind, in denen wir keinen Sinn sehen? Was wir persönlich für sinnvoll halten, können wir nicht immer zu einer Vollzeitbeschäftigung ausbauen. Denn wir müssen in vielen Fällen einer Arbeit nachgehen, die uns womöglich noch nie sinnvoll erschienen ist. Das war auch bei Tara der Fall.

Tara glaubte, den Lebensunterhalt für ihre Familie am besten als Bedienung verdienen zu können, obgleich ihr das, was sie in den übrigen Stunden des Tages tat, als das eigentlich Sinnvolle erschien. Nachdem sie sich mit der Geistigen Diät ausreichende Seelennahrung zugeführt hatte, fühlte sie sich plötzlich »erwacht« und aufgerüttelt inmitten ihrer Arbeit. Dabei stieß sie auf *den zweiten Weg zur Sinnfindung – eine Bedeutung in dem zu erkennen, was wir gerade tun.*

Tara lernte, ihre Gedanken zu sammeln und ihre Bewegungen und Sinneseindrücke sowie das Tun der Leute um sie herum aufmerksam wahrzunehmen. Mit fortschreitender Praxis begann sich die Welt allmählich zu öffnen. Tara berichtete uns, daß sie mit wachsender Bewußtheit, Ruhe und Achtsamkeit für ihre Umgebung ganz natürlich ihren Weg zur »Kunst des bewußten Bedienens« fand.

Tara nahm die herrlichen Düfte um sich herum bewußt wahr und lernte, ihr ganzes Aroma in sich aufzunehmen. Sie wurde sich ihres Körpers mehr und mehr bewußt und konnte sogar mitten im Trubel ihrer Arbeit zu innerer Ruhe und Entspannung finden. Sie praktizierte die Atmung, um ihre Anspannung fühlen und loslassen zu können. Sie bewegte sich jetzt viel anmutiger und ermüdete nicht mehr so schnell. In dem Maße, wie sie wachsamer und weniger erschöpft war, kam ihr mehr und mehr zum Bewußtsein, wieviel Freude und Zufriedenheit sie anderen Menschen schenken konnte. Sie freute sich darüber, wenn diese sich bei ihr bedankten, und erkannte, daß sie einigen Gästen die einzige warme Mahlzeit am Tag servierte und diese außer ihr niemanden hatten, der auch nur ein freundliches Wort an sie richtete. Durch ihre Aufmerksamkeit kam Tara den Gästen viel näher, und die Erkenntnis, daß sie im Leben anderer etwas bewirken konnte, veränderte auch ihr eigenes Leben.

Sie wurde sich ihrer Rolle als achtsame Bedienung zunehmend bewußt und rechnete es sich als Verdienst an, ihren Job so gut zu verrichten. Nach einiger Zeit erzählte sie uns: »Für mich ist das Restaurant jetzt ein ganz neuer Ort. Vorher war es einfach nur Arbeit. Doch nun beziehe ich weit mehr daraus als nur Geld, um meine Miete und mein Auto zu bezahlen. Am Ende meiner Schicht mag ich jetzt vielleicht auch müde sein, doch ich habe das Gefühl, etwas Lohnenswertes getan zu haben, und so kehre ich in besserer Stimmung nach Hause zu meiner Familie zurück.«

Taras veränderte Haltung ist genau das, wozu alle spirituell Suchenden in Klöstern und Stätten geistiger Erneuerung angehalten werden. Niedrige Pflichten müssen mit Bewußtheit und Sorgfalt, mit Liebe und Anmut, mit Frieden im Herzen verrichtet werden und mit einer gewissen Bereitschaft, diese Arbeit Gott (Buddha, Jesus, Allah, dem Großen Geist ...) zu widmen. Auf diese Weise kann auch in den untergeordnetsten, langweiligsten Tätigkeiten ein Sinn gefunden werden, denn wir erkennen auf einmal die verborgenen Zwecke und Ziele, denen sie dienen (unsere Familie zu versorgen, anderen einen Dienst zu erweisen usw.).

Gleichzeitig ist es wichtig, jede Gelegenheit beim Schopfe zu packen, um unsere Situation zu ändern und unser Leben damit sinnvoller zu gestalten. Wir sollten unser Los nicht einfach passiv hinnehmen.

Wer wenig Verantwortung trägt, kann leichter Risiken auf sich nehmen als einer, auf dem bereits eine Menge Verantwortlichkeiten und Pflichten lasten. Schenken wir jedoch den von uns angestrebten Veränderungen unsere ganze Aufmerksamkeit und volle Konzentration, werden sich uns ganz von selbst entsprechende Gelegenheiten eröffnen. In vielen spirituellen Philosophien heißt es, die Gedanken seien so mächtig, daß wir damit in gewissem Maße unsere Wirklichkeit schaffen können. Gelegenheiten sind oft deutlich erkennbar, wir müssen nur einen ruhigen und klaren Kopf haben, der offen ist zu sehen. Solange wir inmitten all unserer Geschäftigkeit wach bleiben und den Pfad der Geistigen Diät beschreiten, werden wir den klareren Kopf und das ruhigere Herz haben, um die sich uns bietenden Gelegenheiten deutlicher wahrzunehmen und zu ergreifen.

Der dritte Weg, Sinn in unser Leben zu bringen, liegt im Herausfinden unserer Lebensaufgaben und darin, unser Tun und Streben nach ihnen auszurichten.

Unsere Aufgabe im Leben

Mein Leben ist meine Botschaft.
Gandhi

Während der Sinn häufig aus Handlungen herrührt, die in sich als wertvoll empfunden werden, ist die Aufgabe ein Ziel oder eine Reihe von Zielen, die uns wichtig sind und gewissen Handlungen einen Wert geben, uns aber ansonsten vielleicht nicht wertvoll erscheinen würden.

Eine schmutzige Windel zu wechseln mag beispielsweise an sich nicht sonderlich bedeutungsvoll erscheinen, doch wenn Ihre Lebensaufgabe darin besteht, eine gute Mutter oder ein guter Vater zu sein, dann wird der Akt des Windelwechselns zu etwas Wertvollem, weil es im Rahmen dieser Aufgabe geschieht.

Haben wir eine Aufgabe, die uns wichtig ist, bekommt unser Leben ein Ziel, das unser Dasein lohnend und wertvoll erscheinen läßt. Was wir als unsere Aufgabe betrachten, ergibt sich aus dem, was wir uns *zu tun berufen* fühlen, also als *Grund unseres Daseins* empfinden. Eine Aufgabe ist ein Ziel oder eine Reihe von Zielen, die uns wichtig erscheinen.

Wenn wir unter Einsatz all unserer Talente und Begabungen auf ein wichtiges Ziel hinarbeiten, sprechen wir von unserer »Berufung«. Für manche mag damit die Aufgabe verbunden sein, ein ganz bestimmtes oder seltenes Talent zur Entfaltung zu bringen, beispielsweise wenn jemandem eine große Stimme in die Wiege gelegt wurde und dieser dann daran arbeitet, ein großer Sänger zu werden, oder wenn jemand außergewöhnliche sportliche Begabungen hat und trainiert, um Profifußballspieler zu werden. Andere wiederum mögen ihre Berufung in der Kinderbetreuung und -erziehung oder in der Krankenpflege sehen.

Die Lebensaufgabe eines Menschen ist gewöhnlich in eine Reihe kleinerer Aufgaben aufgefächert. Ist für uns beispielsweise gute Elternschaft in sich lohnend, dann bestehen unsere Hauptaufgaben und -ziele darin, zunächst eine stabile Paarbeziehung, ein heiles Zuhause und den finanziellen Rahmen zu schaffen, um sich Kinder leisten zu können, schwanger zu werden, eine reibungslose Geburt zu haben, sich mit der Pflege des Babys vertraut zu machen (einschließlich Windelwechseln) und so weiter.

Sollten die Gesundheit und das Glück anderer im Mittelpunkt

unseres Lebens stehen, gehen die »kleineren« Aufgaben vielleicht dahin, die Zulassung zum Studium der Allgemeinmedizin, Zahnmedizin oder Psychologie zu erreichen und den jeweiligen Abschluß zu machen, dann die erforderlichen Praktika zu absolvieren und eine Anstellung zu bekommen oder sich als Arzt niederzulassen, in Lehre oder Forschung zu gehen und die Supervision jüngerer Praktikanten zu übernehmen, Fachbeiträge oder Bücher zu schreiben.
Indem wir allen Aktivitäten im Zusammenhang mit unserer Aufgabe Bedeutung zumessen, machen wir unser Leben sinnvoll. Wenn wir sinnvolle Arbeiten ausführen, die einer übergeordneten Aufgabe dienlich sind, empfinden wir große Befriedigung. Das wiederum bereichert und »nährt« unser Leben in besonderem Maße. Maschineschreiben mag in sich nicht unbedingt bedeutungsvoll sein, doch es wird in dem Augenblick sinnvoll, in dem wir einen Text schreiben, der uns der Erfüllung unserer Aufgabe, nämlich den Schulabschluß zu bekommen, näher bringt.
Denken Sie einmal über Ihre Lebensaufgabe nach. Es muß nicht unbedingt etwas sein, für das Sie später einmal den Nobelpreis verliehen bekommen. Es bedeutet auch nicht, daß Sie dieser Aufgabe jetzt jeden Moment Ihres Daseins widmen müßten. Wichtig ist nur, zu erwachen, jetzt, inmitten all unseres Tuns, und dann für uns selbst herauszufinden, wieviel Sinn wir in unserem augenblicklichen Tun sehen und inwieweit es der Aufgabe dient, die unserem Leben ein Ziel gibt.

Zwölf Zwecke und Ziele des Lebens

Wenn wir unsere Aufgaben verstehen wollen, müssen wir zunächst unser Leben betrachten und herausfinden, was für uns am wichtigsten ist. Die folgende Liste erhebt keinen Anspruch auf Vollständigkeit, sie will lediglich einige Lebensziele und -aufgaben veranschaulichen, die vom Gros der Menschheit geteilt werden:

Überleben. Das Leben ist hart, und für viele Menschen liegt der eigentliche Sinn des Lebens im Überleben. Schließlich gehen Tausende abends zu Bett, ohne am nächsten Morgen wieder aufzuwachen. Allein dazusein macht das halbe Leben aus, so sagt man: die Rechnungen bezahlen und Essen auf den Tisch bringen, nicht überfahren werden, und schon hat man es geschafft, denn man hat einen weiteren Tag gelebt.

Sich fortpflanzen. Evolutionspsychologen, Genetiker und Millionen von Menschen sind sich darin einig, daß der Hauptzweck des Lebens darin besteht, den Fortbestand und die Evolution der Menschheit zu gewährleisten. Aus dieser globalen Sicht besteht das Sinnvollste darin, Kinder zu haben, denn dadurch können die Spezies Mensch und unsere eigenen Gene in die nächste Generation getragen werden. In der Bibel heißt es: »Seid fruchtbar und vermehret euch.« Und der Philosoph Novalis formulierte es so: »Wo Kinder sind, da ist das Goldene Zeitalter.«

Helfen und beschützen. Es gibt eine Sufi-Geschichte, wonach ein Suchender beim Beten war, als ein verkrüppelter Bettler vorbeikam. Der Heilige rief zum Himmel: »Großer Gott, wie kann ein liebender Gott so etwas mit ansehen und nichts dagegen tun?« Aus der Stille heraus donnerte Gottes Stimme: »Ich *habe* etwas getan! Ich habe *dich* gemacht.«
Wir helfen und beschützen, wann und wo immer es möglich ist. Albert Einstein sagte: »Das Ideal des Erfolges sollte durch das Ideal des Dienens ersetzt werden.« Wir können nicht nur den Menschen, sondern auch den Tieren und der Natur unsere Hilfe angedeihen lassen.

Heilen. In der Welt gibt es eine Menge Leid, und ob unsere Begabung nun in Richtung Heilung des Körpers, der Gedanken, der Emotionen oder der Seele liegt – in jedem Fall können wir anderen zu größerem Heil und zur Gesundung von Körper und Seele verhelfen.
Wie schon der jüdische Philosoph und Physiker Maimonides niedergeschrieben hat: Gott »hat den Menschen die Weisheit verliehen, damit sie ihre Brüder und Schwestern vom Leid befreien«. Unser Leben ist wertvoller im wahrsten Sinne des Wortes, wenn wir das Leid unserer Mitmenschen lindern und die Wunden anderer heilen.

Lieben. Millionen von Menschen glauben, daß unser Wesenskern, das Herz allen menschlichen Lebens, die Liebe sei und unser höchstes Ziel darin liege, zu lieben und geliebt zu werden.
Thomas Merton schrieb: »Liebe *ist* das spirituelle Leben [...] Liebe bedeutet eine innerliche und geistige Identifizierung mit unserem Bruder und unserer Schwester, damit er und sie nicht länger als ›Objekt‹ angesehen werden, dem man ›etwas Gutes‹ tut [...] Die Liebe sieht den Nächsten als sich selbst.« Wir können tagtäglich unserer spirituellen Liebe Ausdruck verleihen, und aus eben diesem Grund sind wir hier auf Erden. Ganz gleich ob wir sie nun unseren Kindern, unserem Ehepartner, dem Haustier, den Großeltern, einem in Not geratenen Fremden oder dem Gemüsegarten gegenüber zeigen – allein der Akt der Anteilnahme und Fürsorglichkeit bringt unseren Brunnen der Liebe zum Fließen.

Teil einer Gemeinschaft sein. Präsident John F. Kennedy drückte dieses Ziel mit folgenden Worten aus: »Fragt nicht, was euer Land für euch tun kann, sondern was ihr für euer Land tun könnt.«

Barbara Streisand verlieh diesem Lebenszweck Ausdruck in ihrem Lied: *People who need people are the luckiest people in the world.* (»Menschen, die Menschen brauchen, sind die glücklichsten Menschen der Welt.«) Es wird offenbar, daß viele Menschen in ähnlicher Lebenslage all diese Ziele mit uns teilen, damit wird eine Daseinsgemeinschaft von Gleichgesinnten geschaffen. Was dem Leben Bedeutung gibt, sind gute mitmenschliche Beziehungen, Freundschaft, Familie, Zugehörigkeit und Gemeinschaft.

Glücklich und froh sein. In der Bibel heißt es: »Wer frohen Herzens ist, hat ein immerwährendes Fest.« Der Dalai Lama sagt: »Der Zweck des Lebens ist, glücklich zu sein.« Nicht nur im Sinne einer Befriedigung unserer persönlichen Launen und Wünsche – vielmehr sollen wir im Trubel des Alltags zu innerem Frieden und zur Aussöhnung mit uns selbst und der Welt finden.

Das Leben muß in der Fülle gelebt werden. Unsere Sinne sind unter anderem dazu da, uns Befriedigung und Vergnügen zu schenken, und wir sollten uns ihrer erfreuen. Das gleiche gilt für den Sex. Wir sollten uns für das öffnen, was das Leben uns bietet, und uns daran erquicken, wann immer wir Gelegenheit dazu haben. Werfen wir alle Bedenken über Bord, und genießen wir das Theater und den Zirkus um uns herum! Es bleibt noch genug Zeit, tot zu sein, wenn wir einmal tot sind. Für mich gibt es kein Schlafwandeln im Leben! Das Leben muß aus vollen Zügen gelebt und genossen werden. Das allein gibt dem Leben einen Sinn.

Sind wir glücklich, sättigen und nähren uns unsere positiven Gefühle. Wir können eine natürliche, spirituelle Freude erfahren, wenn wir uns öffnen, um aus der Fülle des Lebens zu schöpfen, und unsere Eindrücke, Gedanken und Emotionen so verarbeiten, daß wir frei und ungehindert mit ihnen fließen können. Wir können uns am Guten wie am Schlechten erfreuen und alles, was vor uns aufgetischt wird, genüßlich auskosten. Unser Leben hat einen Sinn, wenn wir in dieser reiferen Form glücklich sind.

Unterhalten. Wir können unsere Talente nutzen, um anderen Freude zu bringen – ob mit Witzen und Geschichten oder als Sänger und Klavierspieler, mit einem Gourmet-Essen oder einer Grillparty, wir können den Menschen die Last von den Schultern nehmen. Anderen Freude schenken macht unser Leben lebenswert.

Lehren. Henry Adams sagte: »Ein Lehrer berührt die Ewigkeit, er kann niemals sagen, wo sein Einfluß endet.« Ein Nebenprodukt des Lehrens liegt darin, daß wir uns dabei selbst etwas beibringen, denn während wir unterrichten, wachsen und entfalten wir uns und lernen jedesmal dazu. Dadurch helfen wir uns und den kommenden Generationen, auf die eine oder andere Weise besser zu sein, als wir es waren.

Wachsen. Wir sind hier, um zu lernen und zu wachsen, wenngleich unsere Lernaufgabe und unser Platz in der Welt auch noch so verschieden sein mögen. Nach Ansicht mancher Mystiker ist unsere letztendliche Aufgabe hier auf Erden, zu lernen, was wir zu lernen bestimmt sind. Rabbi Schachter-Shalomi drückt es so aus:

> Im mystischen Judaismus glaubt man an die Reinkarnation, *Gilgul* genannt. Es heißt, daß man mit jeder Inkarnation einen Schritt nach vorne tut. Jedes Herabsteigen bereitet mich auf die Aufgabe vor, die ich das nächste Mal zu vollbringen habe. Wo immer ich in dieser Lebensspanne angelangt bin, beim Wiederkommen kann ich dort ansetzen, wo ich aufgehört habe – nicht

> mit der gleichen Erinnerung, dem gleichen Verstand, aber mit den gleichen Ansätzen und Schwingungen, den Verdiensten, der Klarheit und Gott-Verbundenheit, die ich zuvor hatte. Dann kann ich in der nächsten Inkarnation voranschreiten und Neues erringen. Habe ich diesmal viel gelernt, kann ich das Gelernte beim nächsten Mal an andere weitergeben!

Wir sind hier, um ständig weiterzuwachsen. Bob Dylan hat es uns einmal singend veranschaulicht: *If you're not busy bein' born, you're busy dyin.* (Sinngemäß etwa: »Wenn du dich nicht mit dem Geborenwerden beschäftigst, bist du am Sterben.«) Indem wir lernen und uns entfalten, geben wir unserem Leben einen Sinn.

Kreativ sein. Pir Vilayat Khan, Leiter des Sufi-Ordens im Westen der Vereinigten Staaten, formuliert seine Gedanken hierzu folgendermaßen: »Der Zweck unseres Lebens liegt darin, kreativ zu sein. Das Baumaterial, mit dem wir kreativ sind, sind wir selbst. Um kreativ zu sein, müssen wir die Welt ringsum als Spiegelbild unseres Selbst gestalten. Das ist in der Tat der ganze Sinn und Zweck des Lebens. Das Universum wird in jedem einzelnen von uns erschaffen.«
Wir sind die Welt. Durch Kreativität können wir unsere Gaben ans Licht bringen, das ganze Potential unseres Lebens freisetzen und das Leben selbst lebens- und liebenswert machen – ob nun vermittels Spiritualität, Musik, Kunst, Bildhauerei, Stickerei, Kochen, Gartenarbeit, Schriftstellerei oder unserer persönlichen und universalen Entwicklung.

Ein spirituelles Leben führen. Der Zweck unseres Lebens ist, den GEIST zur lebendigen Wirklichkeit werden zu lassen, Gott (Jesus, Buddha, das Tao ...) in unser Dasein einzubeziehen und so unser eigenes Leben zu heiligen.

Wie es der Philosoph Ernest Becker ausdrückte: »Die Gottheit erfährt diese Welt durch euch, euer Bewußtsein und eure Wahrnehmung sind Teil Seiner Selbst-Kenntnis und Selbst-Erfreuung. Vielleicht besteht die Rolle des Menschen darin, als ein immer prächtigeres, einfühlsameres und reineres Vehikel zur Selbst-Bewußtwerdung Gottes zu dienen.«

Ein sinnvolles Leben ist also auch ein heroisches Leben, das uns zur Heiligkeit im Herzen erwachen läßt. Unsere wahren Talente und Fähigkeiten stellen wir ganz in den Dienst des GEISTES. Wenn das Backen zu unseren Begabungen gehört, wie wäre es dann, ein paar Hörnchen zu backen (wobei wir achtsam beim Sieben des Mehls und Anrühren des Teigs sind) und sie zu einem Altenwohnheim zu bringen. Oder wenn es uns gegeben ist, ein guter Vater beziehungsweise eine gute Mutter zu sein, gehen wir mit allen Kindern liebe- und respektvoll um. Vielleicht adoptieren wir sogar ein in Not geratenes Kind oder arbeiten als Lehrer an einer Grundschule. Gehört die Schriftstellerei zu unseren Gaben, dann schreiben wir für das Leben und im Dienste des GEISTES.

Mahatma Gandhi sagte einmal, unsere Aufgabe im Leben bestünde darin, den Willen Gottes durch unsere Handlungen manifest werden zu lassen: »Nach meiner Erfahrung liegt das Königreich Gottes in uns selbst, wir können es nicht erkennen, indem wir die Worte ›Herr, Herr‹ sprechen, sondern nur dadurch, daß wir Seinen Willen tun und Sein Werk vollenden.«

Sobald wir uns intensiver mit der Geistigen Diät befassen, wird uns vieles widersprüchlich erscheinen. Haben wir beispielsweise erst einmal gelernt, zur Ruhe zu finden und ein Gefühl der Vollkommenheit durch einfaches Da-Sein zu entwickeln, dann machen wir uns keine weiteren Sorgen um den Sinn und Zweck unserer Existenz. Wir transzendieren die intellektuelle Frage des Sinns, wenn wir uns zugestehen, bei dem zu sein, was gerade ist, wie es ist, im Hier und Jetzt.

Allein die Suche nach dem Sinn des Lebens läßt erkennen, daß wir vom Leben getrennt sind. Sind wir und unser Leben eins, entsteht diese Frage erst gar nicht. Toni Packer meint hierzu: »Was ist des Lebens Sinn und Bedeutung? Wenn es kein Gefühl der Getrenntheit gibt, dann gibt es nur noch das Leben und nichts anderes mehr. Niemand steht außerhalb des Lebens und fragt sich besorgt, ob es gegen etwas anderes gerichtet sei. Alles ist, was es ist.«

Kehren wir jetzt zur Geistigen Diät zurück – wach in der Gegenwart, aufmerksam, zufrieden und vollkommen, hier und jetzt, einatmend, ausatmend.

Denken wir über unsere Arbeit nach, so haben wir dabei gewöhnlich nur im Sinn, wie sie bestimmten Zielen gerecht wird (uns zum Beispiel erlaubt, Rechnungen zu begleichen oder persönliche Genugtuung zu erfahren). Doch wie der Philosoph A. J. Bahm schon bemerkte: »Die rechte Lebensführung ist, das Leben sich selbst leben zu lassen, für sich selbst und keinen anderen. Je mehr wir nach dem Zweck des Lebens suchen, desto mehr finden wir ihn in der Art, wie das Leben sich selbst lebt (sich selbst lebt auch in seiner Suche nach dem eigentlichen Zweck des Lebens).«

Wir können uns von der Frage nach dem Zweck und Ziel des Lebens hin zum Sinn des Lebens wenden. David Steindl-Rast formulierte es einmal so: »Aus meiner Erfahrung heraus hat das Leben mehr Sinn als Zweck. Es gleicht einem Tanz oder Spiel. Das Tanzen dient keinem bestimmten Zweck. Beim Tanzen oder Spielen geht es ja gerade darum, daß wir in beiden aufgehen und daß dies für uns bedeutungsvoll ist. Wir tanzen nicht, um etwas zu bekommen, und wir singen auch nicht, um so schnell wie möglich fertig zu werden. Wir singen vielmehr um des Singens willen, und wir tanzen, weil es uns etwas bedeutet.«

Jenseits von Sinn und Zweck steht als Lebensgrundsatz: zu sein. Wir singen und tanzen, um zu singen und zu tanzen. Wir leben, um zu leben. Jenseits unseres elementaren Seins gibt es kein Geheimnis. Letztendlich ist es das, was das Leben ausmacht: hier zu sein, jetzt zu sein.
Wir sprechen von einem sinnvollen Leben, wenn wir in allem – auch in uns selbst und in dem, was wir tun – eine Manifestation des GEISTES erkennen, ob wir das nun durch Bewußtheit erreichen oder mit Hilfe unserer Talente und Handlungen.

Wenn wir ein sinnvolles Leben führen und spüren, welche Aufgaben uns darin zufallen, finden wir zu größerem inneren Frieden und können uns aus der Umklammerung unserer Persönlichkeit befreien, so daß die Spiritualität mehr in den Vordergrund treten kann.

Sobald wir über Zweck und Ziel unseres Lebens nachgedacht und erkannt haben, welche Aufgaben für uns sinnvoll sind, können wir neue Wege beschreiten, um diese Tätigkeiten im Hier und Jetzt noch stärker manifest werden zu lassen. Wir können unser ganzes Tun und Streben danach ausrichten, was in höherem Maße sinnvoll ist. Dann wird es uns gelingen, inmitten des Alltags mehr und mehr zur Ruhe zu kommen in dem Wissen, uns stets in der Erfüllung unserer Aufgaben und Ziele zu befinden, auch wenn wir es vielleicht nie zur Perfektion bringen oder sie nicht immer konsequent im Auge behalten mögen. Wir müssen nicht perfekt sein, nach Perfektion strebt allein die Persönlichkeit.

Probleme mit dem Zweck und Ziel des Lebens

Probleme können immer dann auftauchen, wenn wir unser tägliches Leben näher betrachten und versuchen, eine Veränderung zu bewirken, um unserem Dasein mehr Sinn zu geben und es in Einklang mit unserer Lebensaufgabe zu bringen.
Manchmal stellen wir fest, daß wir von einem sinntragenden Leben unendlich weit entfernt sind. Dann würden wir es beim Erkennen des Getrenntseins oder fehlenden Sinngehalts am liebsten wegwerfen und neu beginnen.
Die sogenannte Midlife-crisis zeigt sich häufig dann, wenn jemand »erwacht« und plötzlich erkennt, daß das Leben eigentlich nicht so verlaufen ist, wie es hätte sein sollen. Er wird sich auf einmal bewußt, wieviel Zeit bereits verstrichen ist und daß ihm nur ein absehbarer Teil in diesem Leben verbleibt.
Aus dieser bedrohlichen Situation heraus treffen manche völlig unangemessene Entscheidungen und fügen den Menschen in ihrer unmittelbaren Umgebung Schaden oder großes Leid zu, weil sie nämlich ihr Leben allzu schnell und allzu radikal ändern wollen.
Erwachen wir plötzlich inmitten unserer Geschäftigkeit und spüren dann unsere Unzufriedenheit, ist zunächst Geduld notwendig – Geduld mit uns selbst und der Situation, in die wir uns hineinbegeben haben. Wir können die Geistige Diät zu Hilfe nehmen, um zu entspannen und in die Gegenwart zu kommen, gleichzeitig beginnen wir mit dem Veränderungsprozeß, wo immer wir können.
Es ist ganz wichtig, daß wir unsere Situation vernünftig einschätzen und bewerten. Manchmal ist unser Leben beispielsweise bereits ausgesprochen bedeutungsvoll, und wir bemerken es nur nicht oder nehmen es als gegeben hin. In diesem Fall gilt es, das Leben in seiner ganzen Fülle wahrnehmen und

schätzen zu lernen. Allein durch unsere geänderte Sichtweise ändert sich unser Leben.
Welche Veränderungen auch immer anstehen, wir müssen Selbstbeherrschung und Selbstdisziplin walten lassen, um in unserem Leben über die Begrenztheit unserer eigenen kleinen Wünsche, Bedürfnisse, Impulse und Verhaftungen hinauszugelangen.
Die indianische Perspektive veranschaulicht Leon Shenandoah, der Älteste der Onondagan-Indianer, wie folgt: »Schau dich um. Sieh deine Söhne und Töchter. Sie sind deine Zukunft. Schau weiter und sieh die Kinder deiner Söhne und Töchter und deren Kindeskinder, bis hin zur siebenten Generation. So hat man uns gelehrt. Denke darüber nach – du selbst bist eine siebente Generation.«
Denken wir in großen Zeiträumen, fühlen wir uns mit den geistigen Welten viel tiefer verbunden und spüren die Sinnhaftigkeit unserer Existenz.

Was kann ich tun?
Das Rezept zum »Lebenszweck«

Wir möchten uns mitten in unserem Leben zu Hause fühlen, es mit Sinn erfüllt wissen und gleichzeitig in unseren Tätigkeiten ruhen.

1. Richten Sie Ihr Tun und Handeln danach aus, was Ihnen am sinnvollsten erscheint, und lernen Sie Ihre verschiedenen Aufgaben im Leben kennen.
Denken Sie über Zweck und Ziel Ihres Daseins im Lichte der Ausführungen dieses Kapitels nach, und stellen Sie fest, was für Sie die größte Bedeutung hat. Betrachten Sie Ihre Vorlieben und Leidenschaften, um Hinweise zu finden. Behalten Sie Ihre

Hauptaufgaben klar im Auge, wenn Sie Ihr Tages-, Wochen- und Jahrespensum bewältigen. Und nehmen Sie diese Aufgaben als Maßstab, um Ihre Leistungskraft, Zeit und Aufmerksamkeit richtig einzuteilen. Nähern Sie sich Ihren Hauptaufgaben auf diese Weise, werden Sie den Sinngehalt ihres Alltagslebens maximieren.

2. Suchen Sie nach Möglichkeiten, dem, was Sie momentan als langweilig empfinden, mehr Sinn zu verleihen.

Handelt es sich um eine Routinearbeit, dann achten Sie bewußt auf Ihre Sinne, lassen Sie sich auf Ihre Gefühle ein und erkennen Sie den damit verbundenen Zweck. Nutzen Sie sie als Gelegenheit, um zu atmen und Ihr derzeitiges Rezept der Geistigen Diät zu praktizieren. Lernen Sie, zu entspannen und mit Ihrem Bewußtsein in der Gegenwart zu sein, auch wenn Ihr Tun Ihnen noch so langweilig erscheinen mag.

Wissen Sie die kleinen und doch bedeutsamen täglichen Verrichtungen (wie beispielsweise das Essen für sich und Ihre Familie besorgen, das Haus sauberhalten, zur Arbeit fahren) zu schätzen. Sie mögen Ihnen zwar zur Routine geworden sein, sind aber dennoch eine Manifestation Ihrer täglichen sinntragenden Aufgaben. Und handeln Sie verantwortungsvoll und vorausschauend für unseren Planeten.

Nachdem wir mit der Praxis des achtsamen Atmens begonnen haben, in der Gegenwart sind, unserem Leben einen Sinn und Zweck gegeben haben und mitten im Alltagstrubel zur Ruhe kommen können, wendet sich die Geistige Diät einem anderen Thema zu: Wo bin ich allzu ich-orientiert?

Kapitel 10

Zu viel Ich

Jeder hat ein eigenes Territorium für sein Selbst, das wie eine Insel von den Inseln aller anderen Menschen getrennt ist. Wir versuchen ständig, unsere Insel zu schützen, so daß sie niemand in Besitz nehmen kann. Wir verteidigen sie und machen sie so schön wie möglich, damit sie die beste Insel weit und breit sei. A. H. Almaas

Einem natürlichen Drang folgend, streben wir nach Erfüllung unserer Bedürfnisse und Wünsche, um zu einem reichhaltigen Leben zu gelangen. Dabei kann der Individualismus aber zu weit gehen und uns unglücklich machen, indem er uns immer mehr von unserer Einheit mit allen anderen Lebewesen entfernt. Wir können lernen, uns spirituell zu bereichern, indem wir über unser individuelles Selbst hinauswachsen und uns mit dem Einen verbinden.

Immer an erster Stelle stehen

In dieser Welt lebt jeder für sich. Von Zeit zu Zeit erweist uns jemand einen Gefallen, doch meistens versuchen wir, uns selbst einen Platz auf den vorderen Rängen zu erkämpfen, um nicht ins Hintertreffen zu geraten.
Oft fühle ich mich selbst in Gesellschaft anderer Menschen einsam. Während einer Besprechung oder auf einer Party rede ich mit anderen und bin dennoch allein. Ich weiß, daß ich glücklicher wäre, wenn ich nur zu mehr Nähe mit anderen Menschen fände.
Manchmal bin ich niedergeschlagen und weiß nicht recht, warum. Ich verstehe nicht, was mich so unglücklich macht.

Der erste Tag, an dem Kathleen im Südwesten der Vereinigten Staaten eine Klasse indianischer Kinder unterrichtete, war eine jener Katastrophen, die jedem Lehrer Alpträume bereiten. Nicht, daß Kathleen unerfahren gewesen wäre. Sie war 14 Jahre lang im öffentlichen Schuldienst tätig gewesen und hatte ihr gesamtes Erwachsenendasein ehrenamtlich bei verschiedenen Wohltätigkeitsorganisationen und an kirchlichen Projekten mitgearbeitet.

Die Sache war um so schlimmer, als sie so völlig unerwartet kam. Kathleen hatte gehört, daß sich indianische Kinder Erwachsenen gegenüber ausgesprochen respektvoll verhielten und sehr lernwillig seien. Doch kaum hatte man die neuen Schulbänke im neuen Gebäude auf dem Reservatsgelände aufgestellt und sich das Klassenzimmer gefüllt, fingen die Probleme für Kathleen an.

Nicht nur, daß die Kinder offensichtlich die von Kathleens Kirche unter enormem finanziellem Aufwand und großen organisatorischen Schwierigkeiten beschafften Schulbänke nicht mochten – sie weigerten sich ganz einfach, darauf Platz zu nehmen oder gar in Reihen zu sitzen. Es half alles nichts. Erst als man die Schulbänke aus dem Klassenzimmer schaffte, setzten sich die Kinder spontan im Kreis auf dem Boden nieder. Doch selbst dann saßen sie einfach nicht still. Permanent machten sie sich gegenseitig Handzeichen, warfen sich vielsagende Blicke zu oder berührten sich gegenseitig an Armen oder Knien. Während der Unterrichtspausen stimmten sie spontan Lieder an, in denen sie sich über ihre Lehrerin lustig zu machen schienen. Aber es kam noch schlimmer: Als Kathleen einen Test zur Bestimmung des Lernniveaus austeilte, flüsterten sie sich ohne jede Scham gegenseitig die Antworten zu und schauten dreist auf die Blätter ihrer Mitschüler.

Kathleen verlor die Geduld, ließ den Test unterbrechen und erklärte den Kindern, was sie da täten, würde man als »mogeln« bezeichnen, und daß das so etwas wie lügen oder stehlen sei. Als die Schüler endlich verstanden hatten, was sie meinte, gerieten sie völlig aus dem Häuschen, standen auf und verließen den Raum, manche weinend, andere mit unverhohlenem Zorn, und was Kathleen auch immer tat oder sagte – nichts konnte die Massenflucht stoppen.

An diesem Abend überlegte Kathleen, was sie mit einer so unkooperativen und undisziplinierten Schülerschar anfangen sollte, und als das Klassenzimmer am nächsten Tag leer blieb, entschloß sie sich, die Eltern der Kinder aufzusuchen.

Als sie zur Siedlung gelangte, gingen Kinder und Erwachsene in die Häuser. Nur eine alte Frau blieb draußen stehen. Ihr graues, offenes Haar reichte bis zur Taille, und ihr Gesicht war so runzelig wie ein verschrumpelter Apfel. Trotz ihres Alters aber hatte sie leuchtend schwarze Augen, die Ruhe und Wohlwollen ausstrahlten.

Kathleen wurde eingeladen, neben der Stammesältesten, die übrigens Geht-mit-der-Sonne hieß, Platz zu nehmen, und ohne lange um den heißen Brei herumzureden, erzählte sie von dem unmöglichen Verhalten der Kinder und wies darauf hin, daß sich daran etwas ändern müsse, wenn sie unterrichten solle.

Geht-mit-der-Sonne schaute Kathleen lange an, bevor sie schließlich die Stimme erhob und in sanftem Ton sagte: »In eurem Volk sind alle Dinge getrennt voneinander, und unser Volk ist für euch schwer zu verstehen. Bei euch ist ein Mensch ein Mensch, und ein anderer ist ein anderer. Was hierher gehört, gehört nicht dorthin. Du hast deine Kinder. Andere haben ihre Kinder. Ein Berg ist nur ein Berg, der Himmel ist nur der Himmel. Ein jeder von euch ist allein. Bei unserem Volk ist das anders. Für uns ist alles EINS.«

Geht-mit-der-Sonne betrachtete Kathleen einen Augenblick lang, wie um zu sehen, ob sie verstanden hatte. Dann machte sie eine ausladende, alles umfassende Geste mit ihrem von Sonne und Wetter gegerbten Arm. »Wir können die Erde nicht von Wind und Regen trennen, und die Bäume nicht vom Sonnenlicht. Sie alle sind Teil von dem, was ist. Wollte man sie voneinander trennen, wäre das so, als würde der Wind sagen: ›Ich bin nur der Wind für mich allein. Ich werde entscheiden, wann ich wehen will und wann nicht.‹ Doch der Wind ist ein Teil des EINEN und kann ohne die anderen nicht ganz sein. Der Wind bringt die Wolken, und die Wolken bringen den Regen, und der Regen bringt die Seen und die Wälder. Die Tiere, das Volk, das Dorf, die Erde und alles, was ist, kommt vom Großen Geist. Und der ist EINS.

Bei uns sind alle Kinder unsere Kinder, denn wir sind alle eine Familie. Wenn wir also beieinander sitzen, dann sind wir auf unsere Weise im Sitzen EINS. Wenn wir sprechen, sprechen wir gemeinsam als EINS. Wenn wir denken, denken wir gemeinsam als EINS. In unserer Welt sind wir niemals allein. Wir sind immer EINS mit allem.

Bei euch ist die Welt getrennt. Sie ist das andere, und euer Leben lang lebt ihr allein inmitten des anderen. Bei euch ist jeder ein Fremder.«

Als Kathleen uns diese Geschichte erzählte, waren seit jenem ersten Schultag im Indianerreservat beinahe fünfzig Jahre vergangen. Und doch erinnerte sie sich so lebhaft daran, als sei es gerade eben erst passiert. Ihren Worten zufolge war dies der ergreifendste Moment ihres Lebens, denn hier erkannte sie zum erstenmal, was echtes spirituelles Einssein bedeutet.

»Ich hatte mich einem, wie ich glaubte, spirituellen Leben gewidmet und mußte dennoch bei den Indianern erkennen, daß mein Gemeinschaftssinn mit anderen Menschen und dem Reich der Natur so gut wie nicht existent war. Ich litt damals, wie ich später erkannte, an einem Gefühl völliger Isoliertheit und tiefer Einsamkeit. Ich versuchte, meine Leere mit meiner Verbundenheit zu Gott zu füllen, und vergaß dabei ganz und gar meine spirituelle Verbundenheit mit allem, was Gott geschaffen hat.«

Für die meisten von uns ist die Verbundenheit mit der Welt um uns herum eine ebenso fremde Vorstellung wie damals für Kathleen. Bei vielen alten Völkern aber wird diese Verbindung seit jeher intuitiv in jedem Augenblick des Alltags gelebt. Die Menschen dort sind geerdet und haben einen festen Stand, weil sie sich als Teil eines größeren Ganzen empfinden. Sie kommen sich niemals verloren vor und kennen keine Einsamkeit, selbst wenn kein anderer da ist, denn auch dann erfahren sie ihre Verbundenheit mit dem Großen Geist, der durch Bäume, Hügel, Blumen und den Himmel lebt.

Wir modernen Menschen leben in spiritueller Einsamkeit. Manche von uns haben zwar eine Verbindung zu Gott – einem Gott weit oben im Himmel –, doch zu kaum etwas sonst. Vielen von uns fehlt die spirituelle Verbundenheit völlig, und wir sind fast gänzlich von dem Leben jenseits unseres Selbst abgeschnitten.

Aus diesem Grund ist Kathleens Erkenntnis ihrer eigenen Isoliertheit eine Erfahrung, die viele von uns teilen. Mit zunehmender spiritueller Entfaltung spüren wir ganz besonders, wie allein wir sind oder daß uns etwas »fehlt«. Dies liegt daran, daß wir auf unausweichliche Weise spirituell mit allen anderen Lebewesen verbunden sind und von dieser Vorstellung auf ganz natürliche Weise angezogen werden.

In vielen Religionen wird gelehrt, daß wir von dem EINEN kommen und uns dann in individuellen Körpern differenzieren. Erst dann erleben wir uns als getrennt von dem EINEN, obgleich wir die Verbundenheit mit unserer Quelle immer noch intuitiv spüren. Kultur und Glaube bestimmen im allgemeinen, in welchem Maße wir eine individuelle Identität entwickeln und wie sehr wir uns bei der Entfaltung unserer Persönlichkeit unserer spirituellen Verbundenheit bewußt bleiben.

Bei den Indianern und vielen anderen Naturvölkern war der Individualismus von jeher geringer ausgeprägt. Die spirituelle Verbindung und das Gefühl der Stammeszugehörigkeit haben hier einen höheren Stellenwert und werden bewußter gelebt.
In einem Großteil der westlichen Industriegesellschaft wird unsere Individuation stark gefördert, unsere spirituelle Verbundenheit hingegen nur minimal kultiviert. Dennoch wartet sie im Hintergrund und gemahnt uns unaufhörlich zur Heimkehr. Der Ruf unserer spirituellen Verbindung läßt eine Sehnsucht entstehen, ein Gefühl tiefer Isoliertheit, das sich schwer in Worte fassen läßt.

Übermäßiger Individualismus

In der modernen Welt stellt dieses Gefühl von Getrenntsein oder Isoliertheit, das wir als übermäßigen Individualismus bezeichnen, eine so gängige Bürde dar, daß die meisten von uns gar nicht bemerken, wie sehr sie uns belastet. Und dies, obwohl uns die damit einhergehenden Symptome – Isoliertheit, Einsamkeit, Unsicherheit, Ängste, Depression – enorme Probleme bereiten können.
Manchmal ist es schwierig zu erkennen, daß wir von unserer Spiritualität getrennt sind. Wir sind wie Fische im Ozean, die sich des sie umgebenden Wassers nicht bewußt sind. Auf ähnliche Weise können wir in übermäßigem Individualismus treiben, ohne es je zu bemerken.
Warum? In unserer Kultur wird die natürliche und notwendige Individualität betont und kultiviert. Wir lernen, selbst auf uns zu achten. Man bringt uns bei, unsere eigenen Gedanken, eigenen Antworten und eigenen Meinungen zu haben, und wir lernen, daß wir uns als Erwachsene selbst um uns und unsere Bedürfnisse kümmern müssen.

Um uns auf dieses Leben in der Individualität vorzubereiten, lehrt man uns zu konkurrieren, das Verlieren zu verabscheuen und, koste, was es wolle, für den Erfolg zu kämpfen. Obgleich man uns beibringt zu teilen, bildet das Konzept von individuellen Rechten und persönlichem Besitzstand den Eckstein unseres Gesellschaftssystems – einschließlich unserer Philosophie, unserer Wirtschaft sowie unseres rechtlichen und politischen Systems.

Damit soll keineswegs behauptet werden, unsere Art zu leben, sei »schlecht«. Unsere auf Individualismus gegründete westliche Denkweise hat uns in der Tat enorme wirtschaftliche Vorteile gebracht und eine extrem effiziente und wohlhabende Gesellschaft entstehen lassen, die Millionen von Menschen ein Auskommen bietet. Zugleich sind auf nahezu allen Gebieten Fortschritte erzielt worden, weil einzelne den Mut hatten, zu denken, etwas zu riskieren und sich einzusetzen, um ihren einzigartigen Talenten und Begabungen Ausdruck zu verschaffen.

Die Kehrseite unserer Erfolgsgesellschaft und unseres individuellen Strebens ist, daß wir nur selten über den Preis sprechen, den wir in Form einer geringeren sozialen Verbundenheit und spirituellen Unterentwicklung bezahlen. Dies ist der psychisch-spirituelle Bankrott, in dem sich unsere Gesellschaft augenblicklich befindet.

Nur wenige Menschen sagen uns, daß wir, wenn wir uns selbst und unserer Getrenntheit von anderen Lebewesen allzuviel Aufmerksamkeit schenken, mit der Zeit das Bewußtsein der wahren Verbundenheit mit allem, was uns umgibt, verlieren – ein Verlust, der uns unglücklich macht und uns belastet.

Dies wird ganz besonders bei größeren Kindern und Heranwachsenden deutlich. Während unserer frühen Kindheit sind wir noch intuitiv mit dem EINEN verbunden und bringen dieses wundervolle Gefühl in unserem kindlichen Spiel und durch eine enge Verbundenheit mit unserer Familie und unseren Freunden zum Ausdruck. Doch mit dem Älterwerden ermutigt man uns, uns immer mehr aus unseren ursprünglichen spirituellen Beziehungen zu lösen, bis uns am Ende oftmals jegliches Gefühl der Verbundenheit verlorengegangen ist.

In den meisten Kulturen und Religionen wird der Übergang von der Kindheit zum Erwachsenenleben traditionsgemäß von gewissen Zeremonien begleitet, die den Heranwachsenden mit dem GEIST und der Gemeinschaft der Erwachsenen verbinden soll. Beispiele hierfür sind die Kommunion der Christen, *Bar* und *Bat Mitzvah* der Juden, die *Walkabouts* der australischen Aborigines und die Visionssuche der Indianer.

In modernen Gesellschaften wird vielen Kindern diese Art von Verbindung vorenthalten. Und selbst jene, die solche Zeremonien durchlaufen, empfinden womöglich nie eine spirituelle Verbundenheit, weil dem gesellschaftlichen Aspekt (wer wird eingeladen, was gibt es zu essen, was soll man anziehen, welche Geschenke bekommt man) ein so großer Stellenwert beigemessen wird.

Aus diesem Grund gehen vielen Kindern mit zunehmendem Alter der Zauber und die Verbundenheit von einst verloren, und sie haben nichts, um die entstehende Lücke zu schließen. So ist es nur natürlich, daß sich Heranwachsende ihrer Clique oder gleichaltrigen Freunden zuwenden und diesen in dem Versuch, das Fehlende zu ersetzen, bald mehr Bedeutung einräumen, als sie es sonst tun würden.

Im Lichte dieser beinahe totalen Identifikation mit den Freunden erlangt jede Nuance dieser Beziehungen unter Gleichaltrigen eine beinahe kosmische Bedeutung. Jede Situation scheint von alles entscheidender Wichtigkeit: Wer sagt was zu wem, wer liebt dich und wer nicht, wer sieht gut aus und wer nicht. Diese Abhängigkeit von der Persönlichkeit und die mangelnde Verbundenheit birgt für den Jugendlichen das Risiko, sich als Ausgestoßener zu fühlen. Er glaubt, seine neu entwickelte, individuelle Erwachsenenpersönlichkeit sei alles, was ihn ausmache. Und wenn diese ernstlich verletzt ist, glaubt er, »sterben« zu müssen.

Dies erklärt, warum Heranwachsende und junge Erwachsene ganz besonders anfällig für Drogen, Alkohol, Depressionen und andere Symptome mangelnder Verbundenheit sind. Viele sind verzweifelt und geraten in Panik angesichts der Zukunft und all ihrer Probleme (Beruf, Geld, Umwelt usw.). In ihrem Streben nach Findung und Festigung ihrer einzigartigen Persönlichkeit rebellieren manche oder »agieren sich aus«, indem sie sich über sämtliche Regeln hinwegsetzen. Andere gehen gerade den entgegengesetzten Weg, sie entwickeln weder sich selbst noch ihre Fähigkeiten, verstecken sich in der Masse und vermeiden jedes Risiko.

Man muß Kindern beibringen, sich zu behaupten, ihre individuellen Talente und Begabungen zu entfalten und sich die notwendigen Fähigkeiten anzueignen, um in der modernen Gesellschaft erfolgreich leben zu können. Sie müssen aber auch lernen, ihre persönliche Identität mit ihrer Verbundenheit zum GEIST ins Gleichgewicht zu bringen.

Zu süß

Allzu großer Individualismus ist wie Zucker. In Maßen genossen, ist er etwas Wunderbares, im Übermaß hingegen vergiftet er uns. Er ist so attraktiv (und macht so süchtig), daß wir manchmal nicht einmal erkennen, daß er die Ursache dafür ist, daß wir uns so schlecht fühlen.

Der »Zucker« des Individualismus bringt einen Negativkreislauf in Gang. Je mehr wir davon nehmen, desto mehr individualisieren wir uns, und je mehr wir zu einem getrennten Individuum werden, desto mehr spalten wir uns von unserer spirituellen Natur ab. So fühlen wir uns ständig schlecht und sind gleichzeitig von dem Wunsch beseelt, uns besser zu fühlen. Aber anstatt eine spirituellere, nahrhaftere »Diät» zu uns zu nehmen, essen wir womöglich noch mehr »Zucker«. Dadurch individualisieren wir uns noch mehr und treten noch stärker in Konkurrenz, um die begehrte »Ego-Nahrung« (Anerkennung, Erfolg, Wohlstand, Macht, Prestige, Besitz) zu bekommen, um uns auf diese Weise von den durch unsere »Zuckersucht« verursachten schlechten Gefühlen zu befreien.
Wir tun im Grunde genau das, wofür man uns lobt, und darum ist übermäßiger Individualismus die »unsichtbare« Bürde, die wir oftmals fühlen, aber nicht wirklich identifizieren oder erkennen können. Wir sind zu voll mit uns selbst, überlastet mit »zu viel Ich«.

Moral-Amputation

Nachdem uns unser übermäßiger Individualismus das Gefühl gibt, wir müßten auf Kosten der anderen für uns sorgen, fällt es uns nicht mehr schwer, unser Dasein auf Erden als Konkurrenzkampf zu betrachten. Wir sagen uns Dinge wie »Ich allein

im Kampf gegen die Welt« oder »Erst ich und dann die anderen«.
Dies kann zu einer *»Moral-Amputation«* führen, bei der unser moralisches »Rückgrat« und damit unser Mitgefühl, unsere Fürsorglichkeit und Umsicht »wegoperiert« werden oder unterentwickelt bleiben. Das seelische Loch, das übrigbleibt, stellt eine moralische, soziale und umweltmäßige Bedrohung dar. Um so mehr, wenn diese Bedrohung von vielen einflußreichen Größen (wie Unternehmen, Experten, Medien und anderen, denen es in erster Linie um ihren eigenen Vorteil geht) zur Philosophie erhoben wird, ungeachtet der dabei für uns alle entstehenden schädlichen Auswirkungen.
Hier einige Beispiele zur Verdeutlichung: Die Zigarettenindustrie, die ungeachtet der erwiesenermaßen schädlichen Wirkung ihrer Produkte Millionen von Dollar aufwendet, um Menschen von Zigaretten abhängig zu machen, ganz gleich wieviel Krankheit und Leid dafür als Preis zu zahlen ist; Automobilhersteller, die die Entwicklung schadstoffärmerer Fahrzeuge zugunsten von profitableren, aber weniger umweltfreundlichen Fahrzeugen blockieren; die Medien, die nach dem Motto arbeiten: »Fließt viel Blut, dann verkauft sich's gut« und uns mit einer Flut von grausamen, beängstigenden und aufwühlenden Nachrichten bombardieren, die uns eine verzerrte und unnötig negative Sicht der Welt präsentieren; Rechtsanwälte, die ihre Klienten unter Mißachtung von Wahrheit, Ehre oder Gerechtigkeit aufgrund von Formfehlern »herauspauken«.
Übermäßiger Individualismus kann auch von Einzelgruppen betrieben werden, die sich von anderen Gruppen abzugrenzen versuchen. So schüren beispielsweise Politiker in dem Versuch, ihre eigene Machtposition zu stärken, oftmals nationalistische Gefühle oder Rassenhaß. Viele Religionsführer predigen, daß ein Glaube oder ein Volk besser oder »heiliger« sei als die anderen.

Individuelle Getrenntheit und Eigeninteressen sind Wasser auf die Mühlen unserer Ängste und Unsicherheiten. Die Abspaltung von unserer ursprünglichen spirituellen Verbundenheit führt dazu, daß eine Gruppe der anderen rivalisierend gegenübersteht und sich Haß entzündet, der in Zerstörung und Leid endet.

All diese Beispiele sind Variationen ein und desselben Themas: sich als etwas Besonderes darstellen zu wollen, indem man sich den anderen überlegen und von diesen getrennt fühlt. Gern sagen wir uns: »Ich weiß mehr als du« oder »Ich bin besser (schlauer, reicher, erfolgreicher, spiritueller, moralischer, besser aussehend usw.) als du«.

Manche Menschen oder Gruppen gehen in ihrem Individualismus so weit, daß sie keine oder nur wenig Verbindung zu anderen oder keine Verantwortlichkeit für irgend jemanden außer sich selbst empfinden und infolgedessen uns allen schaden. Natürlich treibt nicht jeder von uns den Individualismus derart auf die Spitze. Doch je »erfolgreicher« wir als hoch konkurrenzfähige Individuen werden, desto mehr geraten wir in die Isolation und Getrenntheit von den übrigen Geschöpfen auf Erden.

Solche Isoliertheit ist nicht nur aus spiritueller Sicht höchst problematisch, sondern kann tatsächlich physisches Leid verursachen. Dies ist von einzelnen, höher entwickelten Mitgliedern der Gesellschaft längst verstanden worden, die lange vor der westlichen Medizin erkannten, daß der »ganze Mensch« zu behandeln sei. Neben der Heilung physisch bedingter Leiden widmen sie sich gleichzeitig der Identifizierung und Behandlung solcher Symptome, die auf persönliche und spirituelle Einflüsse zurückzuführen sind. Einer der Menschen, der um diese Dinge wußte, war Jonathans Vater, Dr. Lou.

Dr. Lous Skelett

Dr. Lou war ein altmodischer Arzt, der rein äußerlich wie eine Mischung zwischen dem Komiker Groucho Marx und dem Nachrichtensprecher Walter Cronkite aussah. Sein Alltag: Arbeit als »Einzelkämpfer«, Hausbesuche, drei Treppen hoch zu einem Patienten mit Grippe, Entbindung von Zwillingen mitten in der Nacht. Konnte ein Patient nicht bezahlen, dann würde er vielleicht ein andermal zahlen können, und wenn er gar nicht zahlte, war es auch nicht so schlimm.

Dr. Lou war der geborene Helfer und Heiler und ein gutes Beispiel für einen Menschen mit dem rechten Lebenswandel, der sich sein Geld auf lebensbejahende Weise und ohne übermäßigen Individualismus verdiente. Selbst wenn Dr. Lous Schuhe so abgetragen waren, daß sie Löcher in den Sohlen hatten, gab es niemals ein Loch in seiner Seele.

Dr. Lou begegnete seinen Patienten mit einem deftigen Sinn für Humor, gemischt mit einer gesunden Dosis an Weisheit. Seine Grundeinstellung war von dem geprägt, was er gern als »Lebensphilosophie der blanken Knochen« bezeichnete. Bekam er zu hören, daß jemand Schwierigkeiten an seiner Arbeitsstelle hatte, mit dem Ehepartner stritt oder rauchte, deutete er für gewöhnlich auf das Skelett in seinem Behandlungszimmer und sagte: »Die Hüftknochen sind mit den Oberschenkelknochen verbunden. Und ob wir es nun erkennen oder nicht, alle Teile unseres Lebens sind miteinander verbunden. Gute körperliche Gesundheit hängt von all dem anderen ab, was wir tun.« Dr. Lou hatte verstanden, daß alles Eins ist.

Kosmischer Staub zu kosmischem Staub

Die Geschichte des menschlichen Denkens ist ein Evolutionsprozeß, der auf vielfache Weise die Entwicklungsstufen widerspiegelt, die für jeden einzelnen von uns auf unserem Weg vom Säuglings- bis zum Erwachsenenalter normal und natürlich sind. So sind wir beispielsweise als Babys der Mittelpunkt des Universums. Alles dreht sich um uns, weil wir nicht kennen, was jenseits von uns ist.
Diese Wahrnehmung ähnelt dem Schluß früher Denker, daß wir im Mittelpunkt der Erde stünden und sich alles um uns drehe. Das Gefühl der eigenen Wichtigkeit war in früheren Gesellschaften etwas so Grundlegendes, daß jeder, der eine andere Auffassung vertrat, der Ketzerei bezichtigt wurde und mit Folter und Hinrichtung rechnen mußte.
Im Laufe der Zeit erkannte die Menschheit, daß sie nicht den Mittelpunkt des Universums bildet und die Erde nur einer von vielen Planeten ist, der die Sonne umkreist. Unsere Vorfahren waren aber überzeugt, daß dann wenigstens unsere Sonne im Mittelpunkt des Universums stehen müsse.
Ähnlich erkennen wir während unserer Kindheit, daß wir nicht den Mittelpunkt des Universums bilden, daß es im Gegenteil viele Kinder gibt und wir eines unter vielen sind (selbst wenn unsere Wahrnehmung der Welt womöglich nicht weiter reicht als bis zu unseren Brüdern und Schwestern, Freunden und Schulkameraden).
Als Erwachsene sehen wir auf einmal, daß wir wirklich einer von vielen sind, und wenngleich wir als Individuen einzigartig sind, sind wir aus kosmischer Sicht vielleicht doch nicht ganz so wichtig. Auf ähnliche Weise lehrt uns die Astronomie heute, daß es Milliarden von Sonnen im Universum gibt, und wenngleich unser Planet in vielerlei Hinsicht einzigartig ist, freunden wir uns immer mehr mit der Vorstellung an, daß es in

vielen anderen Sonnen- und Planetensystemen Leben geben könnte – vielleicht sogar in einer mit unserem irdischen Leben vergleichbaren Form.
Mit zunehmender spiritueller Reife gelangen wir zu der Erkenntnis der Einheit dessen, was ist, und der Verbundenheit zwischen uns selbst und der übrigen Schöpfung. Gleichermaßen breitet sich in wissenschaftlichen Kreisen die Erkenntnis aus, daß unsere Erde und sogar wir selbst nicht wirklich von dem uns umgebenden Universum getrennt sein können, weil wir alle aus den gleichen Elementen bestehen. Und in der Tat stammen die biochemischen Samen des Lebens aller Wahrscheinlichkeit nach von Meteoren und kosmischem Staub, der über Milliarden von Jahren hinweg auf die Erde herabrieselte. Welchen Platz wir persönlich unserem Schöpfer auch einräumen und wie auch immer wir uns die Schöpfung erklären mögen, wir alle entspringen zweifelsfrei ein und derselben auf Kohlenstoffverbindungen basierenden, biochemischen Lebensform, die aus dem gleichen universalen, kosmischen Material erschaffen wurde. Wir sind eine unglaublich komplexe, einzigartige Manifestation dieser immerwährenden, Leben erzeugenden Materie. Doch wir können der absoluten Einheit des Universums nicht entrinnen.
Dies ist immer noch schwer zu begreifen, sind wir doch so daran gewöhnt, uns von den anderen ringsum als sehr viel getrennter zu empfinden. Als moderne Menschen mit Privatleben, Haushalt und Beruf würden sich nur wenige für ein konkurrenzfreies Leben nach indianischem Vorbild entscheiden, das von so viel mehr Einfachheit und Verbundenheit geprägt ist als das unsere, und eine derartige Veränderung wollen wir hier auch nicht vorschlagen.
Gefragt sind also Wege, um unsere spirituelle Verbundenheit ungeachtet der in der westlichen Gesellschaft praktizierten Überbetonung des Individualismus aufrechtzuerhalten.

Heilig sein ist heil sein

Um unserem übermäßigen Individualismus zu begegnen, müssen wir ihm in unserem Leben andere »höhere« Werte entgegensetzen, die uns zu einer spirituellen Ganzheit führen, wie sie in dem hawaiischen Sprichwort »Das Wir gilt mehr als das Ich« zum Ausdruck kommt.

Monotheismus, der Glaube an einen Gott, kann als Metapher für die Einheit des Lebens betrachtet werden.

Ram Dass sagt: »Die hebräische, christliche und islamische Tradition ist monotheistisch, weil es nur ein Bewußtsein gibt [...] ›Eins‹ steht hinter der Vielheit – ein Bewußtsein und eine Vollkommenheit, die die Vielheit beinhaltet und sich auch in der Vielheit manifestiert.«

Auf die Frage »Welches Gebot ist das wichtigste von allen?« antwortete Jesus: »Höre, o Israel: Der Herr, unser Gott, ist einzig [...], und es gibt ein zweites, das ebenso wichtig ist: Du sollst deinen Nächsten lieben wie dich selbst. An diesen beiden Geboten hängt das ganze Gesetz und die Propheten.«

Im Thomas-Evangelium sagt Jesus: »Wenn einer ganz ist, ist er von Licht erfüllt, doch wenn einer getrennt ist, ist er von Finsternis erfüllt.« Jesus lehrt uns, daß die Getrenntheit, die die Grundlage unserer Persönlichkeit bildet, Finsternis ist; Ganzheit, die Natur des GEISTES, ist Licht.

Er sagt auch: »Ich und der Vater sind eins« und »Wir alle sind Söhne [und Töchter] Gottes« und »Wenn du die zwei eins werden läßt und das Innere wie das Äußere machst [...], dann gehst du in das Königreich ein.« Diese Beispiele veranschaulichen Jesus' direktes Verständnis von der Ganzheit der menschlichen Rasse und ihrer Durchdrungenheit vom GEIST.

Jesus sprach von Einheit und wußte, daß Liebe die Brücke ist, über die wir zur Einheit gelangen. Hieraus erklärt sich, warum im Christentum solcher Wert auf Nächstenliebe, Mitgefühl,

Selbstlosigkeit und Vergebung gelegt wird. Jede dieser Lehren bringt unsere Persönlichkeit mit unserer natürlichen spirituellen Ganzheit in Einklang.

Rabbi Schmelke aus Nikolsburg schrieb: »Alle Seelen sind EINS. Jede ist ein Funke der ursprünglichen Seele.«

Der altgriechische Philosoph Heraklit sagte: »Für jene, die erwacht sind, ist der Kosmos EINS.«

Freud erklärte es psychologisch: »Das Ego-Gefühl, dessen wir uns jetzt bewußt sind, ist [...] nur ein geschrumpfter Überrest eines weit umfassenderen Gefühls – eines Gefühls, das das Universum umspannte und eine untrennbare Verbindung des Egos mit der äußeren Welt zum Ausdruck brachte.«

Wer sich in Bewußtheit, Gegenwärtigkeit und Achtsamkeit übt, gewahrt die Einheit und die nicht-materiellen Reiche des Seins. Er sieht über die individuellen Wünsche der Persönlichkeit hinaus und hat den Weitblick für die größeren Zusammenhänge der Welt, in der wir leben.

Über unsere Individualität hinauszuwachsen bedeutet, eine größere, umfassendere Perspektive zu entwickeln, die uns unsere Bürde erleichtert.

Heilig sein bedeutet, heil oder ganz zu sein. Ganzsein heißt, die Einheit zu kennen, und zwar nicht nur als Konzept in unserem kleinen Gehirn, vielmehr die Ganzheit jenseits aller Gedanken zu erkennen, den GEIST jenseits von Gedanken und Wissen und die Einheit dort zu erfahren, wo Wissender und Gewußtes eins sind. Jeder ist Teil eines Ganzen, und jedes Ganze ist wiederum Teil eines noch größeren, umfassenderen Ganzen, das sich immerdar entfaltet und entwickelt. Das wahre Eine ist jenseits von Worten und Vorstellungen, und doch können wir es mit zunehmendem geistigen Wachstum immer deutlicher erfahren.

Zur Einheit finden

Die meisten von uns sind weder so sehr getrennt, daß man von »Moral-Amputation« sprechen könnte, noch spirituell so sehr verbunden wie einige unserer primitiven Vorfahren. Als moderne Menschen erleben wir eine gewisse Mischung aus Verbundenheit und Getrenntheit.

Um festzustellen, wie es um Ihr eigenes Verbundenheitsgefühl bestellt ist, lesen Sie die folgenden Aussagen durch, und überlegen Sie, inwieweit Sie damit einverstanden beziehungsweise nicht einverstanden sind. Die jeweils zutreffende Antwort kreuzen Sie bitte an.

1. Es langweilt mich oft, und ich reagiere gereizt, wenn andere über sich sprechen.

☐ trifft überhaupt nicht zu
☐ trifft nicht zu
☐ trifft zu
☐ trifft absolut zu

2. Was ich mit meinen Kindern mache, geht außer mir niemanden etwas an.

☐ trifft überhaupt nicht zu
☐ trifft nicht zu
☐ trifft zu
☐ trifft absolut zu

3. Man sollte wissen, was man will, und sich durch nichts an der Verwirklichung seiner Ziele hindern lassen.

☐ trifft überhaupt nicht zu
☐ trifft nicht zu
☐ trifft zu
☐ trifft absolut zu

4. Wenn jemand ein Grundstück kauft, sollte er damit tun können, was er will.
   - ☐ trifft überhaupt nicht zu
   - ☐ trifft nicht zu
   - ☐ trifft zu
   - ☐ trifft absolut zu

5. Wenn ich einen Raum betrete, in dem viele Menschen sind, fühle ich mich unwohl.
   - ☐ trifft überhaupt nicht zu
   - ☐ trifft nicht zu
   - ☐ trifft zu
   - ☐ trifft absolut zu

6. Ich kämpfe, um zu gewinnen, und hasse es zu verlieren.
   - ☐ trifft überhaupt nicht zu
   - ☐ trifft nicht zu
   - ☐ trifft zu
   - ☐ trifft absolut zu

Je mehr Sie sich bei einer jeden dieser Aussagen der Kategorie »trifft absolut zu« nähern, desto ausgeprägter ist ihr Individualismus. Hier einige Beispiele zu den Punkten 1 bis 6:

1. Menschen, denen es schwerfällt, anderen dabei zuzuhören, wie sie über sich selber sprechen, haben oftmals Probleme, sich in die Gedanken und Gefühle anderer hineinzuversetzen. Je größer unsere spirituelle Verbundenheit, desto eher können wir andere als Teil von uns selbst sehen. So fällt es Eltern oft sehr viel leichter, ihren Kindern zuzuhören, wenn sie über sich selber sprechen, als anderen Menschen, weil sie mit diesen so wesensgleich und verbunden sind.
2. Wer meint, seine Kinder gingen ausschließlich ihn etwas an,

sieht seine Kinder womöglich als sein »Eigentum«, das mit niemandem etwas zu tun habe außer ihm selbst. In der Vergangenheit wurden Kinder in der Tat als persönliches Eigentum betrachtet und konnten von ihren Eltern geschlagen oder gar mißhandelt werden. Heute hat die Gesellschaft erkannt, daß alle Kinder mit uns allen verbunden sind und wir eine gemeinschaftliche Verantwortung für ihr Wohlergehen tragen. Vor diesem Hintergrund wurden in jüngster Zeit mehrere Gesetze erlassen, um Kindesmißhandlungen und Mißbrauch zu verhindern und Kinder vor Schaden zu bewahren. Aus spiritueller Sicht sind *alle* Kinder *unsere* Kinder.

3. Diese Ansicht schlägt der Denkweise des »Ich zuerst« eine Bresche, nach der wir als Individuen das Recht haben, unsere Ziele zu verfolgen, ungeachtet der Auswirkungen auf unsere Mitmenschen oder die Umwelt. Vom spirituellen Standpunkt her müssen wir bei all unserem Tun die Bedürfnisse der anderen im Auge behalten, denn wir sind alle miteinander verbunden.
4. Hinter dieser Aussage steht die Auffassung, daß wir als Einzelwesen das Land tatsächlich besitzen und es uns überlassen bleiben soll, es nach eigenem Gutdünken auszuplündern, und wenn dies auch zum Schaden der Generationen nach uns geschieht. Wir denken und handeln womöglich, als seien wir unsterblich und die Erde ein vergängliches Gut, wo doch in Wirklichkeit die Menschen kommen und gehen, die Erde aber Milliarden von Jahren bestehen bleibt.

   Wer mit der Natur spirituell verbunden ist, betrachtet die Erde und die natürliche Welt als unvergängliche Schöpfung Gottes und weiß, daß sie uns nur vorübergehend in Obhut gegeben wurde und wir die hohe Verantwortung tragen, alles zu tun, um die Interessen der Natur bestmöglich zu wahren.

   Die indianische Betrachtungsweise der Welt und der Rolle

des Menschen kommt in den Worten des Häuptlings Seattle zum Ausdruck: »Alles ist miteinander verbunden. Was auch immer der Erde widerfährt, widerfährt auch den Söhnen [und Töchtern] der Erde. Der Mensch hat nicht das Geflecht des Lebens gewoben, er ist nur ein Faden darin. Was auch immer er dem Geflecht antut, tut er sich selbst an.«

5. Wenn wir uns von anderen getrennt fühlen, sind wir oft nervös und haben Angst vor Zurückweisung und Kritik. So fällt es uns schwer, mit anderen Menschen zusammenzusein, vor allem, wenn wir sie nicht kennen. Dies trifft ganz besonders in Situationen zu, wo wir mit einer Sache an die Öffentlichkeit treten müssen und im Mittelpunkt der Aufmerksamkeit stehen. Fragt man, wie man seine Sprechangst in den Griff bekommen könne, so hört man oft den Rat, sich sein Publikum nackt oder in einer anderen peinlichen Situation vorzustellen. Dies ist eine typische ichorientierte Verhaltensweise, bei der wir uns selbst ein besseres Gefühl geben, indem wir uns über die anderen erheben. Aus spiritueller Sicht erkennen wir dagegen, daß wir alle Teil des EINEN sind und unser Publikum zu unserer geistigen Familie gehört.
6. Menschen, die stets in den Kategorien »Gewinner« und »Verlierer« denken, nutzen jede Gelegenheit, um sich von ihren Mitmenschen abzuheben und zu beweisen, daß sie besser sind, wodurch sie sich von den anderen noch weiter entfernen. Natürlich geht in unserer Gesellschaft »Gewinnen« Hand in Hand mit Erfolg, Wohlstand und Macht. Es erlaubt uns, zu kaufen, zu besitzen, zu kontrollieren, uns unsere individuellen Wünsche zu befriedigen und unser Leben nach unseren Vorstellungen zu gestalten. Eine humorvolle Abwandlung der eigentlichen Goldenen Regel lautet: »Wer das Gold hat, bestimmt die Regeln«. Wohlstand verleiht Macht, aber zu weit geführt, wird er zum »spirituellen Loch« und Fluch und raubt uns das wertvolle Gefühl der Verbundenheit.

Vom spirituellen Standpunkt her gibt es keinen Unterschied zwischen Gewinnern und Verlierern, und es erfolgt keine Bewertung nach besser oder schlechter. Das Leitmotiv allen Handelns ist der reine Spaß am Tun. Der folgende Witz veranschaulicht dies: Jesus ging mit ein paar Freunden zum erstenmal zu einem Fußballspiel, bei dem die Muslime gegen die Katholiken antraten. Als die Katholiken ein Tor schossen, sprang Jesus auf und schrie: »Hurra!« Als dann die Muslime ein Tor schossen, sprang er erneut auf und schrie: »Hurra!« Der Mann hinter ihm war verwirrt und fragte Jesus: »Sagen Sie mal, auf welcher Seite stehen Sie eigentlich?« Da antwortete Jesus: »Auf jedermanns Seite. Ich genieße das Spiel.«

Für mich reserviert

Es ist leicht, die spirituelle Praxis von unserem tagtäglichen Tun zu trennen. Viele geistig erwachte Menschen richten für ihre spirituelle Praxis eine vom Alltag sorgfältig getrennte Nische ein, denn der Alltag fordert von uns, daß wir als Einzelkämpfer perfekt funktionieren und das Beste für uns und unsere Familien herausholen.

Ein interessantes Beispiel hierzu ergab sich vor gar nicht langer Zeit, als zwei Freunde, Hank und Matthew, eines Nachmittags in einem Meditationsgarten spazierengingen. Sie sprachen über Spiritualität im allgemeinen und ihre Kirchengemeinde und insbesondere über die von so vielen Menschen empfundene Getrenntheit und Isolation. Die beiden hatten ungeachtet ihrer erfolgreichen Tätigkeit als Geschäftsleute ganz offensichtlich ein enormes Maß an ernsthafter Aufmerksamkeit darauf verwandt, zu einem spirituellen Leben zu finden.

Als sie später zu einem nahe gelegenen Restaurant fuhren, wurden sie vom Verkehr aufgehalten, und so kamen sie unverschuldetermaßen zu spät dort an. Der Tisch, den sie bestellt hatten, war inzwischen anderweitig vergeben worden. So blieb ihnen als einzige Hoffnung, doch noch in diesem Restaurant essen zu können, daß noch jemand seine Tischbestellung für diesen Abend absagen würde. Sogleich fing Hank mit einem Ehepaar, das darauf wartete, einen Tisch zugewiesen zu bekommen, ein Gespräch an. Er meinte, im Restaurant nebenan sei das Essen viel besser und überredete die beiden zu gehen. Als Hank und Matthew schließlich Platz genommen hatten, setzten sie ihr Gespräch über Egoismus und Getrenntheit fort, offensichtlich ohne sich ihres stark konkurrierenden und egozentrischen Verhaltens bewußt zu sein. Man kann Spiritualität für eine Stunde oder zwei am Wochenende praktizieren und sie somit vom tagtäglichen Leben in der realen Welt getrennt halten.

Unsere auf Konkurrenzstreben basierende Gesellschaft hält uns ständig dazu an, uns zuerst unsere eigenen Bedürfnisse und Wünsche zu erfüllen und alles zu unternehmen, um die anderen mit ihren Wunschvorstellungen und Prioritäten in den Hintergrund zu drängen. Dies ist so leicht, daß viele von uns aus Eigennutz handeln, ohne sich je darüber Gedanken zu machen, ob man es auch anders machen könnte.

Alte Muster, neue Muster

Manchmal hindern uns alte Muster daran, mit Menschen, der Natur oder Tieren in Verbindung zu treten. Vielleicht sind wir irgendwann einmal von einem Hund gebissen worden und haben nun Angst vor Hunden. Oder wir haben uns im Wald verlaufen, und in der Natur zu sein ist uns jetzt unheimlich. Oder aber wir sind von Vater, Mutter oder einem anderen nahestehenden Menschen verletzt worden und haben so ein Gefühl der Angst vor anderen Lebewesen mit auf den Weg bekommen.

Manche dieser Muster sind leicht zu identifizieren und zu verändern. Andere sind tief in uns eingegraben und können nur durch jahrelanges, konzentriertes Bemühen aufgelöst werden. Wie dem auch sei – wir müssen dort beginnen, wo wir sind, und herausfinden, was uns von dem Verbundensein mit anderen zurückhält. Hank, der kleinste von vier Jungen, war seine ganze Kindheit über ständigen Sticheleien ausgesetzt. Er mußte früh lernen, sich zu verteidigen und sich seinen Teil und seinen Platz zu erkämpfen, wenn er nicht leer ausgehen wollte. Seine Interessen zu wahren war ein altes, tief verwurzeltes Muster.

Darlene hatte eine überkritische Mutter und Großmutter und lernte, immer zuerst die Fehler in allem und jedem zu sehen. Sie war zynisch und skeptisch, hatte einen beißenden Witz und stets eine abfällige oder sarkastische Bemerkung auf den Lippen. Sie bezeichnete sich selbst voller Stolz als »bissige Emanze«. Nachdem sich Darlene ihre Familiengeschichte und -muster einmal bewußt gemacht hatte, fing sie mit einem der Rezepte der Geistigen Diät an und achtete auf die vielen kleinen Beispiele für das Gute in ihr selbst und anderen. Es dauerte einige Monate, doch schließlich konnte sie echte Fortschritte verzeichnen, denn es gelang ihr, sich nach und nach von ihrem harten, zynischen, distanzierenden Verhalten zu lösen.

Wir können uns selbst besser kennenlernen, wenn wir feststellen, was uns davon abhält, unsere Verbundenheit zu spüren. So können wir beispielsweise einen Tag lang darauf achten, wie wir auf die Menschen ringsum reagieren. Fühle ich mich offen und wohl in ihrer Nähe oder bin ich nervös und in Abwehrstellung?

Versuchen Sie es jetzt gleich einmal. Beobachten Sie genau Ihr Verhalten, und überlegen Sie, welche Muster Sie davor zurückhalten, mit anderen in Beziehung zu treten. Wenn ein Fremder den Raum betritt, was sagen Sie dann zu sich selbst? Schaltet Ihre innere Ampel auf rot, gelb oder grün? Und warum ist das

so? Machen Sie sich die Gefühle bewußt, die Sie von anderen trennen, und hinterfragen Sie sie.
Natürlich sind wir manchmal aus gutem Grunde auf der Hut. Wir alle wissen, daß es in der Welt auch gefährliche Menschen gibt. Von Konkurrenzdenken geprägte oder allzu kritische Verwandte oder Kollegen machen es uns schwer, mit ihnen in Beziehung zu treten. Doch wie wir sehen, können wir auch alte Muster in uns tragen, die längst überholt sind, uns aber immer noch getrennt und einsam sein lassen. Was auch immer die Gründe und Ursachen sein mögen, wir können alles daransetzen, unsere soziale und spirituelle »Fehlernährung« umzustellen.

Zu wenig Ich

Bisher haben wir uns damit befaßt, welche Gefahren und welcher Preis mit »zu viel Ich« verbunden sind. Einige Menschen aber haben genau das entgegengesetzte Problem: »zu wenig Ich«.
Manche Menschen leiden aufgrund mangelnden Selbstvertrauens, übermäßiger Kritik oder eines echten oder eingebildeten Versagens unter Ängsten und Schüchternheit. Sie ziehen sich wie eine Schildkröte in ihren Panzer zurück und können kein ausreichend starkes Selbstwertgefühl entwickeln, um in der modernen Gesellschaft bestehen zu können. Die künstlerisch Begabten und Sensiblen unter uns reagieren auf Härte oftmals mit Rückzug und Müdigkeit, und viele bleiben ihr Leben lang Fremde in einem fremden Land.
Wie bereits an anderer Stelle erwähnt, empfinden viele Jugendliche und junge Erwachsene die Erwachsenenwelt als beängstigend und einschüchternd. Sie bleiben in ihrer Entwicklung zurück, denn sie verstecken sich hinter einer Herdenmentalität von Marotten und Moden. Sie versäumen es, ihre

Begabungen und ihre Einzigartigkeit zu entdecken und zu entwickeln, und sie neigen dazu, aufzugeben und aus Schule und Gesellschaft auszusteigen.
Menschen mit »zu wenig Ich« können aufgrund ihrer eigenen Wertigkeit heilsame Ziele aufstellen (siehe Kapitel 4), ihre Grundbedürfnisse herausfinden (Kapitel 6) und feststellen, was ihnen guttut (Kapitel 8) und was ihrem Leben einen Sinn gibt (Kapitel 9). Sie können besser »schwimmen lernen« und dann in den Strom des Lebens springen.

Den Mangel stillen

Unsere Getrenntheit gibt uns das Gefühl, daß uns etwas fehlt, daß es auf unserem Speiseplan eine Lücke gibt. Erkennen wir erst einmal unsere fehlende Verbundenheit, können wir unseren Mangel stillen, um heil und ganz zu werden.
Anna Lemkow schreibt, daß die »essentielle Einheit mit anderen Menschen durch Sympathie, Einfühlungsvermögen, Solidarität, Mitgefühl, Liebe und Identität zum Ausdruck kommen kann [...] Das Gefühl der Einheit entsteht aus der intuitiven, spirituellen oder mystischen Bewußtseinsebene.« Doch wo sollen wir beginnen? Wir können von Menschen wie Audrey lernen.

Audreys Telefonanruf

Manche Menschen sind auf ganz natürliche Weise zutiefst in einem Gefühl der Verbundenheit verwurzelt. Sie brauchen noch nicht einmal in spirituellen Begriffen zu denken und reagieren vielleicht sogar abweisend, wenn sie von anderen ob ihrer Güte gelobt werden. Einer solcher Menschen war Dianes Mutter, Audrey.

Audrey betrachtete niemals irgend jemanden oder irgendein Geschöpf als etwas von ihr Getrenntes. Sie konnte nicht länger als fünf Minuten an der Theaterkasse anstehen, ohne die Menschen vor und hinter ihr – manchmal auch die von weiter vorn oder hinten in der Schlange – zu kennen, denn kaum einer konnte umhin, auf ihre Freundlichkeit zu reagieren.
Audreys starkes Verbundenheitsgefühl ließ ihr Haus zu einer Zufluchtsstätte für heimatlose Tiere aller Art werden. Sie schloß alle mißhandelten, neurotischen, epileptischen oder sonstwie gestörten Hunde, Katzen, Pferde oder Hamster in ihr Herz und nahm sie auf, um sie zu pflegen und ihnen ein neues Zuhause zu suchen. Wer übrigblieb, den behielt sie ganz einfach.
Sie war in leitender Funktion bei diversen Pfadfinderorganisationen und Wohlfahrtsverbänden tätig, und das schon in sehr jungen Jahren. Auf dem Höhepunkt ihrer Wohltätigkeitskarriere leitete sie an einem großen Krankenhaus eigenverantwortlich ein Programm, bei dem hilfswillige heranwachsende Mädchen für den ehrenamtlichen Krankenpflegeeinsatz ausgebildet wurden. Jeweils am Jahresende wurde der Einsatz dieser Mädchen im Rahmen eines Wohltätigkeitsballs gewürdigt, der ebenfalls von ihr ausgerichtet wurde.
Ihr Betätigungsfeld war so groß und vielfältig, daß sie weltweit Freundschaften unterhielt, und ständig rief irgendwer aus ihrem riesigen Bekanntenkreis an.
Ein weiteres von Audreys großen Talenten und Hobbys war das Kochen. Eines Tages waren wir gerade dabei, unter ihrer Anleitung und der Mitwirkung von Familienmitgliedern und Freunden ein aufwendiges Festmahl zum Erntedankfest zuzubereiten, als auf einmal das Telefon klingelte. Audrey hob ab. Nach dem, was wir mitbekommen konnten, handelte es sich bei dem Anrufer um jemanden, der in einer anderen Zeitzone lebte, zwei Kinder und einen Afghanen hatte (der sich nur un-

ter Schwierigkeiten im Hof halten ließ), und der außerdem im Mai nach Neapel in Urlaub fahren wollte.
Audrey hatte den Hörer zwischen Schulter und Kinn geklemmt und rührte eifrig weiter, probierte mal hier und mal da und dirigierte uns mit Zeichensprache, während sie am Telefon redete. Ein jeder von uns fing an, anhand der Hinweise zu erraten, wer nun der Anrufer sei.
»Es muß die Frau mit dem Afghanen sein, die nach Cleveland gezogen ist«, meinte einer.
»Nein. Es ist jemand aus der italienischen Familie, die sie letztes Jahr kennengelernt hat. Die wollten nach Neapel fliegen«, entgegnete ein anderer.
»Nein, es ist Tante Doris. Sie hatte vor, sich einen Hund zuzulegen«, brachte ein dritter hervor.
Als das Gespräch nach einer Stunde schließlich dem Ende entgegenging und Audrey ihre Adresse nannte, war die Verwirrung noch größer.
»Wer ist es also gewesen?« fragten wir im Chor, als sie auflegte, und waren gespannt, wer von uns nun richtig geraten hatte. »War es jemand, den wir kennen?«
»Ach das …«, meinte Audrey und war überrascht, daß wir sie fragten. »Das war nur jemand, der sich verwählt hatte.«
So viel steht fest: Audrey war so sehr mit ihren Mitmenschen verbunden wie kaum ein zweiter. Wenn man sie darauf ansprach, meinte sie nur: »Mir kommt nie der Gedanke, daß ich jemanden nicht kennen sollte – ich weiß nur nicht, wie sie heißen, und sie wissen nicht, wie ich heiße. Doch das liegt nur daran, daß wir uns bislang noch nicht begegnet sind.«
Audrey war auf natürliche Weise mit anderen verbunden – eine Gabe, die ihr mühelos zuflog. Und während es vielen von uns nie so leicht fallen wird, mit anderen in Beziehung zu treten, können wir anhand von Menschen wie Audrey sehen, welcher Grad an Verbundenheit möglich ist.

Durch intellektuelles Verstehen zur Verbundenheit gelangen

Auf die gleiche Weise, wie wir uns von unseren Bürden befreien, können wir lernen, mit unserer Spiritualität wieder in Verbindung zu treten: indem wir über unseren Atem mit unserer Aufmerksamkeit in die Gegenwart kommen und uns dann auf unsere natürliche Verbundenheit konzentrieren, die uns ständig zur Heimkehr mahnt.

Was aber, wenn uns jegliches Gefühl von Verbundenheit abgeht?

Vielen Menschen gelingt es eher, über intellektuelles Verstehen Zugang zu ihrem Gefühl der Verbundenheit zu erlangen, bevor sie es aus dem Herzen heraus intuitiv erfassen können. Schauen wir uns also zunächst einmal jene Verbindungen an, die wir verstandesmäßig begreifen können.

In jedem einzelnen Augenblick sind wir durch den großartigen »Blasebalg« unserer Lunge mit dem Leben ringsum verbunden, der uns beim Einatmen und Ausatmen auf lautlose, unsichtbare Weise mit allem Lebendigen verbindet.

Beim Einatmen nehmen wir Sauerstoff in uns auf, der von Pflanzen und Bäumen erzeugt wurde. Beim Ausatmen geben wir Kohlendioxid ab, das von Pflanzen und Bäumen absorbiert und wieder in Sauerstoff umgewandelt wird, um erneut als Brennstoff des Lebens zu uns und in die lebendige Welt zu gelangen.

Dieser Kreislauf von Lebensenergie läuft ständig weiter, und wir haben unseren Anteil daran. Ein jeder von uns dreht das Rad des Lebens, mit jedem neuen Atemzug.

Über unseren Atem sind wir nicht nur mit Pflanzen, sondern auch mit allen übrigen vergangenen, gegenwärtigen und künftigen Lebewesen verbunden. Die Luftmoleküle, die wir jetzt, in diesem Augenblick, einatmen, wurden von den Dinosauriern, die unser Land einst bevölkerten, ebenso geatmet, wie sie heute von den großen Walen in unseren Ozeanen und dereinst von den künftigen Erdlingen aller Spezies geatmet werden.

Fühlen Sie sich als ein Teil im Zyklus des ständigen Auf und Ab eines großen Blasebalgs. Atmen Sie bewußt, seien Sie gegenwärtig und voller Achtsamkeit für Ihre innige, lebensspendende Verbundenheit mit allem, was lebt.
Tun Sie es jetzt gleich. Sehen Sie sich die Pflanzen draußen oder zu Hause oder im Büro an. Sie sind mit ihnen in diesem unentrinnbaren Geflecht von Atem und Leben verbunden. Ein noch intensiveres Gefühl der Verbundenheit kann uns unser Atem schenken, wenn wir den Duft einer Blume, den Geruch einer Waldlichtung oder trockene, spröde Wüstenluft in uns aufnehmen. Dies schafft nicht nur Verbundenheit, sondern macht das Atmen zu einem köstlichen Genuß.

Das Meer ist ein einziges großes Meer. Ändert sich die Temperatur an einem Ort, ist dies überall auf der Welt zu spüren. Die als *El Niño* bekannte Ozeanerwärmung führt im Tausende von Kilometern entfernten Nordamerika zu extremen Wetterbedingungen.
Bei ihrer Rückkehr aus dem Weltraum sind Astronauten durch die Erfahrung, die Welt als etwas Grenzenloses gesehen zu haben, für immer verändert. Viele Astronauten waren bei der Umkreisung der Erde angesichts der Majestät und Großartigkeit unseres Heimatplaneten von Ehrfurcht ergriffen. Bei unserer Reise durch den Raum fliegen und treiben wir alle gemeinsam.
Wir teilen unseren Planeten mit Milliarden von Menschen, sehen am Firmament denselben Mond, dieselben Sterne und dieselbe Sonne, leben unter demselben grenzenlosen Himmel und atmen dieselbe Luft. Die Welt ist ein ganzheitliches Sy-

stem, und in ihr können wir unsere Universalität und Verbundenheit erfahren.

Je mehr wir uns unserer Verbundenheit mit unserer irdischen Heimstätte sowie der spirituellen Einheit mit allem Lebendigen bewußt sind, desto eher entdecken wir unsere Verbundenheit mit dem EINEN.
Ebenso sind wir um so enger mit allem Leben in uns und um uns verbunden, je mehr wir mit dem EINEN verbunden sind.

Die Einheit ist unser ureigenes Sein, und so zieht es uns unweigerlich zur Verbundenheit hin. Sie ist unsere wahre Natur, die uns zur Heimkehr mahnt.

Durch das Genießen der Natur zur Verbundenheit gelangen

Manchen von uns fällt es am leichtesten, wieder Zugang zu ihrer Verbundenheit zu erlangen, indem sie sich zunächst mit der Natur verbinden. Ein behaglicher, sicherer Platz in natürlicher Umgebung hilft uns dabei, uns auf unsere spirituelle Verbundenheit zu konzentrieren. Selbst wenn wir nur wenige Minuten Zeit haben, um hinauszugehen, können wir uns entspannen und uns zu Hause fühlen, ungestört und bar von Verantwortungen.
Selbst in der städtischen Parkanlage oder in Nachbars Garten können wir die Vielfalt des Lebens betrachten, die Gräser und Bäume, Blumen, Vögel und Insekten, die da ihr Leben teilen. Hören Sie die Laute. Nehmen Sie einen »ersten« und »zweiten« Atemzug, um achtsam und gegenwärtig zu sein, und schließen Sie dann Ihre Augen, um dem Wind zu lauschen. Hören Sie das Auf und Ab des Vogelgezwitschers, das Summen und Zirpen der

Insekten, das Geraschel und Gewiesel ringsum. Sie sitzen mittendrin und hören den sanften Rhythmus – eine Symphonie mit ihren eigenen Instrumenten, Crescendos und Pausen.

Lassen Sie sich in dieses Sein hineinsinken, und spüren Sie Ihren Platz im Geflecht des Lebens, während Sie ruhen – wach und lebendig. Das EINE in der Vielheit, die Vielheit im EINEN. EIN Planet in EINEM Universum, von EINER spirituellen Kraft belebt, die sich in unendlichen, sich ständig entfaltenden Formen manifestiert, von denen eine die Menschheitsfamilie ist.

Über Freunde und Familie zur Verbundenheit gelangen

Während wir atmen und gegenwärtig sind, ist es wichtig, einmal sorgfältig auf unsere Verbundenheit mit anderen Menschen zu achten. Am leichtesten fällt uns das zumeist bei unseren Angehörigen oder engsten Freunden. Atmen Sie bewußt, kommen Sie in Ihrem Inneren zur Ruhe, und nehmen Sie Ihre Gefühle für die Ihnen am nächsten stehenden Menschen wahr. In dem Maße, wie Sie immer konzentrierter und gegenwärtiger werden, beobachten Sie die Wertungen und Kritik, die Sie bisher vielleicht davon zurückgehalten haben, ihnen emotional näherzukommen.
Hören Sie den anderen mehr zu. Haben Sie Verständnis für den Standpunkt der anderen. Schieben Sie unbedeutende Differenzen beiseite. Lassen Sie Vergangenes vergangen sein.

Zeigen wir denen, die wir lieben, unsere Liebe.

Dieser scheinbar offensichtliche Rat wird oft übersehen, wenn wir unsere Frustration und Gereiztheit an denen auslassen, die wir am meisten lieben und bei denen uns das Abladen unserer

Negativität am ungefährlichsten erscheint. Wie Ella Wilcox es formulierte:

> Wir schmeicheln Menschen, die wir kaum kennen,
> Und sind dem flüchtigen Gast zu Gefallen,
> Und teilen so manchen gedankenlosen Schlag
> An jene aus, die uns am meisten lieben.

Durch Gemeinsamkeiten zur Verbundenheit gelangen

Wir können unsere Einheit bereits auf vielen Ebenen und auf vielfältige Weise erfahren:

Wir können unsere Einheit mit anderen spüren, indem wir ihre Emotionen teilen. Dank unseres Einfühlungsvermögens und Mitgefühls spüren wir, was in den anderen vorgeht.

Wir können unsere Einheit erfahren, wenn wir mit Freunden ähnliche Gedanken und Ideen teilen und Gespräche mit anderen genießen, mit denen wir »die gleiche Sprache sprechen«.

Wir bekommen ein Gefühl für unsere Einheit mit anderen, wenn wir gemeinsame Empfindungen haben (wenn wir beispielsweise einen Sonnenuntergang beobachten oder uns mit einem Freund eine Portion Dessert teilen). Gemeinsame Empfindungen unterstreichen das Gefühl der Einheit.

Wir können in unserem Tun Einheit verspüren, wenn wir gemeinsam aufs Land fahren, ins Kino oder zur Arbeit gehen oder mit unserem Partner ein Puzzle legen. Zur gleichen Zeit das gleiche zu tun erweckt unseren Einheitssinn. Oft lehnen wir andere ab, weil sie nicht dieselben Meinungen und Zugehörigkeiten haben wie wir. Dennoch ist es möglich, einmal nach den bislang unbeachteten Ähnlichkeiten Ausschau zu halten – sie sind Brücken, über die wir miteinander in Kontakt treten können.

Atmen Sie achtsam, hier und jetzt. Haben Sie Mitgefühl für sich selbst und die Narben vergangener Auseinandersetzungen mit anderen. Haben Sie Mitgefühl nicht nur für Ihr eigenes, sondern auch das Leid der anderen.

Atmen Sie tief ein, entspannen Sie sich, und hören Sie auf zu werten. Öffnen Sie sich von Herzen für Ihr Mitgefühl, und weiten Sie den Radius Ihrer Verbundenheit.

Seien Sie sich unserer gemeinsamen spirituellen Verbundenheit bewußt. Wenn wir die Einheit im GEIST erkennen, begreifen wir den Wesenskern der großen Religionen dieser Welt. Dann verstehen wir auf einmal, warum Mahatma Gandhi sagte: »Ich betrachte mich als Hindu, Christ, Muslim, Jude, Buddhist und Konfuzianer.«
Je mehr wir uns unserer spirituellen Verbundenheit bewußt sind, desto sicherer sind wir im Umgang mit anderen Menschen. Mit tieferer Achtsamkeit für unser eigenes Sein und deutlicherem Erkennen der wahren Menschlichkeit in anderen, weicht unsere Schüchternheit, Unsicherheit und Angst davor, mit anderen in Beziehung zu treten.
Albert Einstein sagte: »Der Mensch ist Teil jenes Ganzen, das wir Universum nennen, ein zeitlich und räumlich begrenzter Teil. Er erfährt sich, seine Gedanken und Gefühle, als etwas vom übrigen Getrenntes – eine Art optische Illusion seines Bewußtseins. Diese Illusion ist ein Gefängnis für uns, das uns auf unsere persönlichen Wünsche und die Zuneigung für die wenigen Menschen in allernächster Nähe begrenzt. Es muß unsere Aufgabe sein, uns aus diesem Gefängnis zu befreien, indem wir den Radius unseres Mitgefühls erweitern und für alle Lebewesen und die gesamte Natur offen sind.«
Identifizieren Sie sich mit dem anderen. Versuchen Sie, sein Leben mit seinen Augen zu sehen. Gelingt uns dies, sehen wir,

daß die anderen Menschen nicht anders sind als wir, daß sie oftmals dieselben Wünsche haben, sich nach einem angenehmen Leben sehnen, für ihre Familie ein Auskommen haben und sich an einem sinnvollen Leben erfreuen möchten, dabei begegnen ihnen oftmals dieselben Ängste und Schwierigkeiten wie uns selbst. Auf diesem Weg erwecken wir unser Mitgefühl für andere, und das führt uns – basierend auf dem Verständnis unserer gemeinsamen menschlichen Lage – zu mehr Verbundenheit mit den Menschen ringsum.

Über Tiere zur Verbundenheit gelangen

Wo auch immer ein Gefühl der spirituellen Verbundenheit und Liebe in uns keimt, sollten wir es hegen und pflegen, und Millionen von Menschen gelingt dies am ehesten im Umgang mit Tieren.

Besonders wer von ihm nahestehenden Menschen durch weite Entfernungen oder Tod getrennt ist und wem es ausgesprochen schwerfällt, anderen zu vertrauen und mit ihnen in Kontakt zu treten, dem ist ein Tier ein freundlicher, williger Gefährte: es ist Freund, Familie und Natur in einem.

Während es unbestreitbar große Unterschiede gibt, haben wir doch mit unseren Mitgeschöpfen vieles gemeinsam, ganz gleich, ob es sich nun um Katzen, Hunde oder Affen handelt. In der Tat entspricht unsere genetische Struktur zu 95 Prozent derjenigen von Schimpansen.

Menschen, die eine tiefe Verbundenheit zu Tieren empfinden, betonen immer wieder, daß die meisten Tiere in der Lage sind zu »sagen«, was sie brauchen, wenn man nur aufmerksam »hinhört«.

Problematisch ist nur, daß wir meistens eben nicht aufmerksam hinhören oder nicht wissen, wie wir dies bewerkstelligen können. Amy, eine Teilnehmerin aus Dianes Schriftstellerkurs, beklagte sich einmal bei ihr (wissend, daß Diane Katzen liebt und auch selbst welche hatte), daß ihre Katze namens Schneeball, mit der es jahrelang keinerlei Probleme gegeben hatte, auf einmal im Wohnzimmer ihr Geschäft erledigte und sich durch nichts von dieser Unart abbringen ließ. Bisher war Schneeball immer aus dem Fenster gesprungen, um auf eine Katzentoilette im Innenhof zu gehen, doch nun weigerte sie sich konstant, dieses Fenster überhaupt als Ausgang zu benutzen. Amy war mit den Nerven völlig am Ende und war schon fast bereit, Schneeball wegzugeben.

Amy wurde an einen in Katzenpsychologie versierten Experten verwiesen, der dem Problem schnell auf die Spur kam. Schneeball war bislang immer erst auf einen Hocker und von dort aus auf das Fensterbrett gesprungen, und dieser Hocker war mittlerweile ausrangiert und in die Garage gestellt worden. Schneeball hatte sich wohl beim Sprung auf das Fensterbrett verletzt, weil sie womöglich die Weite falsch eingeschätzt hatte. Nachdem sie nun nicht mehr in der Lage war, vom Boden aus zum Fensterbrett hinaufzuspringen, wählte sie den auffälligsten Platz, um dort ihre »Botschaft« zu hinterlassen.

Sobald Amy verstanden hatte, worum es ging, wußte sie, daß Schneeball ihr die ganze Zeit über hatte »sagen« wollen, wo das Problem lag, indem sie sich an sie anlehnte und ihr verletztes Bein leckte – ein Kommunikationsversuch, den Amy vollkommen ignoriert hatte.

Es ist traurig, wenn man bedenkt, wie viele Tiere mißverstanden und weggegeben wurden, weil sie sich ihren Besitzern nicht hatten verständlich machen können. Wir brauchen uns nur vorzustellen, wir könnten uns jemandem, der Herr über unser Leben und unseren Tod ist, nicht in unserer Sprache verständlich machen, um zu wissen, wie es einem solchen Tier ergeht.

Bewußtes Sein ist in lebendigen Geschöpfen allgegenwärtig. Durch bewußtes Atmen im Hier und Jetzt können wir mit unseren Tieren auf eine Weise in Verbindung treten, die uns vielleicht überraschen mag.

Atmen Sie tief und entspannt, und verweilen Sie einen Augenblick bei Ihrem Tier. Tun wir dies, so entdecken wir häufig, wie präsent Tiere eigentlich sind: Sie sind auf ganz natürliche Weise fähig, hier und jetzt mit uns zu sein – zufrieden mit dem Leben an sich.

Finden Sie heraus, was Ihnen persönlich am besten hilft, und halten Sie sich daran. In dem Maße, wie uns der Zustand spiritueller Verbundenheit vertrauter wird, bringen wir dies oft durch mehr Anteilnahme und größere Fürsorglichkeit zum Ausdruck. Unser Selbstgefühl weitet sich, so daß wir unser Augenmerk nicht mehr nur auf uns selbst richten, sondern alle anderen als einen Teil von uns mit einbeziehen.

Zur eigenen Verbundenheit finden

Einheit ist unsere wahre spirituelle Natur, und so zieht es uns automatisch zur Verbundenheit hin. Wir besuchen Freunde und Verwandte, kümmern uns um Tiere und pflegen bestimmte Orte. Wir treten in Vereine oder andere Organisationen ein, die uns ein Gefühl von Zugehörigkeit vermitteln. Wir haben Kinder und Geliebte – all dies sind Formen des Verschmelzens und Zueinandergehörens.

Wenn wir anfangen, nach Möglichkeiten zur Erfahrung unserer natürlichen Verbundenheit zu suchen, sind wir vielleicht sogar extrem getrennt. Doch erfahren wir erst einmal, was hinter dem Bemühen um Verbundenheit auf uns wartet, gelingt es uns vielleicht, uns in einer Blume wiederzufinden. Wie der Poet William Blake schrieb:

Eine Welt in einem Sandkorn zu sehen
Und einen Himmel in einer wilden Blume,
Halte die Unendlichkeit in deiner Hand
Und die Ewigkeit in einer Stunde.

Über den Atem fangen wir an, uns selbst zu beobachten, bis wir den Beobachter oder Wächter in unserem Inneren sehen. Wir schauen weiter hin und erkennen, daß wir Wächter und Gesehenes zugleich sind, oder wie Krishnamurti immer wieder sagte: »Der Beobachter ist das Beobachtete.«
Sehen wir dies, so erkennen wir, daß es im Grunde gut ist, der zu sein, der wir sind. Und was andere über uns denken oder nicht denken, hat nicht den geringsten Einfluß auf unser ureigenes Sein. Wir wissen, daß wir es nicht jedem recht machen können und immer wieder auf Ablehnung oder Kritik stoßen werden, doch diese Ablehnung bleibt ohne Wirkung auf den Wesenskern in uns. Unsere persönlichen Reaktionen können beobachtet, empfunden, verarbeitet und losgelassen werden.

In unserem eigenen Saft schmoren

Ich bin in einem Raum voller Menschen. Ich sehe sie, höre sie, verstehe sie, bin mit ihnen verbunden. Ich kann gegenwärtig und wach sein, was auch immer sie tun oder denken mögen. Ich bin hier und spiegele, was ist – auch meine eigenen Wünsche und Ängste.
Ich sehe mich in ihnen und sie in mir. Wir sind alle gemeinsam hier, möchten uns alle sicher und angenommen fühlen, sind allesamt Manifestationen des spirituellen Bewußtseins in individueller, menschlicher Form und glauben, voneinander getrennt zu sein.
Ich kann inmitten all dieser Menschen bewußt atmen und gegenwärtig sein, sicher und frei, wach und lebendig, und bin nicht

darauf angewiesen, sie oder mich ändern zu müssen (und auch nicht unsere persönlichen Wünsche, Dinge anders haben zu wollen, als sie sind). Wir sind hier. Wir sind, was wir sind, denn wir schwimmen alle in einem »Suppentopf«, schmoren alle in unserem gemeinsamen Saft.

Was kann ich tun?
Das Rezept der »kollektiven Suppe«

1. Atmen Sie, um achtsam und gegenwärtig zu sein inmitten des sich ständig entfaltenden Lebensprozesses, dessen integraler Bestandteil wir alle sind.
Für das Rezept der »kollektiven Suppe« kann die Geistige Basisdiät mit jedem einzelnen der vorgeschlagenen Gänge kombiniert werden, damit wir bereichert werden, über uns selbst hinauswachsen und zu mehr Nähe mit dem Leben im Großen Plan gelangen.

2. Treten Sie über Verständnis, die Natur, Angehörige, Freunde und Tiere in Verbindung mit dem Leben.
Finden Sie heraus, auf welche Weise Sie bereits verbunden sind, und stärken Sie jede Ihnen zur Verfügung stehende Möglichkeit, um mit dem Leben in Verbindung zu sein.

3. Schließen Sie sich mit anderen zu Gemeinschaften zusammen.
Wir können übermäßigen Individualismus überwinden, indem wir uns unserer Verbundenheit mit anderen und der Welt des GEISTES bewußt werden und neben den materiellen Werten auch andere Aspekte des Lebens zu schätzen lernen.
Wir können einer spirituellen Organisation beitreten – Kirche, Synagoge, Tempel. *Wir können »Hallo!« sagen und mit unseren*

Nachbarn sprechen und das Lokalblatt lesen, um uns mit den Menschen ringsum verbunden zu fühlen. *Wir können einem Verein zur Nachbarschaftshilfe beitreten* und so mehr Lebensqualität in unser Wohnviertel bringen. Wenn wir mitbekommen, daß ein Nachbarskind Probleme hat, können wir ihm helfen oder *Verantwortung übernehmen und die Eltern des Kindes aufsuchen*, um sicherzustellen, daß sie Bescheid wissen. Wenn wir unser Kind von der Schule abholen, können wir *mit anderen Eltern sprechen und uns nach deren Kindern erkundigen.* Wir können *uns um unsere allernächste Umgebung kümmern und uns daran erfreuen*, und sei es auch nur ein nahe gelegener Park, ein Stück öffentlicher Strand oder die Straße vor unserer Haustür. Wir können uns bei der Kassiererin im Supermarkt, dem Müllmann und dem Postboten *bedanken.* Wir können uns durch eine *ehrenamtliche Tätigkeit* bei Hilfsorganisationen für unsere Mitmenschen und Tiere engagieren, ganz gleich, ob dies nun durch Mitarbeit in einer Suppenküche, Blutspenden beim Roten Kreuz oder den Beitritt in eine örtliche Hilfsorganisation geschieht oder wir eine Kinderfußballmannschaft trainieren oder im Tierheim aushelfen.

4. Konzentrieren Sie sich auf das Immaterielle.

Wir können mehr Zeit und Energie für die immateriellen Aspekte des Lebens aufbringen: Familie, Freunde, Nachbarn, spirituelle Achtsamkeit, Natur, Musik, Sport, Lesen, Helfen. Dies alles sind nichtmaterielle Wege zum Heilsein und zur Erfüllung.

Gespräch zwischen Persönlichkeit und Geist

Geist: Achte auf das Eine, von dem wir alle ein Teil sind.

Persönlichkeit: Aber ich fühle mich nicht verbunden. Ich fühle mich allein, unsicher und ängstlich. Ich gebe es nur ungern zu, aber ich muß mich einfach als etwas Besonderes empfinden und besser als die anderen sein, um mich in meiner Haut wohl zu fühlen.

Geist: Du bist eine Manifestation des Allermächtigsten und Besonderen im gesamten Universum. Verbinde dich damit, und fühle, wie deine Unsicherheit und Angst von dir weichen.

Persönlichkeit: Es ist nicht so einfach, sich wohl zu fühlen.

Geist: Weil du zu sehr mit deinem eigenen Selbst verbunden bist und du darüber deine Verbundenheit mit dem vergißt, was über dein Selbst hinausreicht. Atme achtsam im Hier und Jetzt, und sei wie ein lebendiger Spiegel, der das größere Universum reflektiert, das sich immerdar in Myriaden von Formen entfaltet.

Erkennen wir unsere Verbundenheit mit der Welt, begreifen wir, daß wir die Welt *sind*, und erfahren eine Verschmelzung der Grenzen. Wie ein Eisberg, der voller Harmonie und Liebe in den Ozean hineinschmilzt, aus dem er gebildet wurde, kann die Persönlichkeit zum Einssein verschmelzen. Dann fühlen wir, was es heißt, wahren Frieden zu erfahren und wirklich lebendig zu sein.

Kapitel 11

Barfuss in den Frühling

Leben und Tod lege ich dir vor [...] Wähle das Leben. Die Bibel (Dt. 30,19)

Der wahre Heilige geht bei den Menschen ein und aus, ißt mit ihnen und schläft bei ihnen, kauft und verkauft auf dem Markt, heiratet und nimmt am gesellschaftlichen Leben teil, niemals vergißt er Gott, auch nicht für einen Moment.
Abu Sa'id ibn Abi l-Tkayr

Unter dem Gewicht ihrer Bürden führen Millionen von Menschen nur ein halbherziges Leben. Wir können es lebendig und aufregend gestalten und spirituelle Nahrung finden, wenn wir unsere Last mindern und mehr aus der Fülle des Lebens schöpfen.

Der Winter unseres Lebens

Als Kind wußte ich, wie man Spaß und Freude haben kann, doch mittlerweile scheine ich es vergessen zu haben. Jetzt, wo ich erwachsen bin, werde ich von der Last der Verantwortung schier erdrückt.
Ich bin so mit Sorgen beladen und so beschäftigt, daß ich oft meine, nur halb hier zu sein. Vielleicht habe ich eben deshalb nicht mehr so viel Spaß.
Ich hatte die Chance, eine neue Stelle zu bekommen, aber ich konnte mich einfach nicht dazu durchringen, obwohl es mir gut getan hätte. Ich würde so gerne risikobereiter sein, doch etwas hält mich davor zurück.
Eine gute Freundin meinte, ich sei allzu nervös und angespannt. Vielleicht hat sie recht, und das ist auch der Grund für meine Kopfschmerzen.

Opas größter Fehler

Es war an Opas (Dianes Großvater) 88. Geburtstag. Er hatte gerade einen Wald von Kerzen ausgeblasen, und wir saßen mit der ganzen Familie am großen Eßtisch, um zum Abschluß Opas heißgeliebten Schokoladenkuchen zu genießen. Die Unterhaltung war ein wenig ins Stocken geraten, und so meinte Diane scherzhaft: »Also, Opa, dann erzähl uns mal, was du in den zurückliegenden 88 Jahren so alles gelernt hast.«
Opa blickte auf. Er schien sich seine Antwort genau zu überlegen und sagte dann in ernstem Ton: »Nun gut, ich werde euch etwas sagen. Ich habe vieles verpaßt, was ich hätte haben können. Und dafür bin ich ganz allein verantwortlich.«
Keinem von uns entging, wie ernst es ihm war, als er fortfuhr: »Ich bin in St. Louis aufgewachsen, war ein für mein Alter kleines und schmächtiges Kind und hatte eine Menge Probleme. Mit zwölf Jahren ging ich nach der Schule arbeiten. Am Zahltag veranstalteten die wilden Kinder aus der Nachbarschaft gewöhnlich eine Verfolgungsjagd mit mir, um mich zu verprügeln und mir das Geld wegzunehmen. Die Zeit verging, und sie wurden älter, aber auch immer gemeiner; ich hatte regelrecht Angst, daß sie mich eines Tages umbringen würden. Doch dann kam alles ganz anders.
Ich werde das nie in meinem Leben vergessen. An einem düsteren Novembertag kam ein großer, schwarzer Hund – er sah aus wie ein Labrador – durch die offene Hintertür in unser Haus. Das arme Tier schien halb verhungert. Ich gab ihm zu fressen und überredete meine Mutter, ihn zu behalten. Am nächsten Morgen folgte *Shadow* (»Schatten« – das ist der Name, den ich ihm gab) mir in die Schule und wartete vor dem Gebäude, bis ich wieder herauskam. Danach begleitete er mich zur Arbeit in die Keksfabrik, und auch dort wartete er auf mich. Als die Kinderbande auftauchte, gab es ein Riesenspektakel!

Ihr hättet ihre Augen sehen sollen, als sie meine Verfolgung aufnahmen und plötzlich Shadow bemerkten. Der Hund machte kurzen Prozeß und biß dem größten Jungen in die Hand. Daraufhin rannten alle fort. Seither haben sie mich nie wieder behelligt, solange Shadow bei mir war; und glaubt mir, Shadow begleitete mich auf all meinen Wegen.

Sonntags gingen wir immer zum Schwimmen an einen Bach vor der Stadt. Stundenlang warf ich Stöckchen ins Wasser, die Shadow unermüdlich und voller Stolz zurückbrachte. Am Ende schliefen wir dann unter den Weidenbäumen am Bachufer ein, und dabei ruhte mein Kopf an Shadows Brust.«

Wir alle in der Familie sind ausgesprochen tierlieb, und so konnte ein jeder von uns Opas Freundschaft zu Shadow gut nachempfinden.

»Das ist eine wunderschöne Geschichte«, sagte Audrey (Dianes Mutter) und fügte etwas erstaunt hinzu, »aber in all diesen Jahren hast du nie erwähnt, daß du einen Hund hattest. Ganz im Gegenteil: Du hast uns immer wissen lassen, daß du keinen wolltest.«

Opa nickte und strich sich über die buschigen grauen Augenbrauen: »Nun, ich glaube, das liegt daran, was danach geschah. Shadow war 15 Jahre bei mir, ich war damals Ende 20, und wir befanden uns mitten in der Weltwirtschaftskrise. Obwohl Winter war, ließ ich immer ein Fenster offen, damit Shadow rein- und rauskonnte, wann er wollte. Ich kann mir nur vorstellen, daß er hinausgesprungen ist und einfach zu alt oder zu schwach war, um zurückzuspringen. Ich weiß, er muß gebellt haben, doch ich war abends immer so müde, daß ich nicht aufwachte. Als ich ihn am nächsten Tag da draußen fand, war er halb tot, und jede Hilfe kam zu spät. Ich versuchte vergeblich, ihn zu wärmen: er starb in meinem Schoß an jener Stelle, wo ich ihn gefunden hatte. Ich machte mir große Vorwürfe. Mein bester Freund, mein Retter und Beschützer, der mir so viel in meinem Leben gegeben hatte, war für immer gegangen. Es hat mich fast zerrissen.«

Opa sprach nun langsamer: »Darüber bin ich eigentlich nie hinweggekommen. Ich fühlte mich so schlecht, daß ich mir geschworen habe, Zeit meines Lebens nie mehr einen anderen Hund zu haben. Ich habe mich daran gehalten.«

Es war ganz still im Raum, als Opas Worte uns daran erinnerten, welche Verluste und welchen Kummer ein jeder von uns schon selbst einmal durchgemacht hatte. »Das bricht einem schier das Herz«, meinte Audrey.

»Aber genau das ist es ja!« fuhr Opa fort und schlug wie zur Bekräftigung mit der Hand auf den Tisch. »Es *hat* mir das Herz gebrochen. Ich habe nie darüber gesprochen und wollte auch nicht darüber nachdenken, denn mein Herz war gebrochen. Genau das ist es, was ich euch mitzuteilen versuche. Das Leben geht weiter, und jener Schwur, den ich machte und auch hielt, war eben totaler Blödsinn. In all diesen Jahren habe ich versäumt, einen anderen Hund zu haben und zu lieben aus lauter Angst, ihn wieder zu verlieren. Auf Dauer ist *mir* dadurch tatsächlich etwas verlorengegangen. Das war der größte Fehler, den ich je begangen habe.«

Die Bürde, nicht aus der Fülle des Lebens zu schöpfen

Großvaters Geschichte war wohl in vieler Hinsicht einmalig, aber trotzdem steht eine universale Aussage dahinter. Wir alle können, wie er, auf Erlebnisse und Erfahrungen zurückblicken, in denen wir verwundet wurden oder Angst durchgestanden haben. Schmerz läßt sich im Leben eben nicht vermeiden. Wir alle müssen Verluste hinnehmen – von Tieren und Menschen, die wir lieben. Enttäuschungen, Rückschläge und auch tragische Ereignisse bleiben uns nicht erspart. Nur unsere Einstellung zu den unvermeidbaren negativen Erfahrungen des Lebens ist frei wählbar.

Es kann sich um eine einzelne traumatische Erfahrung handeln oder um Erlebnisse, die sich langsam über die Jahre hinweg ansammeln, wie es bei Kindern der Fall ist, die über einen längeren Zeitraum hinweg emotional oder physisch mißbraucht werden.

Manchmal erinnern wir uns an solch prägende Ereignisse und können sowohl Ursache als auch Wirkung klar erkennen, wie es bei Opa der Fall war. Doch es gibt auch Vorkommnisse, die unerkannt in unserem Gedächtnis schlummern. So können oder wollen sich viele mißbrauchte Kinder nicht daran erinnern, daß sie mißbraucht wurden, und spätere Gedanken, Gefühle, Taten und Reaktionen sind sogar ihnen selbst oft ein Rätsel.

Ob wir uns nun erinnern oder nicht, es ist in jedem Fall ausgesprochen schwierig, mit Situationen dieser Art konstruktiv und effizient umzugehen. Bewußt oder unbewußt versuchen wir nämlich, die Erfahrung aus unserem Bewußtsein zu verbannen. Wir errichten eine innere Barriere, die uns daran hindert, damit einhergehende Schuldgefühle, Traurigkeit oder Zorn aufkommen zu lassen.

Unsere Gedanken sind ausgesprochen mächtig. Sagt jemand beispielsweise zu uns: »Denk bloß nicht an ein Eis«, so denken wir auf der Stelle an Eis. Auch wenn wir uns innerlich wehren, der Gedanke ist uns ins Gedächtnis gepflanzt worden, und nun wird uns viel eher auffallen, wenn in einer Anzeige oder im Restaurant für Eis geworben wird.

Negative Erfahrungen sind in analoger Form in unser Gedächtnis eingepflanzt, und es ist äußerst schwierig, sich nicht in irgendeiner Form davon beeinflussen zu lassen. Dies kostet uns wertvolle Energie, die wir ansonsten für andere Dinge hät-

ten nutzen können. Und so mehren wir dadurch unsere Alltagslasten.
Je mehr Bürden dieser Art wir mit uns herumtragen, desto begrenzter ist unsere Fähigkeit zur vollen Achtsamkeit, zur Erfahrung unserer elementaren Gutheit und unserer Sinneseindrücke, zur Vermeidung von Suchtgefahren und schädlichen Gewohnheiten, zur Fassung klarer Gedanken, zum richtigen Umgang mit Emotionen, zur Führung eines sinnvollen Lebens und zur Verbundenheit mit anderen Menschen. Wer also versucht, sich permanent vor seinen Problemen und Schwierigkeiten zu verschließen, wird ein Gefühl der Erschöpfung in sich verspüren oder die verschiedensten chronischen Symptome entwickeln.

Rezepte für das reale Leben

Die Geistige Diät soll uns helfen, die Bürden abzustreifen, die aus unverarbeiteten Gefühlen resultieren. Zunächst bietet sie uns die Möglichkeit herauszufinden, was uns im einzelnen belastet, und gibt uns dann das Instrumentarium an die Hand, um unsere eigenen »Rezepte« zusammenzustellen und damit zu arbeiten. Wir hoffen, daß Sie beim Lesen der vorhergehenden Kapitel bereits feststellen konnten, welche der genannten Bürden speziell für Sie zutreffen (falls nicht, gehen Sie bitte jetzt gleich zu Seite 101 zurück, und lesen Sie den Abschnitt »Identifizieren Sie Ihre Bürden«).
Haben Sie sie erkannt, sollten Sie sogleich zu atmen beginnen, um mit Ihrer Achtsamkeit im Hier und Jetzt zu sein. Im Zuge der Geistigen Basisdiät können Sie nun auch Ihr eigenes, ganz persönliches Rezept wählen. Sie können Ihre Bürde mit einem Gebet oder Mantra ansprechen. Für den Fall, daß Sie Ihre Bürden zwar identifiziert, jedoch noch kein entsprechendes Rezept

zur Hand haben, möchten wir Ihnen im folgenden ein paar Lösungsbeispiele vorstellen, die einige unserer Klienten erfolgreich angewandt haben.

Andrews Rezept

In Kapitel 6 erklärte sich Andrew zur Arbeit mit der Geistigen Diät bereit. Als Bürde bezeichnete er die Tatsache, allzusehr auf das Materielle im Leben ausgerichtet und von seinen Emotionen abgeschnitten zu sein, insbesondere von den Gefühlen der Nähe und Liebe.

Zu Beginn der Geistigen Basisdiät lernte er, seine Achtsamkeit mehr und mehr zu schulen und zunächst im Hier und Jetzt zu weilen, bis er ruhig und entspannt atmen konnte und dabei voller Aufmerksamkeit im gegenwärtigen Augenblick war. Mit zunehmender Bewußtheit inmitten seines Alltagslebens erkannte Andrew das, was er später seine eigene »Verrücktheit« nannte: seinen Zustand ständiger Angst, Gehetztheit und Zwanghaftigkeit. Er konnte die negativen Auswirkungen dieser Bürden auf ihn und seine Umgebung ganz deutlich sehen und stellte sich sein eigenes Rezept zur Geistigen Diät zusammen: Beginnend mit einem ersten und zweiten Atemzug, brachte er seine Achtsamkeit in die Gegenwart. Um seine Bürden auszugleichen, fügte er dann ein Mantra hinzu, indem er zu sich sprach: *»Ahhh – jetzt ist es aber genug!«* Im weiteren Verlauf vereinfachte er das Ganze und sagte nur noch *»Genug!«* beim Einatmen und *»Ahhh!«* beim Ausatmen. Als er sich am Ende vor Augen führte, was er eigentlich alles besaß und was sein Leben erfüllte, fühlte er sich in der Gegenwart geerdet. Andrew erwähnte noch, daß er sich all diese Dinge immer wie eine Serie von Schnappschüssen seiner Familie, seines Hauses und von allem, was ihm Sicherheit gab, vorgestellt habe.

Nach mehreren Wochen meinte er, er habe nie gedacht, daß etwas so Einfaches eine so tiefe Veränderung bewirken könne. »Jedesmal wenn ich achtsam sein wollte und meine Hektik und innere Getriebenheit anschaute, mußte ich erkennen, wie sehr ich immer noch von meiner Erziehung beeinflußt war. Wie alte Tonbandaufzeichnungen waren die Erlebnisse meiner Kindheit in mein Gehirn eingraviert und sagten mir, wie ich zu leben habe, obwohl diese Dinge tief im Inneren für mich niemals richtig waren. Jedesmal wenn ich dann *›Ahhh! Genug jetzt!‹* oder *›Genug!‹* zu mir sagte, war es so, als ob dieses Band nach und nach gelöscht würde. Je öfter ich das tat, desto schwächer wurden die alten Gefühle, bis ich schließlich feststellte, daß sie kein Teil meines tieferen Ichs mehr waren.«

Nachdem Andrew die Methode eine Zeitlang praktiziert hatte, entwickelte er klarere Vorstellungen darüber, was das eigentlich Sinnvolle im Leben ist. Manchmal, wenn er voller Achtsamkeit in der Gegenwart war, sann er über das nach, was wohl für ihn das »Richtige« sei.

Ihm wurde bewußt, daß er gerne mit den Kindern zusammen sein wollte, solange er diese Möglichkeit noch hatte. Bei seinen vielen Terminen und Verpflichtungen war dieses Ansinnen jedoch äußerst schwierig zu realisieren. Da er sich selbst nicht über Nacht ändern konnte, entschloß er sich zu einer strukturierten Vorgehensweise und reservierte einfach in seinem Terminkalender eine bestimmte Zeit für seine Kinder. Das entsprach auch seiner Persönlichkeit am ehesten. Er notierte also auf jeder Seite ein kleines *»Ahhh!«* und machte sich zeitliche Vorgaben, denen er konkret folgen konnte: Mittwoch 19.00 Uhr Kathy vorlesen, Donnerstag 19.30 Uhr mit Marty spielen, Samstag 18.30 Uhr mit meiner Frau Ann ausgehen und so weiter. Diesen Zeitplan erklärte er für unantastbar und mithin »heilig« und wies seine Sekretärin an, alles andere darum herum zu disponieren. Durch die neu gewonnene Struktur gelang

es ihm, den einzelnen Mitgliedern seiner Familie die Nähe zu geben, die sie alle suchten.
In dem Maße wie Andrew mehr Zeit mit seiner Familie verbrachte und sich seiner ungesunden Muster des Materialismus und Gehetztseins bewußt wurde, begann auch sein Wandel.
Im Laufe der Zeit arbeitete Andrew eine Bürde nach der anderen ab. So wurde sein Leben allmählich auf Dinge ausgerichtet, die ihm wirklich wichtig waren. Er konzentrierte sich weniger darauf, endlose Stunden für die Erlangung zusätzlicher materieller Güter zu verschwenden, denn er hatte erkannt, daß eben dies der Ursprung vieler seiner Probleme war, wie beispielsweise daß er immer alles unter Kontrolle haben mußte. Er änderte sein Rezept an einem Punkt und fügte »Lösen der Umklammerung« hinzu, dies wirkte sich sogleich deutlich auf seinen Streßpegel aus.
Andrew war christlich erzogen worden, hatte sich aber von seinem Glauben distanziert. An einem bestimmten Punkt angelangt, entschloß er sich, seiner spirituellen Quelle wieder näher zu kommen. Er fing also an, in die Kirche zu gehen und zu sich selbst beim Einatmen »Jesus« sowie beim Ausatmen »ist bei mir« zu sagen.

Miriams Rezept

Miriam, die wir in Kapitel 8 bereits kennengelernt haben, war die Tochter von Überlebenden des Holocausts. Sie war mit einem tief verinnerlichten Muster von Traurigkeit aufgewachsen. Sie folgte der Geistigen Diät in gleicher Weise wie Andrew und wurde mit jedem Tag etwas achtsamer und gegenwärtiger. Bald erkannte sie, daß die Traurigkeit nicht ihre einzige Bürde war, sondern sie auch den Kontakt zu den physischen Sinneseindrücken und Freuden des Lebens völlig verloren hatte.

Nachdem sie ihre Bürden im einzelnen identifiziert hatte, versuchte sie, während des ganzen Tages so oft wie möglich daran zu denken, über bewußtes Atmen zur Achtsamkeit und Gegenwärtigkeit zu finden. Wenn es heißt, daß Sechsjährige im Durchschnitt dreihundertmal am Tag lachen, der durchschnittliche Erwachsene hingegen nur siebzehnmal, so war es bei Miriam höchstens ein- oder zweimal. Um einen Gegenpol für ihre Traurigkeit zu schaffen, rief sie sich Dinge ins Gedächtnis, die sie fröhlich machten, und sah sich darüber hinaus auch mehr lustige Filme und Unterhaltungssendungen an – die Hauptquelle ihres Lachens, wie sie meinte. Ihr Rezept im Rahmen der Geistigen Diät war: atmen, um gegenwärtig und achtsam zu werden, dann beim Einatmen »sofort fröhlich« und beim Ausatmen *»La Chaim«* (hebräisch: »Auf das Leben«) sagen.

Dieses Vorgehen ließ sie entdecken, wie viele Dinge es gab, für die sie dankbar war, die sie zum Lachen brachten und fröhlich stimmten, wenn sie sich nur darauf einließ. Ein Großteil der ihr innewohnenden Gutheit war lediglich mit einem Mantel von Traurigkeit überdeckt. Desgleichen gelangte sie zu der Einsicht, daß ihre Arbeit im Hospiz sie in ihrem Muster von Niedergeschlagenheit nur noch bestätigte und genau das Gegenteil von dem war, was sie jetzt arbeitsmäßig brauchte.

Durch wachsende Achtsamkeit und Gegenwärtigkeit gestärkt und gefestigt, reifte in ihr allmählich der Entschluß, die Stelle zu wechseln. Sie konnte natürlich nicht kündigen, ohne einen neuen Arbeitsplatz gefunden zu haben. Also fing sie an, sich umzusehen. Dabei erkannte sie, daß sie ihre Ausbildung zur Krankenschwester in vielfältiger Weise nutzen konnte. Sie beschäftigte sich mit Geburtshilfe und belegte Kurse an der Hebammenschule. Später arbeitete sie dann in einer Gemeinschaftspraxis von Hebammen, die ein Zentrum für Geburtshilfe unterhielten. Das habe ihr zu einer ganz neuen Sicht verholfen, berichtete sie uns: »Anstatt immer darauf zu warten, daß

die Leute sterben und das Leben endet, freue ich mich jetzt ständig, daß Babys geboren werden und neues Leben beginnt.«
Nachdem Miriam ihre Traurigkeit abgelegt hatte, fühlte sie sich ganz allgemein wohler, und so traute sie sich schließlich, sich mit dem auseinanderzusetzen, was sie zu übermäßigem Essen veranlaßt hatte: ihre mangelnde Verbindung zu ihrem Körper.
Hierfür wählte sie ein anderes Rezept: Wenn sie sich zum Essen hinsetzte, atmete sie, um gegenwärtig und achtsam zu sein, sie sagte *»La Chaim«* und konzentrierte sich dabei auf ihren Körper und ihre Sinneseindrücke – die Düfte, den Anblick des Essens, wie es sich im Mund anfühlte und bis in ihren Magen hinunterrutschte. Viele Male habe sie bemerkt, so schilderte sie uns, wie sich aufgrund ihres »anonymen Gebets« ein Lächeln in ihrem Gesicht ausbreitete. Später dann änderte sie ihr Gebet und sprach beim Einatmen »alles schmecken« und beim Ausatmen »zufrieden sein« und danach nur noch einatmend »schmecken« und ausatmend »zufrieden«.
Dank dieser spirituellen Rezepte konnte sie viel besser darauf achten, was sie aß. Sie legte mehr Wert auf Qualität beim Kauf ihrer Nahrungsmittel und aß viel langsamer und weniger. Mit zunehmender Aufmerksamkeit fühlte sie sich auch ihrem Hunger nicht mehr so ausgeliefert und begann, öfters kleinere Mahlzeiten zu sich zu nehmen. Mit der Zeit wuchs ihre Achtsamkeit über die engen Grenzen des Schmeckens hinaus und erfaßte auch andere Sinneseindrücke, eine Zeitlang änderte sie also ihr Rezept und sagte zu sich: »Hören, schmecken, sehen, fühlen, riechen«. Nach und nach traten ihre Sinneswahrnehmungen stärker zutage. Sie ging wieder regelmäßig spazieren und konnte auch ihr Körpergewicht reduzieren.
Später erwähnte sie uns gegenüber: »Dadurch, daß ich dieses geistige Rezept benutzt habe, bin ich erst wirklich zum Leben erwacht. Alles ging natürlich auch vorher seinen Gang, doch

ich habe nichts davon gemerkt, geschweige denn mich daran erfreut. Darum habe ich auch so viel gegessen, denn ich war fast allen anderen Freuden und Genüssen gegenüber gefühl- und empfindungslos. Das einzige, was mir noch Spaß machte, war das Essen. Jetzt scheine ich zum erstenmal wirklich zu leben und lebendig zu sein. In der letzten Woche habe ich zum allerersten Mal in meinem Leben meinen Mann im Bett verführt – und es war viel, viel schöner als sonst!«
Das also ist es, worauf es bei allem ankommt. Die Last des Alltags abzustreifen ist schon an sich eine großartige Sache, aber noch besser wäre es, die Bürden durch ein Leben in der Fülle zu ersetzen.

Das Ostergeschenk

Doch kehren wir noch einmal zu Dianes Großvater zurück. Er meinte, zum erstenmal nach all den Jahren über Shadow gesprochen zu haben sei so gewesen, als habe man »einen Furunkel aufgeschnitten«. Wir sprachen ausführlich darüber, und er konnte einsehen, daß er sich durch das Verdrängen seiner Tierliebe (aus Schuldgefühlen und Trauer über Shadows Tod und seiner Furcht heraus, wieder ein geliebtes Wesen zu verlieren) von seinen Gefühlen insgesamt abgeschnitten hatte. Nachdem er sich seine Zuneigung zu Tieren wieder ins Bewußtsein gerufen hatte, konnte er seine »Verhaftungen« und schmerzlichen Gefühle transzendieren und sein Herz wieder öffnen.
Zu Ostern war Opa schließlich bereit, den schwarzen Labradorwelpen anzunehmen, den ihm die Familie zum Geschenk machte. Er meinte, es wäre gerade so, als sei Shadow »wieder auferstanden«. Es war Liebe auf den ersten Blick, als Opa seinen neuen Hund *Shadow II* im Arm hielt und sich lächelnd sein Gesicht ablecken ließ – wohl an die hundert Mal an jenem Ostertag.

Was kann ich tun?
Das Rezept zum Leben in der Fülle

1. Jedesmal, wenn Sie aufwachen (sei es morgens, nachmittags oder abends) können Sie ein paar langsame, tiefe Atemzüge nehmen, um zur Achtsamkeit in der Gegenwart zu finden und sich darüber zu freuen, einen weiteren Tag im Leben geschenkt bekommen zu haben.
Stehen Sie ganz mit Ihren Sinnen in Verbindung, und nehmen Sie wahr, was Sie hören, sehen, riechen, schmecken und fühlen. Nach einer Minute strecken und recken Sie sich dann und stehen auf. Im Stehen beugen Sie leicht die Knie und überlassen sich den Bewegungen Ihres Körpers. Vielleicht hören Sie dazu Musik oder lassen ganz einfach Ihre eigene Lebensenergie durch sich hindurchfließen. Diese Übungen können Sie ganz nach Belieben ausführen, solange oder so kurz Sie möchten und wie es Ihnen gefällt. Wichtig ist nur, daß Sie Ihren Körper und die physische Energie bewußt spüren. Auf diese Weise lockern Sie sich und beginnen Ihren Tag viel lebendiger und vitaler.

2. Bewußt in der Gegenwart atmen und bei dem sein, was ist.
Befolgen Sie die Geistige Basisdiät. Mit dieser Methode können wir im Augenblick entspannen, zur Ruhe finden und uns gleichzeitig zu einem Leben in mehr Fülle öffnen. Wenn Sie es für sinnvoll erachten, können Sie zur besseren Konzentration und Bewußtmachung Ihrer innigen Verbindung mit dem Leben in jedem einzelnen Augenblick zusätzlich Gebete oder Mantras sprechen. Bringen Sie Ihre Aufmerksamkeit in die Gegenwart, wann immer Sie können, und sei es nur für einen flüchtigen Moment. Denken Sie an Huang Pos Worte: »Es ist genau vor dir.« Wir können kräftiger atmen, um mehr Sauerstoff, Blut, Energie und Leben in unseren Körper und vor allem auch in unseren Kopf zu schleusen.

3. Mitgefühl mit uns selbst, unseren Mitmenschen und allen anderen Lebewesen haben.
Wir erkennen unsere real existierenden gemeinsamen Schwierigkeiten und Unsicherheiten angesichts der Unbeständigkeit und Komplexität des Lebens und seines Geheimnisses an sich. Für einige unserer Probleme gibt es eben keine guten Lösungen, und wir müssen ganz einfach mit ihnen leben. Wir alle sind fehlbare, unvollkommene und unvollständige Persönlichkeiten, doch wir können inmitten unseres jeweiligen Alltags zu Ruhe und Seelenfrieden finden und lernen, wirklich und wahrhaftig mehr aus der Fülle des Lebens zu schöpfen.

4. Den Verarbeitungsprozeß in Verbindung mit dem Fluß der Lebensenergie nutzen.
Seien Sie achtsam und bei Ihren Gefühlen. Lassen Sie sie in Ihre Aufmerksamkeit und Ihr Erleben ein- und wieder ausströmen. Traurigkeit, Angst, Wut, Freude, Liebe. Lassen Sie die Gefühle zu und wieder los. Voller Saft und Kraft und Leben! Halten Sie nicht zu lange an Ihren Sorgen fest, denn diese belasten Sie nur und hindern Sie daran, das Leben in der Fülle zu genießen. Gleichen Sie Schmerz, Zorn und Furcht aus, indem Sie sich Szenen ins Gedächtnis rufen, in denen Sie sich gut, froh und geborgen fühlten. Legen Sie sich einen Plan zurecht. Geben Sie stets Ihr Bestes, und gehen Sie dann zum nächsten Punkt über.
Im zweiten Jahrhundert erteilte Abba Or, einer der Väter des Urchristentums, seinen Jüngern folgenden Rat: »Entweder ihr flieht vor den Menschen, oder ihr lacht über die Welt und die Menschen darin und macht in vielerlei Hinsicht lieber einen Narren aus euch.«
Natürlich können wir in unserem Alltag ein Ziel haben, für das wir uns engagieren, von dem wir uns aber auch ebenso lösen müssen, um über uns selbst lachen zu können und die Freiheit

zu haben, zur Ruhe zu finden und wieder mehr in der Fülle zu leben.

5. Kleine Risiken übernehmen im täglichen Leben, um über unsere Begrenztheit hinauswachsen zu lernen.
Sagen Sie dem anderen, daß Sie das Lächeln auf seinem Gesicht mögen oder daß Sie sich über ihn geärgert haben oder verletzt sind, oder bitten Sie um eine angemessene Gehaltserhöhung. Wagen Sie sich ruhig einmal über die Grenzen Ihrer Persönlichkeit hinaus, und spüren Sie Ihre Lebendigkeit. Planen Sie ein Wochenende ein, um zu reiten, tanzen zu gehen, mit Freunden zu feiern, eine Wildwasser- oder Heißluftballonfahrt, einen Waldspaziergang oder eine Tour mit dem Mountainbike zu machen. Tun Sie, was immer Ihre Lebensgeister wecken mag! Felsenkletterer und Bungee-Springer berichten, daß sie sich wahnsinnig lebendig fühlen, wenn ihr Leben am seidenen Faden hängt. Sie müssen nicht unbedingt Ihr Leben riskieren, um einen Adrenalinstoß und Herzrasen auszulösen. Wagen Sie sich einfach nur ein wenig über Ihre Grenzen hinaus, und atmen Sie inmitten Ihres Tuns. Atmen! Tun Sie es einfach! Wir leben, und es macht Spaß!

6. Den Schaden in Grenzen halten, der uns tagtäglich angetan wird.
Wir können beispielsweise Spannung und negative Gefühle ganz einfach dadurch abbauen, daß wir weniger Zeit vor dem Fernseher verbringen und Sendungen vermeiden, die uns negativ stimmen. Nachweislich wird man durch das Anschauen negativer Fernsehberichterstattungen trauriger und ängstlicher, und die Sorgen über unsere persönlichen Probleme nehmen zu. Das Lesen entsprechender Zeitungsberichte hingegen hat eine weitaus geringere negative Auswirkung als die optisch-akustischen Darbietungen im Fernsehen.

7. Unsere finstersten Freunde – Sterblichkeit und Vergänglichkeit – ins Spiel bringen, um das Beste aus jedem einzelnen Tag unseres Lebens herauszuholen, und dies zu schätzen wissen.
Der Physiker Bernie Siegel meint hierzu: »Menschen, die sich ihrer Sterblichkeit bewußt werden, erlangen in vielen Fällen dadurch gleichzeitig ein Stück Freiheit im Leben. Sie wissen um die Kostbarkeit der Gegenwart und postulieren: ›Jeder Tag ist mein bester, dies ist mein Leben, dieser Augenblick wird nicht zurückkommen.‹ Sie verbringen mehr Zeit mit Menschen und Dingen, die sie lieben, und weniger Zeit mit solchen, die ihnen keine Freude machen.«
Das Bewußtsein der eigenen Vergänglichkeit kann uns Freund und Verbündeter sein, der uns anhält, die unendliche Kostbarkeit des gegenwärtigen Augenblicks zu würdigen, das zu lieben, was gerade ist, und den Kosmos als Verkörperung des GEISTES zu empfinden. Wir können uns unserer Essenz, unseres Wesenskerns, bewußt werden, der lange vor unserer Geburt existierte und unseren Tod überdauern wird.
Die letzten Worte des Indianers Krähenfuß lauteten: *»Was ist das Leben? Es ist das Blinken eines Glühwürmchens in der Nacht. Es ist der Atem des Büffels im Winter. Es ist der kleine Schatten, der über das Gras huscht und sich im Sonnenuntergang verliert.«*
Denken Sie einmal über die menschliche Vergänglichkeit nach, und überlegen Sie, welchen Rat Sie am Ende Ihrer Tage einem anderen Menschen mit auf den Weg geben würden. Was, glauben Sie, dürfte für Sie das Wesentlichste und Herausragendste gewesen sein? Heben Sie jene Aspekte des Lebens hervor, die Ihrer Meinung nach wirklich zählen. Oft heißt es, daß man den Menschen, die einem nahestehen, erst wirklich nahekommt, wenn alles gesagt und getan ist. Sollte das auch für Sie zutreffen, ändern Sie es, und wenden Sie sich jetzt den Menschen zu, die Ihnen am meisten bedeuten.

Plutarch formulierte es so: »Das ganze Leben ist nur ein Punkt in der Zeit; erfreuen wir uns also daran, solange es dauert.« Wir können in unserer derzeitigen Form nicht bis in alle Ewigkeit leben. Der GEIST in uns lebt ewiglich, das einmalige Leben aber, das wir jetzt leben, ist kurz bemessen.
Geben Sie stets Ihr Bestes, um ein sinnvolles Leben zu führen (siehe Kapitel 9) und Ihre Lebensaufgabe zu erkennen.

8. An den GEIST glauben und auf ihn vertrauen, so daß Ihre Persönlichkeit den größeren Zusammenhang im Gedächtnis behält.
Die Persönlichkeit fürchtet sich, der GEIST vertraut. Spirituelle Geborgenheit bedeutet auch, loszulassen und in der Fülle zu leben, im Glauben und Vertrauen auf unsere spirituelle Natur. Die Geistige Diät fordert uns auf, möglichst jeden Tag in seiner ganzen Fülle und Unerschöpflichkeit zu leben und darauf zu vertrauen, daß im Großen Plan alles so kommt, wie es kommen soll. Auch wenn unsere persönlichen Wünsche und Bedürfnisse nicht immer so in Erfüllung gehen, wie wir es uns vorstellen, durchzieht der Große GEIST das Leben, wie es bestimmt ist. Wir können unseren Problemen und Frustrationen nicht entkommen, sondern müssen mit ihnen leben und gleichzeitig aus der Fülle schöpfen. Und am Ende all unseres Bemühens und Strebens finden wir zu Ruhe und Gelassenheit im Sosein dessen, was ist, wie es ist – alles mit Achtsamkeit erlebend. Geben Sie sich also einen Ruck, und vertrauen Sie darauf, daß alles bestens verlaufen wird.

9. Voller Saft und Kraft und Leben sein!
Ein Suchender ging eines Tages zu einem Zen-Meister, um den Sinn des Lebens zu erkunden, und fragte ihn nach seinen Glaubenssätzen. Nachdem ihm der Meister klargemacht hatte, daß er keine habe, fragte der Suchende: »Nun, wenn Sie schon kei-

ne Glaubenssätze haben, was ist dann Ihre Gotteslehre?« Daraufhin antwortete der Zen-Meister: »Wir tanzen.«
Der Kern der Weisheit lehrt uns zu leben, mit dem Leben zu tanzen und das Göttliche in den kleinen Dingen am Wegesrand zu sehen und lieben zu lernen. Das also stand hinter den Worten des Philosophen Nietzsche, der da sagte: »Ich würde nur an einen Gott glauben, der tanzen kann«, und des Zen-Meister Hakuin, als dieser sprach: »Im Singen und Tanzen artikuliert sich das Gesetz.«
Beobachten Sie Kinder beim Spielen, und entdecken Sie das innere Kind in sich selbst, das weiß, wie man Spaß und Freude haben kann. Erinnern Sie sich an das, was Ihnen als Kind so viel Lebendigkeit und Lebensfreude schenkte. Sind Sie gerne Fahrrad gefahren oder schwimmen gegangen oder draußen herumgerannt, oder haben Sie gerne gemalt? Was gab Ihnen ein Gefühl der Freiheit, und worüber konnten Sie sich am meisten freuen? Ein Großteil des Erwachsenenseins besteht aus Pflichterfüllung und Erfolg – warum halten wir nicht einmal inne und kommen zur Ruhe, ohne produktiv und erfolgreich zu sein?
Jeder kann zu seinem eigenen Reigen mit dem Leben finden. Ob unser Reigen oder Tanz seinen Ausdruck im Nähen, Lesen, Schreinern, Gärtnern oder Plätzchenbacken mit den Kindern findet – wir können genau das tun, was wir von Natur aus gerne tun möchten, indem wir einfach atmen, achtsam, gegenwärtig und lebendig sind, mitten im Alltag, ohne einen bestimmten Grund dafür zu haben.
Die Hauptnährstoffe einer lebensbejahenden und beschwingenden Geistigen Diät sind: Bewußtsein, Gegenwärtigkeit und allzeitige Nähe zum Leben, wie es gelebt wird. Seien Sie offen für neue Erlebnisse und wach im Augenblick des Erfahrens. Lernen Sie ein neues Spiel. Lesen Sie ein Buch, das Sie immer schon lesen wollten. Legen Sie sich auf eine Wiese.

10. Wenn wir abends zu Bett gehen, können wir uns fallen lassen und die Geborgenheit und Annehmlichkeit unseres gewohnten Schlafplatzes genießen.
Wir freuen uns über den gerade zu Ende gegangenen Tag und lassen die guten Gedanken an alles Erlebte frohen Herzens Revue passieren. Wenn wir aufstehen, können wir uns den traditionellen jüdischen Spruch in Erinnerung rufen und den Tag unter sein Motto stellen: »*La Chaim!* Auf das Leben!«

Spaß am Spiel haben

George Santayana sagte einmal: »Gegen Geburt und Tod kann man nichts tun, außer die Zwischenzeit zu genießen.«
Lösen wir die Umklammerung und nehmen wir uns selbst als vollkommen unvollkommenes und einzigartig gewöhnliches Wesen an, dann können wir uns an allem erfreuen, was passiert, ohne daß unsere Persönlichkeit zu sehr auf den Ausgang der Dinge fixiert ist.
Der jüdische Philosoph Philon sagte im ersten Jahrhundert:

> Das Gesicht des Weisen ist nicht betrübt und streng, von Angst und Sorge zerfurcht, sondern ganz im Gegenteil: Es ist strahlend und heiter und von großer Freude erfüllt, denn der Weise ist oft zu Späßen aufgelegt [...]
> Nach Moses ist aller Weisheit Schluß: Lachen und Spielen – nicht so, wie man es bei kleinen Kindern beobachten kann, die noch nicht die Gabe der Vernunft besitzen, sondern so, wie es jemandem entspricht, der durch Zeit und Verständnis gereift ist. Wer die Weisheit erfahren hat, die man nur in seinem Innern hören, lernen und erblühen lassen kann, der wird nicht bloß am Lachen teilhaben: er wird zum Lachen selbst.

Müssen wir unseren Ehrgeiz aufgeben, wenn wir in der Fülle leben?

Müssen wir, wenn wir in der Fülle leben und die spirituelle Vervollkommnung unseres Lebens anstreben wollen, unser normales Alltagsleben einfach akzeptieren, ohne es ändern zu wollen? Bedeutet es, daß wir unfaire Behandlung hinnehmen oder auf die Vertretung unseres Standpunkts verzichten müßten, wenn wir meinen, der andere sei im Unrecht? Nein! Wir tun vielmehr alles, was es zu tun gibt, aus dem Blickwinkel lebensbejahender Werte wie der Goldenen Regel und der elementaren Gutheit heraus.

Mit der Geistigen Diät werden uns mehr Wege zur Lösung unserer Probleme aufgezeigt, nicht weniger. In dem Maße, wie wir unsere Bürden verringern, werden unsere Gedanken klarer. Wird unser Denken von mehr Klarheit durchdrungen, erkennen wir bald, welche Probleme es zu lösen gilt und welche eigentlich überhaupt keine sind oder sich zum jetzigen Zeitpunkt eben nicht aus dem Weg räumen lassen.

Aber gesetzt den Fall, wir hätten ein Problem. Was können wir tun? Zuerst entwickeln wir eine Vorgehensweise und legen darin die einzelnen Schritte fest. Dann tun wir, was zu tun ist. Nun brauchen wir uns nicht länger zu sorgen. Wir haben unseren Teil geleistet. Das Geheimnis liegt darin, das Ergebnis zu akzeptieren und das Beste daraus zu machen. Gehen Gefühle damit einher, verarbeiten Sie sie zunächst richtig, und wenden Sie sich dann der Situation zu, die es zu konfrontieren gilt. Die ganze Zeit über wissen Sie, daß Sie alles tun werden, was in Ihrer Macht steht, und daß der Ausgang nicht gänzlich unter Kontrolle zu halten ist, selbst wenn man sich noch so einsetzt. Wir können unnötige Besorgnis, Selbstkritik, Schuld- und Schamgefühle ruhig über Bord werfen.

Das bedeutet jedoch nicht, daß wir unseren Bedürfnissen nicht mehr nachkommen oder unseren Zielen nicht gerecht werden sollten. Ehrgeiz ist ein wichtiger Faktor im Leben. Natürlich versucht die Persönlichkeit, für sich selbst zu sorgen und das Beste aus ihrem eigenen Leben zu machen, doch sie lernt auch, dem GEIST zu vertrauen. Wenn mein Leben auf Rosen gebettet ist, um so besser, tragen diese aber Dornen, muß die Persönlichkeit dies nicht unbedingt mögen, doch sie kann achtsam sein und sie wegschneiden oder mit der Blume behutsam umgehen. Wir tun, was in unserer Macht steht, um es uns so einzurichten, wie wir es gerne möchten, akzeptieren das Resultat und machen das Beste aus dem, was wir bekommen.

In der Fülle lebend, lassen wir uns in das Sosein des Gegebenen fallen. Das heißt aber nicht, daß wir uns weniger anstrengen und bemühen sollen. Wir verrichten das, was in der Welt der Arbeit und unseres Zuhauses anfällt und angemessen ist. Nehmen wir einmal an, Sie wären für die Ausrichtung einer großen, wichtigen Veranstaltung verantwortlich (eine Hochzeit oder eine Tagung). Würden Sie da im Hintergrund bleiben, den Dingen ihren Lauf lassen und sie in aller Ruhe hinnehmen? In der Fülle zu leben und anzunehmen, was ist, bedeutet lediglich, das Resultat zu akzeptieren und nicht, alle Anstrengungen einzustellen. Leben ist nun einmal Mühe und Anstrengung.

Erfolg und Überleben unseres Körpers und unserer Persönlichkeit hängen von unserer Geschicklichkeit ab. Wir können nicht umhin, uns unserer Fertigkeiten zu bedienen. Und somit tun wir es auch. Wir machen Pläne, schreiten voran, fällen Entscheidungen und verfolgen, was dabei herauskommt. Alles wird geplant, geprüft und nochmals überprüft. Sobald ein Problem auftaucht, machen wir uns daran, eine Lösung zu finden.

Wir arbeiten, um etwas so werden zu lassen, wie es unserer Meinung nach sein müßte. Dann allerdings akzeptieren wir das Resultat, selbst wenn wir es noch so gerne verändern möchten.

Ein Redner sagt im letzten Moment ab. Das Mikrophon funktioniert nicht. Nachdem wir tief und entspannt geatmet und unsere Angst richtig verarbeitet haben, können wir wieder lachen, die Herausforderung annehmen und das Notwendige veranlassen. Alles gestaltet sich zum Besten im Großen Plan. Inmitten des ganzen Trubels bleibt immer noch unser inneres Bewußtsein der spirituellen Ruhe und Gelassenheit.
Wenn alle Anstrengungen versagen, ist diese innere Bewußtheit im GEIST die Wirklichkeit. Wir denken daran, wann immer wir können, und sind uns unserer Bewußtheit bewußt. Wir erkennen die Dinge, die wir ändern können, und jene, die wir nicht ändern können. Wir bemühen uns und akzeptieren das Resultat. Dann bemühen wir uns weiter und akzeptieren wieder das Resultat und so weiter und so fort.

Machen Sie die Welt lebendig

Auf diese Weise entsteht ein ausgewogeneres Verhältnis zwischen unserem GEIST und unserer Persönlichkeit. Wir verschwenden nicht länger unsere Energie damit, Gefühle zurückzuhalten oder uns mit Gedanken zu befassen, die in unserem Kopf wie geschwätzige Affen im Zuckerrausch umherspringen. Werden wir uns aufgrund unserer Fähigkeit zur Achtsamkeit und Gegenwärtigkeit der Essenz unseres Lebens mehr und mehr bewußt, finden wir zu größerer Klarheit und Kraft, das zu tun, was für uns *und* andere »richtig« ist. So können wir uns wieder stärker mit dem ständig um uns herum wogenden Leben verbinden.
Rabbi Kushner drückt es so aus: »Wenn dein Leben vom Wunsch erfüllt ist, das Göttliche im Alltag zu sehen, geschieht etwas Wunderbares: Das gewöhnliche Leben wird außergewöhnlich, und der Ablauf des Lebens selbst nährt deine Seele!«

Dieser Ablauf erfolgt von selbst. Je klarer wir sind, desto größer werden die Fähigkeit und der Wunsch zu handeln. Auf einmal kommt es uns so vor, als hätten wir in unserem Leben endlich zu einem funktionierenden Rhythmus gefunden. Wir können unsere Zukunft klarer erkennen und bessere Entscheidungen treffen. Unser Leben ist reicher geworden, da wir es mehr aus der Fülle heraus erleben und die Dinge loslassen können.

Haben wir erst gelernt, »im Fluß zu sein«, »mit Christus zu gehen«, »auf dem Pfad der Streiter Gottes zu wandeln«, »in und mit Gottes Gnade zu leben«, »im Angesichte des Herrn« zu weilen oder »ein lebendiger Spiegel« zu sein, dann befinden wir uns vollständig im Sosein der Dinge. Der indianische Weise George Goodstriker beschrieb die zur spirituellen Harmonie führende Vision treffend mit folgenden Worten: »Wir sehen Gott im Wasser, in der Sonne, der Luft – überall.«

Die Erkenntnis, daß der GEIST in unserem Leben wirkt, stärkt unseren Glauben und unser Vertrauen und läßt unser Leben leichter, freier und reibungsloser verlaufen. Der Fluß des Bewußtseins, der Gegenwärtigkeit und elementaren Gutheit bewegt sich zwischen uns. Wir sind ein Teil davon, und alle sind ein Teil von uns. Und diese Verbindung bietet uns große Hilfe und Kraft.

Je mehr wir uns dem Fluß der Ereignisse anvertrauen und je bewußter wir mit allem umgehen, desto deutlicher erkennen wir, daß sich die Dinge häufig in Richtungen entwickeln, die nur zu unserem Vorteil im Großen Plan sind. Wir begegnen jemandem, dem wir begegnen »sollen«, und bekommen eine Antwort (oder eine Frage), die wir hören müssen. Eine Gelegenheit bietet sich, etwas zu tun, das unserem Leben mehr Sinn verleiht, und wir sind wach und achtsam genug, sie zu erkennen. Intuitiv »wissen« wir etwas, was wir eigentlich gar nicht wissen könnten. Wir sehen und verstehen andere besser und genauer. Wir verständigen uns ehrlicher und klarer.

Mehr Bewußtheit und Präsenz helfen uns, im Fluß der pulsierenden Energie und der Ereignisse unseres Lebens zu bleiben. Das Leben ist wie ein Strom, in dem wir alle schwimmen. Natürlich bleiben einige immer wieder am Ufer hängen, wo das Wasser seicht ist, und Felsen und Äste halten uns fest, streifen und verletzen uns. Solche Zwischenfälle wünscht sich niemand, und das Leben scheint manchmal für den einen leichter als für den anderen. Wichtig ist, daß wir aus unseren Erfahrungen lernen, indem wir bewußter in der Gegenwart sind und unser Leben entsprechend formen und anpassen.

Schwierige Erfahrungen sind ein Teil unseres Lebens. Durch sie lernen wir, uns besser dem Lauf der Dinge anzupassen, denn sie stärken unsere Fähigkeit und Motivation zu positiveren Entscheidungen und weiseren Handlungen. Die Auswertung unserer Erfahrungen und Erlebnisse befähigt uns dazu, noch geschickter in den Wassern des Lebens zu navigieren.

Wach, aufmerksam, lebendig, saft- und kraftvoll zu sein, darum allein geht es. Es ist ein Zweck in sich, und wir streben es um seiner selbst willen an. Auf diese Weise gelangen wir in einen Lebensbereich jenseits der Kämpfe unserer Persönlichkeit und bleiben dennoch mit beiden Beinen im normalen Alltagsleben. In jedem Augenblick wach und achtsam und mit dem Leben auf innige Weise verbunden sein, das ist der tief in uns wurzelnde, natürliche Zustand. Er läßt uns inmitten all unseres Tuns und Treibens Frieden und Genugtuung empfinden – überall und immerdar, zu jeder Zeit und an jedem Ort unseres Handelns.

Dann verstehen wir auch, was es eigentlich bedeutet, fürstlich zu leben und sich am Speiseplan einer reichhaltigen täglichen Geistigen Diät gütlich zu tun, so daß wir am Ende wahrhaftig die Bürden des Lebens abstreifen können.

Kapitel 12

EIN FÜRSTLICHES LEBEN

Eine Geistige Diät für den Alltag

Dein tägliches Leben ist dein Tempel und deine Religion. Kahlil Gibran

Der Herr lebt zwischen den Töpfen und Pfannen.
Mutter Theresa

Alltägliche Belastungen und Gewohnheiten erschweren jede Veränderung, doch mit unseren eigenen Rezepten zur Geistigen Diät können wir zu einem bereichernden Leben finden, das Persönlichkeit und Spiritualität zusammenwachsen läßt und uns dabei hilft, die Last des Alltags abzustreifen.

Die letzte Herausforderung

»Ich würde gerne meditieren oder mir zumindest etwas Zeit nehmen, um zur Ruhe zu kommen, doch irgendwie gelingt es mir nie«, so berichtete eine erfolgreiche New Yorker Verlagsleiterin. »Ich habe so viele Pflichten und springe so schnell zwischen Telefon, Manuskripten und Besprechungen hin und her, daß ich einfach keine Zeit dazu habe.«

Es gibt eine letzte *Bürde,* die es abzulegen gilt. Um ein harmonisches, ausgeglichenes Leben führen zu können, müssen wir das Persönliche und das Spirituelle inmitten des realen, streßerfüllten und sorgenbeladenen tagtäglichen Lebens miteinander verknüpfen.

Unsere alten Muster haben eine eigene Dynamik und führen uns ständig auf altvertraute Pfade zurück. Es ist also einfach, dieses Buch einmal zu lesen, ein bißchen mit der Geistigen Diät herumzuexperimentieren, um das Ganze dann wieder beiseite zu legen und der Vergessenheit anheimzugeben. Um aber wirklich davon zu profitieren, müssen wir das, was wir wissen, so lange anwenden, bis sich in uns ein neues Muster von

Gedanken, Gefühlen, Handlungen, Absichten und so weiter herausgebildet hat.

Die größte Herausforderung besteht schließlich darin, zugleich Handelnder und Zeuge zu sein, inmitten des Werdens zu sein und die Persönlichkeit mit dem GEIST zu verschmelzen. Zu dieser harmonischen Ausgewogenheit zu finden ist das oberste Ziel der Geistigen Diät und die beste Möglichkeit, die Last des Alltags letztendlich abzustreifen.

Vollkommen unvollkommen

Ein Zen-Meister von großer spiritueller Bewußtheit kam zu einem Kloster, um zu lehren. Als er beim Abendessen von den anderen Mönchen begrüßt wurde, sprach er zu ihnen in bewegenden, poetischen Worten darüber, daß sie sich auf die Vollkommenheit aller Dinge konzentrieren müßten, so wie sie im Hier und Jetzt existierten.

Am nächsten Tag ließ er jedermann arbeiten. Das Dach mußte repariert, das Geländer in Ordnung gebracht, im Garten das Unkraut gejätet und die Küche geschrubbt werden. Über solch mühseligen Verrichtungen vergingen mehrere Tage. Schließlich berichteten die erschöpften Mönche, die eher an stilles Sitzen als an die Ausführung alltäglicher Arbeiten gewöhnt waren, daß die wichtigsten Projekte beendet seien. Der neue Meister nickte und vergab sogleich neue Aufgaben: Fliesen ausbessern, Wände anstreichen, den Keller aufräumen und neue Torscharniere anbringen.

»Aber Meister«, entgegnete ein schlauer junger Mönch, »warum arbeiten wir so hart daran, Dinge zu ändern, wo ihr uns doch angewiesen habt, darüber zu meditieren, wie vollkommen die Dinge im Augenblick sind?«

Der Meister antwortete: »Alles ist vollkommen, so wie es ist, aber dennoch gibt es viele Möglichkeiten, es zu verbessern.«
Uns darum zu bemühen, zu mehr Bewußtheit und Gegenwärtigkeit zu gelangen, bedeutet nicht, daß wir dazu unser normales, tagtägliches Leben unterbrechen müßten. Der Alltag läuft ständig weiter und damit auch unsere Arbeit und unsere Pflichten. Indem wir zu mehr Achtsamkeit und Gegenwärtigkeit finden, können wir mehr Zeit im Hier und Jetzt zubringen und intensiver bei dem sein, was ist, so wie es ist, inmitten allen Reparierens, Putzens und Sortierens.
Durch unsere Arbeit mit der Geistigen Diät erfahren wir die Vollkommenheit der Welt, in der wir leben, sehen aber gleichzeitig die schier unendlichen Möglichkeiten, die es gibt, um das Dasein zu verbessern.
Die Persönlichkeit sieht, was geändert werden kann.
Der GEIST erkennt die Vollkommenheit dessen, *was ist.*
Wir müssen für uns und unsere Familie sorgen und ein normales, produktives Leben führen, während wir im Schoße der Unendlichkeit ruhen. Die Vollkommenheit kann man selbst dann noch sehen, wenn man telefoniert, Unkraut jätet, ein Fax schickt oder den Müll hinausträgt.
Mit der praktischen Anwendung der Geistigen Diät können wir die Zusammenarbeit zwischen Persönlichkeit und Spiritualität verbessern. Was geschieht, wenn wir mit der Geistigen Diät arbeiten? Wir fühlen uns vollständiger. Wir erkennen, daß es in uns etwas Höheres gibt als unsere Gedanken, Wünsche und Handlungen, und wir sind zufriedener mit uns, so wie wir sind in all unserer Unvollkommenheit. Wenn wir in unserem wahren Selbst zu Hause sind und im wirklichen Leben Frieden gefunden haben, wird unsere Bürde leichter.
Die Tür zur geistigen Welt öffnet sich, wenn wir als Individuum unseren Griff lockern und voller Achtsamkeit im Hier und Jetzt ruhen, bei dem, was ist, so wie es ist. Mag sein, daß wir

dann urplötzlich einen Blick in die Ewigkeit erheischen: Vielleicht ist es ein Grashalm oder ein Sonnenuntergang am Meer, vielleicht das Gesicht eines geliebten Menschen oder eine bewegende Reportage in den Nachrichten. Alles und jedes kann uns im Hier und Jetzt erwachen lassen.

Ein Festmahl ist vor uns angerichtet. Wenn wir lernen, im Hier und Jetzt voller Achtsamkeit in inniger Nähe zum Leben zu sein und die Erfahrungen zu genießen, die uns durchströmen, dann erkennen wir, daß alles und jedes »Speise der Götter« ist. Das ist das ganze Geheimnis.

Wenn wir unser Herz und unsere Gedanken öffnen, befinden wir uns auf einmal in einer Welt jenseits von Worten und Vorstellungen. Es geht darum, Augen zu haben, um zu sehen, Ohren, um zu hören, und einen Mund, um zu schmecken. Immer und zu jeder Zeit können wir das Licht der Achtsamkeit auf das scheinen lassen, was in uns und um uns herum geschieht, und sei es nur für diesen einen Moment – hier, in diesem Augenblick. Werden Persönlichkeit und GEIST als Einheit gelebt, so wird alles zum Fest.
Einer der größten und kompromißlosesten Meister des 20. Jahrhunderts war Jiddu Krishnamurti. Er wurde in Indien geboren und in England von der Theosophischen Gesellschaft als Messias verehrt und erzogen. Doch er wies diese Rolle zurück und löste die für ihn aufgebaute Organisation mit der Begründung auf, ein jeder müsse selbst seinen eigenen Lebensweg finden. Lauschen wir einen Moment, wie er selbst sein ursprüngliches tiefes Erwachen zu einem Leben in der Fülle beschreibt:

> AN JENEM ERSTEN TAG, an dem ich mich in jenem Zustand befand und mir der Dinge rings umher auf intensivere Weise bewußt war, hatte ich die ersten höchst außergewöhnlichen Erfahrungen

> [...] Ich konnte fühlen, wie der Wind durch den Baum strich, und auch, wie die kleine Ameise über den Grashalm kroch. Die Vögel, der Staub, ja die Geräusche selbst – sie alle waren ein Teil von mir. Den ganzen Tag über verweilte ich in diesem glückseligen Zustand.
> Ich war so glücklich, ruhig und in Frieden. Ich konnte meinen Körper immer noch sehen, und ich schwebte, und in mir war die Stille vom Grunde eines tiefen, unergründlichen Sees. Ich empfand meinen physischen Körper als einen unergründlichen See. Ich spürte, daß mein physischer Körper mit seinen Gedanken und Emotionen an der Oberfläche aufgewühlt werden konnte wie der See, doch nichts, gar nichts, konnte die Stille meiner Seele stören ...
> Nie wieder würde absolute Finsternis um mich sein. Ich habe das herrliche, heilende Licht geschaut. Die Quelle der Wahrheit wurde mir enthüllt, und die Finsternis ist vertrieben worden. Liebe in all ihrer Herrlichkeit hat mein Herz berauscht, mein Herz kann nie mehr verschlossen sein. Ich habe von der Quelle der Freude und ewigen Schönheit getrunken. Ich bin berauscht von Gott!

Ein Moment von solch spiritueller Intensität ist etwas in hohem Maße Ungewöhnliches, doch wir wissen, daß ein jeder von uns ihn erleben kann. Ob und wann er kommt, liegt nicht in unserer Hand. Es liegt außerhalb unseres Einflußbereichs, doch wir können uns zu Hause fühlen und ihm in unserem Leben einen Platz einräumen. Wir können zur Ruhe finden, atmen und mit unserer Achtsamkeit in der Gegenwart sein.

Das spirituelle Zuhause ist in greifbarer Nähe

Blitzartig werden wir uns bewußt, daß wir in der Gegenwart sind. Wir nehmen einen ersten Atemzug, um achtsam zu sein, und einen zweiten, um im Hier und Jetzt anzukommen. Wir atmen Sauerstoff ein, den die Pflanzen dieser Erde abgegeben haben, und atmen Kohlendioxid aus, das von den Pflanzen in Lebensenergie umgewandelt wird. Wir empfinden uns als Teil des großen Lebenskreislaufs.

Tag für Tag setzen wir uns an den Tisch, um zu essen, und wenn wir dies tun, können wir in unserem Körper ruhen, während unser Körper auf dem Stuhl ruht. Wir spüren die Zunge im Mund und schmecken das Sodawasser oder ein Salatblatt. Die Serviette fühlt sich gut auf unserer Haut an. Wir schlucken und spüren, wie die Flüssigkeit hinunterrutscht.

Draußen bellt ein Hund, ein Zaunkönig zwitschert in einem Baum, ein Auto rauscht vorbei. Das Leben geht weiter, wir atmen hier, wir atmen jetzt. Wo auch immer wir sind, was auch immer wir tun, wir achten bewußt darauf, wie wir essen und atmen und unser Essen verdauen, und gehen dann weiter zu dem, was als nächstes kommt.

Während des Spülens, wenn ich vor dem Becken stehe, fühle ich, wie mein Körper in meinen Kleidern ruht. Ein Witz fällt mir ein, den ich heute gehört habe. Ich lache still vor mich hin, ein Lächeln huscht über mein Gesicht. Ich atme ein, fühle das Wasser an meinen Händen, atme aus, sehe den Abwasch – dadurch entstanden, daß meine Familie gegessen und getrunken hat. Ich erinnere mich an mein Rezept und sage »Bin dankbar« beim Einatmen und »Bin ganz ruhig« beim Ausatmen. Dankbarkeit erfüllt mein Herz. Das warme Wasser spült die Essensreste fort. Während ich am Spülbekken stehe, bin ich lebendig und tue, was getan werden muß.

Ärger flammt in mir auf, als ich höre, was in den Fernsehnach-

richten berichtet wird. Ich beiße die Zähne zusammen, halte den Atem an. Eine Woge von Traurigkeit und Angst schwappt über mich, während ich die Reportage über ein verschwundenes Kind verfolge. Meine Gesichtszüge sind traurig, mein Atem stockt. Das Geschirr wird Stück für Stück gewaschen. Ich atme tief und entspannt ein, »Traurigkeit«, atme tief und entspannt aus, »Angst«. Herz und Brust werden eng. Im Kopf springen Affen – Gedanken an die morgige Besprechung, die Heimfahrt heute abend, die Sicherheit meiner Kinder. Ach ja, das Rezept zur Beruhigung der Affen – »Denken, sich sorgen, loslassen«.

Eine Welle von Liebe und Zuneigung. Mir wird ganz warm ums Herz. Die Zeit eilt. Die Kinder müssen ins Bad, und dabei haben sie noch nicht einmal die Hausaufgaben gemacht. Das Telefon klingelt. Nichts wie hin, bewußt im Augenblick, ich spüre den Hörer in der Hand. »Hallo.« Ins Gespräch vertieft.

Zurück zur Spüle, mit Achtsamkeit und Gegenwärtigkeit. Ich erfahre, lasse los und öffne mich für das, was als nächstes kommt. Ich denke an den nächsten Tag mit all seinen Terminen, und ich probe und bereite mich vor, habe Bedenken und bin doch auch freudig erregt. Ich atme tief und entspannt ein und spüre, wie mich ein pulsierender Strom kraftvoller Energie durchfließt. Die Reportage ist fast zu Ende. Der Müll muß hinausgetragen werden. Als ich sehe, wie mein Kind mit der Katze spielt, huscht ein Lächeln über mein Gesicht. Ich tue, was zu tun ist. Ich bin hier, bewußt, wach, vollkommen, inmitten all des Trubels. Ein tiefer, langsamer Atemzug. Ahhh.

Auf diese Weise fühle ich mich inmitten des Alltagstreibens zu Hause, denn was ich auch tue, es ist stets im Moment das Allerwichtigste. Jede Handlung und jeder Augenblick kann von Bewußtheit durchdrungen sein, wenngleich die Achtsamkeit in Wirklichkeit kommt und geht, mit jedem bewußten Atemzug. Wir sind aufmerksam, dann wieder mit Gedanken und Plänen beschäftigt, dann wieder wach und achtsam. Ich bin im Büro, beschaffe Informationen, sehe meinen Terminkalender durch, mache Notizen, nehme an Besprechungen teil; Gefühle kommen, Gefühle gehen. Gespräche mit Kollegen, in aller Eile zu einem Termin, das Telefon abnehmen. Ich stehe unter Druck und bin gereizt, erinnere mich an die Notwendigkeit, für Ausgleich zu sorgen und nehme einen entspannten Atemzug, voller Zufriedenheit und Dankbarkeit darüber, ein Auskommen, ein Zuhause und Menschen zu haben, die mir etwas bedeuten. Ich bin gestreßt und gleichzeitig zufrieden, achtsam und gegenwärtig.

Erwarten Sie nicht, immer und zu jeder Zeit gegenwärtig und achtsam zu sein. Achtsamkeit kommt und geht. Lassen Sie sie kommen und gehen, kommen und gehen, immer und immer wieder.

Wir befolgen den Rat des Buddha bezüglich des mittleren Weges und streben in all unserem Tun nach dem rechten Maß. Wir brauchen uns nicht unvollkommen zu fühlen, weil wir es noch nicht zu Heiligkeit oder Erleuchtung gebracht haben.

Lebensgröße ist gerade die richtige Größe. Darum geht es! Wir sind bereits angekommen, selbst wenn wir uns bemühen, woanders hinzukommen. Wir können die Fußmatte mit dem »Herzlich willkommen« vor die Tür legen und inmitten des Alltagstrubels zu Hause sein.

Ramana Maharshi lehrt uns: »Die Wirklichkeit ist, ohne Ego zu sein [...] Es gibt kein größeres Mysterium als die Suche nach der Wirklichkeit, denn wir *sind* ja die Wirklichkeit. Wir denken, es gäbe da etwas, das die Wirklichkeit verberge, und daß wir dies zerstören müßten, um zur Wirklichkeit zu gelangen. Wie lächerlich! Der Tag wird kommen, an dem ihr über all euer vergangenes Streben lachen werdet. Das, was an jenem Tag eures Lachens dasein wird, ist auch hier und jetzt da.«

Ein Spiegel der Gefühle

Während wir uns die Haare kämmen, Zahnseide zwischen den Zähnen hindurchfädeln, frühstücken, Auto fahren, ein Fax schicken, unsere Familie zur Begrüßung und zum Abschied küssen oder fernsehen, achten wir auf die fünf Grundemotionen und sehen, wie wir sie zurückweisen oder annehmen, während wir im Hier und Jetzt wach sind.

Im Bus oder in der U-Bahn sitzend, lassen wir die Zeitung einen Augenblick Zeitung sein, um achtsam zu werden. Während wir atmen und im Hier und Jetzt sind, sagen wir zu uns: »Jetzt bin ich wütend!« Wir fühlen es, lassen es los und öffnen uns für die nächste Welle von Gefühlen, die uns durchströmt. Achtsam, gegenwärtig, zufrieden. Wir können das Autoradio abschalten und auf unsere Gefühle achten, während die Bäume und Menschen an uns vorübergleiten. Während wir atmen und gegenwärtig sind, bemerken wir, wie gereizt wir noch sind, und gehen daran, den übermäßigen Ärger auszugleichen: Einatmen, Ausatmen, »Liebe«. Wir geben unserem Mantra Sinn, indem wir nach jenen Aspekten des Lebens Ausschau halten, die uns tatsächlich mit einem Gefühl von Liebe und Fürsorglichkeit erfüllen.

Wir atmen, um bewußt und gegenwärtig zu sein, und während wir am Schreibtisch sitzen und uns ein wichtiges Telefonat bevorsteht, treten unsere Emotionen zutage: »frustriert«. Wir sitzen in einer Besprechung, atmen ein und aus, registrieren bewußt, welche Kleidung wir tragen, wie wir dasitzen, in welchem Tonfall wir sprechen. Wir hören, was offensichtlich und was beabsichtigt ist. Wir erkennen unsere Abneigung gegenüber unerquicklichen Gefühlen, unsere Ablehnung von Angst, Enttäuschung, Langeweile, Traurigkeit und Verletzung. Doch jetzt können wir uns mit diesen unangenehmen Gefühle entspannen und auch unsere ablehnende Haltung ihnen gegenüber ablegen. In dem Wissen, daß unsere Emotionen kommen und gehen, können wir uns entspannen, atmen und bei unseren Gefühlen sein, ganz gleich, ob wir sie mögen oder nicht.

Sinnvolle Momente

Inmitten all des Chaos um mich herum bin ich achtsam für alles potentiell Sinnvolle in meinem Leben und richte mein ganzes Tun auf ein zielbewußtes Leben aus. Ich konzentriere mich darauf, mir dessen bewußt zu sein, was für mich wichtig ist, und strebe darauf zu. Hilfreich zu sein ist etwas Wertvolles, und so erinnere ich mich daran, achtsam zu sein, während ich einem älteren Menschen die Tür aufhalte, und selbst eine kleine Geste wie diese läßt mich lächeln, voller Bewußtheit, Zufriedenheit und dem Gefühl innerer Wärme.
Ich bin im Augenblick erwacht und ruhe inmitten des Einkaufens. Ich schiebe den Wagen den Gang entlang und spüre, wie mich ein Gefühl des Friedens erfüllt, während ich eine Dose Suppe aus dem Regal nehme. Voller Dankbarkeit angesichts der Fülle von Lebensmitteln, die uns zur Verfügung stehen, werde ich immer ruhiger und gelassener, folge der Geistigen Grunddiät, bemerke die Farben, die Musik und die Menschen, die an mir vorübergehen, bin zufrieden und vollkommen.

Das Loch mit Ganzheit füllen

Mit zunehmender Achtsamkeit erkennen wir, wie wichtig es ist, ein Gefühl der Verbundenheit zu haben. So gehen wir auf unseren Partner oder einen engen Freund zu, umarmen ihn liebevoll und spüren, wie uns dabei ein Gefühl von Nähe und Einheit durchströmt. Wir erkennen unsere Verbundenheit mit allem, was lebt, und mit dem Göttlichen, das unser ganzes Leben durchzieht.

Während wir uns einen Film ansehen, wird uns klar, daß die Verletztheit und das Glück des Darstellers unsere gemeinsame Verletzlichkeit und unser gemeinsames Glück sind – geteilte menschliche Erfahrungen, die die Kluft zwischen uns überbrücken.

Wir kehren in Gedanken zurück zu einer lange verlorenen Liebe – einem Menschen, einem Ort oder einem Tier – und spüren, wie sie in unserem Herzen, unserer Erinnerung und dem GEIST weiterleben. Wir rufen uns Augenblicke des Staunens ins Gedächtnis zurück – im Wald oder am Wasser, in Kirche oder Tempel, im Museum oder vor einem Denkmal. Wir kehren zu einer Zeit zurück, als wir noch Hand in Hand gingen und erkannten, daß wir auf diesem riesigen, durchs All treibenden Planeten zusammengehörten, während der Wind uns über Gesicht und Arme strich und die Sonne auf jeden von uns gleichermaßen schien, denn wir waren eins.

Wir sehen unsere Verbundenheit, hier und jetzt, während wir bewußt diese Worte lesen, wie viele andere auch, die sich ebenfalls darum bemühen, mit mehr Wachsamkeit im Augenblick zu sein. Wir sehen die Sonne und die Bäume und den Regen und erkennen unsere Einheit mit allem, was lebt.

Das Geheimnis des Erfolgs

Erfolg bedeutet nicht, alle Wünsche und Träume unserer Persönlichkeit zu verwirklichen, sondern in inniger Nähe mit dem Leben aus der Fülle zu schöpfen. Swami Sivananda sagt: »Lege dein Herz, deine Gedanken, deinen Intellekt und deine Seele selbst in die allerkleinsten deiner Handlungen. Das ist das Geheimnis des Erfolgs.« Fühlen wir uns verbunden und sind in-

nerlich erfolgreich, haben wir weniger Angst, sind weniger eingeengt und nicht so zurückhaltend. Rabbi Leib sagte einmal: »Ich ging nicht zum Maggid [jüdischer Prediger], um von ihm die Thora zu hören, sondern um zu sehen, wie er seine Schuhe auf- und zuschnürt.« Wir können den Bewußtseinszustand eines Menschen in allem und jedem erkennen, was er tut. Selbst die unbedeutendste Handlung kann von Achtsamkeit und Gegenwärtigkeit durchdrungen sein. Einem Durchschnittsmenschen mag nichts Besonderes auffallen, doch wer wahrhaft sehen und hören kann, bringt Achtsamkeit und Gegenwärtigkeit selbst in den simplen Akt des Schuheschnürens ein. Mit Achtsamkeit einatmen, die Schuhe binden, mit Achtsamkeit ausatmen, aufstehen.
Achtsam und gegenwärtig, »Jetzt denke ich«, »Jetzt mache ich Pläne für morgen«, die Sonne wärmt mir den Rücken, ich mache mir Sorgen und probe, bin froh und angespannt, einen Augenblick lang aufmerksam. Ich bin lebendig inmitten des Trubels, atme und ruhe dort, wo ich bin, zufrieden und vollkommen.

Ich will nicht hier sein

Es gibt Momente, in denen wir nicht in der Gegenwart sein wollen. Wir stehen im Stau und sind zu spät dran. Wir schleichen voran, sind frustriert und gereizt. Unsere Atmung ist eingeengt, Nacken und Schultern verspannt.
Uns bewußt zu sein, wo wir sind und was wir fühlen, wäre wirklich das letzte, was wir uns jetzt wünschen würden. Wir wollen nicht gegenwärtig sein. Wir wären viel lieber bereits an unserem Ziel angekommen, als hier in diesem blöden Verkehr zu stecken. Konzentrieren wir uns aber dennoch auf unsere augenblickliche Lage, bringt uns das nicht nur in Verbindung mit unserer eigenen Spiritualität und der Erkenntnis, daß auch dies

vorübergehen wird, sondern es hilft uns auch auf der praktischeren Ebene unserer Persönlichkeit. Wir können entspannen und in unserem Körper sein und damit besser mit der Situation fertig werden, in der wir uns befinden. Wir können auf der Straße zu Hause sein.

Wenn wir es möchten, können wir uns auf eine andere Erfahrung konzentrieren – auf die Blumen am Straßenrand, den Beifahrer neben uns, die Lösung eines Problems, das uns Sorgen bereitet, die Erinnerung an einen wunderbaren Augenblick, das Rezept der Geistigen Diät, das wir für diesen Tag, diese Woche oder diesen Monat gewählt haben.

Vertrauen und Glaube

Die Weltreligionen lehren uns, Vertrauen und Glauben zu haben:

- Judaismus: *»Der Herr ist meine Stärke und mein Schild. Mein Herz vertraut auf Ihn, und mir wird Hilfe zuteil.«*
- Christentum: *»Aus Gnade wirst du durch deinen Glauben gerettet [...] Glaube an Gott.«*
- Buddhismus: *»Weder Essen, noch Fasten, noch Reue, noch Opfergaben, noch Leben im Einklang mit den Jahreszeiten läutern einen Sterblichen, der seinen Zweifel nicht überwunden hat.«*
- Schintoismus: *»Befreie dich von deinem Zweifel, und dein Leben ist beflügelt mit der Güte Gottes.«*

Das übliche Verständnis von Vertrauen und Glauben ist, daß ich mein Leben in die Hände einer höheren Macht (Gott, Jesus, Allah, Buddha) lege. So beten wir um Geld, Liebe oder den Sieg unserer Fußballmannschaft. Dies aber ist eine vom Ego ge-

prägte Spiritualität, bei der Gott (Jesus, Allah, Buddha) als Versorger betrachtet wird, der mir das geben wird, worum ich bitte.
Auf einer höheren spirituellen Ebene ist Glaube und Vertrauen hingegen etwas anderes und Schwierigeres. Anstatt Gott anzuflehen, er möge unserer Persönlichkeit zu Diensten sein, sollten wir darum beten, daß unsere Persönlichkeit Gott dienen möge.

Anstatt nach Erfüllung von persönlichen Wünschen zu streben, bete ich darum, mich dem Strom des Lebens anvertrauen zu können, in dem Wissen, daß im Rahmen des Großen Plans der Geist stets dorthin fließt, wo er hinfließen muß, selbst wenn dies meinen privaten Plänen entgegensteht.

Wahrer Glaube und echtes Vertrauen sind ein Sprung in das Leben, so wie es wirklich ist, ohne die gewohnten persönlichen Krücken. Wir können versuchen, den Fluß um ein paar Grad umzuleiten, doch letztendlich sind unsere Einflußmöglichkeiten begrenzt, und wir müssen inmitten des Trubels Frieden finden. Anstatt Gott zu bitten, zu uns zu kommen, beten wir lieber darum, daß wir uns selbst auf den Weg zu Gott machen. Denn es heißt: Wir vertrauen auf Gott. Nicht mein Wille, sondern Dein Wille geschehe. Ich ordne meine persönlichen Träume der Wirklichkeit unter, die Gott um mich erschafft.
Wenn wir auf diese Weise zu Ruhe und Einklang mit unserer Spiritualität finden, fällt es uns viel leichter, die Wege zu sehen, die uns offenstehen und diese erfolgreich zu beschreiten.
Seit er erwachsen war, hatte Matt als Bauunternehmer gearbeitet und parallel dazu Architektur studiert. Seine Tätigkeit war mit vielen Schwierigkeiten verbunden, denn stets gab es Probleme mit den Arbeitern, und so hoffte er, als Architekt mit

weniger Beschäftigten auszukommen. Als er schließlich zum zweitenmal bei seiner Abschlußprüfung durchgefallen war, suchte er Jonathan auf.

Matt erkannte, wie sehr er unter Druck stand und daß er bei allem, was er auch tat, immer das Gefühl hatte, es sei nicht gut genug. Seine innere Spannung und das Empfinden der eigenen Unzulänglichkeit als Architekt hinderten ihn daran, seine Prüfung zu bestehen. Mit der Zeit erarbeiteten wir für Matt mehrere Rezepte zur Geistigen Diät, die auf seinem Bedürfnis nach mehr innerer Ruhe aufbauten (Geistige Basisdiät und »Entspannen« oder »Ahhh« sagen) und ihn zu der Erkenntnis führten, daß er mit zunehmender Erfahrung an beruflichen Fertigkeiten gewinnen würde (»kommt Zeit, kommt Rat«) und daß er ein guter, wertvoller Mensch sei, der es verdiene, mit sich und seinem Leben zufrieden zu sein.

In dem Maße, wie Matt ruhiger wurde, erkannte er, daß er immer wieder ungünstige Entscheidungen für sich traf, durch die er sich übermäßigen Streß aufbürdete. Er sah andere Menschen auf einmal viel klarer und ging effizienter mit ihnen um. Innerhalb weniger Monate gelang es ihm, ein sehr viel zuverlässigeres und fähigeres Team von Mitarbeitern zu rekrutieren, so daß es weit weniger Probleme gab und seine Anspannung und Frustration deutlich geringer wurden.

Als er das nächste Mal zur Prüfung antrat, trug er das Ganze mit viel mehr Ruhe und Fassung, weil ihm seine Arbeit als Bauunternehmer inzwischen sehr viel mehr Spaß machte und er aus dem Gefühl, langfristig würde alles gut ausgehen, weitaus lockerer an die Sache herangehen konnte. »Früher war ich total nervös und machte mir Sorgen über jede Kleinigkeit«, so berichtete Matt. »Doch als ich lernte, zu entspannen und darauf zu vertrauen, daß im größeren Zusammenhang gesehen alles gut ist, wurde ich auf einmal gelassener und zuversichtlicher und hatte das Gefühl, daß ich – obwohl ich noch ganz am

Anfang stehe – es verdiene, Architekt zu sein. Ich glaube, letztendlich habe ich die Prüfung deswegen bestanden und darf jetzt offiziell als Architekt arbeiten.«

Die Heiligkeit im Alltag

Ein jeder von uns ist etwas Besonderes und Einzigartiges, zugleich aber etwas ganz Gewöhnliches. Wenn wir lernen, Gott in allem zu sehen, berührt uns das Göttliche in allen Kleinigkeiten, und wir werden von der Heiligkeit des Gewöhnlichen genährt. Wir alle haben bestimmte Fähigkeiten und Begabungen, müssen aber gleichzeitig erkennen, daß wir in tausenderlei Hinsicht unendlich beschränkt sind und gar nicht anders als alle anderen auch. Für sein äußerst lesenswertes Buch *Tying Rocks to Clouds* führte der Autor William Elliot Interviews mit vielen Menschen auf dem spirituellen Pfad. Dabei suchte er auch Mutter Theresa auf, die gerade müde war, sich nicht wohl fühlte und keine rechte Zeit für das Gespräch hatte. Von dieser Begegnung berichtet er wie folgt:

> Mutter Theresa in ihrer wunderbar liebevollen Art erschien mir jetzt völlig verändert. Sie war keine Heilige mehr, sie war mehr als das. Sie war ein Mensch. Sie war so, wie wir als Menschen eigentlich schon immer sein sollten. Sie war so ungemein menschlich und normal, daß sie mit jener Form von Menschlichkeit in Berührung war, die mit Gott in Verbindung stand – eine Menschlichkeit, die es erlaubt, zu leiden, zu weinen, zu lachen, ja selbst zu sterben und dabei stets mit der uns belebenden Essenz verbunden zu sein.
> »Außerdem«, fuhr Mutter Theresa fort, und ich wurde mir plötzlich ihrer Gegenwart bewußt, »außerdem haben Sie den Dalai Lama [als Interview-Partner]. Er reicht!« Und wie sie dies sagte,

> machte sie eine schnelle Geste mit der Hand, als wollte sie sagen: »Sie können ruhig gehen. Alles wird gut, Sie haben alles, was Sie brauchen.«

Wir alle können »mit jener Form von Menschlichkeit in Berührung sein, die mit Gott in Verbindung steht«. Wir haben alles, was wir brauchen, um aus der Fülle zu leben. Wenn alles eine Manifestation Gottes oder des GEISTES ist, dann ist alles gut, so wie es ist, und es liegt an uns, mit dieser Tatsache unseres menschlichen Daseins den rechten Umgang zu finden. Layman P'ang, ein großer chinesischer Meister aus dem achten Jahrhundert, schrieb:

> Meine alltäglichen Verrichtungen sind ziemlich gewöhnlich;
> doch ich bin in absoluter Harmonie mit ihnen.
> Ich halte an nichts fest und lehne nichts ab;
> nirgends gibt es Hindernisse oder Konflikte.
> Wen kümmern schon Wohlstand oder Ehre?
> Selbst das Allerarmseligste strahlt.
> Meine wundersame Kraft und mein spirituelles Tun:
> Wasser zu schöpfen und Holz zu tragen.

In unser Alltagsleben übertragen, heißt Wasser schöpfen, zum Waschbecken zu gehen und den Hahn aufzudrehen. Holz zu tragen bedeutet, die Heizung anzustellen und die Stromrechnung zu bezahlen. Was wir auch tun – der GEIST ist mit uns am Waschbecken, am Thermostat und an unserem Schreibtisch. Wir erkennen, daß wir schon alles haben, was wir brauchen. Der GEIST entfaltet sich durch uns. Er hilft uns dabei, inmitten unseres Alltagslebens gegenwärtig und wach zu sein, inmitten von Freude und Genuß ebenso wie inmitten von Unsicherheit und Unvollkommenheit, Unzulänglichkeit und Unbeständigkeit. So normal und gewöhnlich wir auch sein mögen, so besonders

und einzigartig sind wir. Wie Fingerabdrücke und Schneeflocken sind nicht zwei von uns identisch. Und so müssen wir bei aller Gewöhnlichkeit unserem individuellen Stil, unseren Bedürfnissen, Gefühlen, Visionen und auch unserem Pfad treu bleiben. Wir müssen unseren Weg finden, der unseren individuellen Begabungen und Fähigkeiten gerecht wird. Rabbi Zusya von Hanipol sagte: »Wenn man mich in der nächsten Welt fragt: ›Warum warst du nicht Moses?‹, dann weiß ich die Antwort. Doch wenn man mich fragt: ›Warum warst du nicht Zusya?‹, bleibt mir nichts zu sagen.«
Sowohl unsere Besonderheit als auch unsere Gewöhnlichkeit können uns dabei helfen, aus der Fülle zu leben und mit der spirituellen Dimension in Kontakt zu treten. Wir müssen bewußt in der Gegenwart atmen und lernen, mit dem GEIST zu kommunizieren.

Gespräch zwischen Persönlichkeit und Geist

Persönlichkeit: Ich will, was ich will, wenn ich es will.

GEIST: Sei dir deiner Wünsche und Sehnsüchte bewußt und bleibe gegenwärtig bei dem, was im Augenblick ist.

Persönlichkeit: Wenn ich eine positive Einstellung habe und hart arbeite, um meine Ziele zu erreichen, weiß ich, daß ich auch dorthin gelangen kann.

GEIST: Arbeite auf deine Ziele hin. Es ist etwas sehr Wertvolles, wenn du dir deine Bedürfnisse erfüllst. Es läßt dich in deinem Leben mehr Ruhe und Frieden finden. Dennoch mußt du auch die Grenzen deiner persönlichen Wünsche erkennen, indem du die ganze Zeit über wachsam bist. Du mußt wissen, wann du sie loslassen mußt.

Persönlichkeit: Ich dachte, du würdest mir sagen, ich solle einfach nur dasein und mich dem Fluß anvertrauen.

Geist: Wir sind hier, um zu leben, aufmerksam zu sein und zu wachsen. Wir können einfach nur dasein und uns dem Fluß anvertrauen; gleichzeitig aber ist es wichtig, hart zu arbeiten, uns unsere Bedürfnisse zu erfüllen und unsere Ziele zu erreichen. Doch persönliches Wünschen ist endlos und muß daher zwangsläufig zu Enttäuschungen führen. Wir wissen das und können es erkennen.

Persönlichkeit: Ich sehe schon, daß ich – ganz gleich, was ich auch bekomme oder habe – stets mehr oder etwas anderes haben möchte.

Geist: Bleib wach und gegenwärtig. Suche und finde den tieferen Wesenskern in dir, der noch wichtiger ist als deine persönlichen Ziele. Schließlich mußt du nirgendwohin. Was glaubst du, wohin du gehst? Wir sind bereits angekommen, sind schon immer dagewesen. Das mußt du wissen!

Persönlichkeit: Ich fühle mich nie gut genug. Wie kann ich also zur Ruhe kommen, bis ich dort angelangt bin, wohin ich in meinem Leben kommen möchte?

Geist: Selbst wenn du dir sagst: ›Ich bin noch nicht gut genug‹, kannst du entspannen, zur Ruhe kommen, bewußt atmen und gegenwärtig sein bei dem, was ist, so wie es ist – auch bei deiner Selbsteinschätzung, deinem Kampf ums Überleben und deinem Streben nach Erfolg, gehetzt, geplagt und gestreßt, wie du bist. Selbst wenn du das Gefühl hast, noch nicht angekommen zu sein, kannst du trotzdem deinen tieferen Wesenskern erkennen und zufrieden und vollkommen sein.

Persönlichkeit: Ich könnte versuchen, achtsamer zu sein.

Geist: Du kannst im Hier sein, jetzt in diesem Augenblick. Achte auf deinen Atem, ein und aus, hier und jetzt. Komm zur Ruhe. Sei achtsam in diesem Augenblick. Du brauchst dich zu nichts zu zwingen. Du brauchst dich nicht selbst zu manipulieren. Du brauchst nicht perfekt zu sein. Du mußt daraus kein neues persönliches Ziel machen, das dich wieder ein

Stückchen von diesem Augenblick entfernt. Mach es jetzt gleich.

Persönlichkeit: Aber es ist bestimmt langweilig und unbequem, zur Ruhe zu kommen.

Geist: Mit der Zeit wird es angenehmer. Kümmere dich nicht darum, wenn es dich langweilt oder stört. Wir können ganz einfach hiersein mit unserem Bewußtsein, ganz gleich, wo wir uns auch befinden. Wir sind achtsam, »gelangweilt und unleidlich«. Wir sind im Hier und Jetzt und sprechen unser Gebet. Wir schaffen Gegenpole, »Behaglich und entspannt«, »Voller Liebe«, »Ja, so ist es gut!«.

Nach einer Weile verwischen sich die Grenzen, und was wir auch empfinden, tun, denken oder fühlen – wann immer wir bewußt in der Gegenwart weilen, sind wir zu Hause und geborgen.

Persönlichkeit: Vielleicht können wir zusammenarbeiten, so daß meine Last leichter wird.

Geist: Vergiß nicht, daß wir schon zusammen sind und niemals wirklich getrennt waren. Mach dir diese Tatsache bewußt, und du wirst Liebe und Zufriedenheit erfahren, einfach so.

Gereifte Praxis

Große Künstler und Sportler unternehmen über viele Jahre hinweg enorme Anstrengungen, bis sie schließlich eins mit ihrem Tun geworden sind. Wenn wir ihnen dann zusehen, wie sie laufen, springen, tanzen, spielen, dann erscheint uns das Ganze so leicht und natürlich. Es sieht so aus, als würden sie es einfach tun – als sei nichts Besonderes dabei. In Wirklichkeit stecken viele Jahre harter Arbeit hinter dieser Natürlichkeit. Jahrelange Anstrengung führt zu einem inneren Wissen und einer Gelassenheit, die uns über uns hinauswachsen läßt und uns trägt.

Der berühmte Varietékünstler Eddie Cantor meinte einmal: »Es dauert zwanzig Jahre, um über Nacht erfolgreich zu sein.« Und in diesen zwanzig Jahren werden wir eins mit unserer Kunst oder Fertigkeit oder dem, was immer wir tun.
Es bedarf großer Anstrengungen, bis wir schließlich zu jenem mühelosen Bemühen gelangen. Dann schwimmen wir gekonnt im Fluß und spielen unsere Rolle, während wir von den mächtigen Strömungen des Lebens mal hier- und mal dorthin getragen werden.
Die Idee, die dahintersteht, ist zwar einfach, aber dennoch nicht leicht zu verwirklichen. In der ganzen Geistigen Diät haben wir stets versucht, unsere Botschaft so klar und einfach wie möglich zu formulieren. Um mit den Worten Ken Wilbers zu reden: »Wir gelangen nicht mit einem Quantensprung von einem Ahornbaum zum Wald. Ein jedes Wachstum – auch das menschliche – hat seine Stufen.« Ebenso kostet es viele Jahre harter Arbeit, bis aus einem Kind mit gutem Gleichgewichtssinn eine vollendete Turnerin oder Ballerina geworden ist. Bis ein Baby, aus dessen Augen das Licht des GEISTES blitzt, zur weisen Frau oder zum weisen Mann gereift ist, bedarf es mehr als eines Katzensprungs.
Es ist ein langer Weg mit vielen Stufen, die es zu bewältigen und über die es hinauszuwachsen gilt, und eine jede führt zu neuen Herausforderungen und neuen Verirrungen, denen wir begegnen müssen.
Während wir diesen Weg gehen, verändern wir uns. Um zu wachsen und reifer zu werden, bedarf es großer Anstrengungen und Mühen, doch letztendlich müssen wir zur Ruhe finden im Vertrauen und Glauben an das, was größer ist als wir.

Erfahrene Sucher auf dem spirituellen Pfad haben andere Verhaltensweisen und Perspektiven als die weniger erfahrenen.
Je mehr unser Leben von der Persönlichkeit beherrscht wird,

desto mehr müssen wir unseren eigenen Willen einsetzen, um neue Bewußtseins-, Gegenwärtigkeits- und Erfahrungsmuster zu schaffen, die uns über die Persönlichkeitsebene und über Anstrengung und Bemühen hinausführen.

Während wir uns auf dem Weg befinden, strengen wir uns an und wollen »weiter kommen«, als wir sind, doch Shunruyu Suzuki sagt uns: »Selbst wenn ihr euch noch so sehr bemüht, geht der Fortschritt immer Stückchen für Stückchen voran.« Und er fügt hinzu: »Wenn du diese einfache Praxis [des achtsamen Atmens] Tag für Tag befolgst, wird dir eine wunderbare Kraft zuteil.«

Hören wir solche Worte, möchten wir »Fortschritte« machen und zu »wunderbarer Kraft« gelangen, selbst wenn dies nur »Stückchen für Stückchen« geschieht. Der gereifte Mensch mit hochentwickelter Achtsamkeit und Gegenwärtigkeit weiß um seine persönlichen Wünsche, Erwartungen und Ziele (besonders im Hinblick auf den spirituellen »Fortschritt«) und kommt darin zur Ruhe. Suzuki fährt fort:

»Es kommt nicht auf das Ergebnis an. Das Bemühen, uns zu verbessern, ist das eigentlich Wertvolle. Diese Übung hört nie auf.«

So müssen wir große Anstrengungen unternehmen, jedoch ohne uns an ein Ziel oder einen bestimmten Ausgang zu klammern. Während wir auf dem Weg sind, können wir unser Bemühen würdigen und in dem zufriedenen Wissen ruhen, daß wir die Ziele des Lebens erfüllen, wo auch immer wir uns gerade befinden mögen. Wir können voller Achtsamkeit bewußt und entspannt atmen, hier und jetzt, immer wieder, ungeachtet unseres »Fortschritts«.

Wir brauchen Geduld und Ausdauer. Es liegt nicht in unserer

Hand, wann oder wie die Verschmelzung von Persönlichkeit und Spiritualität geschieht. Unsere Erwartung, daß sie geschehen möge, und zwar möglichst schnell und auf diese oder jene Weise, ist nichts als ein persönlicher Wunsch. Immer wieder richten wir unsere Achtsamkeit auf bewußte Gegenwärtigkeit als Ziel an sich und überlassen alles andere dem natürlichen Prozeß.
Der gereifte Mensch versteht die Begrenztheit von Gedanken und Worten ebenso wie von ergebnisorientiertem Streben. Seng-ts'an, der Dritte Zen-Patriarch, formulierte es so: »Je mehr du darüber sprichst, je mehr du darüber nachdenkst, desto weiter entfernst du dich davon. Höre auf zu reden, höre auf zu denken, und es gibt nichts, das du nicht verstehen würdest.«

Begeben Sie sich an einen Ort der Stille, um regelmäßig etwas für Ihr seelisch-geistiges Wachstum zu tun. Finden Sie heraus, was für Sie am besten ist, und tun Sie es regelmäßig.

Der gereifte Mensch weiß, daß jede Unterscheidung letztendlich künstlich ist, denn alle Teilungen sind falsch. Die Annahme, man könne Fortschritte machen oder es gäbe einen Unterschied zwischen Erfahrenen und Unerfahrenen, Reifen und Neulingen oder Persönlichkeit und GEIST, ist folglich nicht richtig. Doch wir können dies erst erkennen, nachdem wir uns bemüht haben und die Begrenztheit von ergebnisorientiertem Streben, Denken und Reden verstanden haben. Wenn wir Ganzheit erfahren, erkennen wir die natürliche Einheit allen Seins.
Haben wir die Gegenwart entdeckt und sind bewußt, achtsam und gegenwärtig geworden, begreifen wir, was Huang Po meint, wenn er sagt: »Dringe tief in es ein, indem du selbst dafür erwachst. Das, was vor dir liegt, ist in all seiner Fülle absolut vollkommen. Es gibt nichts neben ihm.«

Das Ende ist im Anfang, und der Anfang ist im Ende. Der GEIST ist ewiges Bewußtsein, und er lebt in jedem von uns. Er ist stets wach im Hier und Jetzt, selbst wenn wir uns in unseren persönlichen Gedanken und Beschäftigungen verloren haben. Wir ändern uns ständig und bleiben doch unverändert. Wir sind Seher und Gesehenes, Beobachter und Beobachtetes. Wer bin ich? Das, was in einem jeden von uns ist – unser zeit- und raumloses Wissen. Es ist der Seher oder das Selbst oder der Ewige Zeuge.

Und so wachen und wachen und wachen wir, bis sich Wachsamkeit einstellt. Den Seher kann man nicht sehen, den Beobachter nicht beobachten, denn der Seher ist Leere und Offenheit, der Beobachter das Bewußtsein selbst.

Die Achtsamkeit öffnet sich, und wir werden zum lebendigen Spiegel.

Reines Zuschauen in der Unmittelbarkeit des Augenblicks macht uns achtsam für die spirituelle Quelle hinter Geburt und Tod, Zeit und Raum. Der Wächter ist das Überwachte, der Beobachter das Beobachtete. Wer bin ich? Die richtige Antwort erreicht uns im Nu. Nur dies. Nur dies!

Der Kern allen Werdens, das aus dem Nichts kommt und alles erschafft, existierte vor unserer Geburt und lebt nach unserem Tod weiter. Das ist der Stoff, aus dem wir gemacht sind. Aus diesem Grunde weisen uns spirituelle Lehrer unablässig darauf hin, daß ein jeder von uns schon immer hatte, was er braucht. Unsere Augen sind auch Gottes Augen. Unser Leben ist auch Gottes Leben. Wohin also sollten wir aus spiritueller Sicht noch gehen wollen, und was gibt es da noch zu erreichen?

Rajneesh sagte: »Alles Bemühen führt dich an einen Punkt, an dem du das Bemühen hinter dir läßt und mühelos wirst. Und die ganze Suche wird dich an einen Punkt führen, an dem du

einfach die Achseln zuckst, dich unter einem Baum niederläßt und zur Ruhe kommst.
Jede Reise endet im innersten Sosein des Seins, und das steht dir in jedem Augenblick zur Verfügung. Es geht also nur darum, ein wenig achtsamer zu werden.«
Und so wachen wir morgens auf, atmen einmal tief, langsam und *bewußt* ein und aus, atmen ein zweites Mal tief und langsam *hier und jetzt* ein und aus – einfach nur, weil wir leben. Nur das! Nur das!

Was kann ich tun?
Die tägliche Anwendung der Geistigen Diät

1. Wenden Sie jeden Tag eines Ihrer Rezepte zur Geistigen Diät an.
Wenn Sie, wie in der Einleitung empfohlen, ein »Kochbuch zur Geistigen Diät« angelegt haben, stehen Ihnen sicher bereits mehrere Rezepte zur Wahl. Wenn nicht, stellen Sie sich jetzt Rezepte aus dem zusammen, was Sie gelernt haben.
Ein jeder von uns hat einen seelisch-biologischen Rhythmus von Aktivität und Ruhe. In der Regel folgt auf neunzig Minuten Aktivität eine fünf- bis zwanzigminütige Ruhephase. In unserer westlichen Gesellschaft begegnet uns dieser Rhythmus auch im normalen Arbeitstag: Aufstehen, sich anziehen und frühstücken, Arbeit, Kaffee- oder Teepause, Arbeit, Mittagessen, Arbeit, Pause am Nachmittag, Arbeit, Feierabend. Nutzen Sie diese Ruhephasen als Möglichkeiten für eine »geistige Zwischenmahlzeit«. Zu jeder Zeit, ob tagsüber oder nachts, können wir uns auf unseren natürlichen Rhythmus einstellen und die normalen Ruhephasen zur Anwendung der Geistigen Basisdiät oder eines jeden geistigen Rezepts nutzen, das uns von unserer Bürde entlastet.

Je öfter wir mit der Geistigen Basisdiät arbeiten, desto größer die Wirkung. Doch ungeachtet der Zeit, hat allein die bewußte Absicht und Disziplin eine Art spirituellen Welleneffekt, der sich überall im Alltag bemerkbar macht.

2. Arbeiten Sie mit einem Wechselplan.

Sie können in täglich, wöchentlich oder monatlich wechselnder Reihenfolge mit den Rezepten der Geistigen Diät arbeiten, die Ihnen beim Abstreifen Ihrer Last am nützlichsten erscheinen. So können Sie in einer Woche die Geistige Basisdiät anwenden, in der nächsten Woche sagen Sie »entspannen« mit jedem Einatmen und »loslassen« mit jedem Ausatmen; wieder eine Woche später sagen Sie »glücklich« beim Einatmen und »sicher« beim Ausatmen; danach folgt ein Gebet: »Jesus« beim Einatmen, »liebt mich« beim Ausatmen oder *»La Chaim«* beim Ein- und »Ahhh« beim Ausatmen.

3. Praktizieren Sie den Verarbeitungsprozeß von Sinneseindrücken und Emotionen.

Die fünf Schritte des grundlegenden Prozesses (in Kapitel 5 und 8 eingehend erläutert) werden Ihnen zur zweiten Natur. Achtsam und wach im Augenblick, offen für die Erfahrung dessen, was ist, und loslassen, sich öffnen und aufnahmebereit werden für das, was auch immer als nächstes kommen mag – Anblick, Geruch, Klang, Berührung, Geschmack; froh und glücklich, liebevoll, wütend, traurig, ängstlich. Wo auch immer wir auf dem Weg sein mögen – einfache Achtsamkeit und das Wissen um das, was gerade geschieht, sind der Schlüssel. Wir atmen und sind gegenwärtig bei dem, was ist. Wir sind jetzt immer achtsam, wo wir auch sind.
Dann stimmen wir uns auf unser Gefühl des Erfahrens und Erlebens ein. Wir wissen nicht nur, daß wir traurig oder glücklich sind, wir fühlen Traurigkeit oder Glück in unserem Ge-

sicht und unserem Atem und unserer Haltung. Wir wissen nicht nur, daß wir Sinne haben, sondern schmecken das Brot und die Mayonnaise in unserem Sandwich, sehen die Farbe des Geldscheins und hören wirklich, wie der Motor unseres Wagens aufheult und unser Computer summt. Wir fühlen, spüren, erfahren die saft- und kraftvolle Energie, mit der das Leben uns versorgt. Wir bewohnen unseren Körper, während wir atmen und die Farben, Geräusche, den Geschmack und all das andere bemerken.

Dann lösen wir uns und lassen los. Loslassen hilft uns dabei, uns mit allem weniger zu identifizieren, freier und leichter zu werden (»Groll kommt, Groll geht«). Wir stehen im Stau, atmen und sind da, denken daran, was zu tun ist, fühlen uns unter Druck, Ärger kommt, Ärger geht, erinnern uns an unser Gebet oder Mantra, und während wir mit dem Strom der anderen Autos voranschleichen, kommt plötzlich die Ewigkeit in Sicht. Die Persönlichkeit steckt im Verkehr fest, doch ich bin mehr als das, und der GEIST kann achtsam und gegenwärtig sein – jetzt, hier im Verkehr, ebenso gut wie andernorts.

Dann öffnen wir uns für das, was auch immer als nächstes kommen mag – Sinneseindruck, Gefühl, Gedanke, Wunsch und elementare Lebensenergie.

4. Das Überbetonte mit dem Übersehenen ausgleichen.

Die meisten Menschen sind aus dem Gleichgewicht geraten und neigen der einen oder anderen Emotion auf Kosten anderer zu. Sind wir übermäßig zornig, können wir nach Fürsorglichkeit und Liebe Ausschau halten. Wir können unserer Fürsorglichkeit praktischen Ausdruck verleihen und ein Rezept anwenden, das sie uns in Erinnerung ruft (bei jedem Ein- und Ausatmen »Liebe« sagen). Spüren wir allzuviel Angst und Unsicherheit, können wir Geborgenheit und Bestätigung suchen. Sind wir sehr unglücklich und traurig, können wir nach Wegen suchen, damit uns wieder leichter ums Herz wird und wir froher und glücklicher sind. Haben wir Schuldgefühle und schämen wir uns, können wir vermehrtes Augenmerk auf unsere elementare Gutheit und die Ernährung unserer Seele legen. Sind wir in einer Welt von Routinetätigkeiten und Gewohnheiten gefangen, können wir diesen neuen Sinn geben, indem wir inmitten unseres Tuns achtsam sind und den an sich wichtigen Dingen mehr Bedeutung beimessen.

Denken wir zuviel, können wir unserem Handeln zum Ausgleich mehr Sein oder Fühlen oder Spüren entgegensetzen. Sind wir in einer von Materialismus und nimmer endendem Konsum geprägten Welt gefangen, können wir uns neben der Betonung des Spirituellen darauf konzentrieren, unsere Gutheit zum Ausdruck zu bringen, und beispielsweise jenen materielle Dinge zukommen lassen, denen es selbst am Allernötigsten fehlt.

Wir können darauf achten, welchen Bereich wir überbetonen, und Ausgleich mit dem schaffen, was wir so oft übersehen.

5. Die »Düngertechnik« fordert uns auf, alles Üble und Unangenehme im täglichen Leben (Störungen, Haß, Langeweile, Ärgernisse, Unzulänglichkeiten, Fehlschläge, bevorzugte Reizthemen und andere Formen von »Negativität«) als unschätzbare Erinnerungsstützen zu betrachten, die uns helfen, achtsamer zu werden.

So wird uns auf einmal klar, daß unsere vermeintlichen Feinde auch Helfer und Freunde sein können. Ein Stillstand, ein verpaßter Zug oder Bus, ein Verkehrsstau – sie alle hindern uns daran, vorwärtszukommen und unsere Ziele zu erreichen. Wir können solche frustrierenden Momente nutzen, unser tägliches Rezept der Geistigen Diät zu praktizieren.

6. Tun Sie es um Gottes willen.

Durch beharrliches Üben können wir unsere spirituelle Natur in die Welt unserer Persönlichkeit integrieren. Gelingt uns dies, erkennen wir:

> Aller Boden ist heilig,
> wenn wir ihn mit spirituellen Augen betrachten.
> Aller Geschmack ist heilig,
> wenn wir ihn mit spirituellem Mund kosten.
> Aller Klang ist heilig,
> wenn wir ihn mit spirituellen Ohren hören.
> Aller Geruch ist heilig,
> wenn wir ihn mit spiritueller Nase atmen.
> Jedes Gebiet ist heilig,
> wenn wir es auf spirituelle Weise berühren.
> Alles ist heilig,
> wenn wir mit spirituellem Herzen fühlen.

Erkennen wir die Spiritualität in allem, wissen wir, warum Millionen von Menschen in Mutter Theresa eine lebendige Heilige sehen. Sie sagte: »Tue *alles* für Gott. Gott hat dir viele Gaben gegeben – nutze sie zur größeren Verherrlichung Gottes und zum Wohl der Menschheit. Dann wird aus deinem Leben etwas Schönes, hierzu bist du erschaffen worden. Laß die Freude, Gott zu lieben, stets in deinem Herzen brennen, und teile diese Freude mit anderen. Das ist alles.«

Gute Reise

Liebe Weggefährten, wir wünschen euch eine gute Reise und daß ihr es mit Jonathan Swift halten möget: »Ihr sollt leben, alle Tage eures Lebens.« Ihr mögt sie leben mit Liebe und Fürsorglichkeit, Verbundenheit und Mitgefühl. Und während ihr ein gutes Leben in Freiheit und in der Fülle führt, vergeßt niemals die Worte von Huang Po: »Es liegt unmittelbar vor euch.«

Inmitten der Ewigkeit können wir
Einfach achtsam sein,
Voller Einfühlsamkeit, Fürsorglichkeit und Liebe.

Ein Gebet aus dem Herzen

Unser gemeinsames menschliches Dasein entwickelt sich ständig fort, und ein jeder von uns tut sich an dem Festmahl gütlich, das das Leben täglich neu vor uns ausbreitet.
Wir erinnern uns an Buddhas Worte:

Es ist schwer, geboren zu werden,
Es ist schwer zu leben,
Noch schwerer ist es, Kunde vom Weg zu bekommen,
Und schwer, aufzustehen und zu erwachen.
Die Lehre aber ist einfach.
Tue, was recht ist.
Sei rein.
Am Ende des Weges ist die Freiheit.
Bis dahin hab Geduld.

Wir legen unsere Handflächen gegeneinander, atmen ein und aus und verneigen uns voller Achtsamkeit und Gegenwärtigkeit vor dem ewigen GEIST in uns allen, verneigen uns voller

Ehrfurcht und Dankbarkeit vor der universalen Lebenskraft, die wir mit allen Lebewesen teilen.
Wir beten, daß unser Beitrag spirituelle Nahrung für alle sein möge.
Wir verneigen uns voller Ehrfurcht und Dankbarkeit:

Mögen alle Wesen glücklich sein.
Mögen wir GEIST und Persönlichkeit als EINS erfahren.
Mögen wir hell leuchten und das Licht der Achtsamkeit verkörpern.
Mögen wir uns frei fühlen, voller Leben und in inniger Nähe mit allem, was das Leben uns bietet.
Mögen wir unsere Bürden ablegen und die Last des Alltags abstreifen.
Möge unser Leben ein köstliches Festmahl sein, das unsere Seele nährt, uns inneren Frieden schenkt, unser Herz mit Liebe erfüllt und auf unserem Gesicht ein Lächeln erstrahlen läßt.

Literaturverzeichnis

Diane Ackermann, *Die schöne Macht der Sinne: Eine Kulturgeschichte*, München: Kindler, 1991.

A. H. Almaas, *Essenz – Der diamantene Weg zur inneren Verwirklichung*, Oldenburg: Transform, 1994.

A. J. Bahm, *The Philosophy of the Buddha*, New York: Capricorn Books, 1958.

Charlotte Joko Beck, *Nothing Special*, San Francisco: Harper Collins, 1993.

Charlotte Joko Beck, *Zen im Alltag*, München: Knaur, 1990.

Hubert Benoit, *The Supreme Doctrine*, New York: Viking, 1955.

Die Bibel – Altes und Neues Testament, Einheitsübersetzung (diverse Ausgaben verschiedener Verlage).

Norman 0. Brown, *Love's Body*, New York: Random House, 1966.

Thomas Byrom, *Das Dhammapada: Die Worte des Buddha*, Berlin: Schickler, 1988.

Deepak Chopra, *Die unendliche Kraft in uns*, München: Heyne, 1994.

Thomas Cleary, Übers., *Wisdom of the Prophet: Sayings of Muhammad*, Boston: Shambhala, 1994.

William Elliott, *Tying Rocks to Clouds*, Wheaton: Quest, 1995.

Mark Epstein, *Thoughts Without a Thinker*, New York: Basic Books, 1995.

Richard Erdoes und Alfonso Ortiz, Hrsg., *American Indian Myths and Legends*, New York: Pantheon, 1984.

Rick Fields u. a., *Chop Wood, Carry Water*, Los Angeles: Tarcher, 1984.

Robert Fulghum, *Alles, was Du wirklich wissen mußt, hast Du schon als Kind gelernt*, München: Goldmann, 1989.

Robert Fulghum, *It Was on Fire when I Lay Down On It*, New York: Ballantine, 1988.

Daniel Goleman, *Emotionale Intelligenz*, München: Hanser, 1996.

Andrew Harvey, *The Essential Mystics*, San Francisco: Harper San Francisco, 1996.

Jon Kabat-Zinn, *Heilsame Umwege: Meditative Achtsamkeit und Gesundung*, München: Piper, 1995.

Aryeh Kaplan, *Meditation und Kabbala*, Edition Gaja, 1995.

Dainin Katagiri, *Rückkehr zur Stille: Zen-Praxis im täglichen Leben*, Berlin: Theseus, 1988.
Pir Vilayat Inayat Khan, *Introducing Spirituality into Counseling and Therapy*, New York: Omega, 1982.
The Koran, übersetzt von A. J. Dawood, London: Penguin, 1990 (*Der Koran*, diverse Ausgaben verschiedener Verlage).
Jiddu Krishnamurti, *Freedom from the Known*, New York: Harper and Row, 1969.
Jiddu Krishnamurti, *Meeting Life*, San Francisco: Harper Collins, 1991.
Ernest Kurtz and Katherine Ketchum, *The Spirituality of Imperfection*, New York: Bantam, 1994.
Dalai Lama, *A Flash of Lightening in the Dark of Night*, Boston: Shambhala, 1994.
Laotse, *Tao Te King*, Neubearbeitung von Gia-Fu Feng und Jane English, München: Hugendubel, 1991.
Michael Lerner, *Jewish Renewal*, New York: Harper Perennial, 1994.
Ramana Maharshi, *The Spiritual Teachings of Ramana Maharshi*, Berkeley: Shambhala, 1972.
Dennis Genpo Merzel, *The Eye Never Sleeps*, Boston: Shambhala, 1991.
Ronald S. Miller, *Handbuch der Neuen Spiritualität*, München: O. W. Barth, 1994.
Stephen Mitchell, *The Enlightened Mind*, New York: Harper Collins, 1991.
Stephen Mitchell, *The Gospel According to Jesus*, New York: Harper Collins, 1991.
Thomas Moore, *Seel-Sorge: Tiefe und Spiritualität im täglichen Leben*, München: Knaur, 1993.
Wayne Muller, *The Legacy of the Heart*, New York: Fireside, 1992.
Wes Nisker, *Die Kunst des wilden Denkens: Ein Spiel um Philosophien und letzte Wahrheiten*, Frankfurt am Main: Eichborn, 1992.
Phillip Novak, *The World's Wisdom*, San Francisco: Harper Collins, 1994.
Toni Packer, *Mit ganz neuen Augen sehen*, Braunschweig: Aurum, 1991.
M. Scott Peck, *The Road Less Traveled*, New York: Touchstone, 1978.
Bhagwan Shree Rajneesh (Osho), *Nirvana – Die letzte Hürde auf dem Weg*, Köln: Osho, 1985.
Bhagwan Shree Rajneesh, *Only One Sky*, New York: Dutton, 1976.
Ram Dass, *Reise des Erwachens: Handbuch zur Meditation*, München: Knaur, 1986.
Ram Dass, *The Only Dance There Is*, New York: Anchor, 1974.
Elizabeth Roberts und Elias Amidon, Hrsg., *Earth Prayers, From Around the World*, New York: Harper Collins, 1991.
Sharon Salzberg, *Loving Kindness*, Boston: Shambhala, 1995.

Anne Wilson Schaef, *Native Wisdom for White Minds*, New York: Ballantine, 1995.
Benjamin Shield und Richard Carlson, *Wege zu Gott – Leben aus der Liebe*, Freiburg: Lüchow, 1991.
Huston Smith, *Eine Wahrheit viele Wege: Die großen Religionen der Welt*, Freiburg: Bauer, 1994.
Shunryu Suzuki, *Zen-Geist Anfänger-Geist: Unterweisungen in Zen-Meditation*, Berlin: Theseus, 1993.
Thich Nhat Hanh, *Ein Lotos erblüht im Herzen: Die Kunst des achtsamen Lebens*, München: Goldmann, 1995.
Chögyam Trungpa, *Glimpses of Abhidharma*, Boulder: Prajna Press, 1978.
Chögyam Trungpa, *Shambhala: The Sacred Path of the Warrior*, Boulder: Shambhala, 1984.
Chögyam Trungpa, *Spirituellen Materialismus durchschneiden: Wie die Selbsttäuschung auf dem geistigen Weg zu erkennen ist*, Berlin: Theseus, 1991.
Frances Vaughan, *Intuitiver leben: Wie entwickle ich mein inneres Potential*, Frankfurt am Main: Fischer, 1991.
Michael Washburn, *The Ego and the Dynamic Ground*, New York: SUNY, 1988.
John Welwood, *The Meeting of the Ways: Explorations in East/West Psychology*, New York: Schocken, 1979.
John Welwood, Hrsg., *Ordinary Magic*, Boston: Shambhala, 1992.
Ken Wilber, *A Brief History of Everything*, Boston: Shambhala, 1996.
Ken Wilber, *Eros, Kosmos, Logos: Eine Vision an der Schwelle zum nächsten Jahrtausend*, Frankfurt am Main: Krüger, 1996.
Ken Wilber, *Psychologie der Befreiung*, München: O. W. Barth, 1988.
Ken Wilber, *Wege zum Selbst*, München: Kösel, 1984.
Yatri, *Unknown Man*, New York: Fireside, 1988.

Danksagung

Dankbarkeit, so sagt man, äußert sich auf dreierlei Weise: als ein Gefühl im Herzen, als ein Ausdruck in Worten und als ein Wiedervergelten. Viele Menschen haben uns auf unserem Weg geholfen und unterstützt. Als zumindest kleine Anerkennung möchten wir uns dafür mit herzlichen Worten und diesem Buch bedanken bei:

Loretta Barrett, einer großartigen literarischen Agentin mit viel Herz; Rob Robertson für seine unermüdliche Hilfe und seinen redaktionellen Sachverstand; Lori Lipsky für ihre klaren Gedanken und Eingebungen; Laurie Bernstein für ihr unschätzbares Interesse und Verständnis.

Unseren Beratern für ihre Zeit, Mühe und Begeisterung und die vielen wohlüberlegten und hilfreichen Anregungen: Erin Grady Alcaraz; Dr. Lee Faver; Michelle Joseph; Marcia Jourdane; Dr. Stan Terman; Jan Wahl.

Den Mitarbeitern der Warner Springs Ranch in San Diego, die uns ein wahres Paradies, einen Garten Eden, geschaffen haben, in dem wir in aller Ruhe schreiben und verweilen durften.

Allen, die in unserem Leben eine wichtige Rolle gespielt haben, auch wenn sie hier nicht ausdrücklich genannt sind – unsere Familie, Freunde, Studenten und Klienten aus der Therapie –, ein Dankeschön für alles, was wir bekommen haben.

Liebe und Wertschätzung möchten wir unseren Lehrern entbieten, denen wir so unsagbar viel zu verdanken haben, wir verneigen uns tief vor ihnen, jenen Sternen, die uns am endlosen blauen Firmament entgegenleuchten. Wir sind uns nie im Fleisch begegnet, doch wir kennen Euch und haben von Euch gelernt mit Verstand, Seele und GEIST: Siddhartha Gautama, Jesus Christus, Moses und die Propheten des Alten Testamentes, Jiddu Krishnamurti, Chögyam Trungpa, A. H. Almaas, Dalai Lama, Bhagwan Shree Rajneesh, Mutter Theresa, Thich Nhat Hanh, Ram Dass, Ken Wilber, Shunryu Suzuki sowie alle anderen Freunde im GEISTE, die im Literaturverzeichnis aufgeführt sind.